DUMERSAN ET NOËL SÉGUR

CHANSONS NATIONALES

ET POPULAIRES

DE FRANCE

ACCOMPAGNÉES

DE NOTES HISTORIQUES ET LITTÉRAIRES

PARIS

LIBRAIRIE DE GARNIER FRÈRES, ÉDITEURS

6, RUE DES SAINTS-PÈRES, 6

1866

CHANSONS
NATIONALES ET POPULAIRES
DE FRANCE

TOME PREMIER

Paris. — Imprimerie P.-A. Bourdier et Cie, 6, rue des Poitevins.

CHANSONS POPULAIRES DE FRANCE.

HISTOIRE
DE
LA CHANSON.

La chanson est incontestablement un des plus charmants produits de la faculté donnée par Dieu à l'homme d'exprimer avec plus ou moins de facilité, d'esprit, de chaleur, d'entraînement, les sensations douces ou vives, agréables ou pénibles qu'il éprouve. Or cette faculté est innée chez nous, donc l'origine de la chanson est tout simplement aussi vieille que le monde.

C'est l'opinion de Platon, qui disait que les Dieux, touchés des travaux et des peines inséparables de l'humanité, firent présent à l'homme de la poésie et du chant, opinion partagée par un autre philosophe, qui l'a formulée autrement en disant que les louanges des dieux et des hommes furent chantées avant d'être écrites.

Mais la poésie et le chant donnés à l'homme n'étaient pas la chanson dans l'acception véritable de ce mot.

D'autres philosophes, au nombre desquels se trouve le matérialiste Lucrèce, ont assigné à la chanson une origine beaucoup plus simple : selon eux, la Divinité n'est pour rien dans cette affaire, et si les hommes chantent, ils doivent tout simplement cet art aux oiseaux qui le leur ont enseigné. L'idée est gracieuse, et sous un certain rapport, elle ne manque pas de vérité : Que l'homme, charmé par le chant des oiseaux, ait tenté de les imiter, c'est chose toute simple, car ce prétendu roi de la création est essentiellement imitateur ; mais le chant des oiseaux, ce n'est pas la chanson !

On a dit aussi que le poète et l'oiseau chantent pour chanter, sans s'occuper jamais des causes ni des conséquences de cet acte de leur volonté, de leur nature ou de leur passion ; et c'est encore là une vérité que nous nous empressons de reconnaître et de proclamer ; mais, nous le répétons, qu'est-ce que cela prouve quant à la chanson proprement dite?

Entendons-nous donc :

La chanson est née de l'esprit, de la poésie et du chant, mis au service de certaines passions plus ou moins vives ou ardentes, telles que la vengeance, le mépris, la pitié, la haine. La chanson, née sous ces diverses influences, est proche parente de la satire ; c'est une verge flexible coupée dans la forêt poétique en vue de flageller les ridicules, les travers, l'ignorance, la sottise, la vanité, l'insolence : née sous l'influence de sentiments plus nobles ou plus doux, c'est une couronne tressée avec plus ou moins d'art en l'honneur de la gloire, de l'amitié, de l'amour, de l'ivresse, de toutes les joies de ce monde.

Voilà ce que c'est que la chanson ; voilà ce qu'auraient dû d'abord poser en principe les philosophes qui en ont recherché l'origine.

Évidemment c'est l'amour qui inspira les premières chansons langoureuses et badines, la romance et les couplets grivois.

Le vin, les plaisirs de la table, l'excitation des esprits mis en contact, ont donné naissance à la chanson de table.

La chanson patriotique, guerrière, est due à l'amour de la gloire et à l'enthousiasme qu'il inspire.

Et toutes ces expressions de sentiments divers sont nécessairement empreintes de l'esprit, des mœurs, du degré de civilisation des époques où elles ont été produites.

Donc, ce que nous appelons *la chanson* n'a pas d'origine précise : *la chanson* n'est pas sortie tout entière de la tête de l'homme, comme Minerve sortit tout armée de la tête de Jupiter; elle est, au contraire, restée très longtemps dans ses langes.

Les Grecs paraissent être le premier peuple chez lequel la chanson fut cultivée avec succès, et sur les mœurs duquel elle exerça une véritable influence. Aux époques les plus glorieuses de l'histoire d'Athènes, ce genre de poésie était surtout en honneur : dans les banquets, la lyre passait de main en main, accompagnée d'une branche de myrte, et aucun des convives ne pouvait s'abstenir de chanter quand son tour était venu ; ceux qui ne savaient pas s'accompagner de la lyre, chantaient en agitant en cadence la branche de myrte qu'ils tenaient à la main : c'était l'indice d'une éducation négligée, d'une ignorance indigne d'un homme libre ; aussi disait-on d'un homme peu instruit et d'une intelligence étroite : *Il chante au myrte.*

Anacréon, dans cet art, a été le premier maître vraiment digne de ce nom ; puis vint Horace, dont la plupart des odes ne sont que d'admirables chansons bachiques. Les Gaulois eux-mêmes, appelés barbares par les peuples civilisés qui devaient les asservir, avaient, dans ces temps reculés, leurs faiseurs de chansons qu'ils nommaient *bardes* ; ces espèces de poètes, composant et chantant des vers en l'honneur des guerriers, distribuaient à leur gré la louange et le blâme, et leur autorité était si grande qu'elle suffisait pour arrêter deux armées ennemies près d'en venir aux mains.

On a donc eu raison de dire que nul peuple n'a porté la chanson à un plus haut degré que les Français, puisque déjà les bardes exerçaient, chez nos aïeux les Gaulois, une sorte de sacerdoce qui se continua jusqu'au sixième siècle de l'ère vulgaire ; mais bientôt les invasions réitérées des Germains et des autres peuples du Nord étendirent sur la plus grande partie de l'Europe un voile de barbarie si épais, que tous les efforts des savants de nos jours sont impuissants à le soulever. Pourtant les bardes n'avaient pas entièrement disparu, et nous les retrouvons sous le règne de Charlemagne (768 à 814), chantant la gloire et les combats des guerriers illustres ; c'est à eux que nous devons la chanson de Roland, si célèbre dans nos vieilles chroniques, et que les Français du IXe siècle chantaient en allant au combat.

Si les Français ne sont pas les inventeurs de la chanson, il est au moins incontestable qu'ils en sont à la fois les restaurateurs et les maîtres ; la chanson, en France, est une glace fidèle où l'esprit national se reflète dans toute son intégrité. C'est là une vérité qui a été proclamée de mille manières par les juges les plus compétents. « Il n'y a point de peuple, dit Voltaire,

qui ait un aussi grand nombre de jolies chansons que le peuple français. »
L'abbé de Bernis a formulé la même pensée dans ces quatre vers :

> Fille aimable de la folie,
> *La chanson* naquit parmi nous ;
> Souple et légère, elle se plie
> Au ton des sages et des fous.

Jean-Jacques Rousseau n'a pas non plus dédaigné d'étudier à ce point de vue le caractère de notre nation. « De tous les peuples de l'Europe, dit-il, le Français est celui dont le naturel est le plus porté à ce genre léger de poésie ; la galanterie, le goût de la table, la vivacité brillante de son humeur, tout ensemble lui en inspire le goût. Le Français, libre des soins, hors du tourbillon des affaires qui l'a entraîné toute la journée, se délasse le soir, dans des soupers agréables, de la fatigue et des embarras du jour. Le vaudeville est son arme offensive contre le ridicule, il s'en sert aussi quelquefois comme d'une espèce de soulagement des pertes et des revers qu'il éprouve ; il chante ses défaites, ses misères et ses maux aussi volontiers que ses prospérités ou ses victoires. Battant ou battu, dans l'abondance ou dans la détresse, heureux ou malheureux, triste ou gai, il chante toujours, et l'on dirait que la chanson est l'expression naturelle de tous ses sentiments. »

Rien n'est plus vrai que cette peinture de notre humeur, et il n'est pas un Français qui ne s'y reconnaisse. On peut dire qu'en France la chanson est une souveraine absolue à la puissance de laquelle rien ne saurait porter atteinte. « On chantait, dit M. de Jouy, pendant que les Anglais démembraient le royaume ; on chantait pendant la guerre civile des Armagnacs, pendant la ligue, pendant la fronde, sous la régence, et c'est au bruit des chansons de Rivarol et Champanetz que la monarchie s'est écroulée à la fin du XVIIIe siècle.

La chanson est éminemment française ; elle remonte d'une manière certaine à la fondation de la monarchie, puisqu'on possède des chansons de différents genres composées dans les Ve et VIe siècles, parmi lesquels on remarque une chanson latine que chantaient les Français, pour célébrer une victoire remportée par eux sur les Saxons, du temps de Clotaire II, en 600, et deux autres chansons dans la même langue, l'une de saint Paulin, patriarche d'Aquilée, l'autre de Gotescale ; cette dernière est en strophes et soumise à un refrain. Il est vrai qu'à partir de la fin du VIe jusqu'au xɪe siècle, on ne trouve plus, en Europe, la moindre trace de l'existence de cette souveraine ; comme toutes les nobles, belles et gracieuses choses, elle avait disparu sous le voile de barbarie qui couvrait la face du monde. Il est probable pourtant qu'on ne cessa pas entièrement de chanter pendant tout le temps que ces épaisses ténèbres pesèrent sur l'intelligence des peuples ; mais les lettres avaient disparu, et il n'y avait aucun moyen de conserver ces grossières productions dont la tradition même s'est entièrement perdue, ce qui est d'ailleurs peu regrettable.

C'est vers la fin du xɪe siècle seulement, sous le règne de Philippe Ier, que la chanson commença à reparaître, en même temps que le goût des voyages et des expéditions aventureuses. En 1089, dix ans avant la première croisade, saint Bernard, qui était alors dans toute l'ardeur de la jeunesse et ne songeait guère à se faire canoniser, composait des chansons badines sur les airs du temps.

Pierre-de-Blois se faisait remarquer, à la même époque, par ses chansons galantes, et c'était quelque vingt ans plus tard que l'infortuné Abeilard enflammait, bien plus par ses charmantes chansons et les agréments de sa voix que par sa science de philosophe, le cœur de la tendre Héloïse.

Dès les premières années du xɪɪe siècle, la romance et la chanson s'étaient emparées de l'idiome vulgaire qu'elles avaient plié à tous leurs caprices, si bien qu'au règne de Philippe-Auguste elles se montraient déjà communes, et qu'elles avaient entièrement détrôné la chanson latine en vers rimés qui avait été en vogue pendant le siècle précédent. Les aventures galantes, les jeux, les danses en fournissaient le sujet ordinaire ; aussi est-ce parmi les chansonnettes avec lesquelles se jouent les enfants qu'il faut en chercher le souvenir traditionnel ; c'est parmi les refrains comme : *J'irai dans ton champ, Larirette!* ou : *La tour, prends garde,* ou bien encore parmi les rondes de danse comme :

> Nous n'irons plus au bois,
> Les lauriers sont coupés.

Et

> Quand Biron voulut danser...

Presque toutes ces rondes, débris défigurés des ballades de la chevalerie, rappellent les institutions du moyen-âge, les tournois, les sièges de castels, les cours d'amour et les jeux des châtelaines.

« M. l'évêque de la Ravalière qui a fait de curieuses recherches sur la chanson, prétend que c'est à la Normandie et non à la Provence que nous devons nos premiers chansonniers, et qu'il y avait chez nous des chansons en langue vulgaire avant celles des Provençaux, mais postérieurement au règne de Philippe Ier, ou en l'an 1100. C'est donc une antériorité de plus d'un demi-siècle à l'époque des premiers troubadours, que leur historien, Jean de Nostredame, fixe à l'an 1162, mais que d'autres reculent beaucoup (1). »

Ce qui est certain c'est que, dès l'an 1000, on se servait à Rouen de la langue romane, et que les auteurs normands écrivaient plus purement que ceux des autres provinces. Mais que nous devions nos premières chansons aux Normands ou aux Provençaux, nous n'en avons pas une en langue vulgaire qui remonte au-delà de 1100. C'est vraisemblablement à la même époque que parurent, chez nous, les premiers *trouvères* ou *troubadours*, noms qui signifient *trouveurs, inventeurs*.

Quant à l'origine de ces troubadours, elle se perd dans la nuit des temps, et quelques érudits la font remonter à Homère sur les cendres duquel trois mille ans ont passé. Ce sont les troubadours qui ont formé le corps de la *jonglerie*, dans lequel on comprend encore les *chanteurs* ou *chantères* et les *ménestrels*, du nom desquels est venu celui de *ménestriers*. L'art de ces chansonniers était nommé *gay saber*, gai savoir ou gaie science. Ceux qui en faisaient profession s'enrichissaient et parvenaient même aux plus hauts emplois et aux honneurs. On cite entre autres exemples de haute fortune due à la chanson, celui de Rambaud de la Vacherie, dont les chansons avaient tellement charmé un comte de Toulouse, que ce prince le fit chevalier, le mena à la croisade et lui fit donner le gouvernement de la ville de Salonique, prise sur les infidèles. Il était meilleur alors qu'aujourd'hui d'être chansonnier. Cependant si cette spécialité littéraire y a perdu, en revanche les écrivains en général y ont considérablement gagné, et la plume est assurément un des plus favorables instruments de fortune de notre temps.

Jean de Nostredame, dans son histoire, ne parle que de soixante-seize troubadours; mais il est certain que les membres de cette espèce d'ordre furent beaucoup plus nombreux, puisque Crescimbeni, custode des Arcades, au tome second de son histoire de la poésie italienne, donne environ cent trente notices de plus que Nostredame sur ces maîtres en gai savoir.

(1) Anthologie de Jean Monet.

Ces deux historiens mettent, entre autres, au nombre des troubadours, l'empereur Frédéric Ier, dont il nous reste un madrigal en vers provençaux ; l'empereur Frédéric II; Frédéric III, roi de Sicile; Alphonse Ier, roi d'Aragon ; Richard-Cœur-de-Lion, roi d'Angleterre ; Thibault, comte de Champagne, roi de Navarre ; Guillaume VIII, duc d'Aquitaine ; un comte d'Anjou, un comte de Flandre, un dauphin comte d'Auvergne, un comte de Rodez, Raimond Bérenger, comte de Provence ; un vicomte de Turenne, un Raimond de Durfort, des Dagoult, des Adhémar et d'autres noms célèbres parmi la noblesse provençale.

Les plus anciennes productions des troubadours sont des *lais*, espèces de complaintes que nos romanciers faisaient chanter à leurs personnages ; mais, peu à peu, le genre s'étendit, et l'empire de la chanson ne connut plus de limites.

C'est alors que cet empire était dans toute sa splendeur (1323), que sept de ces maîtres en l'art du gai savoir fondèrent, à Toulouse, une académie de poésie appelée *Compagnie insigne et supergaie des sept troubadours toulousains*. Elle s'assemblait tous les dimanches dans un jardin de la ville, et chacun y récitait et chantait ses compositions. Il y avait une séance publique le premier jour du mois de mai. Un peu plus tard, on fonda un prix pour celui qui aurait fait le meilleur ouvrage en science gaie ; c'était une violette d'or que le vainqueur recevait des mains du président, qui proclamait à haute voix sa victoire et livrait son nom aux applaudissements du public d'élite accouru de toutes parts pour assister à cette solennité. Plus tard, à la violette d'or on ajouta deux prix en argent : l'églantine ou jasmin d'Espagne, et une autre fleur. Telle est l'origine des jeux floraux dont on fait honneur à Clémence Isaure... Qui donc a osé dire que nos ancêtres étaient des barbares?...

Un des poètes les plus remarquables de cette époque, et dont les premiers chants avaient précédé la fondation des jeux floraux, était Arnaud Daniel, qui eut l'honneur d'être loué par Dante, mort en 1311, et qu'on peut considérer comme le précurseur de Pétrarque, à cause des nombreux emprunts que lui a faits ce dernier.

Viennent ensuite Rambaud d'Orange, Geoffroy, Rudel, Guillaume Durand, Raimond de Mirevaux, Guillaume de Cabestan, Pierre Vidal, Guillaume de Bargemon, Pierre de Châteauneuf, Albert de Sisteron, qui tous ont fait des chansons, mais dont le nom est resté plutôt à cause des particularités de leur vie que du mérite de leurs œuvres poétiques.

D'après Fauchet, qui donne une nomenclature de cent vingt-sept anciens poètes français, on compte sur ce nombre soixante-dix chansonniers qui ont vécu avant l'an 1300, et parmi ces derniers plusieurs grands personnages, tels que Lusignan, comte de la Marche; Raoul, châtelain de Coucy; un duc de Bretagne, un duc de Brabant, et beaucoup d'autres.

Tous ces poètes étaient aussi musiciens; ils composaient eux-mêmes les airs de leurs chansons; mais la musique alors n'avait pas, à beaucoup près, fait les mêmes progrès que la poésie : on ne connaissait alors que le chant grégorien, appelé vulgairement plain-chant, qui se notait sur quatre lignes par des signes carrés ayant tous une égale valeur, et sans indication de mesure. Qu'on juge de l'effet que devait produire ce bourdon liturgique appliqué à ces fines et délicates fleurs poétiques écloses en l'honneur de l'amour, du plaisir, de toutes les joies vives et passagères! Car il y avait dès lors des chansons de tout genre en langue vulgaire, cela ne saurait être douteux, bien qu'une chanson à boire qui se trouve dans les poésies d'Eustache Deschamps, poète du XIVe siècle, soit la plus ancienne de ce genre qui soit arrivée jusqu'à nous. Il est vrai pourtant que les sujets les plus ordinaires étaient le printemps, les fleurs, les oiseaux; toutes ces productions étaient adressées à des Iris vraies ou idéales, jeunes, douces, jolies et blondes surtout : les blondes seules étaient alors réputées belles, et elles conservèrent cette prérogative jusqu'au règne de Charles IX, où les brunes devinrent à la mode.

Thibault, comte de Champagne et roi de Navarre, né en 1201, mort en 1253 ou 1254, et dont nous avons déjà parlé, est généralement regardé comme le père de la chanson française; presque toutes ses chansons sont dues à l'amour que lui avait inspiré la reine Blanche, mère de saint Louis. On croit qu'il est le premier qui ait mêlé les rimes masculines aux féminines, et qui ait doué la poésie chantante de cet agrément. Ce qui ne saurait être révoqué en doute, c'est que ce prince, auquel ses contemporains avaient donné le double titre de *grand* et de *faiseur de chansons*, s'est plus illustré par son talent poétique que par l'exercice de la puissance souveraine : bien peu des actes ou hauts faits du comte ou du roi sont arrivés jusqu'à nous; mais on a retenu ses chansons. C'est une vérité parfaitement exprimée dans ce quatrain que nous trouvons dans l'Anthologie française de Jean Monet :

> Thibault fut roi, galant et valeureux ;
> Ses hauts faits et son rang n'ont rien fait pour sa gloire;
> Mais il fut chansonnier, et ses couplets heureux
>   Nous ont conservé sa mémoire.

Depuis le xivᵉ siècle jusqu'au règne de François Iᵉʳ (1515), la littérature fraçaise fit peu de progrès; les guerres incessantes et malheureuses que les Français eurent à soutenir, la captivité du roi Jean, la démence de Charles VI, les longues et sanglantes querelles des Armagnacs et des Bourguignons, l'occupation du royaume par les Anglais, expliquent suffisamment ce temps d'arrêt. On chantait encore sans doute, mais le goût ne s'épurait point et les progrès de la langue étaient à peu près insensibles. Cependant dans cette longue période quelques poètes se firent remarquer, et l'on ne saurait sans injustice passer sous silence les noms de Jean Froissard, Guillaume de Lorris, Martial de Paris (dit d'Auvergne), Jean Lemaire, Guillaume Crétin, Martinfranc, et surtout Jean de Meun et Alain Chartier, dont les chants ont été conservés. Ces quelques vers extraits des *Amours de l'âge d'or*, par Jean de Meun, donneront une idée du genre de chanson en vogue à cette époque :

> Jadis au temps des premiers pères
> Et de nos primeraïnes mères,
> Furent amours loyaulx et fines,
> Sans convoitises, ne rapines ;
> Et le siècle moult précieux
> N'estoit pas si délicieux...
>
> . . . .
>
> Et quand par nuict dormir voloient,
> En lieu de coytes apportoient
> En leurs places monceaux de berges,
> De feuilles ou de mousse ou d'herbes.
>
> . . . .
>
> Zéphyrus et Flora sa femme,
> Qui des fleurs est maîtresse et dame,
> Les fleurettes lors estendoient
> En courtes pointes qui rendoient
> Leur resplendeur par ces herbages,
> Par ces prés et par ces rivages.
>
> Sur telz couchers que vous devise,
> Sans rapine et sans convoitise,
> S'entr'acoloyent et baisoyent
> Ceux à qui jeux d'amour plaisoyent ;

> Sous arbres verds pour ces gaudines,
> Les pavillons et leurs courtines
> Des rainceaux d'arbres estendoient
> Qui du soleil les défendoient.

La naïveté, la grâce de ce tableau sont vraiment charmantes. Ce genre était aussi celui d'Alain Chartier, dont les idylles en ce vieux et pittoresque langage resteront comme un monument de l'esprit du temps.

C'est aussi pendant cette période, vers 1400, alors que la démence de Charles VI couvrait la France de deuil, que par une bizarrerie remarquable, la *chanson-vaudeville* prit naissance, et vint faire diversion aux chagrins et aux misères du peuple. S'il faut en croire la tradition, le créateur de ce genre serait Olivier Basselin, qui possédait des fouleries dans les environs de la ville de Vire. Olivier chantait pour égayer ses travaux ; les ouvriers qu'il employait retinrent et répétèrent ses chansons, qui se répandirent bientôt dans toutes les vallées ou *vaux* (1) des environs, ce qui leur fit donner le nom de *vaux de Vire*, d'où vient, par corruption, le nom de *vaudeville*, que l'on donna ensuite aux chansons du même genre qui couraient par la ville ou parmi le peuple.

Ce genre eut d'autant plus de vogue qu'il est le plus facile de tous ; mais il ne parvint pourtant pas à détrôner la complainte qui était alors en grande faveur : on en faisait sur toutes sortes de sujets, car les sujets de récits lamentables ne manquaient pas dans ces temps de troubles ; l'assassinat du duc d'Orléans, entre autres, fit naître un grand nombre de chants de cette espèce qui faisaient les délices des soldats dans l'armée du roi. L'assassinat du duc de Bourgogne sur le pont de Montereau ne fut pas moins fécond en productions du même genre.

Ainsi, alors comme aujourd'hui, on chantait pour rire, et l'on chantait pour pleurer ; mais pour rire surtout, témoin ce couplet satirique que le peuple allait chanter sous le balcon de Charles VII, alors dauphin, qui oubliait dans les bras d'Agnès Sorel que les Anglais étaient maîtres des deux tiers de la France :

> Mes amis, que reste-t-il
> A ce dauphin si gentil ?
> Orléans, Beaugency,
> Notre-Dame-de-Cléry,
> Vendôme... Vendôme !

---

(1) On dit encore aujourd'hui *courir par monts et par vaux.*

Au nombre des chansonniers de ce temps, nous devons encore mentionner Christine de Pisan qui, née à Venise, n'en faisait pas moins des ballades et des lais en français. Charles d'Orléans, petit-fils de Charles V, cultivait également la poésie et il fit aussi des chansons, ainsi que le comte de Clermont, Jehan de Lorraine, Olivier de La Marche, la duchesse d'Orléans, le seigneur de Torcy, Jacques, bâtard de La Trémouille.

Depuis le duc d'Orléans, oncle de François Ier, qui fut poète lui-même, jusqu'aux jours brillants de la cour de ce roi, on ne peut guère citer que Villon, dont nous avons conservé les ballades ; mais depuis 1520 environ, jusqu'à la fin du XVIe siècle, la chanson et le vaudeville firent de rapides progrès. La grande, longue et sanglante querelle de François Ier et de Charles-Quint, le désastre de Pavie, la prison du roi à Madrid, le combat de Jarnac, la mort de Henri II, le départ de France de Marie Stuart, qui fit aussi des chansons, et une foule d'autres événements, heureux ou malheureux, furent autant de sujets de chansons, ballades, romances ou complaintes, et l'on en conserve à la Bibliothèque nationale plusieurs recueils parmi lesquels on remarque un manuscrit sur vélin qui contient toutes les chansons de François Ier. Ce manuscrit est un des plus précieux de cette bibliothèque, si riche en monuments de ce genre.

En même temps que François Ier, chantaient Clément Marot et Saint-Gelais. Puis vinrent Du Bellay, Jodelle, Ronsard, Belleau, Passerat et Baïf qui fut l'inventeur des divertissements en musique, que l'on peut considérer comme l'origine de notre opéra, ou du moins des ballets et des mascarades qui firent l'amusement de la cour jusqu'au règne de Louis XIV. Il fut le premier qui tenta de donner aux Français une musique nationale.

Tant que durèrent les troubles de la ligue, les chansons nouvelles pullulèrent ; le plus grand nombre avaient pour sujet les affaires du temps, car la chanson politique n'est pas d'invention moderne, comme on le croit assez communément ; elle ne remonte pas moins haut que les chansons d'amour et de table, et elle a été cultivée sous tous les régimes ; mais les chansons licencieuses étaient aussi fort en vogue, et les choses, sous ce rapport, allèrent si loin, que dans une assemblée des États tenue à Fontainebleau, il fut question de mettre un frein à ce débordement qui tendait à corrompre l'esprit du peuple. Les chansons bachiques étaient aussi fort nombreuses. Les unes et les autres, qu'on nommait aussi *motets*, se chantaient sur des airs lents et monotones qui se sont conservés dans nos vieux Noëls.

Les meilleurs chansonniers de ce temps furent Desportes et Bertaut ; après eux vinrent Regnier et Malherbe, Malherbe dont on répète encore aujourd'hui les délicieuses stances, écrites il y a deux cent cinquante ans. Qui, par exemple, n'a pas dans la mémoire ces charmants vers :

> Mais elle était du monde où les plus belles choses
>   Ont le pire destin
> Et rose elle a vécu ce que vivent les roses,
>   L'espace d'un matin.

Il semble que cela soit éclos d'hier, et cette pièce fut écrite en 1599, c'est-à-dire il y a un peu plus de deux cent cinquante-deux ans, tant il est vrai que le véritable génie ne vieillit point.

Henri IV lui-même mérite d'être mis au nombre des chansonniers remarquables de cette époque, et l'on peut dire qu'il immortalisa son nom et celui de la belle Gabrielle, sa maîtresse, autant par ses chansons que par les hautes qualités de son esprit.

Sous Louis XIII, le goût des vaudevilles et des chansons satiriques alla croissant : aucun événement n'échappa aux couplets ; les personnages les plus haut placés ne furent pas épargnés, et Richelieu lui-même fut chansonné sans pitié.

Les plus remarquables chansonniers de ce règne sont Racan, Maynard, Rotrou, Théophile Viaud, d'Urfé, Saint-Amand, l'Estoile, Desyvetaux. C'est aussi à cette époque que florissait Hugues Guéru, dit Fléchelles, comédien ordinaire du roi, et qui est l'auteur de toutes les chansons attribuées à Gauthier Garguille, dont le succès populaire fut immense.

Les chansons bachiques ne furent pas non plus négligées dans cette période, qui comprend presque toute la première moitié du xviie siècle. Racan surtout se distingua dans ce genre, et c'est avec raison que Brillat-Savarin a dit que les chansons de Racan paraissent beaucoup plus jeunes que leur extrait de naissance. Voici, à l'appui de cette opinion, quelques couplets de ce poète pris au hasard dans ses chansons à boire.

> Buvons, Maynard, à pleine tasse ;
> L'âge insensiblement se passe,
> Et nous mène à nos derniers jours.
> L'on a beau faire des prières,
> Les ans non plus que les rivières
> Jamais ne rebroussent leur cours.

> Les lois de la mort sont fatales
> Aussi bien aux maisons royales
> Qu'aux taudis couverts de roseaux ;
> Tous nos jours sont sujets aux Parques :
> Ceux des bergers et des monarques
> Sont coupés des mêmes ciseaux.
>
> Leurs rigueurs, par qui tout s'efface,
> Ravissent, en bien peu d'espace,
> Ce qu'on a de mieux établi,
> Et bientôt nous mèneront boire
> Au-delà de la rive noire,
> Dans les eaux du fleuve d'oubli.

Avons-nous beaucoup de chansonniers aujourd'hui qui fassent mieux que cela? Hâtons-nous de dire que tous les chansonniers de ce temps n'étaient pas des Racan, et que le plus grand nombre d'entre eux seraient bien pâles comparés aux plus faibles de notre temps.

Jusqu'alors, sauf quelques exceptions, la chanson n'avait été cultivée que par des hommes de loisir, quelques grands seigneurs, des gens issus de la haute bourgeoisie, quelques abbés à gros bénéfices, tous poètes de salon, grands faiseurs de couplets langoureux, fades ou guindés ; le peuple chantait, mais il ne rimait point. Tout-à-coup, vers 1640, deux ans avant la mort de Richelieu, deux artisans apparurent à l'horizon poétique, c'étaient maître Adam Billaut, menuisier à Nevers, dont les chansons, qu'il appelait ses *chevilles*, sont restées comme des modèles du genre, et Olivier Massias, d'Angoulême, dont les refrains faisaient les délices de ses compatriotes.

Les *chevilles* de maître Adam eurent un succès prodigieux, on les chantait partout ; l'auteur fut appelé à la cour, présenté au roi et à Richelieu, et comblé de faveurs, lesquelles arrivèrent fort à propos ; car le pauvre menuisier avait fait flèches de tout bois pour se rendre à Paris, ce qui fit dire à un de ses confrères en poésie :

> Mon cher Adam, je crois que vos chevilles
> Boucheront plus d'un trou.

La chanson ne pouvait manquer de se perfectionner sous le règne si éminemment littéraire de Louis XIV ; on formerait une bibliothèque immense des chansons historiques, galantes, satiriques, bachiques, qui parurent imprimées, gravées ou manuscrites, depuis l'avènement de ce souverain jusqu'à sa mort; et l'on ferait aisément une histoire intime de la France, rien que des matériaux puisés dans ces chansons où l'on trouve souvent mentionnées des circonstances qui ont échappé aux historiens ou qu'ils ont eu le tort de dédaigner, et qui peignent parfaitement les mœurs du temps. Cela est si vrai, que deux écrivains, Sautereau de Marsy et Noël, ont publié, en 1793, un ouvrage en quatre volumes in-8º, intitulé : *Le nouveau siècle de Louis XIV*, ou *Poésies-Anecdotes du règne et de la cour de ce prince*, où tous les événements et les personnages du temps sont caractérisés par les chansons dont ils ont été le sujet.

Les chansonniers en réputation sous la minorité de Louis XIV furent Malleville, Voiture, Sarrasin, Scarron, et surtout Bois-Robert, que Furetière appelle, dans sa REQUÊTE DES DICTIONNAIRES, *le premier chansonnier de France*, et qui, malgré ce titre, n'eût pas soutenu la comparaison avec le plus médiocre faiseur de chansons de notre époque. Après eux vinrent Chapelle, des Barreaux, Saint-Pavin, Patrix, Charleval, Marigny; mais le véritable prince de la chanson du temps fut le baron de Blot, surnommé Blot-l'Esprit, dont madame de Sévigné disait que ses chansons avaient le diable au corps; c'est à lui que sont dues le plus grand nombre et les meilleures des chansons satiriques de cette époque, et surtout les *masarinades*, ainsi nommées parce qu'elles attaquaient les ridicules, les vices et les actes politiques de Mazarin, lequel avait assez d'esprit pour ne pas s'en plaindre et laisser chanter : *ils cantent,* disait-il avec son accent italien, *eh bien! ils pagueront.*

On payait beaucoup en effet; mais nous payons beaucoup plus aujourd'hui, et nous ne sommes pas toujours libres de chanter. Avons-nous beaucoup à nous réjouir de ce progrès ?

Les chansons amoureuses, les pastorales, les madrigaux abondèrent sous ce long et glorieux règne ; la cour et la ville roucoulaient les airs de Lambert, et fredonnaient les chansons gracieuses de Benserade, de l'abbé Périn, de Linière, de Boursault, et surtout de Dufresny, de l'abbé de Latteignant, qui lui succéda, et qui, ni l'un ni l'autre, ne seraient déplacés parmi les meilleurs chansonniers de notre époque.

Dans le grand monde, on chantait aussi les chansons de Coulange, de La Monnoie, et celles de madame et de mademoiselle Deshoulières ; tandis que la chanson vraiment populaire apparaissait sur le pont Neuf, où Philippe le Savoyard attirait la foule autour de ses tréteaux. C'est à ce chanteur chansonnier que Boileau fait allusion lorsque, en parlant des poésies de Neuf-Germain et de La Serre, il dit :

> ... Et dans un coin relégués à l'écart,
> Servir de second tome aux airs du Savoyard.

Un autre faiseur de chansons populaires de ce temps fut le cocher de M. de Verthamont, qui acquit par ses refrains une réputation immense.

Il serait à la fois difficile et fastidieux de donner une nomenclature complète des chansonniers qui se produisirent en même temps ou successivement pendant les soixante-douze années que Louis XIV occupa le trône ; mais nous ne saurions passer sous silence les noms des plus célèbres, au nombre desquels il est juste de placer Coulange, Pavillon, De Lafond, le marquis de la Farre, l'abbé de Chaulieu, le duc et le chevalier de la Ferté, hommes de plaisir et joyeux convives, dont les chansons de table ont presque toutes été insérées dans un recueil intitulé : *Les Tendresses bachiques*, publié à Paris par Ballard père.

Nous devons aussi une mention particulière à Philippe-Julien Mazarini Mancini, duc de Nevers, dont nous avons, parmi d'autres poésies qui ont été imprimées, un abrégé de l'histoire de France en chansons, depuis Hugues Capet jusqu'à Louis XIV.

Enfin Regnard, Lainez, madame de Saintonge, Camille de Badros, Morfontaine, Banderon de Senecé, Rochebrune, Matho, Saint-Gilles, Rousseau, La Mothe, La Faye, de Saint-Aulaire, Malezieu, l'abbé Genest, Vergier, Legrand, Dancourt, firent aussi des chansons, dont les airs, composés par Moreau, Du Rousset, Clairambault, Gillier et Mouret, sont encore populaires aujourd'hui.

Il faut encore citer, parmi les meilleurs chansonniers du commencement du xvii° siècle, l'abbé Pellegrin, Lesage, Fuzelier et d'Orneval, qui furent les fondateurs de l'opéra-comique ; Haguenier, Le Brun et l'abbé de Grécourt, dont les chansons graveleuses, bien que fort gaies et spirituelles, ne seraient pas tolérées de nos jours (1).

Enfin vint Panard, qui, né en 1691 et mort en 1765, ne cessa de chanter pendant sa longue carrière, et qui fut le véritable créateur du genre actuel.

Sous la régence, pendant la minorité de Louis XV, qui fut un temps de

---

(1) Une édition des *Contes et Chansons* de l'abbé Grécourt, publiée en 1836, a été saisie et mise au pilon.

plaisirs, de festins et de débauches, la vogue de la chanson s'accrût encore, et elle se ressentit beaucoup des mœurs de cette époque. « Sous Louis XIV, dit un historien, la chanson mettait des paniers, du fard et des mouches, pour assister aux fêtes de Versailles. Pendant la régence, elle allait aux orgies du Palais-Royal comme une fille, en bacchante échevelée, la gorge nue ; elle faisait des yeux à un laquais, se vautrait sur les genoux d'un mousquetaire, mettait ses doigts dans l'assiette du régent et trempait son biscuit dans le verre du cardinal Dubois. »

C'est alors que commencèrent à chanter, en même temps que Panard, Vadé, auquel son esprit naturel et son intarissable gaîté firent pardonner son défaut d'instruction ; Gallet, homme lettré, qui charmait par de délicieux couplets les ennuis de sa profession d'épicier ; Piron, Collé, Favart, le chevalier de Boufflers, qui tous s'efforcèrent de donner à la chanson une direction nouvelle, et parvinrent à former une école, qui prit naissance vers 1736.

Déjà, en 1733, Piron, Crébillon fils, Collé et Gallet avaient fondé une société chantante, sous le nom de *Dîners du Caveau*, qui fut l'origine de celle connue sous le nom de *Caveau moderne*, inaugurée en 1805, et dans laquelle, selon l'expression d'un de ses confrères, le gai, le spirituel, le verveux, l'entraînant Désaugiers, dont nous parlerons plus loin, étalait sa bonne grosse face réjouie et rebondie.

C'était chez Gallet que se réunissait la société des *Dîners du Caveau*. Bientôt tous les célèbres chansonniers du temps briguèrent l'honneur d'y être admis, et la société reçut successivement dans son sein Crébillon père, Sallé, Fuzelier, Saurin père, Saurin fils, Gentil-Bernard, Duclos, Labruère, Moncrif et une foule d'autres. Plus tard, la réunion se tint dans le cabaret du fameux Landelle, et les érudits du genre montrent encore aujourd'hui, au carrefour Bussy, la place où était ce cabaret, dans lequel, les jours de réunion, les plus grands seigneurs sollicitaient, chapeau bas, la faveur de se glisser incognito.

Jamais on n'avait autant chanté qu'on le fit pendant la seconde moitié de règne de Louis XV : l'amour, le vin, les jésuites, le quiétisme, la bulle *unigenitus*, les convulsionnaires de saint Médard, la paix, la guerre, les victoires, les défaites, les favorites du roi, la vie licencieuse de ce prince, les querelles de la cour et des parlements, furent les sujets d'un véritable cataclysme de chansons, dont la nomenclature remplirait des volumes.

Le nombre des chansonniers et des chansons s'accrût encore lors de l'avénement de Louis XVI au trône. A la critique du règne précédent succéda

l'enthousiasme de l'espérance. Le goût s'épurait de plus en plus; mais bientôt l'horizon s'assombrit; on ne cessa pas de chanter, mais on cessa d'être gai. La politique envahit tout, et aux chants de joie succédèrent les chants de guerre.

La chanson révolutionnaire fut, a dit Dumersan, hideuse, sanglante, grossière, dans l'expression comme elle était cruelle dans la pensée. Cela est un peu exagéré, et l'anathème est trop général pour être juste. Sans doute *la Carmagnole*, *le Ça ira*, *Madame Veto*, sont de grossiers et ignobles chants qui méritent la réprobation des gens de goût; mais le nombre de ces productions est fort petit, en comparaison des chansons dignes de renom qui parurent dans le même temps; et le bon Dumersan le reconnaît lui-même un peu plus loin, lorsque, en réfutant La Harpe, qui prétend que les Français ont cessé de chanter pendant le règne de la Terreur, il affirme qu'à côté des chansons furibondes et grotesques, il y eut, à cette époque des hymnes et des romances pleines de sentiment et de délicatesse. N'est-ce pas aussi à cette époque terrible que Rouget de Lisle enfanta *la Marseillaise*, que Chénier improvisa *le Chant du départ*, ces strophes sublimes qui électrisèrent tant de cœurs généreux et firent naître tant de héros sur le sol de la France?

Les autres genres ne cessèrent pas un seul instant d'avoir leurs organes ordinaires : la publication de l'*Almanach des Muses* ne fut jamais interrompue; on voyait paraître en même temps le *Chansonnier des Grâces* et celu de la *Montagne*, en compagnie du *Chansonnier patriotique*, des *Étrennes lyriques*, des *Étrennes d'Apollon*, des *Étrennes du Parnasse*, de l'*Almanach des aristocrates*, de l'*Almanach des prisons*, de l'*Almanach des gens de bien*. Le journal royaliste, appelé *Les Actes des apôtres*, était rempli de chansons épigrammatiques contre les puissances du jour. *La Constitution en vaudeville*, par Marchant, et *la République en vaudeville* sont des productions de 1793. Comment donc La Harpe a-t-il pu dire qu'on ne chantait pas alors ? N'en déplaise à ce rhéteur hargneux, on chantait autant et même plus que jamais; on chansonnait tout, les hommes et les choses, et jusqu'à la guillotine elle-même, ainsi que le prouve ce couplet d'une chanson des premiers jours de 1794 :

> La guillotine est un bijou
> Qui devient des plus à la mode,
> J'en veux une en bois d'acajou
> Que je mettrai sur ma commode.

> Je l'essaierai soir et matin,
> Pour ne pas paraître novice,
> Si par malheur le lendemain
> A mon tour j'étais de service.

Était-il possible de braver plus audacieusement et plus gaîment les puissances sanguinaires du temps ? Mais c'est que la chanson aussi est et était dès-lors une puissance, et force était aux maîtres du moment de *laisser passer la justice du chansonnier*, comme autrefois Charles VI ordonnait qu'on laissât passer la justice du roi.

« Une chose digne de remarque, dit Brazier dans son *Histoire des petits théâtres*, c'est que chaque opinion mourait en chantant. On entendait toujours les mêmes airs : *O Richard, ô mon roi !* ou *la Marseillaise*, *Vive Henri VI* ou *Ça ira*. Ainsi, en France, la chanson, qui console des misères de la vie, vient encore nous aider à mourir..... Grâces soient rendues à la chanson ! »

Le Directoire, comme les pouvoirs précédents, fut chansonné sans pitié, ainsi que le Conseil des Anciens et celui des Cinq-Cents. L'Empire vint, et la chanson, d'abord enthousiaste, fut bientôt adulatrice ; mais, à l'instar de la société, qui se réorganisait, elle essaya de se constituer et d'établir aussi un empire. Déjà, sous le Consulat, s'était formée, sous le nom de *Dîners du vaudeville*, une société chantante, qui se réunissait à des époques fixes, et où chaque membre apportait sa chanson, qui était imprimée dans un recueil dont le succès fut très grand.

Cette petite académie, qui s'était dissoute en 1802, se reconstitua en 1804. On comptait parmi les membres de cette spirituelle réunion les auteurs le plus en réputation du théâtre du Vaudeville : Piis, Barré, Radet, Desfontaines, Bourgueil, Léger, Desprez, Deschamps, Dupaty, Gassicourt, Dieulafoi, Dumersan, Pain, Chazet, Ourry, Gersin, Ségur, qui fut depuis grand-maître des cérémonies de l'Empire, et quelques autres.

Dans un dîner préparatoire, les statuts de la société furent rédigés, discutés, adoptés et mis en couplets ; ce fut l'une des plus piquantes productions de cette réunion de gens d'esprit. Un des principaux articles était ainsi conçu :

> Pour être admis on sera père
> De trois ouvrages en couplets,
> Dont deux au moins (clause sévère !)
> Auront esquivé les sifflets.

A mesure que de nouveaux auteurs obtenaient des succès marquants sur le théâtre du Vaudeville, ils étaient admis aux dîners. C'est ainsi que l'on vit successivement arriver Armand Gouffé, Philipon de la Madeleine, Prévost d'Yrai, Maurice, Séguier, frère du premier président de la cour royale sous la Restauration et la royauté de Louis-Philippe, et une foule d'autres joyeux épicuriens de ce temps. Les convives se réunissaient chez un acteur nommé Julliet, comédien spirituel, original, qui s'était fait restaurateur.

Cette société s'étant dissoute pour des raisons qui sont demeurées inconnues, Armand Gouffé et Capelle conçurent l'idée, en 1806, de ressusciter, sous le nom de *Caveau moderne*, l'ancien *Caveau* fondé par Panard en 1733 ; ils appelèrent à leur aide une grande partie des convives des *Dîners du vaudeville,* et choisirent pour lieu de réunion le Rocher de Cancale, restaurant tenu par un nommé Baleine, et qui était surtout renommé pour ses huîtres et son poisson.

On élut pour président de cette assemblée, qui se réunissait à table le 20 de chaque mois, le vieux Laujon. Il en devint l'Anacréon, dit le spirituel Brazier, auquel nous empruntons une partie de ces détails; il y chanta jusqu'à l'âge de quatre-vingt-cinq ans l'amour et le vin, et mourut comme le vieillard de Théos, non d'un pepin de raisin, mais en fredonnant un couplet ; il eut en outre l'honneur de mourir académicien. Il avait sollicité vainement pendant cinquante ans son admission parmi les quarante immortels, lorsque, dans une séance de l'Académie française où l'on discutait le mérite de plusieurs candidats, l'abbé Delille se leva et dit : « Mes « chers confrères, je pense qu'il est important que M. Laujon soit nommé « cette fois; il a quatre-vingt-deux ans, vous savez où il va..... laissons-le « passer par l'Académie. » Tout le monde applaudit à ce mot, et le chansonnier fut fait académicien.

Les autres principaux membres du *Caveau moderne* étaient Dupaty, Piis, Moreau, Chazet, Delongchamps, Francis, Antignac, Rougemont, de Jouy, Ourry, Tournay, Chapelle, Ducray-Dumesnil, Coupart, Gentil, Eusèbe Salverte, et surtout le spirituel Désaugiers, qui tint pendant plus de vingt ans le sceptre de la chanson, de la vraie chanson, de la chanson rieuse, bouffonne, pleine de malice et de gaîté, mais toujours dépourvue de fiel. Quoi qu'on en puisse dire, Désaugiers fut et est resté notre meilleur chansonnier, dans la bonne et véritable acception du mot.

Ce fut aussi au *Caveau moderne* que Béranger commença sa réputation ; il ne faisait pas encore de ces odes qui l'ont immortalisé; comme roi de la chanson politique, son règne n'a commencé qu'après le désastre de Waterloo.

Cette académie chansonnière dura jusqu'en 1815, et publia pendant dix ans son spirituel recueil. Mais la diversité des opinions politiques, à cette époque où le gouvernement changea, mit la dissension parmi les chansonniers, et tua le *Caveau moderne*. Cependant il ressuscita en 1826, et un volume, intitulé *le Réveil du caveau*, attesta cette résurrection; mais sa grande réputation était morte définitivement.

Avant la fondation du *Caveau moderne*, il avait existé une société chantante sous les noms des *Déjeuners des garçons de bonne humeur*; elle avait été fondée par M. Étienne, qui fut depuis député et académicien; et elle comptait parmi ses membres Désaugiers, Servières, Morel, Dumaniant, Martainville, Gosse et plusieurs autres. Leurs chansons étaient publiées par numéros; elles eurent un grand succès; mais cette société ne dura que dix-huit mois.

On avait vu, à l'imitation du *Caveau moderne*, se former des sociétés chantantes dans la plupart des villes de France. Des sociétés rivales ou émules surgirent dans la capitale; et, comme tout le monde ne pouvait pas être membre du *Caveau*, on fonda d'abord la *Société de Momus*, où se firent remarquer Étienne Jourdan, Casimir Ménétrier, Hyacinthe Leclerc, et par-dessus tout Émile Debraux, qui devait bientôt devenir le chansonnier populaire par excellence. Ce brave et digne garçon, que nous avons connu intimement, était d'une nature un peu rugueuse, et, chose étrange, il avait des velléités de misanthropie. Lorsque ces accès lui prenaient, il quittait Paris, se rendait, à pied, dans la forêt de Fontainebleau, et là il se livrait, pendant quatre ou cinq jours, à la chasse des papillons, passant les nuits à la belle étoile, et dormant sur l'herbe, sans craindre les vipères, si redoutables dans ces parages, mais qu'il prétendait avoir apprivoisées en chantant, sous prétexte d'en faire une collection. Cet excellent homme est mort, en 1831, d'une phthisie laryngée. Huit jours avant de fermer les yeux pour toujours, il nous disait d'une voix presque entièrement éteinte : « Ce qui me contrarie, c'est de ne pouvoir plus chanter; du reste, je me porte bien, et, si je ne chante plus, je ferai encore chanter. » Heureuse illusion qui l'a empêché de se sentir mourir.

Le recueil des chansons d'Émile Debraux est très volumineux; mais les chansons de ce recueil ne sont pas toutes de Debraux; il a fait, à différentes époques, de nombreux emprunts à son ami Charles Lepage, qui peut revendiquer à juste titre beaucoup de chansons insérées, de son aveu, dans le recueil d'Émile Debraux.

Immédiatement après la création de la *Société de Momus*, il se forma des myriades de sociétés chantantes dans Paris et la banlieue : il y eut les sociétés des *Lapins*, du *Gigot*, des *Gamins*, des *Lyriques*, des *Joyeux*, des *Francs-Gaillards*, des *Braillards*, des *Bons-Enfants*, des *Vrais-Français*, des *Grognards*, des *Amis de la gloire*, des *Enfants du caveau*, des *Bergers de Syracuse*, des *Oiseaux*, etc., etc.

Enfin les choses en vinrent à ce point que, vers 1836, il n'y avait pas moins de quatre cent quatre-vingts sociétés chantantes à Paris et dans la banlieue. C'était un indice certain de l'adoucissement des mœurs, résultat dû en grande partie aux théâtres chantants ; car, il faut le reconnaître, les théâtres chantants ont prodigieusement contribué à répandre le goût de la chanson et à augmenter le nombre des chansonniers ; et l'histoire de ces théâtres est si intimement liée à celle de la chanson, que nous éprouvons le besoin d'entrer ici dans la voie rétrospective. A tout seigneur tout honneur ; parlons d'abord de l'opéra.

Opéra.

L'invention des *opéras* ou représentations en musique accompagnées de danses, de machines et de décorations, est due aux Italiens. On avait tenté plusieurs fois, mais sans succès, de les introduire en France, lorsque l'abbé Perrin, qui avait la place d'introducteur des ambassadeurs près de Gaston de France, duc d'Orléans, entreprit de naturaliser chez nous ce spectacle. Il composa une pastorale qu'il fit mettre en musique par Cambert, intendant de la musique de la reine mère. Cette pièce, qui fut d'abord chantée à Issy, chez M. de La Haye, fut si goûtée, quoique exécutée sans machines et sans danses, que le cardinal Mazarin en fit donner, à Vincennes, plusieurs représentations devant le roi.

L'abbé Perrin composa ensuite une *Ariadne*, dont on fit plusieurs répétitions ; mais la mort du cardinal, arrivée en 1661, empêcha qu'elle fût jouée, et suspendit pour un temps le progrès des opéras naissants. Cependant l'abbé Perrin poursuivit son projet, et il obtint enfin, en 1669, des lettres patentes pour l'établissement d'une *académie des opéras* en langue française. Il s'associa, pour la musique, avec Cambert ; pour les machines, avec le marquis de Sourdeac ; et fit représenter à Paris, sur le théâtre de l'hôtel de Guénégaud, l'opéra de *Pomone*, au mois de mars 1671. Les danses étaient de la composition de Beauchamp, surintendant des ballets du roi.

Le rôle de Pomone fut chanté par une demoiselle de Castilly, et, pour remplir les autres rôles, on avait fait venir du Languedoc plusieurs musiciens.

La nouveauté de ce spectacle attira la foule, et le succès se soutint pendant huit mois entiers. Mais le marquis de Sourdeac, sous prétexte des avances qu'il avait faites, s'empara des recettes, puis du théâtre, et déposséda l'abbé Perrin. Pour se passer de son ancien associé, il eut recours à Gilbert, secrétaire des commandements de la reine Christine, et poète qui n'était pas sans mérite. Gilbert composa une pièce, intitulée *les Peines et les Plaisirs de l'amour,* qui fut représentée sur le théâtre de la rue Guénégaud. Les auteurs de la musique, des danses, l'inventeur des machines et les acteurs furent les mêmes que dans *Pomone;* le rôle de Climène fut joué par mademoiselle Brigogne.

Le roi s'intéressa beaucoup à ce nouveau spectacle, et crut ne pouvoir le mettre en de meilleures mains que celles de Lulli, qui était surintendant de sa musique. Il lui fit expédier des lettres de privilége pour la représentation des opéras.

Dans ces lettres-patentes, le roi permet à Lulli d'établir une *Académie royale de musique.* Tel est le titre que prit dès-lors l'Opéra. « Nous l'érigeons, est-il ajouté, sur le pied de celles des académies d'Italie, *où les gentilshommes chantent publiquement en musique sans déroger,* voulons et nous plaist que tous gentilshommes et demoiselles puissent chanter auxdites pièces et représentations de notre Académie royale, sans que pour ce ils soient censés déroger audit titre de noblesse et à leurs priviléges. »

Lulli établit son théâtre au jeu de paume du Bel-Air, près de la rue Guénégaud, et donna au public, en 1672, *les Fêtes de l'Amour et de Bacchus,* pastorale composée de fragments de différents ballets, dont il avait fait la musique pour le roi, sur les paroles de Quinault. Ce fut un Italien, nommé Vigarani, qui conduisit les machines.

Dans le ballet, dont une partie avait été composée par Lulli et l'autre par Des Brosses, parurent de très grands seigneurs, le duc de Monmouth, le duc de Villeroy et le marquis de Rassen, qui dansèrent en présence du roi avec les danseurs de ce spectacle, les sieurs Beauchamp, Saint-André, Favier et La Pierre, dont les noms se trouvent aux ballets des pièces de Molière.

Depuis ce moment, presque tous les opéras furent composés en société par Quinault et Lulli, qui furent les véritables créateurs de ce genre en France. Il n'est personne qui ne sache combien cette association produisit de chefs-d'œuvre.

Thomas Corneille fit pour Lulli *Psyché* et *Bellérophon*, et Campistron fit *Acis et Galatée*.

Molière étant mort le 17 février 1673, le roi donna le théâtre du Palais-Royal, qu'occupait la troupe de ce célèbre comique, à l'Académie royale de musique.

Lulli l'occupa jusqu'en 1687. Lorsqu'il mourut au mois de mars (1), son gendre, Nicolas de Francinet, maître-d'hôtel du roi, obtint sa survivance, et prit, en 1698, pour associé, Dumont, écuyer du dauphin.

Lulli avait fait le premier acte d'*Achille et Polyxène*, opéra de Campistron, dont la musique fut achevée par Colasse, maître de la musique de la chambre et de la chapelle du roi. Ce successeur de Lulli a composé dix opéras. Les deux fils de Lulli en composèrent aussi quelques-uns, ainsi que Marin, Marais, Desmarets, Charpentier, Bouvard, La Coste, Destouches, Campra et Lalande.

En 1712, Destouches fut créé inspecteur général de la régie de l'Académie royale de musique. Nous ne saurions nommer tous les musiciens de ce temps qui firent représenter des ouvrages à l'Opéra; nous signalerons cependant Mouret, Rebel et Francœur; de même que nous citerons parmi les auteurs des paroles les noms célèbres de Fontenelle, La Motte, et ceux de Danchet, Pellegrin, Cahusac, Roi et Moncrif.

Ce fut en 1733 qu'un homme justement célèbre, Rameau, qui ne se lança cependant dans la carrière du théâtre qu'à l'âge de cinquante ans, jeta un nouvel éclat sur la scène lyrique, et composa trente opéras, parmi lesquels on distingue, comme ses chefs-d'œuvre, *Dardanus* et *Castor et Pollux*. Il mourut en 1764, âgé de plus de quatre-vingts ans.

Mais la musique devait subir une nouvelle révolution, et Gluck vint en France en 1770, précédé d'une réputation immense et justement méritée. Il ne trouvait pas à la langue italienne assez de nerf pour se mettre à l'unisson des passions violentes; il pensa que la scène française, par la régularité de son ordonnance et la progression de son intérêt, était plus favorable à l'unité, condition qui l'occupait avant toute chose. Enfin le public français devait être, selon lui, le plus sensible à la vérité dramatique. C'était un

---

(1) Lulli, mort à 54 ans, a été enterré dans l'église des Petits-Pères, près la place Notre-Dame-des-Victoires, où l'on voit encore son tombeau.

rôle assez piquant pour un étranger, que celui de relever notre langue de l'anathème prononcé contre elle par le plus éloquent des écrivains français, Jean-Jacques Rousseau.

Il fit alors la musique d'*Iphigénie en Aulide,* dont le bailli du Rollet coupa le poème d'après celui de Racine, en conservant, autant que possible, l'admirable versification du poète.

Du Rollet écrivit à l'administration de l'Opéra, et l'engagea à faire venir le musicien à Paris. L'idée d'une révolution musicale souleva une violente opposition ; mais on eut recours à la dauphine Marie-Antoinette, qui avait beaucoup d'attachement pour son ancien maître, et qui fut heureuse de lever tous les obstacles. Gluck se mit en route à l'âge de soixante ans. *Iphigénie* fut représentée le 19 avril 1774 et fit époque ; l'effet en fut prodigieux ; il en fut de même d'*Orphée* et d'*Alceste.* La musique ancienne, justement alarmée, voulut opposer à Gluck un rival ; les partisans de celle-ci obtinrent qu'on fît venir en France Piccini, qui était célèbre en Italie. Alors commença cette guerre qui fit tant de bruit, entre les *gluckistes* et les *piccinistes.* Le théâtre devint une véritable arène, quelquefois sanglante. Chaque matin, dans les feuilles publiques, c'était une grêle d'injures et d'épigrammes ; tout Paris était en insurrection. Les hostilités durèrent jusqu'à ce que le compositeur allemand fût retourné à Vienne. Avant son départ, en 1780, il donna *Armide* et *Iphigénie en Tauride.* Il mourut à Vienne, le 15 novembre 1787, d'une attaque d'apoplexie.

Gluck a fait de l'art dramatique un langage sublime qui captive l'âme tout entière. Sa musique fait oublier, par un étonnant prestige, que c'est par l'oreille qu'elle arrive au cœur. « Grâce à ce grand homme, a dit un juge compétent, l'opéra n'offre plus *un concert dont le drame est le prétexte ;* il a tout l'intérêt de la tragédie : c'est Corneille, c'est Racine traduits dans une langue nouvelle ; c'est le sublime et le pathétique de ces grands poètes. »

Piccini marcha sur les traces de son rival dans *Iphigénie en Tauride* et dans la *Didon,* dont Marmontel avait écrit le poème.

Salieri, à qui Gluck avait remis l'opéra des *Danaïdes,* que sa santé ne lui permettait pas d'écrire, obtint un succès auquel succéda celui de *Tarare,* que Beaumarchais lui avait confié.

Nous arrivons à Sacchini, qui obtint un éclatant succès avec les opéras de *Dardanus, Renaud* et *Chimène.* Son plus bel ouvrage fut *Œdipe à Colonne,* que la cour accueillit avec un grand enthousiasme, mais dont l'apparition à Paris fut retardée par des obstacles de mille espèces. Ce ne fut que quatre mois après la mort du célèbre compositeur qu'on représenta à l'Opéra

OEdipe à Colonne qui restera l'un des chefs-d'œuvre du genre, autant par le génie du musicien que par la beauté du poème de Guillard. La musique de Sacchini, simple et gracieuse, est rehaussée par une mélodie et une harmonie toujours correctes; aussi a-t-elle défié les outrages du temps, malgré les révolutions opérées depuis un demi-siècle dans l'art musical.

Nous terminerons la liste des musiciens célèbres qui ont illustré l'opéra par le nom de Grétry, qui a dit dans un de ses ouvrages : « Ma musique n'est pas aussi énergique que celle de Gluck, mais je la crois la plus vraie de toutes les compositions dramatiques. Je n'ai pas exalté les têtes par un superlatif tragique, mais j'ai révélé l'accent de la vérité. »

Treize ouvrages de ce maître ont été joués au grand Opéra; plusieurs appartiennent au genre comique.

Les ouvrages qui ont obtenu le plus de succès jusqu'en 1827 sont : *la Lampe merveilleuse*, d'Étienne et Nicolo; *la Vestale*, de Jouy et Spontini; *Fernand Cortez*, des mêmes auteurs; *Aristippe*, de Leclerc et Giraud, musique de Kreutzer.

Alors apparut une nouvelle ère musicale avec *le Siége de Corinthe*, qui nous fit connaître le célèbre Rossini.

Cet illustre *maestro*, qui, depuis 1810, avait commencé à briller sur les théâtres d'Italie, où il avait donné *Tancredi*, *il Barbiere*, *Otello*, *la Gazza ladra*, *la Cenerentola*, n'aurait pas cru sa gloire complète s'il ne l'avait consacrée sur la scène lyrique française. Ce hardi novateur a lancé la mélodie dans des routes nouvelles, et changé tout le système lyrico-dramatique des Italiens, en appelant l'orchestre à concourir à l'intérêt qui, précédemment, se portait uniquement sur la partie vocale. Cependant des critiques prétendent que Rossini, qui osa lutter avec Paesiello et Mozart, est au-dessous du premier pour la mélodie et du second pour l'harmonie; que ses ouvertures sont faibles, qu'il se répète trop, et qu'il néglige presque toujours la règle fondamentale de tous les beaux-arts, c'est-à-dire l'ensemble, qui doit régner dans une composition, regardée comme un tout dont les parties s'enchaînent et se prêtent un appui mutuel. Le chef-d'œuvre de Rossini, *Guillaume Tell*, parodié sur sa musique par des auteurs français, est, comme poème, un ouvrage très irrégulier et sans intérêt. Il est vrai que, dans un opéra italien, il ne s'agit guère que de flatter l'oreille par quelques airs et quelques morceaux d'éclat, la pièce n'étant qu'un cadre auquel on ne fait point d'attention. C'est le système opposé qu'avait suivi Gluck et qu'ont toujours adopté les grands maîtres de la scène lyrique; c'est celui que suivent encore Meyerbeer et Halévy, et qui a fait le grand succès de *Robert le*

Diable, des *Huguenots* et de *la Juive*, dont les poèmes, écrits par Scribe, sont de vraies compositions dramatiques où l'intérêt du sujet, la splendeur du spectacle, concourent au bel ensemble de l'opéra.

Peut-on parler de l'Opéra sans citer quelques-uns des noms qui y sont devenus célèbres, et sans citer pour le chant Cheron, Lays, Rousseau, la fameuse Saint-Huberty; et, sous l'empire, Dérivis, Nourrit et madame Branchu; puis, de nos jours, Duprez, mademoiselle Falcon et madame Stolz?

La danse a eu aussi ses célébrités dans les Gardel, les Vestris, et les demoiselles Sallé, Camargo, Guimard, génération à laquelle a succédé celle des Clotilde, des Bigottini, et ensuite celle de Taglioni, d'Essler, puis d'une foule d'autres sylphides, dont la reine est aujourd'hui la ravissante Carlotta Grisi.

Maintenant que les décorations et les costumes sont si perfectionnés, on ne saurait s'imaginer à quel point ils furent longtemps ridicules à l'Opéra.

Au Théâtre-Français, sous Louis XIV, les acteurs de tragédie étaient vêtus du costume qu'on portait à la cour, y joignaient une écharpe en ceinture, et avaient la tête embarrassée de la volumineuse perruque du temps, sur laquelle on plaçait une couronne de laurier ou un chapeau garni de plumes.

A l'Opéra, les costumes étaient d'imagination et ne ressemblaient à ceux d'aucun temps, d'aucune nation. Les dieux, les bergers, les rois, les héros, figuraient ornés de guirlandes de fleurs, et tous portaient des paniers comme les femmes d'alors.

En 1681, on vit, pour la première fois, des danseuses paraître sur le théâtre de l'Opéra; jusqu'alors ces emplois avaient été remplis par des hommes habillés en femmes.

Les danseurs parurent longtemps avec des masques, et il n'y a guère qu'une soixantaine d'années qu'ils ont dansé à visage découvert.

En 1719, l'Opéra était encore éclairé par des chandelles. En cette année, par la munificence du fameux contrôleur général Law, on leur substitua des bougies.

Quoique nous l'ayons tracée rapidement et en passant sur beaucoup de détails, l'histoire du théâtre de l'Opéra ne serait pas complète si nous n'y joignions pas celle des différentes salles dans lesquelles ce spectacle a été établi.

Le théâtre du Palais-Royal, dont Sauval dit qu'il était le plus commode et le mieux entendu de tous, ne consistait qu'en vingt-sept degrés ou gradins et deux rangées de loges. Les degrés n'avaient que quatre ou cinq pouces de hauteur.; les spectateurs du vingt-septième degré n'étaient point au-dessus des acteurs. Les femmes de la cour faisaient porter des fauteuils ou des chaises que l'on posait sur ces degrés.

L'entrée de ce spectacle était sur la place du Palais-Royal, et on y parvenait par un cul-de-sac étroit qui s'ouvrait sur la façade du palais. Le théâtre qui lui était contigu n'avait rien qui le caractérisât. Un incendie le détruisit en 1763, et, pendant qu'on le reconstruisit, les acteurs jouèrent au théâtre des machines du château des Tuileries.

En 1770, la nouvelle salle fut achevée et ouverte au public, qui s'y porta avec une affluence extraordinaire. Elle fut plus élégante que celle qui avait été incendiée; on y trouvait quatre rangs de loges. Après douze ans d'existence, cette salle devint encore la proie des flammes au mois de juin 1781.

C'était sur ce nouveau théâtre qu'avaient brillé le danseur Dauberval, le chanteur Legros, et Sophie Arnould, célèbre par la vivacité de son esprit et ses heureuses et fines reparties.

On bâtit alors une salle provisoire près de la porte Saint-Martin; elle fut achevée dans l'espace de soixante-quinze jours. Les acteurs de l'Opéra y jouèrent jusqu'en 1793, époque où ils allèrent établir leur spectacle dans la salle que la demoiselle Montausier avait fait élever dans la rue Richelieu, vis-à-vis la Bibliothèque royale. L'Opéra y resta jusqu'au 13 février 1821, époque de l'assassinat du duc de Berry. L'édifice fut démoli et le spectacle transféré d'abord au théâtre de Louvois, puis au théâtre Favart, et enfin dans la salle où il est actuellement, rue Lepelletier, sur l'emplacement de l'ancien hôtel de Choiseul. Il y fut installé en 1822.

Telles sont les différentes migrations de l'Opéra, qui attend un emplacement définitif, la salle où il est aujourd'hui n'étant que provisoire. Cependant cette salle est encore la plus belle de Paris, et les talents de tout genre que l'on y admire font de l'Opéra le premier spectacle du monde.

Opéra-Comique.

Dans l'ordre chronologique et dans celui de l'importance relative des théâtres chantants, après l'opéra vient l'opéra comique; car s'il est vrai que ce genre, vraiment national en France, doive son origine au vaudeville qui prit lui-même naissance dans les théâtres forains, il s'est dégagé de ses langes et a commencé à voler de ses propres ailes bien avant que le vaudeville eût un théâtre spécial.

Il y avait, dans le vieux Paris, deux foires Saint-Germain et une foire

Saint-Laurent. L'époque où fut fondée la première foire Saint-Germain n'est pas bien certaine; tout ce que l'on sait, c'est qu'elle existait déjà sous le règne de Philippe-le-Hardi, vers 1280. Elle dura jusqu'au règne de Louis XII.

L'autre foire Saint-Germain, celle qui a duré jusqu'à la révolution de 1789, fut créée par Louis XI, en 1482, et donnée à l'abbé et aux religieux de Saint-Germain avec franchise huit jours durant. Sous Charles VIII elle ne durait que quatre jours; Henri IV la fit durer trois semaines; en 1630, elle fut continuée six semaines; sous Louis XV et jusqu'à la révolution, elle durait deux mois.

L'origine de la foire Saint-Laurent est inconnue; tout ce que l'on sait, c'est qu'elle a pris son nom de l'église Saint-Laurent dont elle était voisine, et qu'elle se tenait le jour de la fête de ce saint. Elle appartenait aux prêtres de la mission de Saint-Lazare.

Ces foires étaient garnies de boutiques et d'échoppes où l'on vendait toutes sortes de marchandises; ensuite on y fit voir des animaux curieux. Il se passa beaucoup de temps avant qu'il s'y introduisît des spectacles de quelque genre que ce fût. Les premiers que l'on y vit furent des marionnettes, et le fameux Brioché y transporta les siennes. Scarron en parle dans sa description burlesque de la foire Saint-Germain.

En 1646, le lieutenant civil accorda une permission à des danseurs de corde, et en 1678 ces bateleurs jouèrent pour la première fois une espèce de pièce mêlée d'intermèdes et d'exercices, intitulée *Les Forces de l'Amour et de la Magie*.

Les danseurs de corde, sauteurs et montreurs de marionnettes donnaient leurs jeux dans des baraques que l'on appelait des loges, et qui n'étaient point faites en forme de salles de spectacle comme elles l'ont été depuis.

Une loge était un lieu fermé avec des planches, où l'on dressait des échafaudages pour les spectateurs, une corde tendue pour les danseurs, et une estrade peu élevée pour les sauteurs.

En 1690, Alexandre Bertrand augmenta son jeu de marionnettes d'une troupe de jeunes acteurs qui représentèrent une petite comédie.

Les comédiens français réclamèrent contre cette innovation. La loge fut abattue par ordre du lieutenant de police; Bertrand se réfugia à la foire Saint-Laurent.

En 1696, la suppression de la troupe des comédiens italiens offrit une ressource aux entrepreneurs des jeux de la foire, qui, se regardant comme héritiers de leurs pièces de théâtre, en jouèrent plusieurs fragments et ajoutèrent à leurs troupes des acteurs capables de les représenter. Le public y courut en foule. Alors on construisit des salles de spectacle en forme, théâtre, loges, parquet, etc.

On ne saurait se faire une idée des persécutions qu'essuyèrent les malheureux forains de la part des comédiens français, et de la persistance avec laquelle ils y résistèrent. Sentences de police, ordres du parlement, ils éludaient tout. On démolissait leurs théâtres, ils les rebâtissaient.

On ne leur permettait de jouer que des scènes détachées, ils appelaient du lieutenant de police au parlement, qui suspendait l'exécution des sentences; enfin, triomphant de tous les obstacles, les forains furent tout-à-fait établis vers 1700. Ils prirent un arrangement avec l'Opéra, et se firent quelques amis parmi les comédiens français. L'Opéra, en vertu de ses priviléges, leur accorda la permission de chanter, et, moyennant un droit qu'ils s'obligèrent à payer, leurs pièces devinrent des comédies mêlées de changements de décorations, de machines, de musique et de ballets.

En 1708, Dominique Biancolelli, fils de Dominique, l'excellent arlequin de la Comédie-Italienne, débuta à la foire Saint-Laurent par une pièce de sa composition, intitulée *Arlequin gentilhomme par hasard*. L'acteur et la pièce eurent le plus grand succès. Ce comédien quitta la foire en 1717 pour débuter au Théâtre-Italien.

En 1712, Le Sage, Fuzelier et d'Orneval commencèrent à composer des pièces purement en vaudevilles, et le spectacle prit de ce moment le nom d'Opéra-Comique.

On mêla peu à peu de la prose ou des vers avec les couplets pour mieux les lier ensemble et pour se dispenser d'en faire de trop communs.

Mais il survint une défense aux forains de parler. Les comédiens français avaient obtenu un arrêt qui défendait à ceux-ci de donner aucune comédie par dialogue ou par monologue. Les forains eurent recours aux écriteaux, c'est-à-dire que chaque acteur avait son rôle écrit en gros caractères sur du carton qu'il présentait aux yeux des spectateurs. Ces inscriptions parurent d'abord en prose, après cela on les mit en chansons; mais comme ces écriteaux embarrassaient sur la scène, on les fit descendre du ceintre. Deux enfants habillés en amours, et suspendus en l'air, déroulaient l'écriteau, l'orchestre jouait l'air du couplet, et des personnes placées dans la salle le chantaient pendant que les acteurs y accommodaient leurs gestes.

L'Opéra-Comique vécut ainsi pendant quelques années; mais, en 1721, le privilége fut ôté à la troupe qui l'avait, puis, en 1722, le spectacle fut fermé tout-à-fait. Les acteurs s'avisèrent alors de louer une loge et d'y faire représenter leurs pièces par des marionnettes. Cette nouveauté réussit.

Après beaucoup de vicissitudes qu'il serait trop long de décrire, l'ancien Opéra-Comique passa, en 1743, dans les mains de Jean Monnet, homme d'esprit, qui attacha à son théâtre des auteurs dont le talent commençait à plaire au public; c'étaient, entre autres, Piron, Vadé et Favart.

Il est curieux de voir, dans les *Mémoires* de Monnet, l'état d'avilissement dans lequel le théâtre de l'Opéra-Comique était tombé, par la négligence du directeur Ponteau, ce qui en avait absolument éloigné la bonne compagnie.

« La livrée, dit-il, s'était emparée du parterre; elle décidait des pièces, sifflait les acteurs et quelquefois même ses maîtres quand ils s'avançaient trop sur le devant de la scène. (On sait qu'à cette époque il y avait des deux côtés de la scène des banquettes pour les spectateurs.) Les loges des actrices étaient ouvertes à tout le monde; la salle et le théâtre étaient construits comme les loges des baladins. La garde s'y faisait par un officier de police et sept à huit soldats de robe courte. L'orchestre était composé par des gens qui jouaient aux noces et aux guinguettes; la plupart des danseurs figuraient avec des bas noirs et des culottes de drap de couleur. Rien, en un mot, n'était si sale, si dégoûtant même que les accessoires de ce spectacle. »

Monnet obtint une ordonnance du roi qui défendait les entrées à la livrée; il fit construire un amphithéâtre, réparer et décorer la salle à neuf, chercha des sujets pour améliorer sa troupe, et eut le bonheur d'y faire entrer Préville, qui est devenu depuis un des plus célèbres acteurs du Théâtre-Français.

Pendant longtemps les opéras-comiques ne furent que des pièces dont les couplets étaient faits sur des airs connus comme nos vaudevilles; mais l'apparition en France des chanteurs italiens, nommés bouffons, inspira à Vadé l'idée de faire composer de la musique nouvelle pour ses opéras-comiques, et lorsque, après un séjour de dix-huit mois, en 1753, les bouffons eurent repassé les monts, Vadé fit *les Troqueurs*, et proposa son projet à d'Auvergne, habile harmoniste. Ce compositeur réussit : il attira au spectacle de l'Opéra-Comique l'affluence des amateurs de la bonne musique; *les Troqueurs* eurent un succès de vogue.

Sedaine, Anseaume, Poinsinet, Favart et plusieurs autres suivirent l'exemple de Vadé, et on vit paraître les airs charmants des Duni, Grétry, Philidor, Monsigny, Martini, et de quelques autres musiciens moins célèbres.

Cependant plusieurs de ces pièces étaient mêlées d'airs anciens et d'airs nouveaux ; peu à peu la musique prit le dessus, et le vieux vaudeville disparut tout-à-fait.

Ce fut en 1761 qu'eut lieu la réunion de l'Opéra-Comique avec la Comédie-Italienne. Les deux troupes alternèrent et eurent des jours fixés pour leurs représentations ; mais bientôt l'Opéra-Comique tua la Comédie-Italienne.

La muse de Favart commençait à jeter le plus vif éclat sur cette scène par *les Trois Sultanes* et *Annette et Lubin*. Bientôt après Anseaume y donna *les Chasseurs* et *la Laitière*, avec la jolie musique de Duni. Poinsinet fit jouer *le Sorcier* avec celle de Philidor. Sedaine et Monsigny enrichirent la scène de *Rose et Colas*.

Favart marcha de succès en succès avec *Isabelle et Gertrude*, *la Fée Urgèle*. Sedaine et Monsigny donnèrent *le Déserteur* ; Marmontel et Grétry, *le Huron*, et le même compositeur, avec Anseaume, *le Tableau parlant*.

Zémire et Azor, *la Rosière de Salency*, *le Magnifique*, *Sylvain*, *la Belle Arsène*, *Félix*, et tant d'autres pièces dont il serait impossible de donner la liste, eurent des succès qui ont duré jusqu'à nos jours. Ces succès toujours croissants déterminèrent en 1789 les comédiens italiens à se retirer et à laisser le théâtre à l'Opéra-Comique. Il n'y eut de conservés que l'excellent Carlin, et Camerani, qui eut l'administration du spectacle en qualité de semainier perpétuel.

Cependant, outre les pièces à ariettes, on y joua quelquefois des drames et des comédies. Desforges y fit jouer *la Femme jalouse* et *Tom Jones à Londres* ; Mercier, *l'Indigent*, et *la Brouette du vinaigrier* ; Andrieux y donna *Anaximandre* et *les Étourdis*. Nous pourrions en citer beaucoup d'autres qui eurent du succès. On y avait joué plus anciennement de charmantes comédies de Marivaux telles que *les Fausses Confidences* et *les Jeux de l'Amour et du Hasard*. Plusieurs de ces pièces ont été depuis jouées aux Français. Bientôt après on y joua aussi les jolis vaudevilles de Piis et Barré, genre gracieux, aussi français, plus français peut-être que l'opéra-comique lui-même, et dont nous parlerons tout-à-l'heure.

En 1783, le Théâtre-Italien quitta l'hôtel de Bourgogne, rue Mauconseil, et s'établit sur le terrain de M. de Choiseul, où il est encore maintenant et où il prit, en 1792, le titre de Théâtre national de l'Opéra-Comique. C'est depuis cette époque que l'on y vit des acteurs chéris du public : Caillot, Trial, Clairval, Michu, Elleviou, et que, parmi les actrices, on remarqua mesdames Dugazon et Saint-Aubin, dont les talents ne peuvent être mis en comparaison qu'avec ceux des meilleures comédiennes du Théâtre-Français.

Marsollier et Delayrac furent les auteurs les plus féconds et les plus heureux de l'Opéra-Comique. On leur dut *Nina, Camille* et vingt autres pièces à succès. *Paul et Virginie* de Kreutzer, *les Dettes* et *la Mélomanie* de Champein contenaient des airs que tout le monde retenait et chantait.

Il serait impossible de citer tous les ouvrages qui firent pendant vingt ans la fortune de ce théâtre, jusqu'à sa réunion avec le théâtre Feydeau qui, créé en 1789, lui suscita jusqu'en 1803 une dangereuse rivalité. Le privilége de ce théâtre, qui eut d'abord le titre de *Théâtre de Monsieur*, avait été donné à Léonard, coiffeur de la reine. Il joua d'abord dans la salle des Tuileries, en 1790 à la foire Saint-Germain, et en 1791 dans la nouvelle salle, rue Feydeau.

Le Théâtre de Monsieur avait d'abord joué des opéras traduits de l'italien; il joua bientôt des opéras français; l'émulation produisit des effets heureux, mais les deux troupes rivales ne purent se soutenir, et la réunion des talents que possédait chacune d'elles fit de l'Opéra-Comique un théâtre admirable.

Martin, Solié, Gavaudan, Juliet, mesdames Scio et Rolandeau complétèrent un ensemble que l'on ne peut comparer qu'à celui qu'offrit la réunion des comédiens français, à peu près à la même époque.

L'Opéra-Comique a subi depuis trente-trois ans bien des révolutions, il a vu briller et disparaître bien des talents aimés du public; mais ceci devient de l'histoire contemporaine; ces souvenirs sont trop présents pour que nous croyions nécessaire d'aller plus loin. Nous avons seulement voulu initier nos lecteurs au commencement d'un genre qui, faible dans sa source, a pris un développement si brillant, et d'un spectacle forain est devenu l'un des plus intéressants de notre capitale.

Théâtres de Vaudevilles.

Nous comprenons sous ce titre tous les théâtres chantants, autres que l'Opéra et l'Opéra-Comique, qui existent aujourd'hui à Paris.

On a vu dans la notice précédente, que Piis et Barré avaient fait représenter au théâtre de l'Opéra-Comique, de charmants vaudevilles vers 1782; ces deux genres étaient alors confondus, et cela dura jusqu'en 1792, époque où la liberté des théâtres fut proclamée. Piis et Barré conçurent alors le projet de consacrer à ce genre si éminemment français une salle particulière;

et ils la fondèrent dans la rue de Chartres, sur l'emplacement d'une salle de bal, nommée le *Vaux-hall d'hiver* ou *le Panthéon*. Les fondateurs prirent pour devise un vers de Boileau, dont ils ne changèrent qu'un mot, et ils écrivirent sur leur affiche :

Le Français, né malin, *créa* le vaudeville.

Les premiers auteurs que s'associèrent Piis et Barré furent Desfontaines, Radet, Demautort, Deschamps et Léger, acteur de ce théâtre; mais Piis resta peu de temps dans l'association, et le triumvirat, dont le nom fit pendant vingt ans le succès et la fortune du Vaudeville, fut composé de Barré, Radet et Desfontaines.

Bientôt ce genre aimable, dont le succès fut complet, attira beaucoup d'auteurs dont la plume facile embellit le nouveau répertoire; le théâtre du Vaudeville fut surnommé *la Boîte à l'esprit*, et ce surnom fut mérité, grâce aux ouvrages de Desprez, Bourgueil, Prévôt d'Irai, Philippon-la-Madeleine, le comte et le vicomte de Ségur. Les premiers ouvrages qui furent joués sur ce théâtre étaient légers de fond, mais les détails en étaient toujours gracieux et les couplets piquants.

Les acteurs qui s'étaient formés à ce genre y réussirent complétement, et joignirent à un bon ton de comédie l'art de chanter le couplet avec goût et finesse. On distinguait parmi eux Rosières, Vertpré, Chapelle, Duchaume, Henri, Julien, Carpentier ; mesdames Sara Lescot, Blosseville, Molière, de La Porte, Duchaume. La troupe était remarquable par son ensemble parfait.

Un acteur spécial, Laporte, y remplissait le rôle d'Arlequin d'une manière charmante, et avait renouvelé ce genre perdu depuis Carlin et maintenant tout-à-fait oublié.

Les plus jolies arlequinades, qui lui durent en partie leur succès, furent *Arlequin afficheur*, *Colombine mannequin*, et quantité de parodies dans lesquelles il imitait d'une façon extraordinaire Talma; telles que *Arlequin taquin* et *Arlequin Cruello*, parodies de *Lucrèce* et d'*Othello*. Sa dernière création fut *le Nécessaire et le Superflu*, pièce dans laquelle il rappela les traditions du meilleur temps de la comédie italienne.

Les premières pièces qui attirèrent la foule au Vaudeville furent *la Revanche forcée*, *le Prix*, *la Matrone d'Éphèse*, *le Petit Sacristain*, *Piron avec ses amis*, *Honorine, ou la Femme difficile à vivre*.

Né presque avec la Révolution, le Vaudeville fut obligé de faire des concessions à l'esprit du jour, mais ce fut toujours avec modération. Cette scène ne fut pas souillée des turpitudes qui déshonorèrent quelques autres théâtres.

Le théâtre du Vaudeville, dont la marotte se changeait quelquefois en férule, vit souvent se renouveler des scènes d'opposition. Léger, dans sa pièce de l'*Auteur d'un moment,* avait dirigé un couplet contre Chénier, auteur de *Charles IX.* Les uns demandèrent *bis,* les autres s'y opposèrent. On força l'auteur à brûler sa pièce sur le théâtre.

Plus tard, sous le Directoire, dans une pièce intitulée : *Ne pas croire ce qu'on voit,* un couplet dans lequel on crut voir une allusion aux puissants du jour, fit fermer le théâtre pendant quelque temps.

Après la période révolutionnaire, le Vaudeville reprit toute sa gaîté et son esprit de bon aloi; on y vit un genre de pièces ignoré jusqu'alors, c'est ce qu'on a appelé *les pièces de galerie.* Le Vaudeville passa successivement en revue maître Adam, Molière, Scarron, Théophile, J.-J. Rousseau, Voltaire, Frédéric, Chaulieu, Boursault, madame Deshoulières, Gessner, l'Arioste, Florian, Gentil-Bernard. Un succès aussi brillant qu'estimable couronna *Monsieur Guillaume,* nom supposé sous lequel on représenta le vénérable et infortuné Lamoignon de Malesherbes.

En même temps, le Vaudeville saisissait toutes les circonstances, et aucun événement, aucune mode, rien de ce qui prêtait au ridicule ou à la critique n'échappait à ses malins couplets.

A cette époque, le troupeau des auteurs de vaudevilles s'augmenta d'Armand Gouffé, Georges Duval, Dieulafoi, Gersin, Tournay, Dupaty, du Mersan, Chazet, Vieillard, Sewrin, Joseph Pain et Bouilly ; ces deux derniers attirèrent la foule avec le succès extraordinaire qu'obtint leur *Fanchon la vielleuse,* sous les traits charmants de madame Belmont.

Nous ne saurions citer les noms de tous les auteurs, ni les titres de toutes les pièces qui enrichirent le piquant répertoire du Vaudeville pendant vingt ans. Ce répertoire amusant, spirituel et varié, plaisait par son ensemble ; cependant quelques pièces eurent la vogue, entre autres *la Revue de l'an VI, la Soirée de deux prisonniers, la Leçon de botanique, les quatre Henri, Amour et mystère, Lantara, le Pauvre Diable, les deux Edmond, la Belle au bois dormant, Gaspard l'Avisé.* Joly était alors le comique en réputation du Vaudeville.

Une troisième phase fit connaître de jeunes auteurs qui suivirent les traces de leurs prédécesseurs et qui remplacèrent ceux que le temps moissonnait ou qui survivaient à leurs succès. Ce furent Désaugiers, Dubois, Rougemont, Francis, Moreau Théaulon, Dartois, Mélesville, Bayard, et enfin Scribe, qui commença au Vaudeville sa brillante carrière dramatique par *la Visite à Bedlam, une Nuit de la garde nationale, la Somnambule* et *le comte Ory.*

Mais bientôt des théâtres rivaux s'élevèrent; la concurrence s'établit. La plus dangereuse fut celle du Gymnase. Barré, devenu vieux, abdiqua, et le Vaudeville passa successivement dans les mains de Désaugiers, Bérard, de Guerchy, Bernard-Léon et Arago. Sous ce dernier directeur, le genre changea; la régence et Louis XV devinrent à la mode; le Vaudeville se jeta en même temps dans le marivaudage et dans le drame. On y vit même des reines et des cardinaux. Puis les courtisanes eurent leur vogue, et arrivèrent *Marion Delorme, Marie Mignot, la Camargo* et *la Dubarry*, avec MM. Ancelot, Lockroi, Paul Duport.

Les flonflons étaient vieux. Les refrains joyeux, les couplets villageois, les épigrammes piquantes cédèrent la place aux grands airs, aux morceaux à prétention.

Cependant Arnal, qui remplaçait Joly, avait conservé le privilége de faire rire, et gardait encore quelques traditions de l'ancien vaudeville, grâce aux pièces amusantes de MM. Dupaty, Duvert et Varin, dans lesquelles il était merveilleusement secondé par Lepeintre jeune.

Un incendie, arrivé en 1836, détruisit cette bonbonnière, cette boîte à l'esprit, dont le petit cadre convenait si bien au genre du Vaudeville. Il fallut chercher un asile ailleurs. On sait que c'est maintenant sur la place de la Bourse, dans la salle construite pour le théâtre des Nouveautés, que le Vaudeville a fait élection de domicile. Là il fut dirigé quelque temps par M. Trubert, qui n'y réussit pas.

A sa direction peu heureuse succéda celle de M. Ancelot, plus homme d'esprit qu'administrateur, puis celle de M. Cogniard.

Ce qui faisait le charme du Vaudeville, c'était le mélange des airs simples et joyeux, des naïfs *pont-neuf* et des airs les plus jolis des opéras-comiques qui, bien adaptés aux paroles, leur donnaient de la valeur, et dont les refrains bien choisis leur donnaient de l'esprit. Ces airs connus aidaient le public à retenir les couplets qu'il fredonnait gaîment en sortant du spectacle. Quelques-uns étaient composés exprès et devenaient populaires, comme ceux de Chardini et de Wecht, qui furent les deux premiers chefs d'orchestre du Vaudeville. Mais celui qui en a composé le plus et dont les gracieuses mélodies ont eu le plus de succès et se répètent encore, c'est Doche, qui a composé plus de quatre cents airs, tous jolis et spirituels, qu'il a réunis dans le recueil intitulé : *la Musette du Vaudeville*. Doche, que l'on a justement surnommé *le Grétry du Vaudeville*, est mort en 1825. Son fils, qui lui a succédé, a hérité de son talent.

Le vaudeville avait eu un théâtre spécial, ce genre avait eu du succès ; tous les autres s'en emparèrent, et l'un de ceux qui l'exploitèrent des premiers fut le théâtre de la Cité-Variétés. Une partie de la troupe passa vers 1798 au théâtre de mademoiselle Montansier au Palais-Royal. Le fameux Brunet était du nombre ; il fut bientôt rejoint par Tiercelin, Bosquier, Gavaudan et quelques autres. Ces acteurs avaient fait partie de la troupe rivale du Vaudeville, que l'auteur-acteur Léger avait réunie pour fonder le *Théâtre des Troubadours*. Ces troubadours avaient débuté au théâtre Molière le 4 mai 1799 ; ils passèrent à la salle Louvois le 1er août de la même année, et cessèrent d'exister vers le commencement de 1801. C'est de cette époque que date la vogue extraordinaire du théâtre des Variétés qui, après avoir été l'émule de celui du Vaudeville, fut bientôt son égal et le surpassa souvent. Son genre plus varié, sa gaîté un peu plus hasardée, le mélange des pièces gracieuses, bouffonnes, grivoises, poissardes, attirèrent la foule, et beaucoup d'auteurs désertèrent la rue de Chartres, où quelquefois le vaudeville *pinçait sans rire*, pour venir s'enrégimenter dans la nouvelle salle des Variétés, qui venait de s'élever sur le boulevart des Panoramas. Des vaudevilles aussi amusants que spirituels sortirent de la plume de Désaugiers, Francis, Georges Duval, Rougemont, du Mersan, Martainville, Merle, Brazier, Sewrin, Chazet. Plus tard, on vit se joindre à leurs noms ceux de Dartois, Théaulon, Mélesville, Scribe. Mais ces deux derniers allèrent en 1820 fonder une nouvelle rivalité au Vaudeville, en élevant avec M. Poirson le théâtre du Gymnase.

C'était déjà beaucoup que trois théâtres du même genre, ce qui n'empêcha pas, après la révolution de juillet 1830, qu'on ne laissât établir dans l'ancienne salle des Variétés-Montansier le théâtre du Palais-Royal.

Dieu sait la consommation de couplets qui se fait tous les ans dans ces quatre théâtres, sans compter le nombre de ceux qui se fabriquent journellement pour les théâtres de la Gaîté, des Folies-Dramatiques, des Délassements, du Petit-Lazzari, de Beaumarchais et même des Funambules, où malheureusement on chante aussi. Il faut que la mine soit inépuisable pour fournir à une si prodigieuse exploitation.

A ces notices sur les théâtres chantants, écrites par du Mersan, qu'il nous soit permis d'ajouter ce qu'écrivait en 1837 un autre spirituel vaudevilliste auquel nous avons fait quelques emprunts :

«Le vaudeville a commencé par être niais, puis il s'est fait naïf, puis satirique et méchant, et enfin hypocondriaque. Après avoir été courtisan comme un ancien sénateur, il s'est fait indépendant comme un contrebandier. Il a donné successivement dans toutes les folies ; il a brisé le lendemain l'idole qu'il encensait la veille ; et puis, quand il a été las, il est retombé, comme nous l'avons vu plusieurs fois, dans le marasme ou dans l'extravagance. Depuis six ans seulement, le vaudeville, c'est-à-dire le couplet, s'est fait drame, moyen-âge, pamphlet, fashion, gamin ; il a porté de la poudre, des cheveux plats ; il a mis des mouches, fumé le cigarre ; il a chanté *Vive Henri IV! la Carmagnole, Charmante Gabrielle, la Parisienne* ; il a été légitimiste, républicain, juste-milieu ; il a célébré Napoléon et crié *vive la Liberté!* et porté des fleurs au pied de la colonne. On l'a vu s'asseoir dans le fauteuil royal ; il a chanté dans les rues ; il a couru aux Variétés, à la rue de Chartres, au Gymnase, au Palais-Royal, à la porte Saint-Martin, à l'Ambigu, à la Gaîté, chez Madame Saqui, chez Bobineau, au Petit-Lazzari, dans la banlieue et dans les départements ; il a chanté sur la corde raide aux Funambules, et fait le saut du ruban chez Franconi ; il a été talon rouge, bonnet rouge, cordon rouge ; il a porté l'habit du soldat, la soutane du curé, la veste du prolétaire, le rochet d'un évêque ; il s'est ri de tout, moqué de tout, saturé de tout ; il est allé en enfer, en paradis ; il s'est raillé du ciel et de la terre, de Dieu, du diable et des hommes.

«L'histoire de l'époque où nous sommes sera plus qu'aucune autre facile à retrouver dans les fastes du vaudeville ; ce sera pour lui une espèce d'époque sans nom. On verra facilement qu'en **1837** on chantait partout ; mais que le *véritable vaudeville* n'était nulle part, hélas !

« Quelques personnes pourront me répondre : mais vous avez dit que l'on riait au Vaudeville, aux Variétés, au Palais-Royal... le vaudeville y est donc ? —Non ; le vrai vaudeville est mort : on chante partout ; mais des morceaux d'opéra, des airs de Rossini, de Meyerbeer. J'entends partout des roulades, des barcarolles, des rondeaux, des duos, des nocturnes, des romances, et j'attends toujours des couplets... Le vaudeville est mort... quant à présent du moins, et je proclame d'avance un homme fort celui qui le ressuscitera. »

Evidemment le bon et joyeux Brazier tournait au misanthrope lorsqu'il écrivit cette philippique. Oui, le vaudeville a tout chanté ; mais cela n'empêche pas qu'il ne soit aujourd'hui plein de vie ; et c'est le calomnier que de dire qu'il est mort, car il ne peut pas mourir, non plus que la chanson qui l'a fait naître et dont, par réciprocité, il a tant servi à propager le goût, grâce à son esprit et à la prodigieuse fécondité de ses pères. Ainsi Le Sage, le spirituel et immortel auteur de Gil Blas, donna à l'Opéra-Comique, dans l'espace de vingt-six ans (de 1713 à 1739), cent et une pièces ; cela paraissait prodigieux : eh bien ! Brazier, à un siècle de là, et dans le même espace de temps à peu près, a fait jouer sur les théâtres de Paris plus de deux cent quatre-vingts vaudevilles ; presque tous les vaudevillistes de son temps n'ont pas été moins féconds, et ceux d'aujourd'hui le sont plus encore ! Le vaudeville n'avait que trois théâtres à Paris, avant 1830 ; il en a plus de vingt aujourd'hui, car on chante partout, même au Théâtre-Français !... Et maintenant que la chanson a mis le pied dans le temple de Corneille, Racine et Molière, soyez sûrs que la donzelle n'en sortira plus et qu'elle y aura bientôt ses coudées franches.

Mais revenons aux chansonniers proprement dits, et aux sociétés chantantes, qui ont suivi la même progression, puisque, ainsi que nous l'avons dit plus haut, on ne comptait pas moins, en 1835, de quatre cent quatre-vingts de ces sociétés autorisées, à Paris et dans la banlieue, non compris les chansonniers des rues qui se sont toujours tenus à part, et parmi lesquels brillaient autrefois Duverny l'aveugle, Cadot, Aubert, Collaud et tant d'autres qui eurent une immense renommée, et qui ont laissé de nombreux successeurs.

Nous avons dit que le *Caveau moderne* avait tenté de ressusciter en 1826, pour remourir tout-à-fait peu de temps après ; mais déjà, deux ans auparavant (1824), quelques chansonniers distingués, parmi lesquels se trouvaient Marcillac, Louis Festeau, Dauphin, Saint-Gilles, A. Julien, Henry-Simon, A. Jacquemart, Salcat, Justin Cabassol et plusieurs autres, avaient formé, sous le nom de Gymnase lyrique, une nouvelle société dont le succès fut tel tout d'abord, que toute la jeunesse chansonnière brigua l'honneur de s'y faire admettre. L'émulation enfanta des prodiges, et la réputation du *Gymnase lyrique* ne tarda pas à égaler et même à surpasser celle du Caveau moderne. En 1832, cette société n'avait plus de rivale, ni dans le présent, ni dans le passé ; ses chansons, qu'à l'imitation du Caveau moderne, elle publiait en volumes annuels, eurent, dès les premières années, un succès qui ne fit que s'accroître jusqu'en 1832, époque où elle atteignit son apogée.

Six ans s'écoulèrent encore sans que le Gymnase lyrique perdît rien de sa célébrité si justement acquise ; mais, hélas ! la fragilité est une des conditions de toute création humaine ; il ne faut souvent qu'un souffle pour détruire les plus belles. En 1838, l'amour-propre blessé de quelques membres du Gymnase lyrique amena une discussion des plus vives, à la suite de laquelle il y eut scission ; chacun des deux partis prétendit représenter la véritable société, de sorte qu'il y eut deux Gymnases lyriques, et qu'à la fin de l'année chacun d'eux publia son volume sous le même titre.

Tant de fiel entre-t-il dans l'âme des chansonniers ? Mon Dieu, oui, tant de fiel peut y entrer, et ce que nous racontons le prouve sans réplique, car c'est de l'histoire que nous faisons ; mais quand il y entre, hâtons-nous de le dire, il y reste peu, et ce fut ce qui arriva à propos du fait que nous rapportons : les membres du Gymnase lyrique s'étaient divisés en deux camps ; le public qui achetait leurs chansons en fit autant. Les frais d'impression avaient doublé, et la recette n'augmenta point ; elle diminua au contraire très sensiblement : beaucoup d'amateurs, ne sachant auquel des deux recueils donner la préférence, n'en achetèrent aucun. *Dans le doute abstiens-toi !* c'est un conseil que l'on suit toujours volontiers, lorsque l'abstention doit avoir pour résultat de desserrer le moins possible les cordons de la bourse.

A la suite de cet échec, les membres des deux fractions rivales sentirent la nécessité de mettre de l'eau dans leur vin, chose déplorable pour des gens qui, on le croira sans peine, n'en avaient pas du tout l'habitude ; mais on se dit qu'une fois n'est pas coutume, et l'on se résigna : les deux fractions se rapprochèrent ; comme on avait échangé force épigrammes, on se donna force poignées de main, et le Gymnase lyrique fut reconstitué aux acclamations des amis de la joie.

Pendant trois années encore les productions du Gymnase chantant eurent un immense succès, succès tel que, en 1841, cette société ayant été dissoute pour des raisons que nous ignorons, il était déjà impossible de trouver dans le commerce de la librairie une seule collection complète de ses recueils annuels.

Mais ce n'étaient pas seulement les sociétés chantantes qui entretenaient alors la vogue de la chanson. De 1820 à 1830, une foule de gens d'esprit, n'appartenant à aucune de ces sociétés, faisaient des chansons charmantes. Dès 1818, les chansons de Charin couraient le monde et étaient bien accueillies partout. En 1820, Eugène de Pradel, ce merveilleux improvisateur, publiait son recueil, qui le faisait, à cause de quelques épigrammes à l'adresse des puissants du jour, mettre au corridor rouge de Sainte-Pélagie, devenue la Bastille des écrivains libéraux ; et, comme le coupable avait intitulé son petit livre *les Etincelles*, cela fit dire qu'il avait été imprudent de jouer avec le feu.

Au reste, cette infortune fut subie par beaucoup de chansonniers de la même époque. Ainsi, en même temps que Pradel, Debreaux, qui venait de publier son premier recueil sous le titre de *Chansons nationales*, était également condamné et claquemuré; Magalon, Barginet de Grenoble, Grand, Lagarde, Lesguillon, Aug. Perrint et une foule d'autres eurent le même sort, que partagea également Béranger, condamné pour la première fois à trois mois de prison par la cour d'assises de la Seine, le 8 décembre 1821, à raison de la publication le huit de ses meilleures chansons, savoir : *Deo gratias, Descente aux enfers, Mon curé, les Capucins, les Chantres de paroisse, les Missionnaires, le Bon Dieu, le Roi Christophe.*

Béranger a été porté depuis à l'Assemblée nationale constituante par un million de voix : Béranger est une des gloires poétiques les plus pures de notre temps.

Au nombre des joyeux faiseurs de ce temps (1820 à 1830) qui n'appartenaient à aucune confrérie, nous mentionnerons M. Romieu, qu'on avait surnommé *l'homme le plus gai de France*, et qui, en s'éveillant et mettant la main dans la poche vide de son gilet, improvisait quelquefois des chansons comme celle-ci :

J' n'ai qu'un sou, j' n'ai qu'un sou.

C'était aussi alors que chantaient le joyeux Wollis, l'aimable et spirituel James Rousseau, morts tous deux rédacteurs de la *Gazette des tribunaux;* Alexandre Dumas, qui n'avait pas encore fait Henri III; le gai viveur Horace Raisson; Abel Hugo, frère du grand poète... Mais hélas! M. Romieu fut nommé préfet, et il cessa de chanter pour faire la guerre aux hannetons de la Dordogne; Dumas a cessé de chanter les *Pieds d'ange* de la charmante Ida pour faire des romans en soixante-dix volumes in-8°; Horace Raisson fait les comptes-rendus des cours d'assises pour la *Gazette des tribunaux.*

Heureusement à ceux-là d'autres ont succédé, et faute de quelques moines l'abbaye ne chôme point.

Pendant ces dix années, loin de diminuer, le nombre des sociétés chantantes ne cessa de s'accroître.

La révolution de juillet 1830 arrêta quelque peu cet élan; on cessa tout-à-coup de chanter l'amour et le vin, pour réentonner *la Marseillaise, le Chant du départ* d'abord, puis *la Parisienne, la Varsovienne,* de Casimir Delavigne. La politique revint tout envahir, et l'on ne chanta plus que des chansons nationales, que beaucoup de gens ont le tort de confondre avec les chansons populaires.

En effet, la chanson nationale, toujours enfantée par une passion ardente, a pour mission de crier aux armes! de célébrer la victoire ou de poursuivre de sa haine railleuse les vaincus, au nom du plus fort.

Le chant populaire, au contraire, est tout lyrisme et tout élégie. Le chant populaire, c'est celui qui, sans relation directe avec aucun paroxysme donné du patriotisme, se montre cependant le fils le plus dévoué de la patrie, qui en revêt les mœurs, en garde les coutumes, et se fait l'arche dépositaire de ses plus précieux souvenirs; c'est celui qui n'oublie jamais ni les conquêtes, ni les croyances des plus anciens aïeux; c'est la ronde de noces, la chanson de berceau, de table ou de métier; c'est la ballade disant les plus curieux récits sur les notes les plus simples.

Donc, après juillet 1830, le vent était aux chansons nationales; il semblait qu'il n'y eût plus ni ridicules, ni travers; que la sottise, la cupidité, le despotisme, la lâcheté, le fanatisme, fussent morts et enterrés pour toujours. La chanson guerrière, nationale, avait envahi toutes les sociétés chantantes dont nous venons de parler, et, comme la plupart des chansonniers et chanteurs trouvaient ce régime un peu trop corsé pour en faire leur ordinaire, il en résulta que les sociétés se détraquèrent. La chanson était vraiment en danger; il y avait péril en la demeure, car Béranger lui-même avait dit : « Le règne de la chanson est fini. » Le moyen de douter, quand le grand-prêtre condamnait son idole?

Par bonheur, ce n'était qu'une phrase, une boutade sans conséquence; le grand-prêtre s'était trompé; un effet d'optique lui avait fait prendre une étoile nébuleuse pour un soleil nouveau; il s'était trompé, voilà tout; et, dès 1831, il reconnaissait son erreur dans ce couplet digne de ses meilleurs jours :

> Je croyais qu'on allait faire
> Du grand et du neuf,
> Même étendre un peu la sphère
> De quatre-vingt-neuf.
> Mais point! on rebadigeonne
> Un trône noirci.
> Chanson, reprends ta couronne!
> — Messieurs, grand merci!

Et la chanson, en effet, reprit sa couronne, son sceptre, et remonta sur son trône, toujours jeune, vivace et joyeuse.

Dès-lors, les soirées chantantes, petites et grandes, se reconsolidèrent; mais, entre les sociétés régulièrement constituées, formant académie, banquetant à jour fixe, et publiant leurs annales... c'est-à-dire leurs chansons; entre ces sociétés, disons-nous, et les quatre ou cinq cents autres qui pullulaient à Paris, chantaient, ne publiaient rien et se désaltéraient avec du vin douteux, il y avait une distance incommensurable, presque tout un monde. Pour chanter et banqueter à la fois, comme le *Caveau moderne* ou le *Gymnase lyrique*, il fallait avoir du loisir et la bourse bien garnie, faute de quoi le plus spirituel chansonnier était obligé de se taire ou de se rabattre sur les guinguettes. Cette lacune, un de nos plus spirituels chansonniers, Charles Lepage, entreprit de la combler en fondant, vers 1834, sous le nom de *la Lice chansonnière*, une sorte de société mixte.

Jusqu'à cette époque, la vie de Lepage avait été fort accidentée. Né à Laon, de parents honorables, mais peu favorisés de la fortune, il n'avait reçu qu'une éducation fort incomplète. De bonne heure obligé de travailler pour vivre, ses facultés intellectuelles ne pouvaient se développer qu'à l'aide d'une grande puissance de volonté; cependant, encore presque enfant, il essayait de rimer des couplets. Cette disposition d'esprit lui fit bientôt sentir la nécessité d'acquérir ce qui lui manquait pour produire quelque chose de correct; alors il se mit à étudier seul, sans maître; et ses progrès furent tels, qu'après peu de temps les livres élémentaires qui lui avaient servi lui paraissant défectueux, il entreprit de les réformer, et il fit une grammaire pour son usage particulier. C'est une œuvre originale qui n'a jamais été imprimée, mais dont nous avons eu le manuscrit sous les yeux.

Un homme de cette trempe ne pouvait manquer de prendre bientôt dans le monde de l'intelligence sa part d'air et de soleil. Lepage vint à Paris, où il fit la connaissance d'Emile Debraux, dont il devint le collaborateur et l'ami. Cependant, à l'exemple de maître Adam, il continuait à travailler pour vivre et à chanter pour se délasser, et quelques-unes de ses chansons ne tardèrent pas à avoir un assez grand succès. Ce fut à cette époque que les confiseurs du grand monde, ceux qui fournissaient le roi et les princes, jugèrent convenable de renoncer aux devises insipides, aux madrigaux surannés qui, depuis deux siècles, avaient le privilége de se vendre à la livre en compagnie des plus délicieux bonbons. Plusieurs de ces industriels, qui avaient lu et chanté les chansons de Lepage, vinrent trouver ce dernier et lui demandèrent des couplets, des quatrains capables de rehausser par leur mérite la qualité des productions qu'ils étaient destinés à accompagner. Le poète accepta la proposition, et le voilà rimant matin et soir pour la *rue des Lombards*.

La tâche était douce et fructueuse. Lepage, dès-lors, ne quitta plus la plume et sa réputation grandit chaque jour. Un peu plus tard, il créa *l'Extra-Muros*, journal de la banlieue, qui eut en peu de temps un grand nombre d'abonnés. On lui doit aussi la création d'un *journal en chansons*, dont il fut le principal et souvent le seul rédacteur, et qui eut un succès de vogue. Enfin, en 1834, comme nous l'avons dit plus haut, il fonda la société de *la Lice chansonnière*, avec le concours de plusieurs autres chansonniers qui avaient déjà acquis une certaine réputation, tels que Germain, Blondel, Perchelet, Chance, E. Dugas, E. Hachin, Jules Leroy. Au nombre des fondateurs de cette société était aussi Piton du Roqueray, qui en devint le président honoraire, et auquel nous devons une mention particulière.

Fils d'un avoué de Coutances, Piton fit de bonnes et fortes études. Son père se proposait de lui céder sa charge; mais, à peine sorti du collége, Piton, à l'exemple du célèbre comédien Desessarts, pensa qu'il valait mieux faire rire et chanter les gens que de les ruiner, et, laissant là Cujas et Barthole, il donna un libre essor au feu sacré qui commençait à rayonner en lui. Un peu plus tard, pourtant, il entra dans l'instruction publique, et il professa successivement dans plusieurs colléges. Mais sous la robe du professeur battait toujours le cœur du chansonnier, et souvent en descendant de sa chaire le jeune pédagogue rimait quelque joyeux couplet.

Vers 1824, Piton envoya quelques-uns de ses essais à Béranger, qui lui répondit par une lettre des plus flatteuses et des plus encourageantes. Il n'en fallut pas davantage pour déterminer le poète à jeter la robe aux orties. On ne saurait croire combien de lettres de ce genre Béranger a écrites; il n'est pas un chansonnier moderne quelque peu connu qui ne possède au moins un de ces précieux autographes, auxquels on doit des myriades de vers, des déluges de couplets.

Malheureusement Piton ne se borna pas à faire des vers, il écrivit aussi en prose, et il publia, en société avec Eugène de Monglave, un petit livre, *la Biographie des dames de la cour*, qui fit un bruit d'enfer, et qui valut un an de prison à l'un de ses auteurs, Piton, lequel avait eu la générosité d'assumer toute la responsabilité de l'œuvre.

Vint 1830; Piton, en dédommagement de la persécution qu'il avait subie, fut nommé principal de collége; mais il ne resta que peu de temps dans cette position, et, de retour à Paris, après une absence de deux ans, il chanta de nouveau. Ce fut alors qu'il publia, dans le journal en chansons de son ami Lepage, quelques fragments de son *Horace travesti*, qui est bien la plus délicieuse bouffonnerie qu'il soit possible d'imaginer, et qui, nous ne savons pourquoi, n'a jamais été publié entièrement, bien que cet ouvrage d'assez longue haleine soit terminé depuis longtemps.

En créant *la Lice chansonnière*, ses fondateurs décidèrent que cette société se réunirait le jeudi de chaque semaine; que les séances seraient publiques; que chaque membre de la réunion aurait le droit de chanter sa chanson, et que, chaque année, la société publierait le recueil des chansons produites par ses membres. On établit aussi des prix destinés aux auteurs des chansons qui seraient jugées les meilleures.

Grâce à ces sages dispositions des statuts de *la Lice chansonnière*, cette académie populaire devint promptement la plus célèbre de toutes; les jeunes talents pouvant s'y produire sans difficulté, il en résulta une noble émulation qui fit merveille, et de cette pépinière de l'esprit sortirent bientôt de véritables talents qui acquirent en peu de temps une popularité immense. C'est là que firent en quelque sorte leurs premières armes Charles Gille, Charles Colmance, madame Élisa Fleury, Pierre Lachambaudie, dont les chansons et surtout les fables sont dans la mémoire de tout le monde. C'est de là que sont sorties :

> C'est ma Lison, ma Lisette,
> La grisette.

que toute la France a chantée, chante et chantera longtemps encore;

> J'irai revoir ma Normandie,

dont on a tiré plus d'un million d'exemplaires, et qu'on réimprime encore tous les jours, et une quantité d'autres productions véritablement hors ligne, qui expliquent le succès obtenu par les treize volumes que *la Lice chansonnière* a publiés jusqu'à ce jour, et dont il ne reste plus un seul exemplaire complet dans le commerce de la librairie.

Mais ce n'est pas là seulement que l'on a chanté beaucoup et bien depuis 1834, témoin :

> Mire dans mes yeux tes yeux.....

le Rocher de Saint-Malo, la Dot d'Auvergne, de mademoiselle Loïsa Puget, et un grand nombre d'autres chansons et romances qui ont fait les délices du peuple après avoir retenti dans tous les salons.

En revanche, la complainte a été outrageusement négligée pendant ces seize années, et les chansonniers des rues, proprement dits, se sont montrés d'une faiblesse désespérante. Voici un échantillon de ce qui a été produit de moins mauvais en ce genre, en 1847 :

> Ce digne Bonaparte,
> Bon autant que guerrier,
> Imitait Henri quatre
> Pour aimer l'ouvrier.
> Il enrichit la France
> De gloire et de bienfaits,
> Et pour sa récompense,
> On le livre aux Anglais.....
>
> Au malheureux souffrant, riche, sois plus humain,
> Écoute l'ouvrier qui demande du pain, etc.

que l'on juge du reste !... Ah ! Duverny, Collaud, qui avez tant fait de chansons pour les rues, sous l'Empire, vous étiez des aigles en comparaison de vos successeurs !

Il nous reste à dire un mot, avant de terminer, d'une société qui eut, pendant quelque temps, la prétention de rivaliser avec *la Lice chansonnière*, et qui s'intitulait : *les Enfants du caveau*. Elle fit peu de bruit, et il n'en est plus question aujourd'hui ; pourtant elle comptait au nombre de ses membres quelques chansonniers d'un talent incontestable, parmi lesquels nous citerons E.-J. Sirven, qui a publié, en 1835, le recueil de ses chansons. Ce recueil renferme plusieurs pièces remarquables ; mais, nous devons le dire, le meilleur des couplets qu'il contient n'est pas de M. Sirven ; il est d'Armand Gouffé. Expliquons-nous.

M. Sirven avait adressé des chansons à Béranger, qui lui répondit promptement ; il en adressa ensuite à Armand Gouffé, et la réponse de ce dernier se fit attendre ; mais elle vint enfin. En voici un fragment :

« Monsieur, la lettre que vous m'avez fait l'honneur de m'adresser, barrière Pigalle, le 20 du mois dernier, ne m'est parvenue que depuis trois jours, dans la petite ville où j'ai choisi ma retraite depuis 1827 ; cette ville, célèbre par les plaisanteries de Piron, doit un autre genre de renommée à ses bons vins, et c'est pour ce dernier motif que j'y ai fixé mon séjour.

Vous reconnaîtrez à ces traits l'illustre cité de Baune, département de la Côte-d'Or.

> « Sur ces coteaux dont j'ai chanté la gloire,
> Mon luth vieilli n'a plus de joyeux sons;
> Les dieux, du moins, m'ont laissé la mémoire;
> Pour les vins vieux j'ai de vieilles chansons.
> Toujours épris des grâces naturelles,
> Des doux parfums et des fraîches couleurs,
> Du temps heureux où j'encensais les belles,
> Je me souviens en cultivant des fleurs. »

Y a-t-il quelque chose de plus joli, de plus frais, de plus suave que ce couplet écrit par un vieillard de soixante-quinze ans!... Ah! monsieur Sirven, que vous avez été bien inspiré lorsque vous avez mis cette perle dans votre recueil!

Et maintenant, que dirons-nous de la chanson, depuis la nouvelle ère républicaine qui a commencé au bruit du *Chant des Girondins?* — Peu de chose, si ce n'est que la chanson s'est faite socialiste, et que Pierre Dupont est à peu près le seul chansonnier qui ait obtenu, depuis cette époque, les honneurs de la popularié, honneurs mérités par la valeur littéraire de ses chants et par l'originalité des airs qu'il compose lui-même. Toutefois bien que le socialisme veuille conduire le genre humain à un bonheur terrestre plus grand que celui qui existe aujourd'hui, nous croyons que la chanson socialiste ne fera pas taire la vraie chanson, la chanson qui déride les fronts, avive l'espérance, endort la douleur, fait naître la joie, et que ses poètes respecteront la couronne primitive de cette joyeuse souveraine, qui n'a jamais demandé ni liste civile ni budget.

TABLE

DES NOMS DES CHANSONNIERS CITÉS DANS L'HISTOIRE DE LA CHANSON.

A.

	pag
ABEILARD	5
ADHÉMAR	7
ALPHONSE 1er (roi d'Aragon)	7
ANACRÉON	5
ANCELOT	35
ANDRIEUX	31
ANSEAUME	30-31
ANTIGNAC	19
ARNAUD-DANIEL	7
AUBERT	38

B.

BAIF	11
BANDERON DE SENECÉ	15
BARDROS (Camille de)	15
BARGEMON (Guillaume de)	7
BARGINET (de Grenoble)	40
BARRÉ	18-31-32-33-35
BARREAUX (des)	14
BAYARD	35
BELLEAU	11
BENSERADE	14
BÉRANGER (de)	19-40-41-43-45
BERNARD (saint)	5
BERNIS	4
BERTAUT	11
BILLAUT (dit maître Adam)	13-42
BLONDEL	43
BLOT-L'ESPRIT	14
BOIS-ROBERT	14
BOUFFLERS (chevalier de)	16
BOUILLY	34
BOURGEUIL	18-33
BOURSAULT (de)	14
BRAZIER	18-19-36-37-38
BRILLAT-SAVARIN	12

C.

CABASSOL (Justin)	38
CABESTAN (Guillaume de)	7
CADOT	38
CAPELLE	19
CHAMPANETZ	14
CHAPELLE	19
CHARIN	39
CHARLEVAL	14
CHARTIER (Alain)	9-10
CHATEAUNEUF (Pierre de)	7
CHAULIEU	15
CHAZET	18-19-34-36
CHÉNIER	17

	pag.
CHANCE	43
CLÉMENCE ISAURE	7
COIGNIART	35
COLLAUD	38-45
COLLÉ	16
COLMANCE (Charles)	44
COULANGE	14
COUPART	19
CRÉBILLON (fils)	16
CRÉBILLON (père)	16
CRÉTIN (Guillaume)	9

D.

DAGOULT	7
DANCOURT	15
DARTOIS	35-36
DAUPHIN	38
DEBREAUX (Émile)	20-21-39-42
DELAVIGNE (Casimir)	41
DELONGCHAMP	19
DEMAUTORT	33
DÉSAUGIERS	16-19-20-34-35-36
DESCHAMPS	18-33
DESCHAMPS (Eustache)	8
DESFONTAINES	18-33
DESHOULIÈRES (madame)	14
DESHOULIÈRES (mademoiselle)	14
DESPORTES	11
DESPREZ	18-33
DESYVETEAUX	12
DIEULAFOI	18-34
DOMINIQUE	29
DUBELLAY	11
DUBOIS	34
DUCLOS	16
DUCRAY-DUMESNIL	19
DUFRESNY	14
DUGAS	43
DUMANIANT	20
DUMAS (Alexandre)	40
DUMERSAN	17-18-34-36
DUPATY	18-19-34-35
DUPONT (Pierre)	46
DUPORT (Paul)	35
DURAND (Guillaume)	7
DUVAL (Georges)	34-36
DUVERNY	38-45
DUVERT	35

E.

ESTOILE (L')	12
ÉTIENNE	20-25

F.

	pag.
FAVART	16-30-31
FESTEAU (Louis)	38
FLEURY (madame Elisa)	44
FRANCIS	19-35-36
FRANÇOIS 1er	9-11
FRÉDÉRIC 1er (empereur)	7
FRÉDÉRIC II (empereur)	7
FRÉDÉRIC III (roi de Sicile)	7
FROISSARD (Jean)	9
FUZELIER	15-29

G.

GALLET	16
GASSICOURT	18
GENEST (l'abbé)	15
GENTIL	19
GENTIL-BERNARD	16
GEOFFROY	7
GERMAIN	43
GERSAIN	18-34
GILLE (Charles)	44
GOSSE	20
GOTESCALE	4
GOUFFÉ (Armand)	19-31-45
GRAND	40
GRÉCOURT (abbé de)	15
GUILLAUME VIII (duc d'Aquitaine)	7

H.

HACHIN	43
HAGUENIER	15
HENRI IV (roi de France)	12
HENRI-SIMON	38
HORACE	3
HUGO (Abel)	40
HUGUES-GUÉRU (dit Fléchelles)	12

J.

JACQUEMART (A.)	38
JACQUES (bâtard de la Trémouille)	11
JEHAN de Lorraine	11
JODELLE	11
JULIEN (A.)	38
JOURDAN (Étienne)	25
JOUY (de)	4-19-25

L.

LABRUÈRE	16
LACHAMBAUDIE (Pierre)	44
LAFARRE (marquis de)	15

pag.	**O.** pag.	pag.
La Faye. 15		Rousseau (James) 40
Laferté (chevalier de). . . 15	Olivier Basselin 10	Rudel 7
Laferté (duc de). . . . 15	Olivier de la Marche . . 11	
Lafond (de) 15	Orneval (d'). 15-29	**S.**
Lagarde 40	Orléans (Charles d'), petit-fils de	
Lainez 15	Charles V. 11	Saint-Amand. 12
La Monnoie (de). . . . 14	Orléans (duchesse). . . . 11	Saint-Aulaire (de). . . . 15
Lamothe 15	Ourry 18-19	Saint-Gelais. 11
Laserre (de) 15		Saint-Gilles. 15
Latteignant. 14	**P.**	Saint-Gilles. 38
Laujon 19		Saintonge (madame de) . . 15
Le Brun 15	Pain. 18	Saint-Pavin 14
Leclerc (Hyacinthe) . . . 20	Pain (Joseph) 34	Salcat. 38
Léger 18-33-34-36	Panard. 15-19	Sallé 16
Legrand 15	Passerat 11	Salverte (Eusèbe) 19
Lemaire (Jean) 9	Patrix 14	Sarrasin 14
Le Page (Charles) . 20-42-43-44	Paulin (saint). 4	Saurin (fils) 16
Leroy (Jules). 43	Pavillon 15	Saurin (père) 16
Lesage 15-29-37	Pellegrin (l'abbé) 15	Sautereau de Marsy. . . 14
Lesguillon 40	Perchelet 43	Scarron. 14-28
Linière (de) 14	Périn (l'abbé) 14-21	Scribe. 26-35
Lockroi. 35	Perrint (Auguste) 40	Sedaine. 30-31
Lorris (Guillaume de) . . . 9	Philippon de la Madeleine 19-33	Séguier. 19
Lusignan (comte de la Marche) . 8	Philippe (dit le Savoyard) . 14	Ségur (comte de). . . 18-33
	Pierre de Blois. 5	Ségur (vicomte de). . . . 33
M.	Piis 18-19-31-32-33	Sesvières. 20
	Piron 16-30-45	Sewin 34-36
Magalon. 40	Pisan (Christine de). . . . 11	Sirven (L.-J. 45-46
Malezieu. 15	Piton 43	Systeron (Albert de) . . . 7
Malherbe. 11	Poinsinet 30-31	
Malleville 14	Pradel (Eugène de). . . . 39	**T.**
Marchant. 17	Prévost-d'Yrai. . . . 19-33	
Marcillac 38		Théaulon. 35-36
Marie-Stuart 11	**R.**	Thibault (comte de Champagne). 7-8
Marigny 14		Torcy (de). 11
Marot (Clément). . . . 11	Racan 12-13	Tournay. 19-31
Martial de Paris (dit d'Auvergne). 9	Radet 18-33	Turenne (vicomte de). . . 7
Martainville 20-36	Raimond-Béranger (comte de	
Martinfranc 9	Provence) 7	**U.**
Massias (Olivier). 13	Raimond de Durfort. . . 7	
Matho 15	Raimond de Mirevaux . . 7	Urfé (d'). 12
Maurice 19	Raisson (Horace) 40	
Maynard 12	Rambaud de la Vacherie. . 6	**V.**
Mazarini-Mancini 15	Rambaud d'Orange . . . 7	
Melesville 35-36	Raoul (châtelain de Coucy) . 8	Vadé. 16-30
Ménétrier (Casimir) . . . 20	Regnard 15	Varin. 35
Merle 36	Reigner 11	Vergier. 15
Meun (Jean de). 9	Richard-cœur-de-Lion (roi	Verthamont (le cocher de). . 15
Moncrif 16	d'Angleterre) 7	Viaud (Théophile). . . . 12
Monnet (Jean) 8-30	Rivarol. 4	Vidal (Pierre). 7
Moreau. 19-35	Rochebrune. 15	Vieillard. 34
Morel. 20	Romieu. 40	Villon. 11
Morfontaine. 15	Ronsard 21	Voiture. 24
	Rotrou. 12	
N.	Rougemont 19-34-36	**W.**
	Rouget de Lisle 17	
Neuf-Germain 15	Rousseau 15	Wollis. 40
Noel. 14		

FIN DE LA TABLE.

CHANSONS NATIONALES ET POPULAIRES DE FRANCE

RECUEILLIES ET ANNOTÉES

PAR

DUMERSAN ET NOËL SÉGUR

LES SOUVENIRS.

Air populaire breton.

Combien j'ai douce souvenance
Du joli lieu de ma naissance!
Ma sœur, qu'ils étaient beaux les jours
  De France!
O mon pays, sois mes amours
  Toujours!

Te souvient-il que notre mère,
Au foyer de notre chaumière,
Nous pressait sur son cœur joyeux,
  Ma chère?

Ma sœur, te souvient-il encore
Du château que baignait la Dore,
Et de cette tant vieille tour
  Du Maure,
Où l'airain sonnait le retour
  Du jour?

Te souvient-il du lac tranquille
Qu'effleurait l'hirondelle agile;
Du vent qui courbait le roseau
  Mobile

Te souvient-il de cette amie,
Tendre compagne de ma vie?
Dans les bois, en cueillant la fleur
    Jolie,
Hélène appuyait sur mon cœur
    Son cœur.

Oh! qui me rendra mon Hélène,
Et ma montagne et le grand chêne?
Leur souvenir fait tous les jours
    Ma peine :
Mon pays sera mes amours
    Toujours!

        De Chateaubriand.

Nous sommes heureux de pouvoir placer un des noms les plus illustres de notre littérature et de notre histoire contemporaine parmi ceux qui figurent dans ce recueil. Si le génie a dicté des pages brillantes à l'auteur des *Martyrs* et au chantre du christianisme, c'est son cœur qui a laissé tomber cette touchante élégie des *Souvenirs* comme une jolie fleur qui s'échappe d'une couronne d'immortelles. Grâce, pureté, sentiment, tout se trouve dans ce petit poème. C'est la voix émue de l'exilé qui soupire et se confond avec le souffle des vents, auxquels il demande un peu de l'air de son pays natal. Une mélodie des montagnes, simple et douce, ajoute du charme aux paroles, qui pourraient se dire sans être chantées, tant leur expression est poétique et harmonieuse.

La musique se trouve notée au N. 1626 de la *Clé du Caveau* (1).

LA MUSETTE.

1773.

O ma tendre musette,
  Musette des amours,
Toi qui chantais Lisette,
  Lisette et ses beaux jours,
D'une vaine espérance
  Tu m'avais trop flatté :
Chante son inconstance
  Et ma fidélité.

C'est l'amour, c'est sa flamme
  Qui brille dans ses yeux :
Je croyais que son âme
  Brûlait des mêmes feux.
Lisette à son aurore
  Respirait le plaisir.
Hélas! si jeune encore
  Sait-on déjà trahir?

Sa voix pour me séduire
  Avait plus de douceur.
Jusques à son sourire,
  Tout en elle est trompeur;
Tout en elle intéresse,
  Et je voudrais, hélas!
Qu'elle eût plus de tendresse,
  Ou qu'elle eût moins d'appas.

O ma tendre musette,
  Console ma douleur;
Parle-moi de Lisette :
  Ce nom fait mon bonheur.
Je la revois plus belle,
  Plus belle tous les jours :
Je me plains toujours d'elle,
  Et je l'aime toujours.

        La Harpe.

Cette romance de La Harpe parut pour la première fois dans l'*Almanach des Muses* de 1773, avec l'air noté. Monsigny, qui en avait composé la musique, n'y avait pas mis son nom, attachant peu d'importance à cette mélodie, qui eut pourtant le plus grand succès. Cette romance fut chantée partout, et partout on chantait : *Musette, mes amours*, au lieu de : *Musette des amours*. Cette faute est également faite dans presque tous les recueils ; elle désolait La Harpe, qui, entendant un jour une demoiselle la chanter ainsi, lui dit : « Mademoiselle, ma musette n'est pas et ne peut pas être *mes amours*, mais elle les chante : c'est la musette *des amours*. »

La musique se trouve notée au N. 417 de la *Clé du Caveau.*

LES SOUHAITS.

1763.

Que ne suis-je la fougère
Où, sur le soir d'un beau jour.

---

(1) *La Clé du Caveau* est le recueil le plus complet qui existe des airs anciens et nouveaux. Il se vend 25 fr., chez A. Cotelle, rue Jean-Jacques Rousseau, 3.

Nous prévenons le lecteur que nous ne nous faisons pas juge de la valeur de toutes les pièces que nous admettrons dans ce recueil ; leur degré de popularité est notre principal guide ; nous dérogerons cependant à cette règle, mais ce sera alors pour celles d'un mérite réel.

Se repose ma bergère
Sous la garde de l'amour !
Que ne suis-je le Zéphire
Qui rafraîchit ses appas,
L'air que sa bouche respire,
La fleur qui naît sous ses pas !

Que ne suis-je l'onde pure
Qui la reçoit dans son sein !
Que ne suis-je la parure
Qui la couvre après le bain !
Que ne suis-je cette glace
Où son portrait répété
Offre à nos yeux une grâce
Qui sourit à la beauté !

Que ne suis-je l'oiseau tendre
Dont le ramage est si doux,
Qui lui-même vient l'entendre,
Et mourir à ses genoux !
Que ne suis-je le caprice
Qui caresse son désir,
Et lui porte en sacrifice
L'attrait d'un nouveau plaisir !

Que ne puis-je par un songe
Tenir son cœur enchanté !
Que ne puis-je du mensonge
Passer à la vérité !
Les dieux qui m'ont donné l'être
M'ont fait trop ambitieux,
Car enfin je voudrais être
Tout ce qui plaît à ses yeux.

Riboutté.

La musique est attribuée à PERGOLÈSE et à J.-J. ROUSSEAU et se trouve notée au N. 490 de la Clé du Caveau.

VIVRE LOIN DE SES AMOURS.

S'il est vrai que d'être deux
Fut toujours le bien suprême,
Hélas ! c'est un mal affreux
De ne plus voir ce qu'on aime.
Vivre loin de ses amours,
N'est-ce pas mourir tous les jours ?

Chaque instant vient attiser
La flamme qui vous dévore,
On se rappelle un baiser
Et mille baisers encore.
Vivre loin de ses amours,
N'est-ce pas mourir tous les jours ?

La nuit en dormant, hélas !
Victime d'un doux mensonge,
Vous vous sentez dans ses bras ;
Le jour vient... c'est un songe.
Vivre loin de ses amours,
N'est-ce pas mourir tous les jours ?

Un tissu de ses cheveux
Est le seul bien qui me reste ;
Il devait me rendre heureux ;
C'est un trésor bien funeste.
Vivre loin de ses amours,
N'est-ce pas mourir tous les jours ?

Paroles d'un anonyme.

La musique de cette romance est une des premières productions de BOÏELDIEU ; elle se trouve notée au N. 538 de la Clé du Caveau.

DORMEZ, CHÈRES AMOURS.

1819.

Reposons-nous ici tous deux,
Goûtons le charme de ces lieux,
Qu'un doux sommeil ferme vos yeux :
Que le bruit de l'onde se mêle
Aux doux accents de Philomèle.

Dormez, dormez, chères amours,
Pour vous je veillerai toujours,
Dormez, dormez, chères amours,
Dormez, dormez,
   pour vous je veillerai toujours. (*bis.*)

Au sein de ces vastes forêts,
Si l'ombre de ces bois épais
De votre cœur trouble la paix,

Chassez une crainte funeste,
Auprès de vous votre ami reste :
  Dormez, dormez, etc.

Vos yeux se ferment doucement,
Je vais chanter plus lentement :
Heureuse d'un songe charmant,
Puissiez-vous être ramenée
Aux doux instants de la journée !

Dormez, dormez, chères amours,
Pour vous je veillerai toujours,
Dormez, dormez, chères amours,
Dormez, dormez,
  pour vous je veillerai toujours. (*bis*.)
            Amédée de Beauplan.

La musique, qui est de l'auteur des paroles, se trouve chez M. Hue, 10, r. de la Chaussée-d'Antin, et est notée au N. 1798 de la Clé du Caveau.

L'ORAGE.

Il pleut, il pleut, bergère ;
Presse tes blancs moutons ;
Allons sous ma chaumière,
Bergère, vite, allons,
J'entends sur le feuillage
L'eau qui tombe à grand bruit ;
Voici, voici l'orage ;
Voilà l'éclair qui luit.

Entends-tu le tonnerre ;
Il roule en approchant ;
Prends un ami, bergère,
A ma droite, en marchant,
Je vois notre cabane...
Et, tiens, voici venir
Ma mère et ma sœur Anne,
Qui vont l'étable ouvrir.

Bonsoir, bonsoir, ma mère ;
Ma sœur Anne, bonsoir ;
J'amène ma bergère
Près de vous pour ce soir.
Va te sécher, ma mie,
Auprès de nos tisons ;

Sœur, fais-lui compagnie.
Entrez, petits moutons.

Soignons bien, ô ma mère,
Son tant joli troupeau ;
Donnez plus de litière
A son petit agneau.
C'est fait. Allons près d'elle.
Eh bien ! donc, te voilà ?
En corset qu'elle est belle !
Ma mère, voyez-la.

Soupons ; prends cette chaise,
Tu seras près de moi ;
Ce flambeau de mélèze
Brûlera devant toi ;
Goûte de ce laitage.
Mais tu ne manges pas ?
Tu te sens de l'orage,
Il a lassé tes pas.

Eh bien ! voilà ta couche,
Dors-y jusques au jour ;
Laisse-moi sur ta bouche
Prendre un baiser d'amour.
Ne rougis pas, bergère,
Ma mère et moi, demain,
Nous irons chez ton père
Lui demander ta main.
            Fabre d'Églantine.

On aurait de la peine à croire que cette romance, plus que naïve, soit due à la plume qui a tracé *le Philinte de Molière*, que cette idylle de moutons ait été faite par *le loup révolutionnaire*, Fabre d'Églantine. Il y a dans le cœur de l'homme des cordes sensibles qui résonnent malgré lui. Joseph Lebon élevait des oiseaux. Camille Desmoulins adorait sa femme et ses enfants. Le fanatisme politique, comme le fanatisme religieux, étouffe les sentiments qui se révèlent par un instinct auquel l'homme ne peut résister. Fabre d'Églantine fut, à trente-neuf ans, la victime de ses anciens compagnons politiques. L'auteur de l'*Orage* fut enveloppé dans un orage révolutionnaire. L'air délicieux d'un musicien inconnu, nommé Simon, prouve ce que disait Grétry, qu'il n'y a pas un mauvais musicien qui ne fasse un air agréable une fois en sa vie.

La musique de SIMON se trouve notée au N. 233 de la Clé du Caveau.

PLAISIR D'AMOUR.

Plaisir d'amour ne dure qu'un moment :
Chagrin d'amour dure toute la vie.
J'ai tout quitté pour l'ingrate Sylvie :
Elle me fuit et prend un autre amant.
Plaisir d'amour ne dure qu'un moment :
Chagrin d'amour dure toute la vie.

Tant que cette eau coulera lentement
Vers le ruisseau qui borde la prairie,
Je t'aimerai, me répétait Sylvie.
L'eau coule encore : elle a changé pourtant.
Plaisir d'amour ne dure qu'un moment :
Chagrin d'amour dure toute la vie.

Florian.

La musique de MARTINI se trouve notée au N. 455 de la Clé du Caveau.

LE ROSIER.

Je l'ai planté, je l'ai vu naître,
Ce beau rosier où les oiseaux
Au matin, près de ma fenêtre,
Viennent chanter sous ses rameaux.

Joyeux oiseaux, troupe amoureuse,
Ah! par pitié, ne chantez pas :
L'amant qui me rendait heureuse
Est parti pour d'autres climats.

Pour les trésors du nouveau monde
Il fuit l'amour, brave la mort.
Hélas! pourquoi chercher sur l'onde
Le bonheur qu'il trouvait au port?

Vous, passagères hirondelles,
Qui revenez chaque printemps,
Oiseaux voyageurs, mais fidèles,
Ramenez-le-moi tous les ans.

De Leyre.

La musique est de J.-J. ROUSSEAU, et se trouve notée au N. 261 de la Clé du Caveau.

LE BOUTON DE ROSE.

1788.

Bouton de rose,
Tu seras plus heureux que moi ;
Car je te destine à ma Rose,
Et ma Rose est ainsi que toi
Bouton de rose.

Au sein de Rose
Heureux bouton, tu vas mourir.
Moi, si j'étais bouton de rose,
Je ne mourrais que de plaisir
Au sein de Rose.

Au sein de Rose
Tu pourras trouver un rival ;
Ne joûte pas, bouton de rose,
Car, en beauté, rien n'est égal
Au sein de Rose.

Bouton de rose,
Adieu, Rose vient, je la voi :
S'il est une métempsychose,
Grands dieux, par pitié, rendez-moi
Bouton de rose!

La pr. Constance de Salm.

L'on doit à Mme Constance de Salm de nombreux écrits et des poésies, entre autres une épître aux femmes, qui n'est pas sans mérite, en opposition à la satire de Boileau. Elle était encore fort jeune lorsqu'à la demande de quelques personnes elle fit en peu d'instants ces couplets sur le vieil air *de la baronne*. Ils furent insérés dans *l'Almanach des Grâces* en 1788, et ils y restèrent oubliés plus de dix ans. Le compositeur Pradher les y ayant trouvés y fit alors un air qui leur donna beaucoup de vogue. Cette romance a un certain air de prétention et de recherche comme la plupart des poésies de l'époque.

La musique de PRADHER père se trouve notée au N. 64 de la Clé du Caveau.

C. D. G.

LES SOUHAITS.

Air du prologue de l'opéra du Carnaval du Parnasse,
ou : *Air nouveau de Jadin.*

Ma mie,
Ma douce amie,
Réponds à mes amours.
Fidèle
A cette belle,
Je l'aimerai toujours.

Si j'avais cent cœurs,
Ils ne seraient remplis que d'elle,
Si j'avais cent cœurs,
Aucun d'eux n'aimerait ailleurs.
Ma mie, etc.

Si j'avais cent yeux,
Ils seraient tous fixés sur elle,
Si j'avais cent yeux,
Ils ne verraient qu'elle en tous lieux.
Ma mie, etc.

Si j'avais cent voix,
Elles ne parleraient que d'elle;
Si j'avais cent voix,
Toutes rediraient à la fois :
Ma mie, etc.

Si j'étais un dieu,
Je voudrais la rendre immortelle;
Si j'étais un dieu,
On l'adorerait en tout lieu.
Ma mie, etc.

Fussiez-vous cinq cents,
Vous seriez tous rivaux près d'elle;
Fussiez-vous cinq cents,
Vous voudriez en être amants.
Ma mie, etc.

Eussiez-vous cent ans,
Nestor rajeunirait pour elle,
Eussiez-vous cent ans,
Vous retrouveriez le printemps.
Ma mie,
Ma douce amie,
Réponds à mes amours.
Fidèle
A cette belle,
Je l'aimerai toujours.

L'abbé de Lattaignant.

L'abbé de Lattaignant, né vers la fin du dix-septième siècle, et qui fut chanoine de Reims, eut pendant trente ans la réputation du plus aimable chansonnier de Paris. Il faisait les délices de la société par sa facilité à composer et à chanter des couplets. Ses poésies ont été recueillies en quatre volumes in-12, 1757. Elles sont trop nombreuses pour qu'il n'y en ait pas quelques-unes de médiocres; mais elles brillent toutes par la grâce et la facilité. *Quand le diable devint vieux, il se fit ermite.* L'abbé de Lattaignant se retira vers la fin de ses jours chez les pères de le Doctrine chrétienne, et y mourut en 1779.

La musique se trouve notée au N. 1698 de la Clé du Caveau.

LE TAMBOURIN.

Entendez-vous le tambourin ?
Vite à la danse ; (*bis.*)
Entendez-vous le tambourin
Qui met le villageois en train ?

Fi de la ville,
On y vit tranquille ;
Point de gaîté : l'on danse à petits pas.
Au village on est plus habile,
Au village on rit aux éclats.
Entendez-vous le tambourin ? etc.

Et quoi ! Lisette,
Vous n'êtes pas prête ;
Votre fichu vous tient encore là ?
Déjà se gonfle la musette.
Et Colin vous attend là-bas.
Entendez-vous le tambourin ? etc.

L'amour invite,
Et chacun s'agite.
Et quoi ! la nuit nous arrive déjà.
Si la danse finit trop vite
La chanson la remplacera.
Entendez-vous le tambourin ?
   Vite à la danse ;   (bis.)
Entendez-vous le tambourin
Qui met le villageois en train ?

Paroles d'un anonyme.

LA FIANCÉE D'APPENZEL.

Air suisse arrangé par A. Panseron.

1834.

Venez, ô mes compagnes,
Venez : voici mon plus beau jour ;
Venez sur nos montagnes,
Venez chanter l'amour.
La ou, la ou, la, la.

Enfin mon cœur d'ivresse
Va palpiter sans cesse :
L'objet de ma tendresse
M'assure de sa foi.
C'est bien le moins volage
Des bergers du village.
Il m'aime sans partage ;
Il n'aimera que moi.
Venez, ô mes compagnes, etc.

Demain ma tendre mère,
En quittant sa chaumière,
M'offrira la première
Mille cadeaux charmants.
Demain dans la prairie,
Sur l'herbette fleurie
Bachelette jolie
Envira mes rubans.
Venez, ô mes compagnes, etc.

Adieu, riant bocage,
Discret et frais ombrage.
Où sous le vert feuillage
J'allais rêver le soir.
Adieu, belle nature,
Ruisseaux au doux murmure :
Adieu, bois et verdure,
Je reviendrai vous voir.

Venez, ô mes compagnes,
Venez : voici mon plus beau jour,
Venez sur nos montagnes
Venez chanter l'amour.
La ou, la ou, la, la.

Crevel de Charlemagne.

FLEUVE DU TAGE.

1817.

Fleuve du Tage,
Je fuis tes bords heureux,
A ton rivage
J'adresse mes adieux.
Rochers, bois de la rive,
Écho, nymphe plaintive,
Adieu, je vais
Vous quitter pour jamais.

Grotte jolie
Où le temps fortuné,
Près de Marie,
A si vite passé,
Ton réduit solitaire,
Asile du mystère,
Fut pour mon cœur
Le séjour du bonheur.

Jour de tendresse
Comme un beau songe a fui ;
Jours de tristesse,
De chagrin et d'ennui,
Loin de ma douce amie,
Désormais de ma vie

Vont pour toujours,
Hélas! flétrir le cœur.

   Terre chérie
Où j'ai reçu le jour,
   Comme Marie,
Objet de mon amour,
Rochers, bois de la rive,
Écho, nymphe plaintive.
   Adieu, je vais
Vous quitter pour jamais.

J.-B. de Menn.

La musique de B. POLLET se trouve notée au N. 1709 de la Clé du Caveau.

A LA GRACE DE DIEU.

1836.

Tu vas quitter notre montagne,
Pour t'en aller bien loin, hélas!
Et moi ta mère et ta compagne,
Je ne pourrai guider tes pas.
L'enfant que le ciel vous envoie,
Vous le gardez, gens de Paris;
Nous, pauvres mères de Savoie,
Nous le chassons loin du pays.
   En lui disant : Adieu!
   A la grâce de Dieu!... } (bis.)
Adieu! à la grâce de Dieu!... (bis.)

Ici commence ton voyage;
Si tu n'allais pas revenir!...
Ta pauvre mère est sans courage,
Pour te quitter, pour te bénir!
Travaille bien, fais ta prière,
La prière donne du cœur;
Et quelquefois pense à ta mère,
Cela te portera bonheur!
   Va, mon enfant, adieu!
   A la grâce de Dieu!... } (bis.)
Adieu! à la grâce de Dieu!... (bis.)

Elle s'en va, douce exilée,
Gagner son pain sous d'autres cieux,
Longtemps, longtemps, dans la vallée,
Sa mère la suivit des yeux.
Mais lorsque sa douleur amère
N'eut plus sa fille pour témoin,
Elle pleura, la pauvre mère!
L'enfant qui lui disait de loin :
   Ma bonne mère, adieu!
   A la grâce de Dieu!... } (bis.)
Adieu! à la grâce de Dieu!... (bis.)

G. Lemoine.

La musique est de Mlle L. PUGET; elle se trouve, à Paris, chez M. *Meissonnier fils*, éditeur, 18, rue Dauphine, et est notée au N. 2278 de la Clé du Caveau.

LES AMOURETTES.

Vivent les fillettes,
Mais pour un seul jour :
J'ai des amourettes
Et n'ai point d'amour.

Hier, pour Céphise
Je quittai Doris;
Aujourd'hui c'est Lise,
A demain Chloris.
Vivent les fillettes, etc.

J'aime fort ma belle
Lorsqu'il m'en souvient;
Je lui suis fidèle
Quant son tour revient.
Vivent les fillettes, etc.

On entre au bocage,
Le plaisir vous suit.
On rentre au village,
Eh bien! tout est dit.

Vivent les fillettes,
Mais pour un seul jour;
J'ai des amourettes
Et n'ai point d'amour.

Paroles de Berquin.

La musique, d'ALBANÈZE, se trouve notée au N. 69A. de la Clé du Caveau.

UNE FLEUR POUR RÉPONSE.
1843.

Notre vaisseau va quitter cette plage,
Oh ! bien longtemps je serai sans vous voir.
En m'éloignant, emporterai-je un gage,
Sinon d'amour, au moins d'un peu d'espoir ?
Je pars, adieu, Marie, hélas ! je pars demain !
Si vous me regrettez, oh ! je vous en supplie,
   Donnez-moi cette fleur chérie,
    Que toucha votre main.

Si cette fleur par vous m'était donnée,
Même en partant j'aurais quelque bonheur,
Et loin de vous cette rose fanée
Serait toujours, toujours là sur mon cœur.
Je pars, adieu Marie, etc.

La pauvre enfant, qui tremblait à sa vue,
Triste et rêveuse, implorait Dieu tout bas !..
Et lui reprit d'une voix plus émue :
Vous vous taisez, oh ! vous ne m'aimez pas !..
Je pars, l'âme flétrie, adieu, je pars demain.
Il allait s'éloigner, quand cette fleur chérie,
   Seule réponse de Marie,
    S'échappa... de sa main.

                    E. **Barateau.**

<small>La musique, de F. MASINI, se trouve, à Paris, chez M. Brullé, éditeur, 16, passage des Panoramas.</small>

TE SOUVIENS-TU, MARIE ?
1832.

Te souviens-tu, Marie,
De notre enfance aux champs,
Des jeux de la prairie ?
J'avais alors quinze ans.
La danse sur l'herbette   } (bis.)
Égayait nos loisirs :
Le temps que je regrette,   } (bis.)
C'est le temps des plaisirs.

Te souviens-tu de même
De mes transports brûlants ;
Quand tu me dis : je t'aime !
J'avais alors vingt ans.
J'étais vif, toi coquette,
C'étaient là de beaux jours :
Le temps que je regrette,
C'est le temps des amours.

Te souviens-tu des guerres
Qui suivirent ce temps ?
Je courus aux bannières ;
J'avais alors trente ans.
Le son de la trompette
Nous faisait tous soldats :
Le temps que je regrette,
C'est le temps des combats.

Te souviens-tu, ma chère,
De ces nœuds si charmants,
Formés par une mère ?
J'avais passé trente ans.
Le bruit de cette fête
Retentit dans mon cœur.
Le temps que je regrette,
C'est le temps du bonheur.

Tandis que je soupire,
Tes yeux se sont baissés,
Ils ont craint de me dire,
Les beaux jours sont passés.

Ma bouche en vain répète } (bis.)
Des regrets superflus...
Le temps que je regrette, } (bis.)
C'est le temps qui n'est plus !

Philippe Dumanoir.

La musique de M. DOLIVE se trouve, à Paris, chez M. Heu, éditeur, 10, rue de la Chaussée-d'Antin.

AH! VOUS DIRAI-JE, MAMAN?

Ah! vous dirai-je, maman,
Ce qui cause mon tourment?
Depuis que j'ai vu Silvandre
Me regarder d'un air tendre,
Mon cœur dit à tout moment :
Peut-on vivre sans amant?

L'autre jour dans un bosquet,
De fleurs il fit un bouquet,
Il en para ma houlette,
Me disant : « Belle brunette,
Flore est moins belle que toi,
L'amour moins tendre que moi.

« Etant faite pour charmer,
Il faut plaire, il faut aimer.
C'est au printemps de son âge
Qu'il est dit que l'on s'engage ;
Si vous tardez plus longtemps,
On regrette ces moments. »

Je rougis et, par malheur,
Un soupir trahit mon cœur ;
Silvandre, en amant habile,
Ne joua pas l'imbécile :
Je veux fuir, il ne veut pas :
Jugez de mon embarras.

Je fis semblant d'avoir peur,
Je m'échappai par bonheur ;
J'eus recours à la retraite.
Mais quelle peine secrète

Se mêle dans mon espoir,
Si je ne puis le revoir.

Bergères de ce hameau,
N'aimez que votre troupeau ,
Un berger, prenez-y garde,
S'il vous aime, vous regarde,
Et s'exprime tendrement,
Peut vous causer du tourment.

Paroles d'un anonyme.

La musique attribuée à CAMPRA et à RAMEAU se trouve notée au N. 25 de la Clé du Caveau.

L'HIRONDELLE ET LE PRISONNIER.

Hirondelle gentille,
Voltigeant à la grille
  Du cachot noir,
Vole, vole, sans crainte,
Autour de cette enceinte.
  J'aime à te voir

Légère aérienne,
Dans ta robe d'ébène
  Lorsque le vent
Soulève ta plume
Comme un flocon d'écume
  Ton corset blanc.

D'où viens-tu? Qui t'envoie
Porter si douce joie
  Au condamné?
Oh! charmante compagne,
Viens-tu de la montagne
  Où je suis né ?

Viens-tu de la patrie
Eloignée et chérie
  Du prisonnier ?
Fée aux luisantes ailes,
Conte-moi des nouvelles
  Du vieux foyer.

Oh! dis-moi si la mousse
Est toujours aussi douce,
  Et si parfois,
Au milieu du silence,
Le son du cor s'élance
  Au fond des bois.

Si la blanche aubépine
Au haut de la colline,
  Fleurit toujours ;
Dis-moi si l'homme espère
Encor sur cette terre
  Quelque beau jour.

Il pleut, la nuit est sombre,
Le vent souffle dans l'ombre
  De la prison.
Hélas ! pauvre petite,
As-tu froid ? entre vite
  Au noir donjon.

Tu t'envoles, j'y songe,
C'est que tout est mensonge,
  Espoir heurté.
Il n'est dans cette vie
Qu'un bien digne d'envie,
  La liberté.

Attribuée à M. de Peyronnet.

La musique est de SCUDO et se trouve chez
M. Grus, éditeur, boulevart Bonne-Nouvelle, 31.

LE PORTRAIT.

1814.

Portrait charmant, portrait de mon amie,
Gage d'amour, par l'amour obtenu,
Ah ! viens m'offrir le bien que j'ai perdu.
Te voir encore me rappelle à la vie. (*bis*)

Oui, les voilà ces traits, ces traits que j'aime ;
Son doux regard, son maintien, sa candeur.
Lorsque ma main te presse sur mon cœur,
Je crois encor la presser elle-même.
Non, tu n'as pas pour moi les mêmes charmes,
Muet témoin de mes tendres soupirs :
En retraçant nos fugitifs plaisirs,
Cruel portrait, tu fais couler mes larmes.

Pardonne-moi cet injuste langage,
Pardonne aux cris de ma vive douleur,
Portrait charmant, tu n'es pas le bonheur
Mais bien souvent tu m'en offres l'image. (*bis*)

Paroles d'un anonyme.

La musique est de M. Charles LIS.

LES HIRONDELLES.

1844.

Voltigez, hirondelles,
Voltigez près de moi,
Et reposez vos ailes
Au faîte des tourelles,
  Sans effroi   (*ter.*)

Voltigez, gracieuses,
Et fredonnant l'amour,
Que vos plumes soyeuses
Touchent mystérieuses
  Mon séjour.   (*ter.*)

Voltigez, je regarde
Votre petit bec noir
Suspendre à ma mansarde
Votre nid qui me garde
  Chaque soir.   (*ter.*)

Voltigez, hirondelles,
Voltigez près de moi

Et reposez vos ailes
Au faîte des tourelles,
Sans effroi ! (ter.)
Volny l'Hôtelier.

La musique de M. Félicien DAVID se trouve chez M Chaillot, éditeur, 354, rue Saint-Honoré.

BARCAROLLE DE MARIE.

1826.

« Batelier, dit Lisette,
Je voudrais passer l'eau,
Mais je suis bien pauvrette
Pour payer le bateau. »
Colin dit à la belle :
« Venez, venez toujours, (bis.)
Et vogue la nacelle
Qui porte mes amours.

— Je m'en vais chez mon père,
Dit Lisette à Colin.
— Eh bien ! crois-tu, ma chère,
Qu'il m'accorde ta main ?
— Ah ! répondit la belle,
Osez, osez toujours. (bis.)
— Et vogue la nacelle
Qui porte mes amours. »

Après le mariage,
Toujours dans son bateau,
Colin fut le plus sage
Des maris du hameau.
A sa chanson fidèle,
Il répéta toujours : (bis.)
« Et vogue la nacelle
Qui porte mes amours. »

E. de Planard.

Cette romance est tirée de *Marie*, opéra comique en trois actes, en vente chez M. Tresse, éditeur, 2 et 3, galerie de Chartres, Palais-National. Prix : 60 c.
La musique d'HÉROLD se trouve notée au N. 2229 de la Clé du Caveau.

LES HIRONDELLES.

Que j'aime à voir les hirondelles,
A ma fenêtre tous les ans,
Venir m'apporter des nouvelles
De l'approche du doux printemps !
Le même nid, me disent-elles,
Va revoir les mêmes amours :
Ce n'est qu'à des amants fidèles
A vous annoncer les beaux jours.

Lorsque les premières gelées
Font tomber les feuilles des bois,
Les hirondelles rassemblées
S'appellent toutes sur les toits :
Partons, partons, se disent-elles,
Fuyons la neige et les autans ;
Point d'hiver pour les cœurs fidèles :
Ils sont toujours dans le printemps.

Si par malheur, dans le voyage,
Victime d'un cruel enfant,
Une hirondelle mise en cage
Ne peut rejoindre son amant,
Vous voyez mourir l'hirondelle
D'ennui, de douleur et d'amour,
Tandis que son amant fidèle
Près de là meurt le même jour.

Florian.

La musique de DEVIENNE se trouve notée au N. 487 de la Clé du Caveau.

COUPLETS DU SECRET.

LE MARI.

Femmes, voulez-vous éprouver
Si vous êtes encor sensibles ?
Un beau matin venez rêver
A l'ombre des bosquets paisibles.

Si le silence et la fraîcheur,
Si l'onde qui fuit et murmure
Agitent encor votre cœur,
Ah! rendez grâce à la nature.

Mais, dans le sein de la forêt,
Asile sacré du mystère,
Si votre cœur reste muet,
Femmes, ne cherchez plus à plaire.
Si pour vous le soir d'un beau jour
N'a plus ce charme qui me touche,
Profanes, que le nom d'amour
Ne sorte plus de votre bouche.

LA FEMME.

Maris qui voulez éprouver
Jusqu'où va notre patience,
Vous pourriez bien aussi trouver
Le prix de votre impertinence.
Plus de pitié que de courroux
Est ce qu'on doit à votre injure.
Vos femmes valent mieux que vous :
Rendez-en grâce à la nature.

Hoffman.

La musique de SOLIÉ se trouve notée au N. 195 de la Clé du Caveau.

INVOCATION A L'AMOUR.

Viens, aurore,
Je t'implore,
Je suis gai quand je te vois.
La bergère
Qui m'est chère,
Est vermeille comme toi.

D'ambroisie
Bien choisie,
Hébé la nourrit à part ;
Et sa bouche,
Quand j'y touche,
Me parfume de nectar.

Elle est blonde,
Sans seconde,
Elle a la taille à la main.
Sa prunelle
Étincelle
Comme l'astre du matin.

Pour entendre
Sa voix tendre,
On déserte le hameau,
Et Tityre,
Qui soupire,
Fait taire son chalumeau.

Les trois Grâces,
Sur ses traces
Font naître un essaim d'amours,
La sagesse,
La justesse,
Accompagnent ses discours.

Attribuée à Henri IV.

La musique de DUCAURROY se trouve notée au N. 1051 de la Clé du Caveau

L'HOSPITALIÈRE.

Sœur Luce, jeune hospitalière,
Aux bienfaits consacrant ses jours,
Près du théâtre de la guerre
Aux blessés portait des secours.
Un soir, près de l'hospice arrive
Jeune soldat ensanglanté,
Qui disait, d'une voix plaintive
« Donnez-moi l'hospitalité ! »

L'hospitalière, douce et bonne,
Étanche le sang du soldat.
Le secours qu'une femme donne
Est toujours tendre et délicat.
Elle se charge de la cure ;
Mais tandis que la jeune sœur
Cherche à guérir une blessure,
Il s'en ouvre une dans son cœur.

Le beau soldat qu'amour enflamme
Se trouve bien dans la maison ;
Il voudrait de toute son âme
Voir retarder sa guérison.
Mais il part, regarde en arrière,
Et dit en pleurant à demi :
« Adieu, charmante hospitalière,
M'as fait plus mal que l'ennemi. »

Après la guerre, il s'achemine
Pour retourner dans ses foyers ;
Il rencontre Luce chagrine,
Qu'entraînaient de méchants guerriers.
Il fait briller son cimeterre,
La sauve, et lui dit, transporté :
« A ton tour, belle hospitalière,
Accepte l'hospitalité. »

Du Mersan.

La musique de l'auteur des paroles se trouve notée au N. 1387 de la Clé du Caveau.

IL EST MINUIT.

Il est minuit (*bis.*)
Léger zéphir parcourant le bocage,
Cherche les roses qu'il chérit ;
L'amant discret qu'amour conduit
A la beauté va rendre hommage :
Il est minuit. (*quater.*)

Il est minuit :
Tu dors en paix, mon adorable amie ;
Mais pour moi le repos s'enfuit ;
L'amour constant qui m'asservit
Cause ma douce rêverie :
Il est minuit. (*quater.*)

Il est minuit :
Songe enchanteur, viens fermer la paupière
Du tendre amant qu'amour poursuit.

Quant le jour vient, il le détruit :
Adieu, bonheur et sa chimère.
Il est minuit. (*quater.*)

Paroles d'un anonyme.

Musique de Roussel.

PAUVRE JACQUES.

1776.

Pauvre Jacques, quand j'étais près de toi,
Je ne sentais pas ma misère ;
Mais à présent que tu vis loin de moi,
Je manque de tout sur la terre. (*bis.*)

Quand tu venais partager mes travaux,
Je trouvais ma tâche légère.
T'en souvient-il ? tous les jours étaient beaux.
Qui me rendra ce temps prospère ? (*bis.*)

Quand le soleil brille sur nos guérets,
Je ne puis souffrir la lumière :
Et quand je suis à l'ombre des forêts,
J'accuse la nature entière. (*bis.*)

Pauvre Jacques, quand j'étais près de toi,
Je ne sentais pas ma misère ;
Mais à présent que tu vis loin de moi,
Je manque de tout sur la terre. (*bis.*)

La marquise de Travanet.

Peu de romances ont eu une plus grande vogue que celle de *Pauvre Jacques*, qui prit naissance à la cour et ne tarda pas à courir la ville.

Ce fut vers 1776 que l'on replanta les jardins du Petit-Trianon, qui devint le séjour favori de la reine Marie-Antoinette ; cette époque était celle de la mode des jardins anglais. Au milieu de celui de Trianon, on avait construit un hameau et réservé un endroit pittoresque que l'on appelait *la Petite Suisse*. On y mit un châlet, une laiterie, et pour animer le paysage, on fit venir de la Suisse des vaches et une jolie laitière. Bientôt la jeune Suissesse fut atteinte d'une mélancolie qui menaça ses jours ; on découvrit qu'elle regrettait son pays et son fiancé. Le nom de son amant s'échappait de sa bouche avec des soupirs; elle se persuadait qu'il était malheureux loin d'elle, comme elle était malheureuse loin de lui, et on la voyait pleurer en disant: *Pauvre Jacques!* La marquise de Travanet composa alors la romance naïve qu'elle embellit d'un air délicieux, inspiration digne de Grétry. La reine fit venir Jacques, maria et dota les deux amants.

L'air touchant de *Pauvre Jacques* a servi, lors de la révolution, à déplorer des infortunes royales, et Marie-Antoinette a pu entendre au Temple s'exhaler pour elle les mélodies plaintives qu'elle avait chantées pour la gentille laitière dans les bosquets du Petit-Trianon.

La musique du même auteur se trouve au N. 126 de la Clé du Caveau.

IL EST TROP TARD.

1799.

Il est trop tard pour qu'amour nous engage,
Quand des beaux ans pâlit déjà la fleur.
Écoute, Églé, cet avis doux et sage,
Et n'attends pas, pour songer au bonheur,
    Qu'il soit trop tard.

De mille attraits brillante à ton aurore,
Au tendre amour ouvre ton jeune cœur.
Tu le voudrais, et tu n'oses encore;
Crains son courroux s'il devient ton vain-
                    [queur
    Un peu plus tard.

Retiens ceci : Pour gentille fillette,
Il n'est, Églé, qu'une heureuse saison;
Quand est passé joli temps d'amourette,
A ses soupirs l'enfant malin répond :
    Il est trop tard.

Las des rigueurs d'une beauté rebelle,
Lorsque l'amour commence à s'envoler,
C'est pour jamais qu'il fuit à tire d'aile;
On le regrette, on veut le rappeler :
    Il est trop tard!

Coupigny.

Le tendre Coupigny soupire une romance,

a dit le satirique Despazes, en parlant de ce poète dont la modestie s'offensait qu'on lui accordât *le sceptre de la romance*. Il faut convenir cependant que Coupigny a été très supérieur dans ce genre, qui demande la réunion de la simplicité, de la grâce et de l'esprit, et c'est ce que l'on trouve dans son recueil, imprimé en 1813. Un second volume a été publié après sa mort, en 1835, avec une notice intéressante sur l'auteur, qui fait connaître son caractère original, dont nous citerons un trait. Coupigny, invité par un duc de la cour impériale, s'aperçut qu'à table on le mystifiait ouvertement; il en témoigna son humeur, et le duc eut le mauvais goût de lui dire, en citant *Figaro* : « Souffre la vérité, faquin, puisque tu n'as pas le moyen de payer un flatteur. » Coupigny répondit sans se troubler : « J'avais pensé à vous, monsieur le duc, mais vous êtes trop cher. »

Coupigny a fait sa part de quelques vaudevilles; mais il disait, comme La Fontaine :

Les longs ouvrages me font peur.

Il n'en a fait que peu et très courts, aussi Le Montey disait de sa romance *Il est trop tard pour qu'amour nous engage* : « C'est l'*Iliade* de Coupigny ! »

La musique de Blangini se trouve notée au N. 192 de la Clé du Caveau.

L'ERMITE DE SAINTE AVELLE.

Aux rochers de Sainte-Avelle,
La reine Berthe, autrefois,
Fit bâtir une chapelle
A Notre-Dame des Bois.
Ce fut dans ce lieu sauvage
Qu'un jour, lisant son missel,
L'ermite du voisinage
Reçut un beau damoisel.

Bien que le vieillard, d'avance,
Cherchât à le rassurer,
L'étranger, en sa présence,
Soudain se prit à pleurer.

« Mon fils, dit le solitaire,
Parlez, d'où naissent vos pleurs ?
— Hélas! je n'ose, mon père,
Vous avouer mes douleurs.

Pour avoir de noble dame
Obtenu simple baiser,
Je vais brûlant d'une flamme
Que rien ne peut apaiser.
Oh! dites-moi, je vous prie,
Par quel charme si fatal,
Le doux baiser d'une amie
Est cause de tant de mal.

Si je dors, un trouble extrême
Précipite mon réveil ;
Et je ne peux, la nuit même,
Reposer dans mon sommeil.
Tout vient irriter ma peine,
Tout m'offre le souvenir
De la belle châtelaine
Dont les baisers font mourir.

Mais le sire de Contade
La tient sous sa dure loi,
Et j'apprends qu'à la croisade
Il me faut suivre le roi.
Je viens donc ici, mon père,
Vous demander instamment
Ou croix bénite ou rosaire
Pour apaiser mon tourment.

« Mon fils, répondit l'ermite,
De Notre-Dame des Bois
Le pouvoir est sans limite,
Et le ciel s'ouvre à sa voix ;
Mais, hélas ! sur cette terre,
Où l'homme ne vit qu'un jour,
Il n'est ni croix ni rosaire
Qui guérisse de l'amour. »

S.-E. Géraud.

La musique de Balochi se trouve notée au N. 1781 de la Clé du Caveau.

GENTILLE ANNETTE.

Gentille Annette,
Tu vas seulette
Sous la coudrette
Chanter *la Robin des Bois.*
C'est pour savoir si le printemps s'avance,
Pour chasser l'échéance
De nos climats d'hiver.
Tra la la la la la la.   (*ter.*)

Dans le village,
Sous le feuillage,
Tu surpasses, je gage,
Même la cour des rois.
C'est pour savoir, etc.

Gentille hirondelle,
Déployant tes ailes,
Tu fuis avec elle
La coupe des bois.
C'est pour savoir, etc.

Le beau Narcisse,
La croyant novice,
Près d'elle se glisse,
La suit pas à pas.
C'est pour savoir, etc.

Hirondelle volage
Parcourant le bocage,
Tu fuis à l'ombrage
Des pays déserts.
C'est pour savoir, etc.

Adieu donc, ma belle,
Adieu donc, cruelle,
Jamais de nouvelle
Tu n'auras de moi,
C'est pour savoir si le printemps s'avance
Pour chasser l'échéance
De nos climats d'hiver.
Tra la la la la la la.   (*ter.*)

Paroles et musique de FIRMIN

L'ESPÉRANCE.

1835.

Quand de la nuit l'épais nuage
Couvrait mes yeux de son bandeau,
Tu me montrais après l'orage
L'éclat prochain d'un jour nouveau;
Tu me disais : « A la souffrance
Le dernier bien qu'on doit ravir,
    C'est l'espérance
    En l'avenir.
    Sans espérance
    Mieux vaut mourir.   *(bis.)*

Grâce à tes soins quand ma paupière
En se rouvrant à pu te voir,
J'ai condamné ma vie entière
A la douleur, au désespoir;
Et cependant à la souffrance,
Le dernier bien qu'on peut ravir,
    C'est l'espérance, etc.

Va, ne crains pas, l'ingratitude
Ne saurait désunir nos cœurs,
Et calme cette inquiétude
Qui te fait verser tant de pleurs;
Car tu le sais, à la souffrance
Le dernier bien qu'on doit ravir,
    C'est l'espérance
    En l'avenir.
    Sans espérance,
    Mieux vaut mourir.   *(bis.)*

De Saint-Georges.

Extrait de *l'Éclair*, opéra comique en trois actes, de M. de SAINT-GEORGES, en vente chez M. Tresse, éditeur, 2 et 3, galerie de Chartres, Palais-National. Prix : 60 centimes.
La musique est de M. F. HALÉVY, et se trouve notée au N. 117 de la Clé du Caveau.

ROMANCE DE CENDRILLON.

1810.

« Je suis modeste et soumise,
Le monde me voit fort peu,
Car je suis toujours assise
Dans le petit coin du feu.
Cette place n'est pas belle,
Mais pour moi tout paraît bon :
Voilà pourquoi l'on m'appelle
La petite Cendrillon.

« Mes sœurs du soin du ménage
Ne s'occupent pas du tout.
C'est moi qui fais tout l'ouvrage
Et pourtant j'en viens à bout.
Attentive, obéissante,
Je sers toute la maison ;
Et je suis votre servante,
La petite Cendrillon.

« Quoique toujours je m'empresse,
Mon zèle est très mal payé ;
Et jamais on ne m'adresse
Un petit mot d'amitié.
Mais, n'importe, on a beau faire,
Je me tais, et j'ai raison.
Dieu protégera, j'espère,
La petite Cendrillon.

Étienne.

La musique est de NICOLO, et se trouve notée au N. 278 de la Clé du Caveau.

L'HIRONDELLE ET LE PROSCRIT.

1819.

Pourquoi me fuir, passagère hirondelle,
Ah ! viens fixer ton vol auprès de moi.
Pourquoi me fuir lorsque ma voix t'appelle,
Ne suis-je pas étranger comme toi... *(bis.)*

Peut-être hélas ! des lieux qui t'ont vu naître,
Un sort cruel te chasse ainsi que moi,
Viens déposer ton nid sous ma fenêtre,
Ne suis-je pas voyageur comme toi... *(bis.)*

Dans ce désert, le destin nous rassemble,
Va, ne crains pas de rester avec moi,
Si tu gémis, nous gémirons ensemble,
Ne suis-je pas exilé comme toi.... (bis.)

Quand le printemps reviendra te sourire,
Tu quitteras et mon asile et moi :
Tu voleras au pays du Zéphire ;
Ne puis-je, hélas ! y voler comme toi ! (bis.)

Tu reverras ta première patrie,
Le premier nid de tes amours... et moi,
Un sort cruel confine ici ma vie ;
Ne suis-je pas plus à plaindre que toi ? (bis.)

Fougas.

Ces charmantes strophes de *l'Hirondelle et le Proscrit*, si douces, si expressives, portent au cœur; on comprend, on éprouve, dans ces paroles d'une simplicité admirable, toute l'amertume que ressent le pauvre exilé loin de sa patrie, de ses foyers, quand il voit l'hirondelle aller chercher un autre cité, partir pour d'autres climats. Cette hirondelle qui voltige autour de lui va peut-être, libre elle, faire son nid sous le toit qu'il habitait ! ! ! Ces paroles, sous le pseudonyme Fougas, sont d'un de nos plus grands poètes, qui a tenu, pendant quelque temps, les destinées de la France entre ses mains. Plusieurs de ses collègues du pouvoir sont aujourd'hui condamnés à regretter le soleil de la patrie, et peuvent appliquer à eux-mêmes les paroles trop vraies de cette romance.

> Un sort cruel confine ici ma vie.
> Ne suis-je pas plus à plaindre que toi !

La musique est de J.-D. DOCHE, elle se trouve chez M. Heugel, rue Vivienne 2 *bis*, et elle est notée au N. 1816 de la Clé du Caveau.

ROMANCE DE FANCHON LA VIELLEUSE.

1800.

Aux montagnes de la Savoie
Je naquis de pauvres parents :
Voilà qu'à Paris on m'envoie,

Car nous étions beaucoup d'enfants.
Je n'apportais, hélas ! en France,
Que mes chansons, quinze ans, ma vielle et l'espérance
Et l'espérance. (bis.)

En pleurant, dans chaque village,
Fanchon allait tendre la main.
Pauvre petite, ah ! quel dommage !
Que n'étais-je sur ton chemin,
Lorsque tu n'apportais en France
Que tes chansons, quinze ans, ta vielle et l'espérance,
Et l'espérance. (bis.)

Quinze ans et sans ressource aucune,
Que l'on éveille de soupçons !
Cependant j'ai fait ma fortune,
Et n'ai donné que mes chansons.
Fillette sage, apporte en France
Tes chansons, tes quinze ans, ta vielle et l'espérance,
Et l'espérance. (bis.)

Bouilly et J. Pain.

La musique est de DOCHE (on l'attribue aussi à CHÉRUBINI), elle se trouve notée au N. 500 de la Clé du Caveau.

CHANT DU BARDE.

1800.

Femme sensible, entends-tu le ramage
De ces oiseaux qui célèbrent leurs feux ?
Ils font redire à l'écho du rivage
Le printemps fuit, hâtez-vous d'être heureux.

Vois-tu ces fleurs, ces fleurs qu'un doux zéphir
Va caressant de son souffle amoureux ?
En se fanant elles semblent te dire :
Le printemps fuit, hâtez-vous d'être heureux.

Moments charmants d'amour et de tendresse
Comme un éclair vous fuyez à nos yeux

Et tous les jours perdus dans la tristesse
Nous sont comptés comme des jours heureux.

     Hoffman.

La musique est de Méhul, et se trouve notée au
N. 193 de la Clé du Caveau.

GENTIL BERNARD.

1801.

O Fontenay, qu'embellissent les roses,
Avec transport toujours je te revois.
Ici l'amour, de fleurs fraîches écloses,
Me couronna pour la première fois.

Dans ma Claudine, attraits, douceur, simplesse,
Tout m'enivrait : j'étais fier de mon choix.
Avec quel feu je peignais ma tendresse !
Qu'on aime bien pour la première fois !

Depuis dix ans, ignorant sa retraite,
De vingt beautés j'ai cru suivre les lois.
Toujours on cherche, on désire, on regrette
Ce qu'on aima pour la première fois.

   Le Prévost d'Iray
  et Philippon de la Madeleine.

La musique est de Doche père, et se trouve notée
au N. 413 de la Clé du Caveau.

LE NOBLE ÉCLAT DU DIADÈME.

1818.

Le noble éclat du diadème
N'a point encor séduit mon cœur ;
Et sur le front de ce que j'aime
Je n'ai trouvé que la candeur ;

Seize printemps forment son âge ;
Et pour mieux embellir ma cour,
On lui donne, dans ce village,
Le doux nom de Rose d'Amour.

Simple et naïve bergerette,
Elle règne dans ce vallon ;
Elle a pour sceptre une houlette,
Et pour couronne un chaperon ,
A ses vertus on rend hommage,
Quelques bergers, voilà sa cour ;
Et tout bénit dans le village
Le doux nom de Rose d'Amour.

     Théaulon.

Tiré du *Petit chaperon rouge*, opéra comique en trois
actes, en vente chez M. Tresse, éditeur, 2 et 3, galerie
de Chartres, Palais-National. Prix : 60 centimes.

La musique est de Boïeldieu, elle se trouve notée
au N. 1754 de la Clé du Caveau.

MA CAVALE.

1831.

O ma cavale au sabot noir,
Passons le seuil du vieux manoir ;
Dévorons vite l'intervalle
Qui d'elle me sépare encor.
Ma belle et fougueuse cavale,
Partons, partons au son du cor. (bis.)

Foule et déchire le gazon.
La lune monte à l'horizon :
Du rendez-vous d'amour c'est l'heure,
Ah ! qu'il est doux de la saisir.
En vérité, je chante et pleure
D'amour, de joie et de plaisir. (bis.)

Oui, c'est bien là le vieux clocher
Dont le portail doit nous cacher ,
Et dans un galant équipage,
A l'autre bout du pont-levis,
Voici venir son petit page
Qui m'apporte un joyeux avis. (bis.)

Allons un pas, un pas encor ;
Et maintenant donnons du cor.
A travers la longue avenue,
Je la distingue : la voici.
De bonheur mon âme est émue.
Merci, ma cavale, merci.   (bis.)

Léon Buquet.

Cette romance était chantée dans *Farruch le Maure*, drame en trois actes et en vers de Victor Escousse, joué au théâtre de la Porte-Saint-Martin, en juin 1831. Le même auteur donna la même année, en novembre, au Théâtre-Français, un drame en cinq actes et en vers, intitulé : *Pierre III* ; et en 1832, il avait terminé sa carrière avec son ami Auguste Lebras : les deux malheureux poètes s'étaient asphyxiés, en accusant leur siècle de ne pas les comprendre.

Étrange et vaniteuse folie d'un jeune homme qui n'était, pour ainsi dire, qu'un apprenti de la vie, et qui avait voulu conquérir subitement les honneurs et la fortune, qui couronnent si rarement même le mérite reconnu, même les talents éprouvés.

A peine débutant, on lui avait ouvert les portes du Théâtre-Français ; il y avait réussi, grâce à l'indulgence qui encourageait son talent naissant ; et il s'appela *incompris !* et il voulait que son siècle admirât ses essais, des essais que peut-être la maturité de l'âge lui eût fait un jour juger lui-même avec sévérité, s'il avait eu le courage de persévérer dans la carrière.

Mais le malheur de beaucoup de jeunes gens, c'est de regarder la poésie, ce noble délassement de l'esprit, comme une chose qui doit fixer l'attention de toute la société ; ils se repaissent d'illusions, et la triste réalité les met aux prises avec la misère. Alors arrive le suicide, cette lâche désertion de celui qui oublie que

La vie est un combat

Trois ans après la mort d'Escousse, M. de Vigny a fait jouer aux Français son *Chatterton*, dont la fatale pensée semble la justification du malheureux dont nous plaignons la démence.

Béranger, qui avait encouragé ces deux jeunes gens, fit, à l'occasion de leur mort, sa chanson le *Suicide*, dont le dernier vers est :

Ils sont partis en se donnant la main

La musique d'AMÉDÉE DE BEAUPLAN se trouve notée au N. 2341 de la Clé du Caveau.

La musique de M. Amédée de Beauplan n'est pas celle de l'air populaire dont l'auteur a gardé l'anonyme. Cet air du reste n'a jamais été gravé

ROMANCE DE JOSEPH.

1821.

A peine au sortir de l'enfance,
Quatorze ans au plus je comptais,
Je suivis avec confiance
De méchants frères que j'aimais.
Dans Sichem aux gras pâturages
Nous paissions de nombreux troupeaux.
J'étais simple comme au jeune âge,
Timide comme mes agneaux.

Près de trois palmiers solitaires,
J'adressais mes vœux au Seigneur;
Quand, saisi par ces méchants frères...
J'en frémis encor de frayeur !
Dans un humide et froid abîme,
Ils me plongent dans leur fureur !
Et je n'opposais à leur crime
Que mon innocence et mes pleurs.

Hélas ! près de quitter la vie,
Au jour je fus enfin rendu.
A des marchands de l'Arabie
Comme un esclave ils m'ont vendu.
Tandis que, du prix de leur frère,
Ils comptaient l'or qu'ils partageaient,
Hélas ! moi, je pleurais mon père
Et les ingrats qui me vendaient.

Alexandre Duval.

La musique est de MÉHUL, et se trouve notée au N. 704 de la Clé du Caveau

JE PARS DEMAIN.

ROMANCE DE MARIE.

1826.

Je pars demain. Il faut quitter Marie.
Loin de ces lieux m'exile mon destin,
Ah ! dites-moi, mon cœur vous en supplie,
Que vous serez à jamais notre amie.
Je pars demain.

Je pars demain. Ah ! comme en notre enfance,
Un seul instant donnez-moi votre main ;
Et qu'un adieu de tendre confiance
Vienne adoucir les peines de l'absence !
Je pars demain.

E. de Planard.

La musique est d'Hérold, et se trouve notée au N. 2214 de la Clé du Caveau.

LA PAUVRE NÉGRESSE.

Dans cette aride plaine,
Où le travail m'enchaîne,
Je me soutiens à peine
Sur mes genoux tremblants.
O ma mère adorée,
Pourquoi m'as-tu livrée,
Pauvre fille éplorée,
A la merci des blancs ? (*bis.*)

Pour un peu d'or, livrée à l'esclavage,
Moi, le seul fruit de tes premiers amours,
Moi, ton enfant, qui t'aimais sans partage,
Et te voulais consacrer tous mes jours.
Si quelquefois un palmier sous son ombre
Me voit tomber de fatigue et gémir,
Le maître est là, qui me dit d'un air sombre :
Debout ! négresse, allons, c'est trop dormir.

Dans cette aride, etc.

Un âge vient, ma mère, où la faiblesse
Donne du poids aux plus légers fardeaux,
Et tu n'as plus d'appui pour ta vieillesse,
C'est encor là le plus grand de mes maux.
Ah ! tu plaindrais ta fille infortunée,
Si tu voyais comme on la fait souffrir,
Car, désormais, voilà ma destinée :
Souffrir, pleurer, languir et puis mourir !

Dans cette aride plaine,
Où le travail m'enchaîne,
Je me soutiens à peine
Sur mes genoux tremblants.

O ma mère adorée,
Pourquoi m'as-tu livrée,
Pauvre fille éplorée,
A la merci des blancs ! (*bis.*)

A. Bétourné.

La musique est de M. Théodore Labarre, elle se trouve à Paris, chez M. Bourdin, éditeur, 40, rue Vivienne.

MA NORMANDIE.

Quand tout renaît à l'espérance,
Et que l'hiver fuit loin de nous,
Sous le beau ciel de notre France,
Quand le soleil revient plus doux,
Quand la nature est reverdie,
Quand l'hirondelle est de retour,
J'aime à revoir ma Normandie,
C'est le pays qui m'a donné le jour.

J'ai vu les champs de l'Helvétie,
Et ses châlets et ses glaciers.
J'ai vu le ciel de l'Italie,
Et Venise et ses gondoliers.
En saluant chaque patrie,
Je me disais : Aucun séjour
N'est plus beau que ma Normandie,
C'est le pays qui m'a donné le jour.

Il est un âge dans la vie
Où chaque rêve doit finir,
Un âge où l'âme recueillie
A besoin de se souvenir.
Lorsque ma muse refroidie
Aura fini ses chants d'amour,
J'irai revoir ma Normandie,
C'est le pays qui m'a donné le jour.

Frédéric Bérat.

La musique est de l'auteur des paroles, elle se trouve, à Paris, chez M. E. Mayaud, éditeur, 7, boulevart des Italiens.

LE BONHEUR DE SE REVOIR.

Bonheur de se revoir après les jours d'absence,
Qui de tant de plaisir réalise l'espoir,
Plus je souffris et plus je bénis ta puissance,
Bonheur de se revoir! bonheur de se revoir!

Ah! ah!
Qu'il est doux de se revoir!
Ah! ah! ah! ah! ah!
Qu'il est doux de se revoir!
Là! là!

Le voilà, c'est bien lui; la voilà, c'est bien elle,
Quels accents, quels regards, quel magique pouvoir!
Tu rends l'amant plus tendre et l'amante plus belle,
Bonheur de se revoir! bonheur de se revoir!
Ah! ah! etc.

On se redit les mots qui charmèrent l'absence,
Sur les mêmes gazons, on vient encor s'asseoir;
Tu rends la paix à l'âme, au cœur sa confiance,
Bonheur de se revoir! bonheur de se revoir!

Ah! ah!
Qu'il est doux de se revoir!
Ah! ah! ah! ah! ah!
Qu'il est doux de se revoir!
Là! là!

Guttinguer.

La musique est de M. AMÉDÉE DE BEAUPLAN, elle se trouve chez M. Meissonnier, éditeur, rue Dauphine, 22.

LA BRISE DU MATIN.

1826.

Déjà la brise du matin
Soulève dans les airs la voile frémissante;
Le jour est propice au marin,
La mer est favorable, et le ciel est serein.
Oublions tous, à cette heure charmante,
Les soucis de la veille et ceux du lendemain

Laissons au caprice des flots
Dériver doucement notre barque légère;
Respirons, heureux matelots,
Les parfums de la terre.
Et le frais (*bis*) pénétrant du zéphir et des eaux!

Le sage est content de son sort,
Il ne s'expose pas aux flots d'un autre monde;
Son œil ne perd jamais le bord,
Et quand l'onde se ride, il regagne le port,
Tandis qu'au loin, dans la vague profonde,
L'ambitieux trompé tombe avec son trésor.
Laissons au caprice, etc.

Le sage est pressé de jouir,
Et compte faiblement sur une longue vie;
Il sait, amoureux du plaisir,
Préférer le présent au douteux avenir.
A l'incertain qu'un autre sacrifie!
Il veut avoir vécu quand il faudra mourir.
Laissons au caprice, etc.

Le sage commande à l'amour,
Qui, semblable à la mer, est fécond en naufrages;
S'il aime, c'est pour un seul jour;
Un désir dans son cœur ne fait pas long séjour,
Tout en voguant, de flots et de rivages,
Comme de voluptés, il change tour à tour.

Laissons au caprice des flots
Dériver doucement notre barque légère;
Respirons, heureux matelots,
Les parfums de la terre
Et le frais (*bis*) pénétrant du zéphir et des eaux!

Paroles d'un anonyme.

La musique est de LORENZO FILIBERTI, elle se trouve notée au N. 2076 de la Clé du Caveau.

LA JEUNE ALBANAISE.

1833.

Tu veux devenir ma compagne,
Jeune Albanaise aux pieds légers,
Eh bien ! suis-moi dans la montagne,
Et viens partager mes dangers.   (bis.)

Non, jamais tu n'iras, esclave,
Orner le harem des soudans ;
Il vaut mieux, compagne d'un brave,
Couler des jours indépendants.
    Oui,
Tu veux devenir ma compagne, etc.

Ce n'est point une ardeur vulgaire
Qui sera le prix de ta foi ;
Au monde entier je fais la guerre,
Je n'aurai d'amour que pour toi.
    Oui,
Tu veux devenir ma compagne, etc.

Salue, en partant, ces rivages,
Ces vallons, ce ciel enchanté ;
C'est dans des sites plus sauvages
Qu'il faut chercher la liberté.
    Oui,
Tu veux devenir ma campagne,
Jeune Albanaise aux pieds légers ;
Eh bien ! suis-moi dans la montagne,
Et viens partager mes dangers.   (bis.)

            A. Bétourné.

La musique est de M. THÉODORE LABARRE. Elle se trouve chez M. Brandus et Cie, 40, rue Vivienne.

NANNA M'APPELLE.

1832.

Le flot grossit, le ciel est noir
Piétro, pourquoi partir ce soir ?
    Lui dit sa mère,
L'an passé, j'eus beau l'avertir,
Ton frère aussi voulut partir,
    Ton pauvre frère.   (bis.)
    Piétro sautant
    Dans sa nacelle
    Qui fuit loin d'elle,
    Dit en partant :

    Nanna m'appelle,
    Elle est si belle,   } bis.
    Je l'aime tant !   (bis.)

Un sourd murmure au bruit des flots
De temps en temps mêlait ces mots :
    Piétro, mon frère,
Avant que son heure ait sonné,
Pour l'âme de ton frère aîné
    Une prière.   (bis.)
    Piétro pourtant
    Croit se méprendre,
    Puis sans l'entendre
    Il va chantant :
    Nanna, etc.

La Maure blanche au cri plaintif
Disait en volant sur l'esquif :
    Pêcheur, arrête ;
Le nid qui m'avait tant coûté
Sur le roc vient d'être emporté
    Par la tempête.   (bis.)
    Piétro luttant
    Avec courage
    Contre l'orage
    Allait chantant :
    Nanna, etc.

Enfin il a touché les bords,
Mais l'airain sonnait pour les morts
    Sur la tourelle.
Pour qui donc priez-vous, pêcheurs ?
L'un d'eux, en étouffant ses pleurs,
    Dit : c'est pour elle !   (bis.)

Piétro l'entend,
Pâlit, soupire,
Puis il expire
En répétant :
Nanna m'appelle,
Elle est si belle,
Je l'aime tant! *(bis.)* } *(bis.)*

Casimir Delavigne.

La musique est de Nelz,

LA JEUNE FILLE AUX YEUX NOIRS.

1834.

Jeune fille aux yeux noirs, tu règnes sur mon âme,
Tiens! voilà des croix d'or, des anneaux, des colliers;
Des chevaliers ainsi m'ont exprimé leur flamme,
Eh bien! j'ai méprisé l'offre des chevaliers.

La fortune.
Importune
Me paraît
Sans attrait.
Sur la terre
Il n'est guère
De beau jour
Sans l'amour. } *(bis.)*

Puis des prélats m'ont dit: Sur des bords plus tranquilles
Si tu veux, jeune fille, habiter nos palais,
Nous t'offrons des villas, des prés, des champs fertiles;
Et moi j'ai répondu : Tous ces biens gardez-les!
  La fortune, etc.

A son tour, un proscrit, m'a parlé de tendresse;
L'infortuné fuyait nos rivages ingrats.

« Toi seul, me disait-il, peux calmer ma tristesse. »
Et j'ai dit au proscrit : « Moi je suivrai tes pas. »
  La fortune, etc.

A. Détourné.

La musique est de Théodore Labarre, et se trouve notée au N. 2031 de la Clé du Caveau.

LA FOLLE.

1835.

Tra la la la, tra la la la, quel est donc cet air? *(bis)*
Ah! oui, je me souviens, l'orchestre harmonieux
Préludait vivement par ses accords joyeux.
Il s'avança vers moi, sa voix timide et tendre
Murmura quelques mots que je ne pus entendre.
Je voulais refuser, et je ne pus parler,
Et lui saisit ma main, je la sentis trembler;
Moi je tremblais aussi, son long regard de flamme
En des pensers d'amour avait jeté mon âme,
Et pendant tout le bal je ne pensai qu'à lui! *(bis)*

Tra la la la *(bis)*, d'où me viennent ces sons? *(bis)*
Ah! oui, je me souviens, quinze jours écoulés,
Le soir au bal brillant par la valse entraînés;
O comble de bonheur! félicité suprême!
Sa bouche à mon oreille a murmuré : Je t'aime!
Et faible que j'étais, je ne pus résister,
Puis sur mon front brûlant je sentis un baiser ;
Ah! seulement alors, je connus l'existence,
L'amour et son bonheur, sa force et sa puissance!
Et je ne vivais plus, car j'étais toute en lui! *(bis)*

Tra la la la *(bis)*, que ces sons me font mal! *(bis)*
Oh! oui, je me souviens, je fus heureuse un mois,
Et depuis ce moment je soupire toujours.
Cette valse, écoutez, c'est pendant sa durée
Qu'il était à ses pieds, que sa bouche infidèle
Lui jurait qu'il l'aimait et ne m'aima jamais!
Je sentis à ces mots ma tête se briser;
Un horrible tourment tortura tout mon être!..
Que j'aime les plaisirs, la parure et la danse!
Que je souffre, ô mon Dieu! rien qu'en pensant à lui!
  Arthur! Arthur! Arthur! Arthur! *[bis.*

Abel Poret de Morvan.

La musique est de A. Grisan, et se trouve notée au N. 2304 de la Clé du Caveau.

LA BRIGANTINE OU LE DÉPART.

1827.

La brigantine
Qui va tourner,
Roule et s'incline
Pour m'entraîner.
O Vierge Marie,
Pour moi priez Dieu !
Adieu, patrie !
Provence, adieu ! } (bis.)

Mon pauvre père
Verra souvent
Pâlir ma mère
Au bruit du vent.
O Vierge Marie,
Pour moi priez Dieu !
Adieu, patrie !
Mon père, adieu ! } (bis.)

Ma sœur se lève
Et dit déjà :
« J'ai fait un rêve,
« Il reviendra. »
O Vierge Marie,
Pour moi priez Dieu !
Adieu, patrie !
Ma sœur, adieu ! } (bis.)

La vieille Hélène
Se confiera
Dans sa neuvaine
Et dormira.
O vierge Marie,
Pour moi priez Dieu !
Adieu, patrie,
Hélène, adieu ! } (bis.)

De mon Isaure
Le mouchoir blanc
S'agite encore
En m'appelant.
O Vierge Marie,
Pour moi priez Dieu !
Adieu, patrie !
Isaure, adieu ! } (bis.)

Brise ennemie,
Pourquoi souffler
Quand mon amie
Veut me parler ?
O Vierge Marie,
Pour moi priez Dieu !
Adieu, patrie !
Bonheur, adieu ! } bis.

Casimir Delavigne.

Fils d'un négociant du Havre, où il naquit en 1793, Casimir Delavigne débuta étant encore sur les bancs du collége. Parmi un grand nombre de poésies on distingue sa tragédie des *Vêpres Siciliennes*, qui fut jouée à l'Odéon avec grand succès, quoiqu'elle eût été refusée au Théâtre-Français. L'auteur, blessé de ce refus, fit une comédie en vers, intitulée *les Comédiens*, où il se venge finement des dédains des sociétaires. *Le Paria*, *l'École des Vieillards*, *les Enfants d'Édouard*, *Louis XI*, *Charles VI*, sont autant de morceaux qui ont acquis à Casimir Delavigne un nom illustre. Ses *Messéniennes* sont d'admirables élégies qui offrent des beautés de premier ordre. Il refusa constamment les honneurs, et fut un modèle des vertus privées et domestiques ; il mourut à Lyon, en 1843.

La musique est de Mme Duchambge; elle se trouve chez M. Meissonnier, éditeur, rue Dauphine, 18, et est notée au N. 2304 de la Clé du Caveau.

LA JEUNE INDIENNE.

1828.

Un beau navire, à la riche carène,
Allait quitter les plages de Madras,
Et sur la rive, une jeune Indienne
A sa compagne ainsi parlait tout bas :
« Si tu le vois, dis-lui que je l'adore,
« Rappelle-lui qu'il m'a donné sa foi.
« Demande-lui s'il me regrette encore, } *(bis.)*
«S'il se souvient d'avoir vécu pour moi. }
S'il se souvient d'avoir vécu pour moi. *(bis.)*

« Tu vas joyeuse au beau pays de France,
Pour des plaisirs changer ta liberté ;
Mais là, Zelmire, on dit que l'inconstance
Aime à braver les pleurs de la beauté...
Si tu le vois... etc.

« Tu m'enverras par le prochain navire
Les mots d'amour qu'il doit te confier ;
Mais... justes dieux ! Ne m'écris pas, Zelmire,
Si pour une autre il a pu m'oublier.
Si tu le vois... etc.

« Il me disait de bien douces paroles,
Lorsqu'à l'abri des bananiers en fleurs
Il étouffait, sous des serments frivoles,
Les vains efforts de ma noble pudeur...
Si tu le vois... etc. »

Rien n'arriva du beau pays de France ;
L'infortunée en perdit le repos ;
La raison fuit lorsqu'a fui l'espérance...
En expirant elle disait ces mots :
Si tu le vois, dis-lui que je l'adore,
Rappelle-lui qu'il m'a donné sa foi,
Demande-lui s'il me regrette encore, } *(bis.)*
S'il se souvient d'avoir vécu pour moi. }
S'il se souvient d'avoir vécu pour moi. *(bis.)*

Léon Halevy.

La musique est de LEMIRE, et se trouve notée au
N. 2328 de la Clé du Caveau.

LA FÊTE DE LA MADONE.

1814.

Le ciel comble notre espérance,
Voyez, le temps est calme et pur,
A peine sur les flots d'azur
La blanche voile se balance.

Voilà, par saint Marc, un beau jour,
Allons, gondolier, qu'on s'apprête,
De la madone c'est la fête ;
Portons-lui nos tributs d'allégresse et d'amour.
[*(bis.)*

C'est elle, amis, quand le ciel tonne
Qui nous ramène dans le port,
Des fleurs qui croissent sur ce bord
Nous lui devons une couronne.
Voilà, etc.

Et puis nous irons sous l'ombrage
Nous délasser de nos travaux,
Les jeux, la danse et le repos
Ranimeront notre courage.

Voilà, par saint Marc, un beau jour.
Allons, gondolier, qu'on s'apprête,
De la madone c'est la fête ;
Portons-lui nos tributs d'allégresse et d'amour.
[*(bis.)*

A. Bétourné.

La musique est d'AUGUSTE PANSERON, elle se
trouve chez M. Meissonnier, éditeur, rue Dauphine, 18.

L'ANDALOUSE.

1834.

Avez-vous vu dans Barcelone
Une Andalouse au teint bruni,
Pâle comme un beau soir d'automne?
C'est ma maîtresse, ma lionne,
La marquesa d'Amaëgui.

J'ai bien fait des chansons pour elle,
Je me suis battu bien souvent,

Bien souvent j'ai fait sentinelle
Pour voir le coin de sa prunelle
Quand son rideau tremblait au vent.(*bis.*)

Elle est à moi, moi seul au monde,
Ses grands sourcils noirs sont à moi,
Son corps souple, sa jambe ronde,
Sa chevelure qui l'inonde,
Plus longue qu'un manteau de roi !

C'est à moi son beau col qui penche
Quand elle dort dans son boudoir,
Et sa basquina sur sa hanche,
Son bras dans sa mitaine blanche,
Son pied dans son brodequin noir !

Vrai Dieu, lorsque son œil pétille
Sous la frange de ses réseaux,
Rien que pour toucher sa mantille,
De par tous les saints de Castille,
On se ferait rompre les os !

Comme elle est folle dans sa joie
Lorsqu'elle chante le matin :
Lorsqu'en tirant son bas de soie,
Elle fait sur son flanc qui ploie
Craquer son corset de satin !

Allons, mon page, en embuscade !
Allons, la belle nuit d'été !
Je veux ce soir des sérénades
A faire damner les alcades
De Tolose à Guadalété.

Alfred de Musset.

La musique est de M. H. Monpou, et se trouve notée au N. 2191 de la Clé du Caveau.

JE SAIS ATTACHER DES RUBANS.

Je sais attacher des rubans,
Je sais comment viennent les roses,
Des oiseaux je sais tous les chants ;
Je sais mille petites choses ;
Mais je sens palpiter mon cœur ;
Pourquoi ?... Je n'en sais rien encore.
Peut-être, hélas ! que le bonheur
Est dans les choses que j'ignore.

Je sais comme un oiseau naissant
Eclôt sous le sein de sa mère ;
Comme un tourtereau caressant
A sa compagne cherche à plaire.
Mais je sens palpiter mon cœur ;
Pourquoi ?... Je n'en sais rien encore.
Peut-être, hélas ! que le bonheur
Est dans les choses que j'ignore.

Auguste Duport.

Extrait du *Frère Philippe*, opéra comique, en vente chez M. Tresse, éditeur, 2 et 3, Galerie de Chartres, Palais-National Prix : 1 fr.
La musique est de V. Dourlen, et se trouve notée au N. 1554 de la Clé du Caveau.

ROMANCE DE GULISTAN.

1806.

Le point du jour
A nos bosquets rend toute sa parure ;
Flore est plus belle à son retour.
L'oiseau redit son chant d'amour ;
Tout célèbre dans la nature
Le point du jour.

Au point du jour
Désir plus vif est toujours près d'éclore,
Jeune et sensible troubadour,
Quand vient la nuit, chante l'amour ;
Mais il chante bien mieux encore
Au point du jour.

Le point du jour
Cause parfois, cause douleur extrême ;
Que l'espace des nuits est court
Pour le berger brûlant d'amour,
Forcé de quitter ce qu'il aime,
Au point du jour.

De La Chabaussière et Étienne.

La musique est de Dalayrac, et se trouve notée au N. 351 de la Clé du Caveau.

LA FIN DU JOUR.*

1807.

La fin du jour
Sauve les fleurs et rafraîchit les belles :
  Je veux, en galant troubadour,
  Célébrer au nom de l'amour,
  Chanter au nom des fleurs nouvelles
La fin du jour.

La fin du jour
Rend aux plaisirs l'habitant du village :
  Voyez les bergers d'à l'entour
  Danser en chantant tour à tour;
  Ah! comme on aime, après l'ouvrage,
La fin du jour!

La fin du jour
Rend aux amants et l'ombre et le mystère :
  Quand Phébus termine son tour,
  Vénus, au milieu de sa cour,
  Avec Mars célèbre à Cythère
La fin du jour.

La fin du jour
Rend le bonheur aux oiseaux du bocage :
  Bravant dans leur obscur séjour
  La griffe du cruel vautour,
  Ils vont guetter sous le feuillage
La fin du jour.

La fin du jour
Me voit souvent commencer un bon somme;
  Et pour descendre au noir séjour,
  En fermant les yeux sans retour,
  Je dirai gaîment : c'est tout comme
La fin du jour.

          Armand Gouffé.

* Nous plaçons ici cette chanson comme faisant suite à la précédente.
  La musique se trouve notée au N. 351 de la Clé du Caveau.

LE BOUQUET DE BAL.

1831.

Vous partez brillante et parée
Pour ce bal où je n'irai pas!
De vœux, d'hommages entourée,
A moi penserez-vous, hélas!
Qu'alors ce bouquet vous rappelle
Un amant absent et fidèle,
Et si je ne suis pas là,   } (bis.)
Mon bouquet du moins y sera.

Vous partez et moi je demeure
Avec mon amour et ma foi!
A vous moi je pense à toute heure,
Vous, à minuit, pensez à moi!
Presse alors cette fleur jolie
Sur ton cœur seul bien que j'envie,
Et si je ne suis pas là,   } (bis.)
Mon bouquet du moins y sera.

Regarde-le, quand, avec grâce,
Mes rivaux viendront te vanter.
Regarde-le... si leur audace
A valser voulait t'inviter :
Que ce bouquet, ma seule offrande,
Et vous sépare et me défende,
Et si je ne suis pas là,   } (bis.)
Mon bouquet du moins y sera.

Elle partit fraîche et brillante,
Et les soupirs de mille amants,
Du bal, la musique enivrante,
Bientôt égarèrent ses sens.
Effleurant à peine la terre,
Elle valsait vive et légère,
Quand soudain minuit sonna.   } (bis.)
Et le bouquet n'était plus là!

          E. Scribe.

La musique est de Mme DUCHAMPGE, elle se trouve chez M. Meissonnier, éditeur, rue Dauphine, 18, et elle est notée au N. 2306 de la Clé du Caveau.

ELLE EST PARTIE.

1841.

Enfants de la même chaumière,
  Nous n'avions pour abri
  Que l'amandier fleuri.
Ma mère à moi c'était sa mère,
  Ma sœur était sa sœur,
  Son cœur était mon cœur,
Son nom remplissait ma prière,
La voir c'était mon plus beau jour,
Et puis croyant l'aimer en frère,
Jamais je ne parlais d'amour !
Mon Dieu ! que toujours elle ignore
  Qu'avec son souvenir
  Il me faudra mourir !

Chacun disait qu'elle était belle
  Et se montrait jaloux
  De son regard si doux ;
Moi seul alors j'allais près d'elle,
  Je lui disais tout bas :
  Enfant, ne les crois pas !
Bientôt on la vit un dimanche
Paraître avec des bijoux d'or
Au lieu de sa parure blanche,
Parure hélas ! mon seul trésor.
  Mon Dieu, etc.

Un jour... enfin, jour de souffrance,
  Je la vis qui pleurait
  Et puis me regardait ;
Alors, tout rempli d'espérance,
  Je crus avec bonheur,
  Oh ! je crus à son cœur !
Pourtant, hélas ! elle est partie,
Partie au loin et pour toujours.
Partie, et sans elle ma vie
Se fane à jamais sans amours !
Mon Dieu, que toujours elle ignore
  Qu'avec son souvenir
  Il me faudra mourir !

      Mme Laure Jourdain.

La musique est de M. Aristide de Latour, elle se trouve chez M. Leduc, éditeur, 28, rue Vivienne.

LES LAVEUSES DU COUVENT.

1835.

« Holà ! fillette brune et blanche,
La belle au panier sur la hanche,
Où vas-tu les bras nus au vent ?
— « Beau cavalier, je vais sous l'arche,
Dans le courant de l'eau qui marche
  Laver les nappes du couvent. » (bis.)
Jeanne (bis), n'écoute pas douces paroles !
Jeanne, crains les discours frivoles
    D'un cavalier,
    D'un cavalier trompeur,
    Trompeur et léger !

« Bon Jésus ! la fillette blanche,
Tu dois être belle un dimanche
Avec un corset de velours !... »
— « Beau cavalier, sur la grand'place
Plus d'un écolier, quand je passe,
  Me trouve belle tous les jours. » (bis.)
    Jeanne, etc.

— « Si tu veux être châtelaine,
J'ai trois villages dans la plaine,
Et mon château ceint d'un fossé... »
— « Beau cavalier, je suis plus fière,
Je veux avoir la terre entière ;
Et j'ai pris Dieu pour fiancé. »
    Jeanne, etc.

On l'entendit prendre la fuite,
Dirent les laveuses ensuite,
Sur le cheval du cavalier.
Le soir on la revoit sous l'arche,
Mais c'est comme une ombre qui marche,
  Chantant dans l'écho du pilier : (bis.)
Jeanne (bis), n'écoute plus douces paroles !
Jeanne, crains les propos frivoles
    Du cavalier,
    Du cavalier trompeur,
    Trompeur et léger !

      Edmond Thierry.

La musique est de M. Albert Grisar, elle se trouve chez M. Edmond Mayaud, éditeur, 7, boulevart des Italiens, et elle est notée au N. 2081 de la Clé du Caveau.

PETIT BLANC.

1826.

Un petit blanc que j'aime
En ces lieux est venu;
Oui, oui, c'était lui-même
C'était lui, je l'ai vu.   (*bis.*)
A la pauvre négresse
Il porte le bonheur;
Elle voudrait sans cesse
Le presser sur son cœur.
Petit blanc, mon bon frère,
Ah! petit blanc si doux,
Il n'est rien sur la terre
D'aussi joli que vous.

Sitôt que l'ombre cesse,
Que le ciel est en feu,
Vous me dites : « Négresse,
Reposez-vous un peu. »
Vous, bon, toujours le même,
Jamais ne me battez,
Et quand je vous dis j'aime,
Vous, blanc, vous m'écoutez.
Petit blanc, mon bon frère, etc.

Si belle est votre bouche,
Vos cheveux sont si doux!
Lorsque ma main les touche
Mon cœur en est jaloux;   (*bis.*)
Votre regard m'enchante
Comme le plus beau jour,
Et votre voix touchante
Me fait mourir d'amour.
Petit blanc, mon bon frère,
Ah! petit blanc si doux,
Il n'est rien sur la terre
D'aussi joli que vous.

Boucher de Perthes.

Musique de PANSERON.

LA VEILLÉE.

1801.

Heureux qui, dans sa maisonnette,
Dont la neige a blanchi le toit,
Nargue le chagrin et le froid
Au refrain d'une chansonnette.
Que les soirs d'hiver sont charmants
Lorsqu'une famille assemblée
Sait, par divers amusements,
Égayer, égayer la veillée!

Assis près de sa bien-aimée,
Voyez le paisible Lapon,
Lorsque la neige, à gros flocon,
Tombe sur sa hutte enfumée :
Autour du feu, dans ce réduit,
La famille entière assemblée
Semble trouver six mois de nuit
Trop courts, trop courts pour la veillée.

J'aime surtout une soirée
Où l'on parle de revenants,
Alors qu'on entend tous les vents
Siffler autour de la contrée.
A ces récits intéressants
Toute la troupe émerveillée
Tremble, écoute et voudrait longtemps
Prolonger, prolonger la veillée.

C'est au hameau, dans une étable,
Qu'on se rassemble chaque soir,
Les vieilles ont le dévidoir,
Les vieux ont le broc sur la table.
Les jeunes garçons amoureux
Des fillettes de l'assemblée,
Abrégent par des chants, des jeux,
De l'hiver, de l'hiver la veillée.

Villemontez.

La musique de GAVEAUX est notée au N. 206 de la Clé du Caveau.

LA LEÇON.

Conservez bien la paix du cœur,
Disent les mamans aux fillettes.
Sans la paix adieu le bonheur ;
Craignez mille peines secrètes.
On tremble, on se promet longtemps
De rester dans l'indifférence ;
Et puis on arrive à douze ans,
Et le cœur bat sans qu'on y pense.

Fuyez surtout, fuyez l'Amour,
Disent les mamans aux fillettes ;
Le petit traître, chaque jour,
Vous tend des embûches secrètes.
On tremble, on se promet longtemps
De se soustraire à sa puissance,
Et puis on arrive à seize ans,
Et l'amour vient sans qu'on y pense.

Mais pourquoi tous ces vains discours
Que font les mamans aux fillettes ?
Puisqu'on doit tribut aux amours,
Nous voulons acquitter nos dettes.
Pour bien aimer il n'est qu'un temps,
S'en défendre est une imprudence ;
Si l'on n'aime pas au printemps
L'hiver viendra sans qu'on y pense.

Armand Gouffé et Villiers.

La musique de GAVEAUX se trouve notée au
N. 106 de la Clé du Caveau.

CHANSON DU PRÉ AUX CLERCS.

1832.

A la fleur du bel âge,
Georgette, chaque jour,
Disait dans le village :
Jamais n'aurai d'amour.
Un soir, par imprudence,
Au son du tambourin,
Elle suivit la danse
Dans le bosquet voisin...
Ah ! pauvre Georgette,
Le bal est un plaisir
Éveillant le désir,
Et l'amour en cachette
 Y guette
 Une fillette.   } (bis.)
 Toujours.

Robert, du voisinage,
Était le beau danseur.
Il la voit, il l'engage :
Pour elle quel honneur !
De son bras il la serre
Sur son cœur doucement,
Et la jeune bergère
Trouva ce jeu charmant.
Ah ! pauvre Georgette, etc.

Tout en faisant la chaîne,
Robert prit un baiser ;
Et puis sous le grand chêne
On s'alla reposer.
La nuit vient... comment faire ?
Robert offre son bras ;
Et depuis la bergère
Soupire et dit tout bas :
Ah ! pauvre Georgette
Le bal est un plaisir
Éveillant le désir,
Et l'amour en cachette
 Y guette
 Une fillette.   } (bis.)
 Toujours.

De Planard.

Extrait du *Pré aux Clercs* opéra comique en 3 actes, en vente chez M. Tresse, 2 et 3, galerie de Chartres. Prix : 60 c.

La musique de HÉROLD se trouve notée au N 2112 de la Clé du Caveau

CORALIE.

1823.

A dix-sept ans, la pauvre Coralie
Disait tout bas à chaque instant du jour :
« Oui, c'en est fait, oui, je fuirai l'amour. »
Fuit-on l'amour quand on est si jolie ?

Hylas parut, la bergère attendrie
En le voyant éprouva du plaisir :
Elle rougit, mais sans y réfléchir.
Réfléchit-on quand on est si jolie ?

Hylas lui dit : « Oh ! ma tant douce amie,
Daigneras-tu m'accorder un baiser ? »
Elle n'eut pas le cœur de refuser.
Refuse-on quand on est si jolie ?

Un certain soir, sur la verte prairie,
Elle combla tous les désirs d'Hylas ;
A l'inconstance elle ne pensait pas.
Y pense-t-on quand on est si jolie ?

Bientôt Hylas la quitte pour Sylvie ;
Lors, mes amis, j'ai vu la pauvre enfant
Donner des pleurs à son volage amant.
Doit-on pleurer quand on est si jolie ?

Depuis ce jour, sa figure flétrie
Perdit, hélas ! moitié de ses attraits,
Elle souffrit sans se plaindre jamais.
Doit-on souffrir quand on est si jolie ?

A dix-huit ans elle perdit la vie.
Sur son tombeau les villageois en pleurs
Répétaient tous, en le couvrant de fleurs :
« Doit-on mourir quand on est si jolie ? »

N. Brazier.

La musique de Frédéric Duvernoy se trouve notée au N. 2 de la Clé du Caveau.

ADIEU, MON BEAU NAVIRE.

1835.

Adieu, mon beau navire,
Aux grands mâts pavoisés ;
Je te quitte et puis dire :
Mes beaux jours (*bis*) sont passés !

Toi, qui plus fort que l'onde,
En sillonnant les flots,
A tous les bouts du monde
Portes nos matelots,
Nous n'irons plus (*bis*) ensemble
Voir l'équateur en feu,
Mexique où le sol tremble,
Et l'Espagne (*bis*) au ciel bleu !
   Adieu !
   Adieu, mon beau, etc.

Quand éclatait la nue,
Et la foudre à nos yeux,
Lorsque la mer émue
S'élançait jusqu'aux cieux ;
Sous nos pieds (*bis*), sur nos têtes,
Quand grondaient mer et vent,
Entre ces deux tempêtes
Tu passais (*bis*) triomphant !
   Adieu !
   Adieu, mon beau, etc.

Plus de courses paisibles,
Où l'espoir rit au cœur,
Plus de combats terribles
Dont tu sortais vainqueur !
Et d'une main, d'une main hardie,
Un autre à mon vaisseau,
Sur la poupe ennemie,
Plantera (*bis*) ton drapeau !
   Adieu !
   Adieu, mon beau navire,
   Aux grands mâts pavoisés,
   Je te quitte et puis dire :
   Mes beaux jours (*bis*) sont passés !

Frédéric Soulié et Arnould.

Tiré des *Deux Reines*, opéra comique en un acte, en vente chez M. Marchant, éditeur, boulevart Saint-Martin, 12. Prix : 50 c.
Musique de M. Hippolyte Monpou.

Chansons populaires de France

CHANSONS BACHIQUES

LE VRAI BUVEUR.

Aussitôt que la lumière
A redoré nos coteaux,
Je commence ma carrière
Par visiter mes tonneaux.
Ravi de revoir l'aurore,
Le verre en main je lui dis :
Vois-tu sur la rive maure
Plus qu'à mon nez de rubis ?

Le plus grand roi de la terre,
Quand je suis dans un repas,
S'il me déclarait la guerre,
Ne m'épouvanterait pas.
A table rien ne m'étonne,
Et je pense, quand je bois,
Si là-haut Jupiter tonne,
Que c'est qu'il a peur de moi.

Si quelque jour, étant ivre
La mort arrêtait mes pas,
Je ne voudrais pas revivre
Pour changer ce doux trépas.

Je m'en irais dans l'Averne
Faire enivrer Alecton
Et bâtir une taverne
Dans le manoir de Pluton.

Par ce nectar délectable,
Les démons étant vaincus,
Je ferais chanter au diable
Les louanges de Bacchus.
J'apaiserais de Tantale
La grande altération ;
Et, passant l'onde infernale,
Je ferais boire Ixion.

Au bout de ma quarantaine
Cent ivrognes m'ont promis
De venir, la tasse pleine,
Au gîte où l'on m'aura mis.
Pour me faire une hécatombe
Qui signale mon destin,
Ils arroseront ma tombe
De plus de cent brocs de vin.

De marbre ni de porphyre
Qu'on ne fasse mon tombeau

Pour cercueil je ne désire
Que le contour d'un tonneau ;
Je veux qu'on peigne ma trogne
Avec ce vers à l'entour :
Ci-gît le plus grand ivrogne
Qui jamais ait vu le jour.

Maître Adam.

Adam Billaut, connu sous le nom de *Maître Adam*, était menuisier à Nevers. Il vécut sur la fin du règne de Louis XIII, et pendant les vingt premières années du règne de Louis XIV. Il mourut à Nevers en 1662 Les poètes de son temps l'appelèrent le *Virgile au rabot*. Il faisait ses vers au milieu de ses outils et de ses bouteilles. Il donna à ses recueils les titres de *Chevilles* et de *Vilebrequins*. On lit en tête de ses œuvres, parmi beaucoup d'éloges poétiques où l'on en trouve un du grand Corneille, ce quatrain de SAINT-AMAND.

On dira partout l'univers,
Voyant les beaux écrits que maître Adam nous offre,
Qu'il est propre à faire des vers.
Comme il est propre à faire un coffre.

Maître Adam était privé de toute espèce d'instruction, aussi presque toutes ses chansons ont-elles été retouchées par des écrivains modernes. Celle du *Vrai Buveur* a été retouchée par HAGUENIER, qui en a supprimé le premier couplet et a transposé les autres ; la chanson y a gagné. Voici le premier couplet supprimé :

Que Phœbus gîte dans l'onde,
Ou là-haut fasse son tour,
Je bois toujours à la ronde,
Le vin est tout mon amour.
Soldat du fils de Sémèle,
Tout le tourment qui me point
C'est quand mon ventre gromèle,
Faute de ne boire point.

Air ancien noté au N. 50 de la Clé du Caveau.

PLUS ON EST DE FOUS, PLUS ON RIT.

1808.

Des frelons bravant la piqûre,
Que j'aime à voir, dans ce séjour,
Le joyeux troupeau d'Épicure
Se recruter de jour en jour !
Francs buveurs que Bacchus attire
Dans ces retraites qu'il chérit,
Avec nous venez boire et rire :
Plus on est de fous (*bis*), plus on rit (*quater*).

Ma règle est plus douce et plus prompte
Que les calculs de nos savants :
C'est le verre en main que je compte
Mes vrais amis, les bons vivants !
Plus je bois, plus leur nombre augmente,
Et quand ma coupe se tarit,
Au lieu de quinze j'en vois trente !...
Plus on est de fous (*bis*), plus on rit (*quater*).

Si j'avais une salle pleine
Des vins choisis que nous sablons,
Et grande au moins comme la plaine
De Saint-Denis ou des Sablons,
Mon pinceau, trempé dans la lie,
Sur tous les murs aurait écrit :
Entrez, entrez, enfants de la folie :
Plus on est de fous (*bis*), plus on rit (*quater*).

Entrez, soutiens de la sagesse,
Apôtres de l'humanité ;
Entrez, amis de la richesse ;
Entrez, amants de la beauté ;
Entrez, fillettes dégourdies ;
Vieilles qui visez à l'esprit ;
Entrez, auteurs de tragédies :
Plus on est de fous (*bis*), plus on rit (*quater*).

Puisque notre vie a des bornes,
Aux enfers un jour nous irons ;
Et malgré le diable et ses cornes,
Aux enfers un jour nous rirons.
L'heureux espoir ! que vous en semble ?
Or, voici ce qui le nourrit :
Nous serons là-bas tous ensemble :
Plus on est de fous (*bis*), plus on rit (*quater*).

Armand Gouffé.

La musique de FASQUEL se trouve notée au N. 160 de la Clé du Caveau.

ÉLOGE DE L'EAU.

Air : *Tarare Pompon.*
Ou : *Pour un maudit péché.*

1803.

Il pleut, il pleut, enfin !
Et la vigne altérée
Va se voir restaurée
Par ce bienfait divin !
De l'eau chantons la gloire,
On la méprise en vain :
C'est l'eau qui nous fait boire
    Du vin.   (ter.)

C'est par l'eau, j'en conviens,
Que Dieu fit le déluge ;
Mais ce souverain juge
Mit les maux près des biens.
Du déluge l'histoire
Fait naître le raisin.
C'est l'eau qui nous fait boire
    Du vin.   (ter.)

Du bonheur je jouis
Quand la rivière apporte,
Presque devant ma porte,
Des vins de tous pays.
Ma cave et mon armoire,
Dans l'instant tout est plein.
C'est l'eau qui nous fait boire
    Du vin.   (ter.)

Par un temps sec et beau,
Le meunier du village
Se morfond sans ouvrage
Et ne boit que de l'eau.
Il rentre dans sa gloire
Quand l'eau vient au moulin.
C'est l'eau qui lui fait boire
    Du vin.   (ter.)

S'il faut un trait nouveau,
Mes amis, je le guette.
Voyez à la guinguette
Entrer mon porteur d'eau ;
Il y perd la mémoire
Des travaux du matin.
C'est l'eau qui lui fait boire
    Du vin.   (ter.)

Mais à vous chanter l'eau,
Je sens que je m'altère ;
Passez-moi vite un verre
Plein de jus du tonneau.
Que tout mon auditoire
Répète mon refrain :
C'est l'eau qui lui fait boire.
    Du vin.   (ter.)

Armand Gouffé.

Armand Gouffé, quoique membre du *Caveau moderne*, où l'eau était proscrite, ne l'a pas moins chantée d'une manière très spirituelle. Ce chansonnier, né en 1773, a précédé dans la carrière des chansons les Désaugiers et les Béranger. Il a été un des membres des *Dîners du vaudeville*, fondés en 1796. Les recueils de ses chansons, publiés sous le titre de *Ballon d'essai, Ballon perdu,* etc., en contiennent de très jolies, et dont plusieurs ont eu de grands succès. Comme vaudevilliste, Armand Gouffé a travaillé à beaucoup de pièces de théâtre ; mais il y a longtemps qu'il a abandonné les Muses, et il s'était retiré à Beaune, où il est mort en 1845.

L'air est noté au N. 663 de la Clé du Caveau.

JOUISSONS DU TEMPS PRÉSENT.

Nous n'avons qu'un temps à vivre,
Amis, passons-le gaîment ;
Que celui qui doit le suivre
Ne nous cause aucun tourment.

A quoi sert d'apprendre l'histoire ?
N'est-ce pas la même partout ?
Apprenons seulement à boire :
Quand on sait boire on sait tout.
Nous n'avons qu'un temps à vivre, etc.

Qu'un tel soit général d'armée ;
Que l'Anglais succombe sous lui :
Moi qui vis bien sans renommée,

Je ne veux vaincre que l'ennui.
Nous n'avons qu'un temps à vivre, etc.

A parcourir la terre et l'onde,
On perd trop de temps en chemin :
Faisons plutôt tourner le monde
Par l'effet de ce jus divin.
Nous n'avons qu'un temps à vivre, etc.

Qu'un savant à voir les planètes
Occupe son plus beau loisir;
Je n'ai pas besoin de lunettes
Pour apercevoir le plaisir.
Nous n'avons qu'un temps à vivre, etc.

Qu'un avide alchimiste exhale
Sa fortune en cherchant de l'or ;
J'ai ma pierre philosophale
Dans un cœur qui fait mon trésor.
Nous n'avons qu'un temps à vivre, etc.

Au grec, à l'hébreu je renonce :
Ma maîtresse entend le français,
Sitôt qu'à boire je prononce,
Elle me verse du vin frais !

Nous n'avons qu'un temps à vivre,
Amis, passons-le gaîment;
Que celui qui doit le suivre
Ne nous cause aucun tourment.

Le comte de Bonneval.

Le fameux comte de Bonneval, après avoir servi avec distinction sous Catinat et Vendôme, eut quelques mécontentements. et quitta sa patrie en 1706 pour se mettre au service de l'Autriche. Il fut condamné à avoir la tête tranchée ; mais après s'être mis à l'abri chez les impériaux, et avoir battu les Turcs avec le prince Eugène, il quitta le service de l'empereur, alla en Turquie se faire musulman, et devint, sous le nom de Soliman, pacha de Romélie. Il mourut en 1747, et sa vie aventureuse a donné lieu à une foule de mémoires apocryphes. La jolie chanson : *Nous n'avons qu'un temps à vivre*, est une des boutades épicuriennes de sa jeunesse.
La musique de MONDONVILLE se trouve notée au N. 408 de la Clé du Caveau.

LES GLOUGLOUS.

AIR : *Amusez-vous, oui, je vous le conseille.*
(de la Fête du Village.)

1823.

Mes chers amis, pour jouir de la vie,
Le verre en main, narguons la faux du Temps;
Et, pour Momus prodiguant nos encens,
  Que sa marotte nous rallie.
    Joyeux troubadours,
    Répétons toujours :
Non, non, non, non, non, point de mélancolie.
    Oui le vrai bonheur
    Naît du son flatteur
    De tous les panpans,
    Les panpans des bouchons,
De tous les glouglous, les glouglous des flacons } (bis.)
De tous les lanla, les lanla des chansons.

Dans un concert, qu'une voix magnifique
Par ses accents ravisse l'auditeur,
Et que Lafond, sur son luth enchanteur,
  Promène son archet magique;
    A tous ces grands airs,
    Ces brillants concerts,
  A tous ces flonflons de la musique
    Je préfère encor
    Le joyeux accord
    De tous les panpans, etc.

Un vieux soldat, à la gloire fidèle,
De son pays protégeant les remparts,
Si Mars chez lui porte ses étendards,
  S'anime d'une ardeur nouvelle.
    Il n'est jamais sourd
    Au bruit du tambour ;
Le ran tan plan, ran tan plan le rappelle,
    Et sous l'olivier
    Le vaillant guerrier
    Revient aux panpans,
    Aux panpans des bouchons,
Revient aux glouglous, aux glouglous des flacons,
Revient aux lanla, aux lanla des chansons.

Quand un ami, par un retour sincère,
Dans un repas veut réparer ses torts ;
Pour le haïr en vain doublant d'efforts,
   Vous lui montrez un front sévère,
      Si d'un verre plein,
      Sa tremblante main,
Tin, tin, tin, tin, vient choquer votre verre.
     La haine s'enfuit
     Et cède au doux bruit
   De tous les panpans, etc.

Pour obtenir d'une jeune fillette
L'aveu charmant que retient la pudeur,
Joyeux lurons, tâchez avec ardeur
   De trinquer avec la pauvrette :
      Si le jus divin
      Pénètre son sein,
Zon, zon, zon, zon, elle n'est plus muette.
     Et le tendre aveu
     Part avec le feu
   De tous les panpans, etc.

A mon convoi, puisqu'il faut que je meure,
Pour cierge, amis, que l'on porte un flacon ;
Qu'un vieux tonneau de Beaune ou de Mâcon
   Fasse ma dernière demeure.
      Qu'au temple divin,
      Des verres de vin,
Din, din, din, din, du convoi sonnent l'heure ;
     De ce divin jus
     Chantez l'Orémus,

     Au bruit des panpans,
    Des panpans des bouchons ;
Au bruit des glouglous, des glouglous des flacons } bis
Au bruit des lanla, des lanla des chansons. }

    N.-M. Claye, d'Eure-et-Loire.

La musique de BOÏELDIEU se trouve notée au
N. 1680 de la Clé du Caveau.

LE VRAI MOMUSIEN.

Air d'une ronde allemande.

Vrai Momusien, j'éparpille ma vie
Entre les arts, Bacchus et la gaîté ;
Lorsque chez moi jamais n'entra l'envie,
   Dois-je songer à la célébrité ?
     Non, pour être heureux,
     Bornant mes vœux
     A ma chaumière,
     Là je vis content,
   Libre, joyeux, indépendant.
     S'il me faut ici
      Être aussi
     Couvert de poussière,
     Celle des vallons
Vaut mieux que celle des salons.

Lorsque je dors à l'ombre d'une treille,
Sur moi Momus agite son grelot ;
Je vois le monde en forme de bouteille,
Et vainement j'en cherche le goulot.
     Mais à mon réveil,
     Un vin vermeil
     Me désaltère,
     Dès que je le vois,
Je ris, je bois tout à la fois ;
     Et pour m'animer,
     Pour m'enflammer
     Au lieu d'un verre,
     Bacchus vient m'offrir
La coupe qu'il tient du plaisir.

Souvent mon bras, du fouet de la satire,
Aime à frapper les sots, les courtisans
Mais plus souvent je ressaisis ma lyre,
Pour célébrer les hommes bienfaisans
     Dès l'aube du jour
     Je chante l'amour
     Et la gloire ;
     L'oiseau du hameau
Redit ce que redit l'écho ;
     De nos vieux soldats
     Fiers aux combats
     Je lis l'histoire.
     Las ! ils ne sont plus !...
Mais il nous reste leurs vertus.

Dans mon réduit, je n'ai pour seule escorte,
Que le mystère, et ma belle et mon chien ;
Mais qu'un ami, soudain frappe à ma porte,
J'ouvre, et mon cœur vole au devant du sien.

    Il voit, satisfait,
      L'effet qu'il fait
      Par sa présence ;
    Bientôt un flon flon
Accompagne un large flacon.
    Le temps passe enfin ;
      Vient la fin
      De ma jouissance :
    Il part... et mes yeux
Prolongent encor mes adieux.

Si, près de moi, ma belle se repose,
Sous le taillis ensemble nous chantons ;
A son corset si je place une rose,
Zéphir malin m'en fait voir les boutons.
    Souper sans apprêts
      Se prend au frais
      Et sous l'ombrage,
    La nuit nous poursuit,
Le désir nous appelle au lit.
      Par son chant
      Touchant,
    Le rossignol du voisinage
      Nous dit qu'il fait jour,
L'amour nous le dit à son tour.

              Eugène Decour.

MES VIEUX SOUVENIRS.

Air : *Mes amis, faites comme moi.*

J'éprouve, amis, pourriez-vous bien le croire ?
Du temps jaloux l'inexorable loi ;
Il m'a déjà retiré la mémoire,
Et le passé m'échappe malgré moi.
Mais quelquefois un flacon me ramène
Aux jours heureux de mes premiers loisirs.
Versez, amis, versez à tasse pleine :
    Rendez-moi mes vieux souvenirs.

De ce nectar voyez le privilége,
Il me reporte à ces temps enchanteurs
Où tous les ans j'enlevais du collége
Livres dorés et couronnes de fleurs.
O ma couronne, aux rives de la Seine
Tu ne fis pas en trente ans deux martyrs !
Versez, amis, versez à tasse pleine :
    Rendez-moi mes vieux souvenirs.

Dieu ! qu'à seize ans, pour une âme brûlante,
Baiser de vierge est un fatal poison !
Que je l'aimais, et qu'elle était tremblante,
Lorsqu'en tremblant j'égarais sa raison !
Oh ! quel bonheur quand ma gentille Héléna
En m'apprenant, s'apprenait les plaisirs !
Versez, amis, versez à tasse pleine :
    Rendez-moi mes vieux souvenirs.

Vingt ans sonnaient quand de la Prusse altière,
Au nom des rois, le gant nous fut jeté ;
Et tout-à-coup on vit la France entière
Marcher au cri : « Vive la Liberté ! »
Avec quel feu, pour cette auguste reine
Nous immolions espoir, bonheur, désirs !
Versez, amis, versez à tasse pleine :
    Rendez-moi mes vieux souvenirs.

J'avais trente ans lorsqu'à notre rivage
L'homme du siècle osa donner des fers ;
Et cependant, même au sein du servage,
La France encor planait sur l'univers.
Esclave ici, mais partout souveraine,
Les potentats n'étaient que ses vizirs.
Versez, amis, versez à tasse pleine :
    Rendez-moi mes vieux souvenirs.

A quarante ans j'ai revu ma patrie ;
Le vent du nord me rejette à Fleurus ;
Et là je vois la liberté chérie
Victime enfin des rois cent fois vaincus.
Mais en tombant dans l'immortelle arène,
Qu'elle était belle à ses derniers soupirs !
Versez, amis, versez à tasse pleine
    Rendez-moi mes vieux souvenirs.

J'ai soixante ans : que sans crainte on remplisse
Le doux cristal qu'ici mon bras vous tend.
Car le passé n'a rien dont je rougisse,
Et tout Français n'en pourrait dire autant.

Petit acteur d'une bien vaste scène,
J'eus des chagrins, jamais de repentirs.
Versez, amis, versez à tasse pleine
Rendez-moi mes vieux souvenirs.

Émile Débreaux.

LA DERNIÈRE GOUTTE.

AIR : *Verse, verse le vin de France.*

Eh quoi ! nous semblons engourdis ;
Nous restons froids et droits en place,
On dirait qu'un voile de glace
Nous a tous presque abasourdis.
Sachons donc bannir ce froid-là ;
Qu'enfin notre front se colore ;
Savourons le jus que voilà,
Et chantons ce refrain sonore,
　Ce refrain sonore :
Tant qu'il reste une goutte encore, } (bis.)
　Mes amis, desséchons-la.
Mes amis, desséchons-la.

La guerre ayant de plus d'un preux
Dévoré le mince héritage,
A nous est le noble avantage
De lui tendre un bras généreux,
En songeant que de fois il a
Protégé ces grands qu'il implore,
Sous ces vieilles moustaches-là,
Qui d'Austerlitz ont vu l'aurore,
　Ont vu l'aurore,
Tant qu'il reste, etc.

Loin de vouloir dicter la loi
A notre Estelle, à notre Lise,
Attendons que son œil nous dise
Ose tout, et je suis à toi.
Quelquefois cet œil se perla
D'une larme qu'amour déplore ;
Mais sitôt qu'elle paraît là,
Qu'un brûlant baiser la dévore,
　La dévore.
Tant qu'il reste, etc.

Le front couronné de bluets,
Laissons les rois et leurs ministres
Assiégés de terreurs sinistres,
Boire à peine dans leurs palais.
S'il leur faut, un jour de gala,
Un nectar qui les corrobore,
Que nous fait, buvant celui-là,
Le coteau qui le vit éclore ?
　Qui le vit éclore.
Tant qu'il reste, etc.

Enfin, mesurant nos désirs
Aux bienfaits d'une main sacrée,
Plongeons notre bouche altérée
Dans le calice des plaisirs.
Trop souvent ce calice-là,
Qui séduit, enivre, restaure,
De sa faux le Temps le fêla ;
C'est pourquoi, dès que naît l'aurore,
　Dès que naît l'aurore,
Tant qu'il reste une goutte encore } (bis.)
　Mes amis, desséchons-la.
Mes amis, desséchons-la.

Émile Débreaux.

La musique est d'Adolphe ADAM, et se trouve chez L. VIEILLOT, éditeur, 32, rue Notre-Dame-de-Nazareth.

LE BON SILÈNE.

Air d'une tyrolienne.

Le visage teint
Du raisin pressuré la veille,
　Par un beau matin,
Se réveillant sous une treille,
　Silène chantait,
　L'écho répétait
« Satyres, quittez vos retraites,
Faunes, vos Dryades coquettes :
Ne dormez plus, je vous le défends,
Buvez, chantez, mes joyeux enfants. »

Bientôt à sa voix,
Du doux jus, la troupe idolâtre,

S'échappe des bois,
Seconde sa gaîté folâtre ;
   Puis d'un tambourin
   A son gai refrain
Mêlant des sons avec adresse,
Redit dans sa bruyante ivresse :
« Ne dormez plus, je vous le défends
« Buvez, chantez, mes joyeux enfants. »

   Silène joyeux
Dit : « Chantez une hymne de gloire ;
   Du plus grand des dieux
Je vais vous raconter l'histoire ;
   Et puisque sans vin
   On fredonne en vain,
Pour que votre voix soit moins lente,
Versez de la liqueur brûlante ;
Ne dormez plus, je vous le défends,
Buvez, chantez, mes joyeux enfants.

   « Dès qu'il fut tiré
Du mont où le cachait son père,
   Bacchus altéré
Par le feu qui brûla sa mère,
   D'un ton glapissant,
   Disait en naissant :
« Arrosez ma voix et les vôtres,
« Et chantez à tous mes apôtres
« Ne dormez plus, je vous le défends,
« Buvez, chantez, mes joyeux enfants. »

   « Au petit marmot,
Placé sous ma main protectrice,
   Je donne bientôt
La chèvre qu'il eut pour nourrice.
   Lorsqu'elle broutait,
   Le vaurien tétait,
Puis disait, en mouillant sa lèvre
Du raisin que grugeait la chèvre :
« Ne dormez plus, je vous le défends,
« Buvez, chantez, mes joyeux enfants. »

   « A peine grandi,
Sa taille égalait son courage ;
   Il devint hardi,
Des conquêtes il eut la rage.

   De son joug si doux
   Les peuples jaloux,
Du bon vin aimant la fumée,
Répétaient avec son armée :
« Ne dormez plus, je vous le défends,
« Buvez, chantez, mes joyeux enfants. »

   « Dans l'Inde il porta
La gaîté, la joie et ses armes.
   Enfin il quitta
Les peuples soumis à ses charmes.
   Sur ses pas les fleurs
   Se mêlaient aux pleurs.
Pour les sécher, sa voix céleste
Leur criait : « La vigne nous reste ;
« Ne dormez plus, je vous le défends,
« Buvez, chantez, mes joyeux enfants. »

   « Dans le court trajet
Qu'il fit pour retourner en Grèce,
   Il devint sujet
D'une jeune et vive maîtresse.
   Malgré ses serments
   De fuir les amants,
Par le bon vin apprivoisée,
Elle chanta loin de Thésée :
« Ne dormez plus, je vous le défends,
« Buvez, chantez, mes joyeux enfants. »

   « Enfin de retour
Dans notre brillante patrie,
   Jupin à son tour,
Pour sabler la liqueur chérie,
   Aux cieux l'appela.
   Depuis ce temps-là,
Protégeant la vigne dorée,
Il chante à la voûte éthérée,
« Ne dormez plus, je vous le défends,
« Buvez, chantez, mes joyeux enfants. »

   « Un faux-pas borna
Le gai récit du bon Silène ;
   Sa chute entraîna
Tous ses compagnons sur l'arène.
   Chacun d'eux chantait,
   L'écho répétait :
Satyres, quittez vos retraites, etc.

COMMENÇONS LA SEMAINE.

Commençons la semaine,
Qu'en dis-tu, cher voisin?
Commençons par le vin,
Nous finirons de même.
Vaut bien mieux moins d'argent,
Chanter, danser, rire et boire;
Vaut bien mieux moins d'argent,
Rire et boire plus souvent.

On veut me faire accroire
Que je mange mon bien;
Mais on se trompe bien,
Je ne fais que le boire.
Vaut bien mieux moins d'argent, etc.

Si ta femme querelle,
Dis-lui, pour l'apaiser,
Que tu veux te griser,
Pour la trouver plus belle.
Vaut bien mieux moins d'argent, etc.

Le receveur des tailles
Dit qu'il vendra mon lit.
Je me moque de lui :
Je couche sur la paille.
Vaut bien mieux moins d'argent, etc.

Au compte de Barême
Je n'aurai rien perdu,
Je suis venu tout nu,
Je m'en irai de même.
Vaut bien mieux moins d'argent, etc.

Providence divine
Qui veille sur nos jours,
Conserve-nous toujours
La cave et la cuisine.
Vaut bien mieux moins d'argent,
Chanter, danser, rire et boire;
Vaut bien mieux moins d'argent,
Rire et boire plus souvent.

Paroles d'un Anonyme.

SCRUTIN DES BUVEURS.

Air : Verse, verse le vin de France.

On vote de bien des façons,
Aux Chambres, à l'Académie :
Joyeux buveurs, nous ne votons
Que pour juger mainte folie,
    Mainte folie.
Où se fera notre festin?
Aurons-nous quelque femme aimable?
Boit-on du Beaune ou du Thorin?
Quand nous votons, ce n'est qu'à table,
    Ce n'est qu'à table.
Il faut un moyen convenable
De voter le verre à la main, } (bis)
De voter le verre à la main.

Voter par assis et levé!
Nos jambes nous portent à peine.
Pour faire un vote motivé,
Ma langue éprouve quelque gêne,
    Quelque gêne.
Avec des boulettes de pain
Peut-on voter par blanche et noire?
Faut-il, pour écrire un scrutin,
Changer son verre en écritoire,
    En écritoire?
Votons, si vous voulez m'en croire, } (bis)
Par verre vide et verre plein,
Par verre vide et verre plein.

Les rétrogrades voteront,
Leur verre plein d'un froid liquide;
Les gens de progrès montreront
Jusqu'au fond de leur cristal vide,
　　Leur cristal vide.
Le centre, toujours incertain,
Remplissant et vidant son verre,
Votera, l'air calme et serein,
Pour ceux qui font meilleure chère,
　　Meilleure chère.
Mais toujours au doux bruit du verre, } *(bis)*
Par verre vide et verre plein,
Par verre vide et verre plein.

Parfois on est en désaccord
Au sein d'un docte aréopage;
Lorsqu'il arrive que d'abord
La majorité se partage,
　　Se partage.
Nous qui votons avec du vin,
Si parfois la lutte s'engage,
Votons plutôt jusqu'à demain;
Chez nous, voyez quel avantage,
　　Quel avantage,
On recommence un ballotage } *(bis)*
Par verre vide et verre plein,
Par verre vide et verre plein.

Pour essayer, j'ai deux projets
A soumettre à votre lumière :
Applaudira-t-on mes couplets,
Votera-t-on à ma manière,
　　A ma manière?
De mon vote et de mon refrain,
Qu'à l'instant mon sort se décide :
Par acclamation soudain,
Votez tous, d'une soif avide,
　　D'une soif avide,
En montrant chaque verre vide, } *(bis)*
En vidant chaque verre plein.
En vidant chaque verre plein.

Alexandre Du Colombier.

La musique est d'Adolphe ADAM, elle se trouve chez
L. Vieillot, éditeur, 32, rue N.-Dame-de-Nazareth.

LE HOLLANDAIS.

1809.

Un Hollandais, riche comme un Crésus,
　Au lourd maintien, à face ronde,
Se dit un jour : « Consacrons mes écus
　Aux jouissances de ce monde :
　　Rassemblons à la fois
　　Des plaisirs dont le choix
Offre au mortel la plus suave ivresse.
　Pour me bien divertir ce soir,
　Dans mon logis je veux avoir
Pot de bière, pipe et maîtresse. »

Il va chercher au fond d'un cul-de-sac,
　Dans la plus belle tabagie,
Un pot de bière, une once de tabac,
　Et la femme la plus jolie.
　　Il reprend son chemin,
　　Bière et tabac en main,
Et sous son bras l'objet de sa tendresse;
　Il revient chez lui tout joyeux
　D'avoir, pour contenter ses vœux,
Pot de bière, pipe et maîtresse.

Qu'un Hollandais doit bénir son destin,
　Quand il boit, qu'il mange et qu'il fume!
A ses côtés il pose un verre plein,
　Et puis sa pipe qu'il allume;
　　Dans un fauteuil à bras
　　Il place les appas
De sa moderne et robuste Lucrèce.
　Mais, dit-il, « par où commencer?
　Qui dois-je d'abord caresser?
Pot de bière, pipe ou maîtresse? »

Il prend sa pipe, et puis il réfléchit
　Qu'il devra commencer par boire.
Il prend son verre, et soudain il se dit :
　« Non, l'amour aura la victoire. »
　　Mais tout en se hâtant,
　　L'infortuné répand
Le pot de bière; et cette maladresse
　Fait sauver la belle, et du coup
　Sa pipe s'éteint : il perd tout,
Pot de bière, pipe et maîtresse.

Faibles mortels, c'est ainsi qu'à vos yeux
　Le bonheur s'envole en fumée,
Soit qu'à l'amour vous adressiez vos vœux,
　Soit à l'or, à la renommée.

Un grand perd ses États,
Un gourmand un repas,
L'auteur sa rime, un traitant sa richesse.
Hélas! au moment de jouir,
On voit tomber, s'éteindre ou fuir
Pot de bière, pipe et maîtresse!

Saint-Félix.

Musique de G. DUGAZON, chez L. Vieillot, éditeur, 32, rue Notre-Dame-de-Nazareth.

VERSEZ DU VIN.

1837.

AIR : *J'aime le vin* (Blondel).

Versez du vin! versez du vin!
Quelle est douce son influence!
Du pauvre il efface un chagrin,
Du riche il charme l'existence.
Puisque Dieu prodigue les vignes,
De ses bienfaits rendons-nous dignes :
Versez du vin! versez du vin!
Versez, amis, versez du vin!

Versez du vin! versez du vin!
Jésus, jadis en Palestine,
Se trouvant dans un gai festin,
En versa de sa main divine.
Suivons cet exemple notoire;
Soyons chrétiens dès qu'il faut boire :
Versez du vin! versez du vin!
Versez, amis, versez du vin!

Versez du vin! versez du vin!
Vieillards qui ne renversez guère
Jeune fille au regard mutin
Dont la vertu n'est pas sévère;
Quand vous échappent les fillettes,
Rattrapez-vous à vos feuillettes :
Versez du vin! versez du vin!
Versez, amis, versez du vin!

« Versez du vin! versez du vin! »
Disait ce bon père Lathuille,
Lorsque le cosaque inhumain
S'approchait de la grande ville :
« Mon vin n'est fait que pour les braves;
« Français, prenez, videz mes caves! »
Versez du vin! versez du vin!
Versez, amis, versez du vin!

Versez du vin! versez du vin!
Un faux sage en vain nous répète
Que dans le fond d'un puits malsain
La Vérité fait sa retraite :
La gaillarde chérit la treille;
Son gîte est dans une bouteille.
Versez du vin! versez du vin!
Versez, amis, versez du vin!

Versez du vin! versez du vin!
Honte à celui qui serait sobre;
Nos ceps sont chargés de raisin
Que vont mûrir les feux d'octobre.
Dépensons le jus de la tonne;
Nous amasserons en automne.
Versez du vin! versez du vin!
Versez, amis, versez du vin!

Justin Cabassol.

La musique de BLONDEL en vente chez L. Vieillot, éditeur, 32, rue Notre-Dame-de-Nazareth.

LE PÈRE TRINQUE-FORT.

1839.

Débouche encor cette bouteille,
Versons, buvons cette liqueur vermeille,
Ah! qu'on est bien sous cette treille,
Il n'est plus de chagrin ici.
Ma femme, Dieu merci!
Tu n'es pas là, même en peinture :
Avec un brave ami
Je puis célébrer la nature;

Aussi, je veux tout oublier,
Je n'ai plus un seul créancier,
Je n'ai plus de terme à payer,
Je n'entends plus d'enfants crier,
Qu'il fallait nourrir, habiller,
Mangeant tout ce qu'on peut gagner.
Au Créateur de bon cœur je rends grâce,
Oh! mon ami, viens donc que je t'embrasse,
Jamais sur terre un mortel n'a goûté
Bonheur égal à ma félicité.
Eh! bonjour, bonjour, bonsoir, bonsoir,
    Bouteille
    Vermeille,
Pressons, pressons-la bien,
Qu'au fond il ne reste rien.

Ma moitié m'aime au moins pour douze,
De Trinque-Fort elle est un peu jalouse,
  Mais si je trahis mon épouse,
  C'est toujours pour le même objet.
    Veux-tu de son portrait
    La narration véridique,
    La voici trait pour trait :
C'est une brune magnifique,
Je tiens sa taille dans ma main ;
On dit qu'elle est bouchée, eh bien !
Avec ce seul geste, soudain,
Moi je fais sortir son esprit,
Je goûte tout ce qu'elle dit,
Parfois même elle m'étourdit.
Fi! d'un amant jaloux de sa maîtresse;
Tiens... de la mienne éprouve la tendresse,
Dans mon bonheur je te mets de moitié,
Ça fait trois cœurs unis par l'amitié.
Eh! bonjour, bonjour, bonsoir, bonsoir,
    Bouteille
    Vermeille,
Pressons, pressons bien son petit bec,
Et buvons sec.

Cette liqueur délicieuse,
Sur l'homme exerce une influence heureuse;
  Elle rend l'âme généreuse,
  J'en suis un exemple étonnant.
    Supposons un moment
Que je rencontre une bonne âme,
    Et qu'indéfiniment
Elle se charge de ma femme.
Sans hésiter un seul instant,
Vois si je suis reconnaissant,
Pour prix d'un service aussi grand,
Je lui donnerais, sans façon,
Tous mes enfants, fille et garçon,
Et j'en ai neuf à la maison.
Si ce marché jamais se réalise,
O mon ami, ce jour-là je me grise ;
Oui, je dois bien cet hommage flatteur,
Au dieu Bacchus, le grand consolateur.
Fais ton petit glou, glou, glou, glou,
    Bouteille
    Vermeille,
Coulez, coulez, toujours, toujours,
Mes seules amours.

Le jour baisse, on n'y voit plus goutte,
Tout est payé, veux-tu nous mettre en route?
  Nos épouses veillent sans doute...
  Tant pis, j'arriverai demain.
    Mets-moi dans mon chemin,
    Dès que je tiendrai la muraille,
    Je te dirai le tien.
Quel est ce blanc-bec qui nous raille?
Pourquoi me prenez-vous le bras?
Me ranger? fi donc! je veux pas...
Plus droit que vous je marche au pas...
Je suis honnête, j'ai des mœurs,
Le pavé l' dimanche, d'ailleurs,
Appartient de droit aux buveurs!
De mon quartier, je tiens enfin la trace,
Tiens! ma maison qui n'est plus à sa place?
L'autorité, vous souffrez donc cela?
C'est une horreur, je m'en vais coucher là.
  Bonjour, bonjour, bonsoir, bonsoir,
    Bouteille
    Vermeille,
Coulez, coulez, toujours, toujours,
Mes seules amours.

      Amédée de Beauplan.

La musique, qui est de l'auteur des paroles, se trouve *chez M.* Heu, 10, *r. de la Chaussée-d'Antin*, et est notée au N. 2268 de la Clé du Caveau.

DITHYRAMBE BACHIQUE.

1840.

Air : *Je commence à m'apercevoir.*

Je chante en joyeux troubadour,
   Près de gentille Rose,
   Ce nectar dont m'arrose
La main lutine de l'Amour.
    Jamais nos belles
    Ne sont rebelles,
Lorsqu'en chantant nous buvons avec elles;
Mais, en trinquant sur nos genoux,
   Elles se roulent avec nous,
En redisant : Versez ce jus si doux!
    Que le bon vin s'entonne!
    Armons-nous dès l'automne
D'un gobelet large comme une tonne!

Lorsque je bois mon petit coup,
   Je voudrais, pour ma gloire,
   Que le Rhône et la Loire
Pussent me passer par le cou,
    Et que mon ventre
    Fût comme un antre
Vide toujours où toujours le vin entre;
Par Bacchus, j'aimerais à voir
   Le Nuits et le Beaune pleuvoir,
Si l'Océan était mon réservoir.
    Que le bon vin s'entonne! etc.

Je voudrais, joyeux biberon,
   Quand mon gosier s'altère,
   Que sur toute la terre
Tout homme se fît vigneron.
    Pour la vendange,
    Que l'on arrange
Tout en cellier : maison, remise, grange ;
Pour boire du matin au soir,
   Chacun en rond venant s'asseoir,
Les magistrats siégeront au pressoir.
    Que le bon vin s'entonne! etc.

Mes amis, est-il étonnant,
   Quand ici-bas tout vire,
   Que parfois je chavire
En foulant ce globe tournant?
    Et d'ailleurs ivre,
    Il fait bon vivre;
Au gai plaisir l'âme heureuse se livre :
La vie est un triste chemin
   Où, dans l'espoir d'un lendemain,
Le voyageur s'engage un verre en main.
    Que le bon vin s'entonne! etc.

Lorsqu'au sombre bord emporté,
   J'aurai clos la paupière,
   Je veux griser saint Pierre
Aux portes de l'éternité.
    Et qu'il commence
    Une romance
Quand il aura vidé sa coupe immense :
Je veux qu'enfin ce bon portier
   Abandonne son vieux métier,
Et que des cieux il soit le sommelier.
    Que le bon vin s'entonne!
    Armons-nous dès l'automne
D'un gobelet large comme une tonne!

G.-C. Picard.

La musique de Dalayrac se trouve notée au N. 256 de la Clé du Caveau.

MONTONS A LA BARRIÈRE.

Air : *Marchons à la frontière* (Ch. Gille).

1843.

Nous avons queuqu'*radis*,
Pierre, il faut fair' la noce
Moi, vois-tu, les lundis,
J'aime à rouler ma bosse.
J' sais du vin à six *ronds*,
Qui n'est pas d' la p'tite bière :
Pour rigoler, montons,
Montons à la barrière!

N' perdons pas un instant,
L' ciel est des plus superbes;
J' mont'rons Ménilmontant,
Jusqu'au *Bouillon aux herbes.*

Là, j' boirons deux gorgeons
Pour notr' halte première :
Pour rigoler, montons,
Montons à la barrière !

Maint endroit m'est connu :
J' te conduirai, mon homme,
A la *Ferm' du Chat nu,*
Ou bien au *P'tit Bonhomme...*
Les lapins y sont bons,
Et n' sent'nt pas la gouttière :
Pour rigoler, montons,
Montons à la barrière !

Quand nous aurons, mon vieux,
Bien bu, bien fait bombance,
Nous r'viendrons chez *Lizeux,*
Faire un tour à la danse.
P't'êtr' bien qu' nous y pinc'rons
Quelque particulière :
Pour rigoler, montons,
Montons à la barrière !

J' dans'rons en chaloupant,
A la mode nouvelle ;
Si quelqu' mauvais ch'napan
Veut nous chercher querelle,
Eh ben ! j' nous alignerons ;
Tu sais qu' c'est mon affaire ?
Pour rigoler, montons,
Montons à la barrière !

Pour entendre chanter :
Le Pêcheur à la ligne ;
De là, j' veux t' faire entrer
Aux *Amis de la vigne.*
Ce sont de francs lurons,
Sans gêne et sans manière :
Pour rigoler, montons,
Montons à la barrière !

T'entendras fredonner
Plus d'un chant politique :
Mais toi qu'aim's entonner
Quelque refrain bachique.

Si l'on chante : *Marchons,*
Marchons à la frontière !
Tu répondras : montons,
Montons à la barrière !

De la *sociliété,*
Quand se f'ra la clôture,
Si t'es trop éreinté,
Nous r'viendrons en voiture.
Puis, dès d'main, nous r'taup'rons
Toute la s'maine entière :
Pour rigoler, montons,
Montons à la barrière !

Dalès aîné.

La musique de Charles GILLES se trouve chez
L. Vieillot, éditeur, 32, r. Notre-Dame-de-Nazareth.

LA CONVERSION.

1840.

AIR *de l'Amant chansonnier* (Chanu).

Si tu veux
Des chants joyeux,
Lise, à plein verre,
Verse au Trouvère !
Le bon vin et la beauté
Excitent la franche gaité.

Oui, je me rends à ta logique,
Toujours la grisette a raison,
Je renonce au genre tragique
Et prends les grelots pour blason
Es-tu contente, ma Lison ? (*bis.*)
Je cesserai d'écrire
Ces longs vers désormais
Qui te faisaient sourire.
Nous allons rire... Mais,
Si tu veux, etc.

Fuis loin d'ici, vaine science,
A l'air froid, triste et compassé !..

Grâce à la folle insouciance,
Par l'espoir doucement bercé,
J'oublie à présent le passé...
    Vive la joie!!! Au diable
    Embarras et chagrin!
    Mettons-nous vite à table,
    Et retiens mon refrain :
        Si tu veux, etc.

Tandis qu'au pétulant champagne
Je vais donner la liberté,
Ah! que la charité te gagne!
Déprisonne de ton côté
Les appas de la volupté...
    On souffre en servitude
    Par d'impuissants désirs,
    La liberté prélude
    Aux plus charmants plaisirs!
        Si tu veux, etc.

De tes épaules la parure
Est du moins celle de l'amour :
Ta longue et noire chevelure
En désordre tombe à l'entour;
Sylphes légers lui font la cour.
    Démonesse gentille,
    Ange adoré des cieux,
    Vois, le nectar pétille
    Au feu de tes grands yeux!
        Si tu veux, etc.

Je sens redoubler mon ivresse!
Nous sommes assez reposés...
Dans mes bras, c'est toi que je **presse** !
Que de baisers se sont croisés,
Donnés, pris, rendus, refusés!
    Quelle divine extase
    Produit cette liqueur!
    Quelle ardeur vive embrase
    Et ma tête et mon cœur!
        Si tu veux, etc.

Lors, à sa muse le poète
Ne pouvant plus faire un larcin,
L'amant avoua sa défaite,
Et de Lise admirant le sein,
Posa son front sur ce coussin. (*bis.*)
La rougeur le décore ;
L'aimable libertin
Balbutiait encore
A l'espiègle lutin :

    Si tu veux
    Des chants joyeux
    Lise, à plein verre,
    Verse au Trouvère!
Le bon vin et la beauté
Excitent la franche gaîté.

Émile Varin.

A BACCHUS.

Air *d'Asmodée* (Louis Festeau).

1845.

Debout, enfants, et cessez un long rêve,
Pourquoi ces cris, ces sanglots, ces soupirs?
Le gros Bacchus vous accorde une trêve ;
Enivrons-nous dans des flots de plaisirs.
Des noirs soucis nous augmentons le nombre,
N'avons-nous plus les vins que nous aimons?
Quand le soleil nous darde ses rayons,
Pourquoi vouloir sans cesse chercher l'ombre?
Buvons, amis, ce n'est qu'avec le vin
Qu'on peut braver les arrêts du destin! } (*bis.*)

De l'or! de l'or! dit-on à mon oreille,
De tous côtés on demande de l'or;
On en voudrait aussitôt qu'on s'éveille,
En s'endormant, on en prendrait encor.
Eh! mes amis, la richesse première
C'est la liqueur qu'on vient de vendanger;
Car le hasard, d'un souffle, peut changer
Tous vos trésors en un grain de poussière.
    Buvons, amis, etc.

De fleurs, d'amour, la vie est parfumée,
De doux succès ont embelli nos jours,
Mais ici-bas, tout s'envole en fumée,

Fleurs et beauté ne durent pas toujours.
Comme le temps, puisque l'amour s'envole,
Avec le vin nous nous consolerons;
N'avons-nous pas, pour dérider nos fronts,
De l'amitié, la céleste auréole?
    Buvons, amis, etc.

Quel est ce corps étendu sur la route?
Le voyageur se dit avec effroi :
C'est un pauvre homme, un malheureux sans doute.
Non, c'est le fils et l'héritier d'un roi!
Un froid pavé, quoi, voilà donc le hâvre
Où l'échoua le sort capricieux?
Riches du jour, princes ambitieux,
Réfléchissez devant ce froid cadavre.
    Buvons, amis, etc.

Que ferons-nous au sortir de la vie?
Cet avenir ne nous est pas connu;
Serons-nous saint, ange, diable ou génie?
Pour nous le dire aucun n'est revenu.
Pour éviter l'erreur où chacun tombe,
Qu'un doux espoir brille à notre horizon;
En l'attendant, un vert et frais gazon,
Vaut bien, je crois, le marbre d'une tombe.
Buvons, amis, ce n'est qu'avec le vin } (bis.)
Qu'on peut braver les arrêts du destin! }
        Charles Colmance.

La musique se trouve dans le premier volume
des chansons de Louis Festeau, dont les œuvres
complètes forment 3 beaux volumes grand in-32,
contenant 300 chansons, 90 airs gravés et ornés de
55 jolies gravures sur acier, en vente chez L. Vieillot, éditeur, 32, rue Notre-Dame-de-Nazareth.
Prix des volumes, 5 fr

J'AIME MIEUX BOIRE.

1784.

Que le sultan Saladin
Rassemble dans son jardin
Un troupeau de jouvencelles,
Toutes jeunes, toutes belles,
Pour s'amuser le matin;
  C'est bien, c'est bien,

Cela ne nous blesse en rien;
Moi je pense comme Grégoire,
    J'aime mieux boire.   (bis.)

Qu'un seigneur, qu'un haut baron
Vende jusqu'à son donjon
Pour aller à la croisade;
Qu'il laisse sa camarade
Dans les mains des gens de bien;
    C'est bien, etc,

Que le vaillant roi Richard
Aille courir maint hasard,
Pour aller, loin d'Angleterre,
Conquérir une autre terre,
Dans le pays d'un païen;
    C'est bien, c'est bien,
Cela ne nous blesse en rien;
Moi je pense comme Grégoire,
    J'aime mieux boire.
            Sedaine.

La musique de Gréty se trouve notée au N. 489
de la Clé du Caveau.

MA VIGNE.

1846.

Cette côte à l'abri du vent,
Qui se chauffe au soleil levant
Comme un vert lézard, c'est ma vigne.
Le terrain en pierre à fusil
Résonne et fait feu sous l'outil;
Le plant descend en droite ligne
Du fin bourgeon qui fut planté
Par notre bisaïeul Noé...
Bon Français, quand je vois mon verre
Plein de ce vin couleur de feu,
Je songe en remerciant Dieu,
Qu'ils n'en ont pas (bis) dans l'Angleterre. (bis).

Au printemps ma vigne en sa fleur,
D'une fillette a la pâleur,
L'été c'est une fiancée
Qui fait craquer son corset vert;

A l'automne tout s'est ouvert,
C'est la vendange et la pressée ;
En hiver, pendant son sommeil,
Son vin remplace le soleil.
Bon Français, etc.

La cave où mon vin est serré
Est un vieux couvent effondré,
Voûté comme une vieille église ;
Quand j'y descends je marche droit.
De mon vieux vin je bois un doigt,
Un doigt... deux doigts... et je me grise :
A moi le mur !... et le pilier !...
Je ne trouve plus l'escalier.
Bon Français, etc.

La vigne est un arbre divin,
La vigne est la mère du vin ;
Respectons cette vieille mère,
La nourrice de cinq mille ans,
Qui, pour endormir ses enfans,
Leur donne à téter dans un verre,
La vigne est mère des amours,
O ma Jeanne, buvons toujours.

Bon Français, quand je vois mon verre,
Plein de son vin couleur de feu,
Je songe, en remerciant Dieu,
Qu'ils n'en ont pas (*bis*) dans l'Angleterre. (*bis*.)

Pierre Dupont.

La musique est de l'auteur des paroles, et se trouve, à Paris, chez M. Brullé, éditeur, 16, passage des Panoramas.

On trouve également la musique de tous les chants de Pierre Dupont dans la charmante publication illustrée à 15 centimes la livraison. En vente chez MARTINON, rue du Coq, 4.

LE VIEILLARD.

1829.

AIR : *d'Aristippe.*

Divin nectar, dans mes veines glacées,
Ranime encor la vie et la chaleur ;
De mes vieux ans rajeunis les pensées ;
Viens leur prêter ta riante couleur.
Des jours mêlés de joie et de souffrance,
Cache le terme à mon triste regard !
Couvre mes yeux du prisme de l'enfance ;
Viens, cher Bacchus, au secours d'un vieillard.

En m'endormant, aux jours de mon bel âge,
Je calculais les plaisirs du réveil ;
Et l'avenir, immense et sans nuage,
Enrichissait les songes du sommeil :
De ces beaux jours l'aurore est éclipsée,
Le passé fuit entouré d'un brouillard,
Et l'espérance échappe à ma pensée...
Viens, cher Bacchus, consoler un vieillard.

Triste jouet des fureurs de Neptune,
J'errai longtemps en des climats lointains ;
Fixée un jour, l'inconstante fortune
Me promettait d'embellir mes destins ;
Elle a repris les faveurs passagères
Que sa main livre et ravit au hasard :
A défaut d'or, j'ai recours aux chimères,
Viens, cher Bacchus, viens bercer un vieillard.

Fais voltiger en ma demeure obscure
L'Amour folâtre escorté des Plaisirs,
De Cythérée entr'ouvre la ceinture,
Qui tient captifs les Grâces, les Désirs ;
Le malin dieu, de sa coupe traîtresse
Avec mépris me refuse une part ;
La Volupté pour moi n'a plus d'ivresse !
Viens, cher Bacchus, enivrer un vieillard.

Semblable, hélas ! à l'antique tourelle,
Prête à crouler sur de vastes débris,
Je foule encor la terre qui recèle
Tous les objets que mon cœur a chéris.
Dieu des raisins ! seulement pour une heure,
Chasse la Mort, brise son étendard...
Entoure-moi des amis que je pleure ;
Viens, cher Bacchus, viens tromper un vieillard.

Dieu ! quel nuage obscurcit ma paupière !
Quel trouble en moi ! quel silence en ces lieux !
Est-ce le vin ou la faulx meurtrière,
Qui vient fermer, appesantir mes yeux ?...

Je suis tout prêt!... S'il faut que je succombe,
Si c'est pour moi le signal du départ,
Pour me cacher l'abîme de la tombe,
Viens, cher Bacchus, endormir un vieillard.

Louis Festeau.

LA BARQUE A CARON.

Ah! que l'amour est agréable !
Il est de toutes les saisons :
Un bon bourgeois dans sa maison,
Le dos au feu, le ventre à table,
Un bon bourgeois dans sa maison
Caressait un jeune tendron.

Bacchus sera mon capitaine,
Vénus sera mon lieutenant,
Le tonneau mon commandant,
Le fournisseur mon porte-enseigne,
Ma bandoulière de boudins,
Mon fourniment rempli de vins.

Quand nous serons dans l'autre monde,
Adieu, plaisirs, adieu, repas ;
Sachez bien que nous n'aurons pas
D'aussi bon vin dans l'autre monde ;
Nous serons quittes d'embarras,
Un' fois partis dans ces lieux bas.

Après ma mort, chers camarades,
Vous placerez dans mon tombeau
Un petit broc de vin nouveau,
Un saucisson, une salade,
Une bouteille de Mâcon,
Pour passer la barque à Caron.

Paroles d'un anonyme.

UN HOMME EN RIBOTTE.

1845.

AIR : *Ces postillons sont d'une maladresse.*

Remarquez bien au bout de cette table
Ce gros luron sortant d'un long sommeil;
Voyez briller sur son nez respectable
Ce vermillon, ce coloris vermeil,
Que le public nomme un coup de soleil.
En s'éveillant, poussé par le liquide,
Sur vingt sujets il entonne un refrain :
Pardonnez-lui s'il tombe dans le vide.
    (Il est à moitié plein.)   (bis.)

Contre ce monde où l'astuce s'éjourne,
Enfants, dit-il, pourquoi tant s'acharner ;
Puisqu'il est vrai que notre globe tourne,
Ses habitants doivent aussi tourner.
Il n'est rien là qui nous puisse étonner.
Partout l'astuce; en habits comme en jupes,
Notre univers, si Dieu n'y met la main,
S'encombrera d'intrigants et de dupes.
    (Il est à moitié plein.)

Écoutez-le, plus il boit plus il jase,
A ses voisins il s'adresse d'abord :
L'honneur français, leur dit-il, est un vase
Fait d'un métal plus précieux que l'or,
Et rien d'impur n'en doit souiller le bord.
Si l'étranger, prétextant la concorde,
Ose y verser l'opprobre ou le dédain,
Malheur à lui, car le vase déborde.
    (Il est à moitié plein.)

Tenez, voici Fanchon notre servante,
Qui de ce lieu s'éclipsa l'an dernier,
La pauvre enfant s'en alla chez sa tante
Y déposer les fruits de son panier,
Présent d'adieu d'un galant cuisinier.
Depuis six mois un beau garçon se glisse
Près de Fanchon, mais vous craignez en vain
Que de nouveau son panier ne s'emplisse,
    (Il est à moitié plein.)

CHANSONS BACHIQUES.

Gais biberons, soutiens de la guinguette,
Tout en buvant vous ne vous doutez pas,
Qu'en avalant ce verre de piquette,
Vous nourrissez un peuple de soldats,
De gros commis et de fiers magistrats.
Du pauvre au riche et du prodigue au cuistre,
Votre gros sou, passant de main en main,
Va s'engloutir au coffre d'un ministre.
 (Il est à moitié plein.)

Ici, garçon, ce long discours m'altère,
Apporte vite un pichet de nouveau,
Ton vin me plaît, j'aime sa couleur claire,
Tu n'y mets rien qui trouble le cerveau,
Moi, franchement, je n'y sens qu'un peu d'eau.
Dans ta maison qu'on vante à juste titre,
D'avoir son compte on est toujours certain,
C'est bien, mon vieux, mais remporte ton litre.
 (Il est à moitié plein.)

Ch. Colmance.

La musique se trouve notée au N. 849 de la Clé du Caveau.

LE REFRAIN DU BIVOUAC.

1826.

Dans le service de l'Autriche
Le militaire n'est pas riche,
 Chacun sait ça !
Mais si sa paye est trop légère,
On s'en console, c'est la guerre
 Qui le paiera !
Aussi, morbleu ! que de tout l'on s'empare !
Jeunes beautés, vieux flacons et cigare...
Vive le vin, l'amour et le tabac,
Voilà, voilà, voilà, voilà, le refrain du bivouac !
Vive le vin, l'amour et le tabac,
Voilà, voilà, le refrain du bivouac !
Le vin, l'amour, l'amour et le tabac,
Voilà, voilà, le refrain du bivouac.
Le vin, l'amour et le tabac,
Voilà le refrain du bivouac.
Le vin, l'amour et le tabac,
C'est le refrain du bivouac !

REFRAIN EN CHOEUR.

Vive le vin, l'amour et le tabac,   } (bis.)
Voilà, voilà, voilà, le refrain du bivouac !

Dans les beaux yeux d'une inhumaine,
De sa défaite on lit sans peine
 Le pronostic ;
Nulles rigueurs ne nous retiennent,
De droit les belles appartiennent
 Au kaiserlic !
Se divertir fut toujours mon principe ;
Tout est fumée, et la gloire et la pipe !
Vive le vin, l'amour et le tabac,
Voilà, voilà, voilà, voilà, le refrain du bivouac !
Vive le vin, l'amour et le tabac,
Voilà, voilà, le refrain du bivouac !
Le vin, l'amour, l'amour et le tabac,
Voilà, voilà, le refrain du bivouac !
Le vin, l'amour et le tabac,
Voilà le refrain du bivouac !
Le vin, l'amour et le tabac,
C'est le refrain du bivouac !

REFRAIN EN CHOEUR.

Vive le vin, l'amour et le tabac,   } (bis.)
Voilà, voilà, voilà, le refrain du bivouac !

MM. Scribe et Mélesville.

Tirée du *Chalet,* opéra comique en un acte, en vente chez M. Tresse, Palais-National, galerie de Chartres, 2 et 3. Prix : 60 centimes.
La musique de M. Adolphe Adam se trouve notée au N. 2136 de la Clé du Caveau.

NOUVELLE SCHOLIE.

1825.

Air : *Vive le vin de Ramponneau.*

Au bruit de ses joyeux tintins,
 Qu'on révère
  Le verre !

Puissions-nous voir en nos festins,
De rubis ses bords et nos teints
　　　Teints!

　　Oh! Dieu du vin,
　　　C'est en vain
　　Qu'à ton pouvoir divin
　L'homme veut se soustraire;
　　　De ses malheurs.
　　　De ses pleurs,
　　De ses maux, ses douleurs,
　　Toi seul sais le distraire.
　　　　Au bruit, etc.

　　　Avec dédain,
　　　　Dans Eden,
　　De ce triste jardin,
　Ève aurait vu les pommes,
　　　Si ta liqueur,
　　　Dieu vainqueur,
　　Eût embrasé le cœur
　De la mère des hommes.
　　　Au bruit, etc.

　　Qu'un triste humain,
　　　En chemin,
　S'abreuve dans sa main
　De l'eau d'une citerne;
　　　Laissons son eau,
　　　Son tonneau,
　Sa morgue, son manteau,
　Et soufflons sa lanterne!
　　　Au bruit, etc.

　　Jus bienfaisant,
　　　Doux présent,
　Par toi seul à présent
　La vérité peut vivre;
　　Quand par hasard
　　　Un cafard
　Vient à parler sans fard,
　C'est qu'alors il est ivre.
　　　Au bruit, etc.

　　Par vos accents
　　　Glapissants
　Outragez le bon sens,

　Ecorchez les oreilles;
　　　Soyez cagots,
　　　Noirs magots;
　Mais gardez vos fagots
　Pour cacher nos bouteilles.
　　　Au bruit, etc.

　　　L'épicurien,
　　　Gai vaurien,
　De l'âge ne craint rien;
　Le vin le régénère.
　　　Le fruit d'un cep
　　　Qu'il pressait
　D'Anacréon chassait
　La glace octogénaire.
　　　Au bruit, etc.

　　Du peu d'instants
　　　Que le temps
　Nous accorde, j'entends
　Faire un joyeux usage;
　　　Sur l'Achéron,
　　　Si Caron
　Pour moi prend l'aviron,
　Je veux dire au passage:

Au bruit de ses joyeux tintins
　　　Qu'on vénère
　　　Le verre!
Puissions-nous voir en nos festins
De rubis ses bords et nos teints
　　　Teints!
　　　　　　　　　　　　Marcillac.

La musique se trouve notée au N. 1101 de la Clé du Caveau.

LE P'TIT BLEU.

1849.

Air : *Et lon lon la, ma bouteille qui s'en va.*

Viv' le ptit bleu,
  C'est ça qui coule
    Et qui soûle,
Viv' le p'tit bleu,
Ça met la binette'en feu,
Ça rend raid' comm' un pieu,
    Ça roule
  Dans la boule.
Pour l'amour du bon Dieu,
Versez-moi du p'tit bleu.

J'ai goûté du p'tit blanc,
Dans des verr's longs d'une aune,
Chez Niquet, en tremblant,
J'ai gourmé du p'tit jaune,
J'ai picté du p'tit gris,
Du plur d'ognon qu'on prône,
Dans tout ça, sans mépris,
Pour le goût et le prix,
  Viv' le p'tit bleu, etc.

Le p'tit bleu, voyez-vous,
C'est le Dieu qui m'inspire,
C'est notre idole à tous,
L'aimant qui nous attire,
Ça soulag' le gousset,
Ça dispens' de tir'lire,
Ça s' verse à plein gob'let,
Et ça s' boit comm' du lait.
  Viv' le p'tit bleu, etc.

Roug' comm' un coq'licot,
Dès la moindre parole,
Bichette, au deuxième pot,
S' met à rir' comme un' folle,
Boit-elle un p'tit coup d' plus,
Ell' lâch' la gaudriole,
Sagesse, pudeur, vertus,
Rien n' résiste au coup d' jus.
  Viv' le p'tit bleu, etc.

Les amours vont leur train,
Grâce au pichet qui trotte,
Quand Adonis est plein,
Vénus a sa culotte;
En s'appuyant au mur,
Les tendrons en ribotte,
Hument des flots d'azur
Et s'en vont le nez dur.
  Viv' le p'tit bleu, etc.

Le p'tit bleu, pour l'impôt,
Est un rude adversaire,
Il extrait d'un p'tit broc
Et la paix et la guerre;
Il excite au progrès,
Fait des lois à plein verre,
Et transforme en congrès
Nos joyeux cabarets.
  Viv' le p'tit bleu, etc.

Un plaisir est parfait,
Quand le gain l'accompagne,
De ce vin, en effet,
Plus on boit, plus on gagne;
Puis, pochard au complet,
On rejoint sa compagne,
L'œil aimable et coquet,
Et le nez tout violet.
　　Viv' le p'tit bleu, etc.
　　　　　　　Ch. Colmance.

VIVE LE FRUIT DÉFENDU!
1844.

Amis, le bonheur sur terre,
C'est de boire, c'est d'aimer!
Mais le vin que je préfère,
Celui qui sait me charmer...
Le vin que j'aime à boire,
C'est le vin du prochain;
Quand mon verre est plein,
C'est presque une victoire!
Au risque d'être pendu,　} (bis.)
J'aime le fruit défendu!

Beauté trop prompte à se rendre
Ne saurait me stimuler.
Un baiser, je veux le prendre,
Un cœur, je veux le voler!
Ce qu'il faut à ma gloire,
C'est la femme du voisin...
Et quand j'y joins son vin,
Je double ma victoire!
Au risque d'être pendu,　} (bis.)
Vive le fruit défendu!

Il ne suffit pas sur terre,
Mes amis, pour nous charmer...
De remplir gratis son verre,
Gratis de se faire aimer!
Il faut, sachez l'apprendre,
Pour couler d'heureux jours,
Prendre, prendre toujours,
Mais sans se laisser prendre.
Vive le fruit défendu,　} (bis.)
Sans risquer d'être pendu!
　　　　　　Dumanoir et Dennery.

La musique, de M. Pilati, se trouve chez L. Vieillot,
éditeur, rue Notre-Dame-de-Nazareth, 32.

LE VRAI BONHEUR.
1843.

Air : *Du bonheur du Ménage.* (Bohémiens de Paris.)

Chacun sa philosophie,
Moi, je cherche le bonheur;
Sans chagrin et sans envie,
Je laisse parler mon cœur.
La santé c'est ma richesse,
La gaîté me suit toujours;
Et je nargue la Sagesse
Avec tous ses sots discours..
Allons donc! allons donc!
La raison, c'est la folie;
Allons donc! allons donc!
La folie, c'est la raison.

Viens sur mes genoux, ma toute belle,
Vidons à longs traits cette bouteille,
Baiser qui séduit, vin qui réveille,
　　C'est, sur mon honneur,
　　Le vrai bonheur.

Il faut donc être de glace
Auprès d'un joli tendron;
Il faut donc voiler les Grâces
Et désarmer Cupidon.
Avec le pédant qui raille
Aller cloîtrer son chagrin,
Boucher toutes ses futailles
Et laisser gâter son vin.
　Allons donc! etc.

Quant à vous, beauté sévère
Qui commencez à rougir,
Avec moi prenez un verre,
Et je veux vous convertir.
A la fumée du cigare,
Aux douces vapeurs du vin,
Que votre raison s'égare,
Et vous direz mon refrain.
　Allons donc! etc.

Dans tes bras, ma douce amie,
Je voudrais finir mes jours;
A toi, bouteille chérie!
A toi, mes derniers amours!
Suivez-moi, douces chimères,
Quand m'appellera Caron,
Nous apaiserons Cerbère,
Et ferons chanter Pluton.
　Allons donc! allons donc! etc.
　　　　　　　　　　S. D.

La musique, d'Amédée Artus, se trouve chez
M. Meissonnier, éditeur, 18, rue Dauphine.

FANCHON.

1802.

Air : *Amour, laisse gronder ta mère.*

Amis, il faut faire une pause :
J'aperçois l'ombre d'un bouchon ;
Buvons à l'aimable Fanchon,
Pour elle faisons quelque chose.
Ah ! que son entretien est doux,
Qu'elle a de mérite et de gloire !
Elle aime à rire, elle aime à boire, } (bis.)
Elle aime à chanter comme nous.

Fanchon, quoique bonne chrétienne,
Fut baptisée avec du vin ;
Un Allemand fut son parrain,
Une Bretonne sa marraine.
Ah ! que son entretien est doux, etc.

Elle préfère une grillade
Au repas le plus délicat ;
Son teint prend un nouvel éclat
Quand on lui verse une rasade.
Ah ! que son entretien est doux, etc.

Si quelquefois elle est cruelle,
C'est quand on lui parle d'amour ;
Mais, moi, je ne lui fais la cour
Que pour m'enivrer avec elle.
Ah ! que son entretien est doux, etc.

Un jour le voisin La Grenade
Lui mit la main dans son corset :
Elle riposta d'un soufflet
Sur le museau du camarade.

Ah ! que son entretien est doux,
Qu'elle a de mérite et de gloire !
Elle aime à rire, elle aime à boire, } (bis.)
Elle aime à chanter comme nous.

Le général comte A. C. L. de Lasalle,
tué à 34 ans, à Wagram, en 1809.

La musique est notée au N. 1073 de la Clé du Caveau.

LE CABARET.

1800.

A boire je passe ma vie,
Toujours dispos, toujours content ;
La bouteille est ma bonne amie,
Et je suis un amant constant.
Au cabaret j'attends l'aurore :
Du vin tel est l'heureux effet,
La nuit souvent me trouve encore
    Au cabaret.   (bis.)

Si, frappé de quelques alarmes,
Mon cœur éprouve du chagrin,
Soudain on voit couler mes larmes ;
Mais ce sont des larmes de vin.
Je bois, je bois à longue haleine.
Du vin tel est l'heureux effet,
Le malheureux n'a plus de peine
    Au cabaret.   (bis.)

Si j'étais maître de la terre,
Tout homme serait vigneron ;
Au dieu d'amour toujours sincère,
Bacchus serait mon Cupidon.
Je ne quitterais plus sa mère,
Car, de la cour un juste arrêt
Ferait du temple de Cythère
    Un cabaret.   (bis.)

Auteurs qui courez vers la gloire,
Bien boire est le premier talent :
Bacchus au temple de mémoire
Obtient toujours le premier rang.
Un tonneau, voilà mon Pégase,
Ma lyre, un large robinet ;
Et je trouve le mont Parnasse
    Au cabaret.   (bis.)

J.-J. Lucet.

La musique d'Ermel se trouve notée au N. 735 de la Clé du Caveau.

GLOIRE A BACCHUS.

1840.

AIR : *Point de chagrin qui ne soit oublié.* (Fétis.)

Gloire à Bacchus, ce dieu du Gange,
Qui prêta son pouvoir divin
Au jus céleste, à la vendange,
Et qui nous transmit le bon vin !
Soyons tous fiers de sa louange ;
Pour la mériter qu'un refrain
Bien gai, bien franc, nous mette en train.
Amis, déjà notre coupe embaumée,
Emplie aux bords pour tant de renommée,
Répand au loin l'ivresse parfumée,
Tout autre bien n'est que de la fumée.
O mes amis ! tout chagrin disparaît, } *(bis.)*
  Le verre en main, au cabaret !

La soif de l'or brûle l'avare :
Amasser, voilà son erreur,
Et du néant qui se prépare
Il ne voit pas la profondeur.
Un trésor est un bienfait rare
Qui peut nous offrir la grandeur ;
Mais il n'est rien pour le bonheur.
Si de Crésus j'obtenais la richesse,
Que de beaux jours, que de charmante ivresse
Comptés par vous, amis, et ma maîtresse !
Maîtresse, amis, ont tous une caresse.
  O mes amis, etc.

Faut-il d'un grand vanter la brigue ?
Ma muse se glace d'effroi.
Je fronde et j'abhorre l'intrigue
Je suis libre et ne suis pas roi.
Un adulateur me fatigue...
La franchise, voilà ma loi ;
Avant tout, je veux être moi.
Arrière donc, flatteur qui tout encense,
Vils courtisans, coureurs de récompense !
Le cabaret est plus grand qu'on ne pense,
Bacchus l'éclaire, et son disque est immense.
  O mes amis, etc.

Dans cet univers que de peines
Assiégent tout le genre humain !
L'ennui, la misère ou les haines
De ronces couvrent le chemin ;
Les cachots, les verrous, les chaînes,
Pour nos maux se donnent la main...
La douleur a son lendemain.
Mais du nectar l'influence magique
D'illusions prend le tour poétique :
Tout rit, tout plaît à la muse bachique ;
Le mal réel est un mal chimérique.
  O mes amis, etc.

On est dupe d'une coquette,
On est dupe en guerre, en amour ;
La Bourse, Vénus, la roulette,
Font des dupes comme à la cour.
Le plaisir, la folle goguette
Ici sont choyés tour à tour :
Le cabaret est leur séjour.
Prends donc ta lyre, aimable et gai Trouvère,
Chante avec nous, surtout vide ton verre ;
Nargue les sots, le censeur trop sévère ;
Pour être heureux, à boire persévère.
  O mes amis, etc.

Dans l'exil, ô douleur amère !
Regrettez-vous votre pays ?
Avez-vous perdu votre mère,
Votre compagne ou votre fils ?
Votre trésor, bien éphémère,
Se trouverait-il compromis
Par quelqu'un de vos bons amis ?
Point de regrets, jamais de triste veille,
Buvez, le vin enfantera merveille !
On redevient riche avec la bouteille
Anacréon lui-même le conseille.
  O mes amis, etc.

Mais déjà la soif me dévore :
A l'œuvre, vieillards rajeunis !
Bacchus est le dieu que j'adore,
Il verse, et les maux sont finis !
Dans son temple chantons encore
Le bon vin, Comus, les houris ;
Sa succursale est à Paris.
Divine Hébé ! viens me prêter ta lyre,
Verse toujours, c'est l'accord qui m'inspire ;

Je sens en moi circuler ton délire ;
Sur ton autel la prière veut dire :
O mes amis ! tout chagrin disparaît, } (bis.)
Le verre en main, au cabaret.

Gaconde et Pluchonneau.

La musique de Fétis se trouve notée au N. 2102 de la Clé du Caveau.

L' VIN A 4 SOUS.

1837.

Le Flamand s' gris' de bière,
L' Provençal de vin doux ;
Moi, c' qui m' mets sens d'sus d'sous, } (bis.)
C'est l' tit vin d' la barrière.
Venez, venez, sages et fous,
Boire avec moi l' vin à quat' sous.
Venez, venez, sages et fous,
Boire avec moi l' vin à quat' sous.
(Presque parlé.) L'vin à quat'sous m'met sens d'sus d'sous
L' grédin d'vin à quat' sous m' met sens d'sus d'sous.
L'gendarme d'vin à quat'sous m' met sens d'sus d'sous.
L' scélérat d'vin à quat' sous m' met sens d'sus d'sous.
Venez, venez, sages et fous,
Boire avec moi l' vin à quat' sous.
Venez, venez, sages et fous,
Boire avec moi l' vin à quat' sous.

L'étiquette accompagne
Le pomard à cent sous,
J' trouve dans l' vin à quat' sous } (bis.)
La gaîté du champagne.
Venez, venez, sages et fous,
Boire avec moi l' vin à quat' sous.
Venez, venez, sages et fous,
Boire avec moi l' vin à quat' sous.
L' vin à quat' sous, m' met sens d'sus d'sous.
L' pochard d'vin à quat' sous m' met sens d'sus d'sous.
Le gueux d' vin à quat' sous m' met sens d'sus d'sous
L'horreur d'vin à quat' sous m' met sens d'sus d'sous
Venez, etc.

J'ai mangé d'une haleine
Tout mon argent, mon bien,

Je m' console si j' n'ai rien,
Ma tasse est encor pleine.
Je m' console si j' n'ai rien,
Ma tasse est encor pleine.
Venez, venez, sages et fous,
Boire avec moi l' vin à quat' sous.
Venez, venez, sages et fous,
Boire avec moi l' vin à quat' sous.
L' vin à quat' sous m' met sens d'sus d'sous.
L' tyran d' vin à quat' sous m' met sens d'sus d'sous.
L'épicier d' vin à quat' sous m' met sens d'sus d'sous.
L'empereur d' vin à quat' sous m' met sens d'sus d'sous
Venez, etc.

Voilà ma politique :
Quand j'ai bien riboté ;
Je m' ris d' la république, } (bis.)
D' la légitimité.
Venez, venez, sages et fous,
Boire avec moi l' vin à quat' sous.
Venez, venez, sages et fous,
Boire avec moi l' vin à quat' sous.
L' vin à quat' sous m' met sens d'sus d'sous.
L' pendard d' vin à quat' sous m' met sens d'sus d'sous.
L' paysan d' vin à quat' sous m' met sens d'sus d'sous.
L'odieux vin à quat' sous m' met sens d'sus d'sous.
Venez, etc.

Pour supporter la rage
D' la femme dont j' suis l'époux
J' rêve dans l' vin à quat' sous } (bis.)
L'espérance du veuvage.
Venez, venez, pauvres époux,
Boire avec moi l' vin à quat' sous.
Venez, venez, pauvres époux,
Boire avec moi l' vin à quat' sous.
L' vin à quat' sous m' met sens d'sus d'sous.
L'affreux vin à quat' sous m' met sens d'sus d'sous.
L' serpent d' vin à quat' sous m' met sens d'sus d'sous.
L'rasoir d' vin à quat' sous m' met sens d'sus d'sous.
Venez, etc.

Vieux amis que j'honore,
Qui n' buvez jamais d'eau,
Un jour sur mon tombeau
Vous pourrez dire encore : }
Ci-gît qui mourut sous les coups,
Sous les coups du vin à quat' sous.

L' vin à quat' sous l'a mis d'sous.
L'assassin d' vin à quat' sous l'a mis d'sous.
L' choléra d' vin à quat' sous l'a mis d'sous.
L' Fieschi de vin à quat' sous l'a mis d'sous.
Ci-gît qui mourut sous les coups, }
Sous les coups du vin à quat' sous. } *(bis.)*

Édouard Donvé.

La musique est de l'auteur des paroles, elle se trouve chez L. Vieillot, éditeur, rue Notre-Dame-de-Nazareth, 32.

A BOIRE!

AIR : *Alerte, alerte* (des montagnes).

   A boire!   *(bis.)*
   Gloire
A cet immortel refrain;
   A boire!   *(bis.)*
   Jusqu'à demain.

Quand je vois au fond d'une armoire
Du vin du Rhône ou de la Loire,
Ému par ce charme puissant,
Un feu subit me saisissant,
Je m'écrie en dansant :
   A boire ! etc.

Si jamais le souverain juge
Refaisait un nouveau déluge,
Je me rirais de ce fléau,
Si je pouvais voguer sur l'eau
   Au fond d'un vieux tonneau.
   A boire! etc.

Cette liqueur fut inventée
Par l'audacieux Prométhée,
Qui, de son homme fier et vain,
Sut l'animer du feu divin
   Par un verre de vin.
   A boire! etc.

Le vin, chose assez peu commune,
Est un ami dans l'infortune,
Ami qu'un buveur coutumier
Voit entrer chez lui le premier.
   Et qui sort le dernier.
   A boire ! etc.

En vendange, auprès d'une tonne,
J'aime à presser mon Erigone ;
L'amour avec nous s'abreuvant,
Tout en la renversant souvent,
   Dit, en la relevant :
   A boire! etc.

Voyez ce libertin d'Athènes,
Que Timandra prit dans ses chaînes
Quand Socrate le sermonnait,
Alcibiade le grisait,
   Et chacun d'eux chantait :
   A boire! etc.

Illustre conquérant de l'Inde,
Je te préfère aux dieux du Pinde ;
Tu prends pour trône, au cabaret,
Un gros tonneau de vin clairet,
   Et pour sceptre un foret.
   A boire ! etc.

Couronné de pampre et de lierre,
Tu n'as point la main meurtrière,
Et si parfois, dans les combats,
On a vu tomber les soldats,
   Certe ils n'en mouraient pas.
   A boire. etc.

Amis, en l'honneur de nos braves,
Il faut gaîment vider nos caves ;
Pour voir refleurir le laurier,
Arrosons le peuple guerrier
   De ce lait nourricier,
   A boire ! etc.

Quand je quitterai la taverne,
Pour le noir séjour de l'Averne,
Gris du vin qu'ici j'aurai bu,
Je veux, de mon système imbu,

Chanter au dieu barbu :
    A boire !   (bis.)
    Gloire
A cet immortel refrain,
    A boire !   (bis.)
Jusqu'à demain.

A. Rochefort.

LES EFFETS DU VIN.

1792.

Air *de la ronde de Pierre-le-Grand* (Grétry).

Voulez-vous suivre un bon conseil ?
Buvez avant que de combattre ;
De sang-froid je vaux mon pareil,
Mais lorsque j'ai bu j'en vaux quatre.
Versez donc, mes amis, versez,
Jamais je n'en puis boire assez.

Comme ce vin tourne l'esprit !
Comme il vous change une personne !
Tel qui tremble s'il réfléchit,
Fait trembler quand il déraisonne.
Versez donc, mes amis, versez,
Je ne puis jamais boire assez.

Ma foi, c'est un triste soldat
Que celui qui ne sait pas boire ;
Il voit les dangers du combat,
Le buveur n'en voit que la gloire.
Versez donc, mes amis, versez,
Je n'en puis jamais boire assez.

Cet univers, oh ! c'est très beau ;
Mais pourquoi dans ce bel ouvrage
Le Seigneur a-t-il mis tant d'eau ?
Le vin me plaît bien davantage.
Versez donc, mes amis, versez,
Je n'en puis jamais boire assez.

S'il n'a pas fait un élément
De cette liqueur rubiconde,
Le Seigneur s'est montré prudent :
Nous eussions desséché le monde.
Versez donc, mes amis, versez,
Je n'en puis jamais boire assez.

Fabien Pillet.

Musique de Chardini est notée au N. 635 de la Clé du Caveau.

LE MOUVEMENT PERPÉTUEL.

Loin d'ici, sœurs du Permesse,
Chétives buveuses d'eau ;
Cachez-vous avec prestesse
Dans votre fangeux ruisseau.
Bacchus m'anime et m'inspire :
Il échauffe tous mes sens.
C'est lui qui monta ma lyre,
Ecoutez ses fiers accents :
    Remplis ton verre vide,
    Vide ton verre plein.
Ne laisse jamais dans ta main
    Ton verre ni plein ni vide ;
Ne laisse jamais dans ta main
    Ton verre ni vide ni plein.

Si le ciel, dans sa colère,
Te fit le funeste don
D'une femme atrabilaire
Troublant toute ta maison,
Laisse là cette mégère,
Ce lutin, ce vrai démon,
Et vite, d'un pas célère,
Vers le plus prochain bouchon.
    Remplis ton verre vide, etc.

Nargue de la gent savante
Qui, du mouvement sans fin,
Depuis mille ans se tourmente
Sans aucun succès certain !
Moi tout seul, et pour moi-même,
Assis dans un cabaret,

J'ai trouvé ce grand problème.
Voici quel est mon secret :
Remplis ton verre vide, etc.

Si les voûtes azurées
S'écroulaient avec fracas,
Si leurs ruines embrasées
Vomissaient mille trépas,
La trogne toujours vermeille
Et le front toujours serein,
Tenant en main ma bouteille,
Je dirais à mon voisin :
Remplis ton verre vide,
Vide ton verre plein.
Ne laisse jamais dans ta main
Ton verre ni plein ni vide ;
Ne laisse jamais dans ta main
Ton verre ni vide ni plein.

Paroles d'un anonyme.

LANTARA.

Ah! que de chagrins dans ma vie !
Combien de tribulations !
Dans mon art en butte à l'envie !
Trompé dans mes affections ! (*bis*.)
Viens m'arracher à la misanthropie,
Jus précieux, baume divin :
Oui, c'est par toi, par toi seul que j'oublie
Les torts affreux du genre humain. (*bis*.)

A jeun je suis trop philosophe,
Le monde me fait peine à voir,
Je ne rêve que catastrophe,
A mes yeux tout se peint en noir. (*bis*.)
Mais quand j'ai bu, tout change de figure :
La riante couleur du vin
Prête son charme à toute la nature,
Et j'aime tout le genre humain. (*bis*.)

Barré, Radet, Desfontaines et Picard

Musique de DOCHE, père, notée au N° 20 de la
Clé du Caveau.

A BOIRE.

1825.

A boire ! (*ter.*)
Versez, amis, versez du vin,
Victoire ! (*bis.*)
Mon verre est plein !

Compagnons aux faces vermeilles,
Accourez armés de bouteilles ;
Je vous attends le verre en main,
Hélas ! hélas ! depuis une heure en vain
Je sonne, je sonne le tocsin.
A boire ! etc.

Quand j'ai bu souvent je me pique
De bien raisonner politique.
On dit, hélas ! que le pacha...
On dit, on dit : que le ministre va...
Qu'il demande, qu'il demande déjà...
A boire ! etc.

Libre du joug qui l'emprisonne,
Le champagne écume et bouillonne,
Et par la folie excité,
S'échappe, s'échappe et répand la gaîté ;
Vive, vive la liberté !
A boire ! etc.

Pour les honneurs et la richesse,
On court, on s'agite, on se presse ;
Insensés ! arrêtez vos pas.
Eh ! quoi ! vous cherchez à monter, hélas !
Quand la cave, quand la cave est en bas.
A boire ! etc.

Jamais entre mes mains, j'espère,
On ne voit vaciller mon verre ;
Et si mon bras est agité,
S'il tremble, s'il tremble, c'est d'anxiété,
Qu'on ne verse, qu'on ne verse à côté.
A boire ! etc.

Grand Dieu ! quelle brûlante ivresse !
La soif me dévore et m'oppresse,
Courez à la cave, morbleu !

Chansons populaires de France

Mettez, mettez les machines en jeu ;
Mon palais, mon palais est en feu ;
    A boire !   (*ter.*)
Versez, amis, versez du vin,
    Victoire !   (*bis.*)
·Mon verre est plein !

    N. M. Claye d'Eure-et-Loire.

Musique de FOURCY ; elle se trouve chez L. Vieillot, éditeur, 32, rue Notre-Dame-de-Nazareth.

PHYSIOLOGIE DU BUVEUR.

1839.

Air *de M. et Mme Rigobert.* (L. Festeau.)
Ou : *Vieillissons sans regrets, etc.*(Désaugiers.)

Un pichet de vin doux,
    Rend la tête
      Guillerette ;
Un pichet de vin doux,
Rend les sages fous.

Le vin est salutaire
Pour toutes les douleurs ;
C'est étonnant d'ailleurs
Comme le chagrin altère.
    Un pichet, etc.

Chaque gorgée ajoute
Un charme aux noirs tableaux,
C'est l'élixir des maux ,
Sur eux tombant goutte à goutte.
    Un pichet, etc.

Au second coup, la haine
A fait place à l'oubli :
Dans son cœur amolli
On porte l'espèce humaine.
    Un pichet, etc.

Lorsque Vénus ébrèche
Les traits touchant aux buts,
Dans un doigt de doux jus
L'amour retrempe sa flèche.
    Un pichet, etc.

Le babil qui s'éveille,
S'épanche incohérent,
On devient transparent
Comme un goulot de bouteille.
    Un pichet, etc.

Les Bacchantes falottes,
Après maint entrechat,
Dansent la cachucha,
Sans caleçons et sans cottes.
    Un pichet, etc.

On devient redoutable,
Français et tapageur ;
On insulte en fureur
Les pieds branlants de la table.
    Un pichet, etc.

Autour de votre chaise,
Tout saute et se confond,
Les murs et le plafond
Entre eux font la chaîne anglaise.
    Un pichet, etc.

Enfin près de Manette,
Qu'on cherche en vain des yeux,
On s'endort dans les cieux,
A cheval sur la comète.

Un pichet de vin doux,
    Rend la tête
      Guillerette,
Un pichet de vin doux
Rend les sages fous.

    Louis Festeau.

La musique se trouve, à Paris, chez L. Vieillot, éditeur, 32, rue Notre-Dame-de-Nazareth.

QUE LA VAGUE ÉCUMANTE.

Que la vague écumante
Me lance vers les cieux,
Que l'onde mugissante
S'entr'ouvre sous mes yeux.

Nargue du vent et de l'orage
Quand d'aussi bon vin mon verre est plein.
  Buvons, car peut-être un naufrage
  Finira demain notre destin.
     Buvons.   (*cinq fois.*)
Nargue du vent et de l'orage
Quand d'aussi bon vin mon verre est plein.
  Buvons, car peut-être un naufrage
  Finira demain notre destin.

    Que loin de moi ma belle
    Fasse un nouveau serment,
    Que son cœur infidèle
    Tourne comme le vent,
Nargue d'un cœur faux et volage
Quand d'aussi bon vin, mon verre est plein.
  Buvons, car peut-être un naufrage
  Finira demain notre destin.
     Buvons.   (*cinq fois.*)
Nargue d'un cœur faux et volage,
Quand d'aussi bon vin mon verre est plein,
  Buvons, car peut-être un naufrage
  Finira demain notre destin.

M. Mélesville.

Zampa ou *la Fiancée de marbre*, opéra comique en trois actes, en vente chez M. Tresse, éditeur, 2 et 3, galerie de Chartres, Palais-National. Prix : 60 cent. Musique de F. Hérold.

LE MAITRE D'ÉQUIPAGE.

1826.

Je suis maître d'équipage,
  J'aime la fureur des flots ;
J'ai bravé cent fois l'orage,
  Je n'ai peur que du repos.
Le jeu, l'amour et la table
  Ne m'ont jamais trouvé las,
Et j'y suis infatigable,
  Autant que dans les combats.
Mais pour calmer la soif qui me dévore
  Je veux boire à la beauté.
    Verse, verse, verse encore : } (*bis.*)
    Je veux boire à la beauté.

Rien n'est bon comme un naufrage
  Pour former les matelots :
Le péril qu'on envisage
  Est l'école des héros.
Dans l'or et dans la misère,
  Pillant, pillé, pris, repris,
J'aime les jeux de la guerre
  Par-dessus tout, mes amis.
    Mais pour calmer, etc.

  S'il arrive qu'une belle
  Veuille monter à mon bord,
  L'amour en mer n'a point d'ailes,
  L'inconstance reste au port.
  S'il arrive que l'orage
  Vient troubler de si beaux jours,
  Je trouve un nouveau courage
  Pour veiller sur mes amours.
Mais pour calmer la soif qui me dévore.
  Je veux boire à la beauté.
    Verse, verse, verse encore : } (*bis.*)
    Je veux boire à la beauté.

Delacour.

La musique de Berton se trouve notée au N. 2057 de la Clé du Caveau.

LE VIN ET LA BEAUTÉ.

1825.

  Opposons amour et folie
  Aux arrêts cruels du hasard,
  Et prenons pour charmer la vie, } (*bis.*)
  Jeune maîtresse et vieux nectar, }
  Jeune maîtresse (*ter*) et vieux nectar.
Gais chansonniers, quand la rime est rebelle,
  Au blond Phœbus vous recourez à tort,
Puisez vos vers dans les yeux d'une belle
  Ou dans les flots d'un rouge bord,
  Ou dans les flots (*bis*) d'un rouge bord.
    Opposons, etc.

O Mahomet ! ton paradis qu'on vante
Est, selon moi, sans attraits et sans prix.

Puisque la terre à mes souhaits enfante
Et des raisins et des houris,
   Et des raisins (*bis*) et des houris.
     Opposons, etc.

Pour un soupir, une gamme savante,
Dilettanti ! cessez donc d'être émus ;
Qui peut valoir les soupirs d'une amante
Et les tintins chers à Bacchus ?...
   Et les tintins (*bis*) chers à Bacchus.
     Opposons, etc.

Pour savourer en passant sur la terre
Plus d'un plaisir à Jupin dérobé,
Versons ! Buvons à grands coups le tonnerre,
   En enlaçant la jeune Hébé,
   En enlaçant (*bis*) la jeune Hébé.
     Opposons, etc.

Lorsqu'Héraclite en proie à l'humeur noire,
Sur nos malheurs pleurait sans se lasser,
C'est qu'il n'avait plus de *Chios* à boire,
Ni d'Athénienne à caresser !
   Ni d'Athénienne (*bis*) à caresser.
     Opposons, etc.

Si le bonheur est un rêve éphémère,
Né du mensonge et de la volupté,
Qui produira de plus douce chimère
   Que le champagne et la beauté ?
   Que le champagne (*bis*) et la beauté.
Opposons amour et folie
Aux arrêts cruels du hasard,
Et prenons pour charmer la vie   } (*bis.*)
Jeune maîtresse et vieux nectar,
Jeune maîtresse (*ter*) et vieux nectar.

      Louis Festeau.

La musique du même auteur se trouve chez
L. Vieillot, éditeur, 32, r. Notre-Dame-de-Nazareth.

LE BONSOIR.
1830.

Mes bons amis, ajournons à huitaine
Nos airs joyeux, nos chants de gai savoir :
Momus remonte au céleste domaine.
   Il est minuit,
     Bonsoir,
   Jusqu'au revoir,   } (*bis.*)
     Bonsoir.

A nos santés vidons pourtant nos verres.
Prêts à quitter ce toit hospitalier,
Nos devanciers, nos fidèles trouvères,
Buvaient toujours le coup de l'étrier.
     Mes bons amis, etc.

De nos amis la cohorte agréable
Augmente encor avec ce vin clairet ;
Quand on est quinze en se mettant à table,
On se voit trente au sortir du banquet.
     Mes bons amis, etc.

Il se fait tard : à gagner sa demeure
Chacun de nous doit prudemment songer ;
Pour les maris c'est un vilain quart d'heure,
Pour les amants c'est l'heure du berger.
     Mes bons amis, etc.

Mais au buveur qui sent sa tête prise
On doit offrir un bras sûr et prudent ;
Nous aurions l'air d'une patrouille grise
Si l'un de nous marchait en chancelant.
     Mes bons amis, etc.

Par vos refrains vous pouvez des gendarmes
Déconcerter le regard inquiet.
Aimable ivrogne, avec de telles armes,
Piron jadis a fait rire le guet.
     Mes bons amis, etc.

Chemin faisant, si quelque jouvencelle
Pour son falot vous prend en tapinois,
Conduisez-la sans bruit et sans chandelle ;
On a, la nuit, les yeux au bout des doigts.
     Mes bons amis, etc.

Mais d'un regret votre soif est coupable :
Sur ce bouchon pourquoi fixer les yeux ?
De ces flacons qui dorment sur la table,
Ah ! dans huit jours le vin sera plus vieux !

Mes bons amis, ajournons à huitaine
Nos airs joyeux, nos chants de gai savoir :
Momus remonte au céleste domaine.
    Il est minuit,
        Bonsoir.
    Jusqu'au revoir,   } (bis.)
        Bonsoir.

                Henri Simon.

La musique d'Edouard Donvé se trouve chez L. Vieillot, éditeur, 32, r. Notre-Dame-de-Nazareth.

LA CLOCHETTE DU CABARET.

1834.

Air : *Notre-Dame du mont Carmel.*

Quel bruit joyeux frappe l'oreille ?
Tout bon vivant l'a reconnu ;
Chers amis, courons sous la treille,
Du plaisir l'instant est venu.
Pour rire ensemble à la buvette,
Recrutons-nous, aimables fous,
Car c'est le bruit de la clochette
Qui nous appelle au rendez-vous.

De ces lieux où naquit l'ivresse
Nous connaissons seuls le chemin,
C'est le temple de la tristesse
Pour l'ennemi du genre humain.
Voyez loin de notre retraite
S'enfuir les cafards, les jaloux,
Sonnez fort, sonnez la clochette,
Ils ne sont pas du rendez-vous.

Sachons profiter de la vie,
Car bientôt nous serons grisons ;
Momus en ce lieu nous convie,
Donnons l'essor à nos chansons ;
Mais là-bas j'aperçois Lisette
A l'air fripon, aux yeux si doux ;
Sonnez fort, sonnez la clochette
Pour qu'elle vienne au rendez-vous.

Sur le grabat de l'indigence
Que décore un noble laurier,
Voyez-vous rêver en silence

Ce brave et malheureux guerrier ?
De tous les beaux jours qu'il regrette
La gloire a rejailli sur nous ;
Sonnez fort, sonnez la clochette
Il doit être du rendez-vous.

Nous avons réuni, j'espère,
L'amour, la gloire et la gaîté,
Attendons l'avenir prospère
Que nous promet la liberté.
Pour égayer notre musette
Au bruit des flacons, des glouglous,
Laissez reposer la clochette,
Nous sommes tous au rendez-vous.

              C.-L.-T. Morisset.

LA FÊTE DU VILLAGE VOISIN.

Amusez-vous, oui, je vous le conseille.
Allez, allez, à c'te fête sans moi.
Mais, par bonheur, j'ai là, j'ai là... de quoi.
    M'en dédommager à merveille.
      Les jolis glouglous,
      Les glouglous si doux,
  Les glouglous, glouglous d' la bouteille,
Me plaisent bien plus que tous les fron, fron
      D'un violon,
Que tous les zigzags d'un rigodon,
Que tous les lanla d'une chanson.

Lorsque l'plaisir drès l'matin vous éveille,
Mesdames, zest !... vous n'y résistez pas ;
Vous ne cherchez que le bruit, que l' fracas,
    Tout c' qui brise l' timpan d' l'oreille.
      Mais le doux tin tin
      D'un verre tout plein,
Plein, plein, plein, plein de jus d'la treille
Me plaît cent fois plus que tous les fron, fron
      D'un violon,
Que tous les zigzags d'un rigodon,
Que tous les lanla d'une chanson.

              Sewrin.

Musique de Boïeldieu notée au N. 1680 de la Clé du Caveau.

LA MARSEILLAISE.

1792.

Allons, enfants de la patrie,
Le jour de gloire est arrivé;
Contre nous de la tyrannie
L'étendard sanglant est levé. (bis.)
Entendez-vous dans ces campagnes
Mugir ces féroces soldats?
Ils viennent jusque dans nos bras,
Egorger vos fils, vos compagnes!

Aux armes! citoyens, formez vos bataillons.
Marchons (bis), qu'un sang impur abreuve nos sillons.

Que veut cette horde d'esclaves,
De traîtres, de rois conjurés?
Pour qui ces ignobles entraves,
Ces fers dès longtemps préparés?... (bis.)
Français, pour nous, ah! quel outrage,
Quels transports il doit exciter!
C'est nous qu'on ose méditer
De rendre à l'antique esclavage?

Quoi! ces cohortes étrangères
Feraient la loi dans nos foyers!
Quoi! ces phalanges mercenaires
Terrasseraient nos fiers guerriers? (bis.)
Grand Dieu! par des mains enchaînées
Nos fronts sous le joug se ploieraient!
De vils despotes deviendraient
Les maîtres de nos destinées!

Aux armes! citoyens, etc.

Tremblez, tyrans, et vous perfides!
L'opprobre de tous les partis!
Tremblez! vos projets parricides
Vont enfin recevoir leur prix! (bis.)
Tout est soldat pour vous combattre.
S'ils tombent nos jeunes héros,
La France en produit de nouveaux,
Contre vous tout prêts à se battre.

Aux armes! citoyens, etc.

Français, en guerriers magnanimes,
Portez ou retenez vos coups;
Epargnez ces tristes victimes
A regret s'armant contre nous. (bis.)
Mais ces despotes sanguinaires

Tous ces tigres qui, sans pitié,
Déchirent le sein de leur mère !...
    Aux armes ! citoyens, etc.

Nous entrerons dans la carrière
Quand nos aînés ne seront plus,
Nous y trouverons leur poussière
Et la trace de leurs vertus.   (bis.)
Bien moins jaloux de leur survivre
Que de partager leur cercueil,
Nous aurons le sublime orgueil
De les venger ou de les suivre.
    Aux armes ! citoyens, etc.

Amour sacré de la patrie,
Conduis, soutiens nos bras vengeurs ;
Liberté, liberté chérie,
Combats avec tes défenseurs !   (bis.)
Sous nos drapeaux que la victoire
Accoure à tes mâles accens !
Que tes ennemis expirants
Voient ton triomphe et notre gloire !

Aux armes ! citoyens, formez vos bataillons !
Marchons(bis), qu'un sang impur abreuve nos sillons.

Rouget de Lisle.

Ce fut le 30 juillet 1792 que les Marseillais arrivèrent à Paris, après s'être signalés dans les départements du Midi par des *expéditions patriotiques*, selon le langage des journalistes du temps. Ils entrèrent par le faubourg Saint-Antoine, et furent conduits par Santerre aux Champs-Élysées, où un banquet leur était préparé. Leur arrivée fut signalée par des troubles sanglants. Il y eut une rixe entre eux et des gardes nationaux du bataillon des Filles-Saint-Thomas, de la rue des Petits-Pères, et des gardes du corps. Le peuple s'en mêla. Plusieurs de ceux qui avaient crié *vive le roi* et *vive Lafayette* furent blessés ; Duhamel fut massacré. Les Marseillais étaient venus à Paris sous le prétexte que la patrie était en danger ; leur patriotisme exalté venait à son secours.

Ce fut alors que Rouget de Lisle composa les paroles et la musique de son *hymne des Marseillais* communément appelé *la Marseillaise*. Ce chant patriotique et guerrier retentit dans toute l'Europe. On ne saurait se faire aujourd'hui une idée de l'enthousiasme qu'il inspira et de l'influence qu'il exerça, si l'on n'en avait éprouvé les effets lors de nos deux dernières révolutions. L'air est devenu une des plus belles marches militaires que l'on connaisse ; il a souvent mené nos soldats à la victoire. Les paroles se ressentent de l'inspiration républicaine de l'auteur. Malheureusement on fait des plus belles choses un mauvais emploi. *La Marseillaise* fut aussi l'accompagnement des exécutions nombreuses qui eurent lieu à cette époque.

Le 18 nivôse an IV (8 janvier 1795), un arrêté du Directoire ordonna de jouer dans tous les spectacles l'air de *la Marseillaise* avec ceux : *Ça ira*, *Veillons au salut de l'empire* et le *Chant du Départ*. Le même arrêté défendait *le Réveil du Peuple*. De toutes ces chansons révolutionnaires, *la Marseillaise* était sans contredit la meilleure, car elle était exalté, mais non sanguinaire.

C'est à cette chanson que Rouget de Lisle a dû sa réputation. Il était né à Lons-le-Saulnier, en 1760, et était officier de génie en 1790. Malgré ses opinions républicaines, il fut incarcéré pendant la terreur et ne fut sauvé que par le 9 thermidor. Il aurait sans doute entendu jouer *la Marseillaise* en allant à l'échafaud !

On a de lui plusieurs autres poésies patriotiques, et de plus cinquante chants français, paroles de différents auteurs, qu'il a mis en musique et publiés en 1825. C'est son dernier ouvrage.

Il est mort en 1836.

La musique, de l'auteur des paroles, est notée au N. 31 de la Clé du Caveau.

LE CHANT DU DÉPART.

1794.

La victoire en chantant nous ouvre la barrière,
    La liberté guide nos pas,
Et du Nord au Midi la trompette guerrière
    A sonné l'heure des combats.
    Tremblez, ennemis de la France !
    Rois ivres de sang et d'orgueil !
    Le peuple souverain s'avance
    Tyrans, descendez au cercueil !

    La république nous appelle,
    Sachons vaincre ou sachons périr :
    Un Français doit vivre pour elle,
    Pour elle un Français doit mourir !

Une mère de famille.

De nos yeux maternels ne craignez pas les larmes.
    Loin de nous de lâches douleurs !
Nous devons triompher quand vous prenez les armes ;
    C'est aux rois à verser des pleurs !
    Nous vous avons donné la vie,
    Guerriers ! elle n'est plus à vous ;

Chansons populaires de France

Tous vos jours sont à la patrie :
Elle est votre mère avant nous !
La république nous appelle, etc.

Deux vieillards.

Que le fer paternel arme la main des braves !
Songez à nous, au champ de Mars ;
Consacrez dans le sang des rois et des esclaves
Le fer béni par vos vieillards ;
Et, rapportant sous la chaumière
Des blessures et des vertus,
Venez fermer notre paupière
Quand les tyrans ne seront plus !
La république nous appelle, etc.

Un enfant.

De Barra, de Viala, le sort nous fait envie :
Ils sont morts, mais ils ont vaincu.
Le lâche accablé d'ans n'a point connu la vie ;
Qui meurt pour le peuple a vécu.
Vous êtes vaillants, nous le sommes :
Guidez-nous contre les tyrans ;
Les républicains sont des hommes,
Les esclaves sont des enfants !
La république nous appelle, etc.

Une épouse.

Partez, vaillants époux : les combats sont vos fêtes ;
Partez, modèles des guerriers.
Nous cueillerons des fleurs pour en ceindre vos têtes.
Nos mains tresseront des lauriers ;
Et, si le temple de mémoire
S'ouvrait à vos mânes vainqueurs,
Nos voix chanteront votre gloire,
Et nos flancs portent vos vengeurs.
La république nous appelle, etc.

Une jeune fille.

Et nous, sœurs des héros, nous qui de l'hyménée
Ignorons les aimables nœuds,
Si pour s'unir un jour à notre destinée,
Les citoyens forment des vœux,
Qu'ils reviennent dans nos murailles,
Beaux de gloire et de liberté

Et que leur sang, dans les batailles,
Ait coulé pour l'égalité.
La république nous appelle, etc.

Trois guerriers.

Sur le fer, devant Dieu, nous jurons à nos pères,
A nos épouses, à nos sœurs,
A nos représentants, à nos fils, à nos mères ;
D'anéantir les oppresseurs :
En tous lieux, dans la nuit profonde,
Plongeant l'infâme royauté,
Les Français donneront au monde
Et la paix et la liberté !

La république nous appelle,
Sachons vaincre ou sachons périr ;
Un Français doit vivre pour elle,
Pour elle un Français doit mourir !

M. J. Chénier.

Le 14 juillet 1794 approchait ; la France s'apprêtait à célébrer l'anniversaire de la prise de la Bastille, ce grand événement qui avait ébranlé le vieux monde et ouvert une ère nouvelle.

On était dans l'ivresse de la liberté, si glorieusement conquise, et qu'il s'agissait de défendre contre les rois de l'Europe, qui la menaçaient sans la comprendre, sans soupçonner les prodiges qu'elle pouvait enfanter ; et en même temps que des fêtes se préparaient, tous les enfants de cette France, devenue une nation de héros, se précipitaient vers les frontières menacées :

Nu-pieds, sans pain, sourds aux lâches alarmes,
Tous à la gloire allaient du même pas !

C'est alors que Marie-Joseph Chénier, inspiré par la grandeur du spectacle qu'il avait sous les yeux, improvisa cet hymne de guerre qu'il appela le *Chant du Départ*, dont Méhul improvisa la musique, qu'il écrivit de verve au milieu des causeries d'un salon.

Dire avec quel enthousiasme ces vers et surtout cette admirable musique furent accueillis, est impossible : ce fut une sorte de délire, un entraînement général dont rien ne saurait donner l'idée. Ce fut surtout dans nos armées que cet hymne eut un succès prodigieux ; l'enthousiasme qu'il y excita ne peut être comparé qu'à celui qu'avait fait naître *la Marseillaise*

La main de fer impériale comprima, un peu plus tard, cette exaltation ! le *Chant du Départ*, comme *la Marseillaise*, fut mis à l'index, et ces deux hymnes, qui avaient concouru au gain de tant de batailles, ne reparurent pendant quelques jours, en 1815, que pour être replongés presque aussitôt dansies limbes où le despotisme s'efforçait d'engloutir tout ce qui était capable de raviver dans le cœur du peuple l'amour de la patrie et de la liberté.

La même chose arriva lors de la révolution de 1830 ; ces nobles chants, qui s'étaient reproduits, ne tardèrent pas à effrayer les hommes rétrogrades qui s'étaient emparés du pouvoir, et le peuple dut cesser de faire entendre le *Chant du Départ*, qui menaçait d'envoyer *les tyrans au cercueil*.

Enfin vint la Révolution de 1848 qui, exilant une dernière fois la royauté du sol de la France, donna un nouvel essor au patriotisme et à tous les sentiments généreux. Le *Chant du Départ* a contribué, avec le chœur des *Girondins* à l'enthousiasme des journées de Février.

Il est juste de dire pourtant qu'à l'exception de la première strophe, qui est véritablement admirable, ces vers de Chénier se ressentent beaucoup de la précipitation avec laquelle ils ont été faits ; mais la musique en est réellement enivrante ; il est impossible de rester froid en entendant ces accents héroïques, surtout lorsque vient cette explosion après la *mineure* de l'air :

La République nous appelle !

Rien au monde n'est plus grand, plus majestueux, plus électrique surtout. Enfin, cela ne peut pas mourir, par la raison toute simple que c'est immortel ; combien comptons-nous de chefs-d'œuvre dont on en puisse dire autant ?

Marie-Joseph de Chénier était né à Constantinople en 1764, il est mort en 1811.

Musique de MÉHUL notée au N. 335 de la Clé du Caveau.

———

LE SALUT DE LA FRANCE.

1791.

AIR : *Vous qui, d'amoureuse aventure* (de Renaud d'Ast).

Veillons au salut de l'Empire,
Veillons au maintien de nos droits !
Si le despotisme conspire,
Conspirons la perte des rois !
Liberté ! (*bis*) que tout mortel te rende hommage.
Tremblez, tyrans ! vous allez expier vos forfaits !
Plutôt la mort que l'esclavage !
C'est la devise des Français.

Du salut de notre patrie
Dépend celui de l'univers ;
Si jamais elle est asservie,
Tous les peuples sont dans les fers.
Liberté ! (*bis*) que tout mortel te rende hommage.
Tremblez, tyrans ! vous allez expier vos forfaits
Plutôt la mort que l'esclavage !
C'est la devise des Français.

Ennemis de la tyrannie,
Paraissez tous, armez vos bras.
Du fond de l'Europe avilie,
Marchez avec nous aux combats.
Liberté ! liberté ! que ce nom sacré nous rallie.
Poursuivons les tyrans, punissons leurs forfaits !
Nous servons la même patrie :
Les hommes libres sont Français.

Jurons union éternelle
Avec tous les peuples divers ;
Jurons une guerre mortelle
A tous les rois de l'univers.
Liberté ! liberté ! que ce nom sacré nous rallie.
Poursuivons les tyrans, punissons leurs forfaits !
On ne voit plus qu'une patrie
Quand on a l'âme d'un Français.

Ad. S. Boy.

Cette chanson, qui fut composée vers la fin de 1791, est l'une des premières chansons patriotiques de la révolution française, aussi est-il facile de s'apercevoir que le mot *empire* placé à la fin du premier vers n'est mis là que pour la rime ; son succès fut immense, grâce surtout à la délicieuse musique de Dalayrac, qu'on croirait faite exprès pour les paroles.

En effet, il est assez difficile de croire que cette musique, qui est devenue l'une de nos meilleures marches militaires, a été composée pour une romance très langoureuse dont le premier vers est : *Vous qui d'amoureuse aventure*, et qui était chantée dans l'opéra de RENAUD D'AST.

Les trois premiers couplets seulement sont de Ad.-S. Boy, le quatrième a été ajouté en 1840 par un auteur anonyme.

Musique de DALAYRAC, notée au N. 648 de la Clé du Caveau.

———

LE RÉVEIL DU PEUPLE.

1795.

Peuple Français, peuple de frères,
Peux-tu voir, sans frémir d'horreur,

Le crime arborer les bannières
Du carnage et de la terreur?
Tu souffres qu'une horde atroce,
Et d'assassins et de brigands,
Souille de son souffle féroce
Le territoire des vivants !

Quelle est cette lenteur barbare ?
Hâte-toi, peuple souverain,
De rendre aux monstres du Ténare
Tous ces buveurs de sang humain !
Guerre à tous les agents du crime !
Poursuivons-les jusqu'au trépas :
Partage l'horreur qui m'anime,
Ils ne nous échapperont pas!

Ah ! qu'ils périssent, ces infâmes
Et ces égorgeurs dévorants
Qui portent au fond de leurs âmes
Le crime et l'amour des tyrans!
Mânes plaintifs de l'innocence,
Apaisez-vous dans vos tombeaux :
Le jour tardif de la vengeance
Fait enfin pâlir vos bourreaux !

Voyez déjà comme ils frémissent!
Ils n'osent fuir, les scélérats !
Les traces du sang qu'ils vomissent
Bientôt décéleraient leurs pas.
Oui, nous jurons sur votre tombe,
Par notre pays malheureux,
De ne faire qu'une hécatombe
De ces cannibales affreux.

Représentants d'un peuple juste,
O vous, législateurs humains !
De qui la contenance auguste
Fait trembler nos vils assassins,
Suivez le cours de votre gloire ;
Vos noms, chers à l'humanité,
Volent au temple de mémoire,
Au sein de l'immortalité !

J. M. Souriguères.

Musique de P. GAVEAUX, notée au N. 941 de la Clé du Caveau.

HYMNE A L'ÊTRE SUPRÊME.

1794.

Père de l'univers, suprême intelligence,
Bienfaiteur ignoré des aveugles mortels,
Tu révélas ton être à la reconnaissance
    Qui seule éleva tes autels.

Ton temple est sur les monts, dans les airs, sur les ondes
Tu n'as point de passé, tu n'as point d'avenir ;
Et sans les occuper, tu remplis tout les mondes
    Qui ne peuvent te contenir.

Tout émane de toi, grande et première cause !
Tout s'épure aux rayons de ta divinité :
Sur ton culte immortel la morale repose,
    Et sur les mœurs la liberté.

Pour venger leur outrage et ta gloire offensée,
L'auguste liberté, ce fléau des pervers,
Sortit au même instant de ta vaste pensée
    Avec le plan de l'univers.

Dieu puissant! elle seule a vengé ton injure ;
De ton culte elle-même, instruisant les mortels,
Leva le voile épais qui couvrait la nature,
    Et vint absoudre tes autels.

O toi qui du néant, ainsi qu'une étincelle,
Fis jaillir dans les airs l'astre éclatant du jour,
Fais plus, verse en nos cœurs ta sagesse éternelle,
    Embrase-nous de ton amour !

De la haine des rois anime la patrie !
Chasse les vains désirs, l'injuste orgueil des rangs.
Le luxe corrupteur, la basse flatterie,
    Plus fatale que les tyrans !

Dissipe nos erreurs, rends-nous bons, rends-nous justes
Règne, règne au-delà du tout illimité ;
Enchaîne la nature à tes décrets augustes,
    Laisse à l'homme la liberté !

Desorgues.

Musique de GOSSEC, notée au N. 446 de la Clé du Caveau.

LA CARMAGNOLE.

1792.

Madam' Veto avait promis (bis.)
De faire égorger tout Paris ; (bis.)
   Mais son coup a manqué,
   Grâce à nos canonnié.
   Dansons la carmagnole,
Vive le son ! vive le son !
   Dansons la carmagnole,
Vive le son du canon !

Monsieur Veto avait promis (bis.)
D'être fidèle à sa patrie ; (bis.)
   Mais il y a manqué,
   Ne faisons plus cartié.
   Dansons la carmagnole, etc.

Antoinette avait résolu (bis.)
De nous faire tomber sur cu, (bis.)
   Mais son coup a manqué,
   Elle a le nez cassé.
   Dansons la carmagnole, etc.

Son mari, se croyant vainqueur, (bis.)
Connaissait peu notre valeur. (bis.)
   Va, Louis, gros paour,
   Du Temple dans la tour.
   Dansons la carmagnole, etc.

Les Suisses avaient tous promis (bis.)
Qu'ils feraient feu sur nos amis ; (bis.)
   Mais comme ils ont sauté,
   Comme ils ont tous dansé !
   Chantons notre victoire, etc.

Quand Antoinette vit la tour, (bis.)
Elle voulut fair' demi-tour ; (bis.)
   Elle avait mal au cœur
   De se voir sans honneur.
   Dansons la carmagnole, etc.

Lorsque Louis vit fossoyer, (bis.)
A ceux qu'il voyait travailler, (bis.)

Il disait que pour peu
Il était dans ce lieu.
   Dansons la carmagnole, etc.

Le patriote a pour amis, (bis.)
Tous les bonnes gens du pays ; (bis.)
   Mais ils se soutiendront
   Tous au son du canon.
   Dansons la carmagnole, etc.

L'aristocrate a pour amis (bis.)
Tous les royalist's à Paris ; (bis.)
   Ils vous les soutiendront
   Tout comm' des vrais poltrons.
   Dansons la carmagnole, etc.

La gendarm'rie avait promis (bis.)
Qu'elle soutiendrait la patrie ; (bis.)
   Mais ils n'ont pas manqué
   Au son du canonnié.
   Dansons la carmagnole, etc.

Amis, restons toujours unis, (bis.)
Ne craignons pas nos ennemis, (bis.)
   S'ils viennent attaquer,
   Nous les ferons sauter.
   Dansons la carmagnole, etc.

Oui, je suis sans culotte, moi, (bis.)
En dépit des amis du roi, (bis.)
   Vivent les Marseillois,
   Les Bretons et nos lois.
   Dansons la carmagnole, etc.

Oui, nous nous souviendrons toujours (bis.)
Des sans-culottes des faubourgs. (bis.)
   A leur santé, buvons.
   Vivent ces bons lurons !
   Dansons la carmagnole,
Vive le son ! vive le son !
   Dansons la carmagnole,
Vive le son du canon !

Paroles d'un anonyme.

Cette horrible chanson est un monument curieux de la folie démagogique, et nous la donnons dans ce recueil pour faire voir avec quelle poésie brutale on excitait le peuple. Elle fut composée en août 1792, époque à laquelle Louis XVI fut mis au Temple. Elle eut une vogue populaire et devint le signal et l'accompagnement des joies féroces et des exécutions sanglantes. On dansait *la Carmagnole* dans les bals, on la chantait au théâtre et autour de la guillotine. L'air, qui est véritablement entraînant, était joué en pas redoublé dans la musique militaire ; mais Bonaparte le défendit, ainsi que *Ça ira*, lorsqu'il fut consul.

Cette chanson parut au moment où les troupes françaises venaient d'entrer triomphantes dans la Savoie et le Piémont, dont Carmagnole est une ville forte. On ignore si la musique et la danse de *la Carmagnole* sont originaires de ce pays et en ont pris le nom, ou si l'air a été composé par quelque musicien piémontais ou français, à l'époque de nos victoires en Piémont.

Air ancien, noté au N. 673 de la Clé du Caveau.

ÇA IRA.

1789.

Ah ! ça ira, ça ira, ça ira,
Le peuple en ce jour sans cesse répète ;
Ah ! ça ira, ça ira, ça ira,
Malgré les mutins, tout réussira.

Nos ennemis confus en restent là,
Et nous allons chanter *Alleluia.*
Ah ! ça ira, ça ira, ça ira
    En chantant une chansonnette,
    Avec plaisir on dira :
Ah ! ça ira, ça ira, ça ira.
Le peuple en ce jour sans cesse répète :
Ah ! ça ira, ça ira, ça ira,
Malgré les mutins, tout réussira.

Quand Boileau, jadis, du clergé parla
Comme un prophète il prédit cela.
Ah ! ça ira, ça ira, ça ira
Suivant les maximes de l'Evangile ;
Ah ! ça ira, ça ira, ça ira,
Du législateur tout s'accomplira ;
Celui qui s'élève, on l'abaissera ;
Et qui s'abaisse, on l'élévera.
Ah ! ça ira, ça ira, ça ira,
Le peuple en ce jour sans cesse répète,
Ah ! ça ira, ça ira, ça ira,
Malgré les mutins, tout réussira.

Le vrai catéchisme nous instruira.
Et l'affreux fanatisme s'éteindra ;
    Pour être à la loi docile,
    Tout Français s'exercera.
Ah ! ça ira, ça ira, ça ira,
Le peuple, en ce jour, sans cesse répète :
Ah ! ça ira, ça ira, ça ira,
Malgré les mutins, tout réussira.

Ah ! ça ira, ça ira, ça ira ;
Pierrot et Margot chantent à la guinguette,
Ah ! ça ira, ça ira, ça ira.
Réjouissons-nous, le bon temps reviendra.
Le peuple français jadis à *quia.*
L'aristocrate dit : *Mea culpa.*
Ah ! ça ira, ça ira, ça ira,
Le clergé regrette le bien qu'il a,
Par justice la nation l'aura ;
    Par le prudent Lafayette,
    Tout trouble s'apaisera.
Ah ! ça ira, ça ira, ça ira, etc.

Ah ! ça ira, ça ira, ça ira,
Par les flambeaux de l'auguste assemblée,
Ah ! ça ira, ça ira, ça ira,
Le peuple armé toujours se gardera.
Le vrai d'avec le faux l'on connaîtra,
Le citoyen pour le bien soutiendra.
Ah ! ça ira, ça ira, ça ira,
Quand l'aristocrate protestera,
Le bon citoyen au nez lui rira ;
    Sans avoir l'âme troublée,
    Toujours le plus fort sera.
Ah ! ça ira, ça ira, ça ira,
Le peuple en ce jour sans cesse répète ;
Ah ! ça ira, ça ira, ça ira,
Malgré les mutins, tout réussira.
Ah ! ça ira, ça ira, ça ira,
Petits comme grands sont soldats dans l'âme.
Ah ! ça ira, ça ira, ça ira, etc.

Pendant la guerre, aucun ne trahira.
Avec cœur tout bon Français combattra ;
S'il voit du louche, hardiment parlera.
Ah ! ça ira, ça ira, ça ira,
La liberté dit : Vienne qui voudra,
Le patriotisme lui répondra,

Sans craindre ni feu ni flammes,
  Le Français toujours vaincra !
Ah ! ça ira, ça ira, ça ira,
Le peuple en ce jour sans cesse répète ;
Ah ! ça ira, ça ira, ça ira,
Malgré les mutins tout réussira.

Ladré.

Le refrain connu de cette chanson fut improvisé au Champ-de-Mars, pendant que l'on y préparait la fête de la Fédération, et que tout le monde y roulait la brouette, sur un air appelé *le Carillon national*. C'était une contredanse à la mode, et que la reine aimait à jouer sur son clavecin ; elle ne se doutait pas qu'il l'accompagnerait à l'échafaud !

Musique de Bécourt, notée au N. 947 de la Clé du Caveau.

LA COLONNE.

1818.

Air *du vaudeville de Turenne.*

Salut, monument gigantesque
De la valeur et des beaux-arts,
D'une teinte chevaleresque,
  Toi seul, colores nos remparts ;
  De quelle gloire t'environne
Le tableau de tant de hauts-faits !
Ah ! qu'on est fier d'être Français
Quand on regarde la Colonne.

Avec eux la gloire s'exile,
Osa-t-on dire des proscrits,
Et chacun vers le champ d'asile
  Tournait des regards attendris ;
  Malgré les rigueurs de Bellone
La gloire ne peut s'exiler,
Tant qu'en France on verra briller
Les noms gravés sur la Colonne.

L'Europe, qui dans ma patrie
Un jour pâlit à ton aspect,
Et brisant ta tête flétrie,
Pour toi conserve du respect ;

Car des vainqueurs de Babylone,
Des héros morts chez l'étranger,
Les ombres pour la protéger
Planaient autour de la Colonne.

Anglais, fiers d'un jour de victoire,
Par vingt rois conquis bravement,
Tu prétends, pour tromper l'histoire,
Imiter ce beau monument ;
Souviens-toi donc, race bretonne,
Qu'en dépit de tes factions,
Du bronze de vingt nations
Nous avons formé la Colonne.

Et vous, qui domptez les orages,
Guerriers, vous pouvez désormais
Du sort mépriser les outrages :
Les héros ne meurent jamais ;
Vos noms, si le temps vous moissonne,
Iront à la postérité,
Vos brevets d'immortalité
Sont burinés sur la Colonne.

Proscrits, sur l'onde fugitive,
Cherchez un destin moins fatal ;
Pour moi comme la sensitive,
Je mourrai sur le sol natal ;
Et si la France un jour m'ordonne
De chercher au loin le bonheur,
J'irai mourir au champ d'honneur,
Ou bien aux pieds de la Colonne.

Emile Débraux

La musique est de Doche et se trouve notée au N. 1425 de la Clé du Caveau

ROLAND.
1803.

Où vont tous ces preux chevaliers,
L'orgueil et l'espoir de la France?..
C'est pour défendre nos foyers
Que leur main a repris la lance;
Mais le plus brave, le plus fort,
C'est Roland, ce foudre de guerre;
S'il combat, la faulx de la mort
Suit les coups de son cimeterre.
    Soldats français, chantons Roland,
    L'honneur de la chevalerie;
    Et répétons, en combattant,
    Ces mots sacrés : Gloire et patrie!

Déjà mille escadrons épars
Couvrent le pied de ces montagnes;
Je vois leurs nombreux étendards
Briller sur les vertes campagnes.
Français, là sont vos ennemis :
Que pour eux seuls soient les alarmes;
Qu'ils tremblent; tous seront punis!..
Roland a demandé ses armes!
    Soldats français, etc.

L'honneur est d'imiter Roland,
L'honneur est près de sa bannière;
Suivez son panache éclatant,
Qui vous guide dans la carrière,
Marchez, partagez son destin;
Des ennemis, que fait le nombre!
Roland combat : ce mur d'airain
Va disparaître comme une ombre.
    Soldats français, etc.

Combien sont-ils? combien sont-ils?
C'est le cri du soldat sans gloire.
Le héros cherche les périls;
Sans les périls qu'est la victoire?
Ayons tous, ô braves amis!
De Roland l'âme noble et fière :
Il ne comptait ses ennemis
Qu'étendus morts sur la poussière.
    Soldats français, etc.

Mais j'entends le bruit de son cor
Qui résonne au loin dans la plaine...
Eh quoi! Rolland combat encor!
Il combat!.. O terreur soudaine!
J'ai vu tomber ce fier vainqueur;
Le sang a baigné son armure;
Mais, toujours fidèle à l'honneur,
Il dit, en montrant sa blessure :
    Soldats français, etc.

Alexandre Duval.

Roland, fameux paladin qui passe pour le neveu de Charlemagne, et qui est plus célèbre par les traditions poétiques que dans l'histoire, est le héros de beaucoup de romans, et connu surtout par le poème de l'Arioste, le *Roland furieux*. On sait qu'il périt à Roncevaux, vers 778. Il y a dans les Houtes-Pyrénées un passage nommé *la Brèche de Roland*. Dans le Roussillon, près du village d'Itsaxoit, se trouve le *Pas de Roland*, où l'on prétend que sont encore les empreintes des pas de son cheval. Des ballades, conservées jusqu'à nos jours, font encore retentir les montagnes des frontières d'Espagne du nom de Rolland.

Quand à la chanson de Roland, on entendait par le mot *chanson*, vers les xi⁰ et xii⁰ siècles, un récit en vers, qui se chantait sans doute, comme on chante encore en Italie les stances de *la Jérusalem délivrée*, du Tasse.

La chanson de Roland est une imitation de l'ancienne *chanson du Geste*, qui avait passé traditionnellement depuis le temps de Charlemagne dans la bouche des soldats français; ils la chantaient dans le moyen-âge et du temps du roi Jean, qui se plaignait qu'il n'avait plus de Roland dans son armée.

Cette chanson fut composée par Alexandre Duval pour sa pièce de *Guillaume-le-Conquérant*, représentée sur le Théâtre-Français, le 16 décembre 1803, et qui fut défendue à la seconde représentation, parce qu'on avait cru y voir des allusions peu favorables au premier consul, qui méditait alors la descente en Angleterre. Des délateurs avaient signalé le couplet où il est question de la mort de Roland à Roncevaux, comme un moyen d'annoncer aux Français que Bonaparte succomberait dans son expédition. Ce mauvais présage rappelle involontairement celui de don Quichotte à sa troisième sortie, lorsqu'il entend un laboureur chanter :

Vous y faites mal vos orges,
Français, à Roncevaux.

On empoisonna tellement les intentions de l'auteur, qu'il fut un moment question de le punir sévèrement; mais Joséphine calma l'orage.

C'est la meilleure imitation que l'on ait faite de l'ancienne chanson, et la musique de Méhul est admirable.

Musique de MÉHUL, notée au N. 435 de la Clé du Caveau.

LE DÉPART POUR LA SYRIE.

1809.

Partant pour la Syrie,
Le jeune et beau Dunois
Venait prier Marie
De bénir ses exploits :
« Faites, reine immortelle, »
Lui dit-il en partant,
« Que j'aime la plus belle,
Et sois le plus vaillant. »

Il trace sur la pierre
Le serment de l'honneur,
Et va suivre à la guerre
Le comte, son seigneur.
Au noble vœu fidèle,
Il dit en combattant :
« Amour à la plus belle,
Honneur au plus vaillant. »

« On lui doit la victoire,
Vraiment, » dit le seigneur.
« Puisque tu fais ma gloire
Je ferai ton bonheur.
De ma fille Isabelle
Sois l'époux à l'instant,

Car elle est la plus belle
Et toi le plus vaillant. »

A l'autel de Marie
Ils contractent tous deux
Cette union chérie,
Qui seule rend heureux.
Chacun dans la chapelle
Disait en les voyant :
« Amour à la plus belle,
Honneur au plus vaillant. »

Attribuée à **M. de Laborde.**

Cette romance, qui eut un grand succès lors de sa première publication, est, dit-on, de M. de Laborde; elle n'a rien d'extraordinaire; mais ce qui contribua beaucoup à sa vogue, c'est que la musique avait été composée par la reine Hortense, fille de l'Impératrice Joséphine et du vicomte de Beauharnais, et mère de l'empereur Napoléon III. Cette princesse, née en 1783, fut confiée, à l'âge de quinze ans, aux soins de madame Campan, qui cultiva son heureux naturel et orna son esprit de toutes les connaissances propres à son sexe. Parmi les arts qu'elle choisit, la musique fut celui auquel elle donnait une préférence qu'elle justifia par de gracieuses compositions. Sa haute position, puisqu'elle était belle-fille de l'Empereur, ne lui donna pas tout le bonheur qu'elle pouvait attendre. Elle épousa, sans inclination, le prince Louis, qui fut ensuite roi de Hollande; fut frappée dans ses affections par la mort de son fils aîné, et par celle d'une amie qui périt sous ses yeux dans un torrent.

La musique de la reine Hortense est notée au N. 120 de la Clé du Caveau.

LE MONT SAINT-JEAN.

1818.

Dans cette plaine où l'Angleterre
De notre sang teignit les fleurs,
Le front incliné vers la terre,
Un Français répandait des pleurs;
Assis sur le bord d'une tombe,
Dont l'aspect réveille ses maux,
Sur sa main, sa tête retombe,
Et sa voix murmure ces mots,
Murmure ces mots :
O Mont Saint-Jean! nouvelles Thermopyles,
Si quelqu'un profanait tes funèbres asiles,
Fais-lui crier par tes échos : ⎱
Tu vas fouler la cendre des héros! ⎰ (bis.)

Chansons populaires de France

PARTANT POUR LA SYRIE

J'ai vu les arts et les bergères
Engloutis dans l'obscurité,
Près des légions étrangères,
N'oser fleurir en liberté ;
J'ai vu la palme la plus belle
Plier, tomber et se flétrir,
J'ai vu la victoire infidèle !
Et je viens apprendre à mourir.
    Apprendre à mourir.
        O Mont Saint-Jean ! etc.

Honteux de se voir les esclaves
De ces rois dits nos alliés,
J'ai vu l'élite de nos braves
Courber leurs fronts humiliés ;
J'ai vu leur phalange attendrie
Maudire un indigne repos,
Et sur les maux de la patrie
Pleurer au pied de ses drapeaux,
    Au pied de ses drapeaux.
        O Mont Saint-Jean ! etc.

Là des premiers soldats du monde
Le sang inonda les guérets,
Et l'on vit la terre féconde
Changer ses épis en cyprès ;
Chaque nuit, dans la brise errante,
Des eaux, des forêts et des cieux,
Des preux j'entends la voix mourante
Nous crier, pour derniers adieux,
    Pour derniers adieux :
        O Mont Saint-Jean ! etc.

Ce ruisseau, dont l'onde rapide
Roula jadis des flots de sang,
Pour promener son eau limpide,
Des bois s'échappe en frémissant,
Il fuit, et dans ses vastes ondes,
Il va se perdre en peu d'instants :
Ainsi tous les peuples des mondes
Se perdront dans la nuit des temps,
    Dans la nuit des temps.
        O Mont Saint-Jean ! etc.

Ici, l'Ottoman ou le Perse,
Peut-être en un lointain hiver,
Entendra résonner la herse,
Et sous le fer gémir le fer ;
En voyant la face intrépide
Du preux que le soc a foulé,
Il dira l'œil de pleurs humide :
Ici l'univers a tremblé,
    L'univers a tremblé.

O Mont Saint-Jean ! nouvelles Thermopyles,
Si quelqu'un profanait tes funèbres asiles,
    Fais-lui crier par tes échos :
    Tu vas fouler la cendre des héros. } (bis.)

                Émile Débraux.

RICHARD CŒUR-DE-LION.

1784.

    O Richard ! ô mon roi !
    L'univers t'abandonne,
Sur la terre il n'est donc que moi
Qui s'intéresse à ta personne !
    Moi seul, dans l'univers,
    Voudrais briser tes fers,
Et tout le monde t'abandonne
    O Richard ! ô mon roi !
    L'univers t'abandonne ;
Et sur la terre il n'est que moi   (bis.)
Qui s'intéresse à ta personne.

Et sa noble amie... hélas ! son cœur
    Doit être navré de douleur ;
Oui, son cœur est navré de douleur.
    Monarques, cherchez des amis,
Non sous les lauriers de la gloire,
    Mais sous les myrtes favoris
Qu'offrent les filles de mémoire.
        Un troubadour
        Est tout amour,
      Fidélité, constance,
Et sans espoir de récompense.

    O Richard ! ô mon roi !
    L'univers t'abandonne ;

Sur la terre il n'est donc que moi
Qui s'intéresse à ta personne !
　O Richard ! ô mon roi !
　L'univers t'abandonne ;
Et sur la terre il n'est que moi,
Oui, c'est Blondel ! il n'est que moi,
Qui s'intéresse à ta personne !
　　N'est-il que moi　　　　(bis.)
Qui s'intéresse à ta personne ?

Sedaine.

Musique de GRÉTRY

LE RETOUR DU TROUBADOUR.

1806.

Un gentil troubadour
Qui chante et fait la guerre,
Revenait chez son père,
Rêvant à son amour ;
Gages de sa valeur,
Suspendus en écharpe,
Son épée et sa harpe
Se croisaient sur son cœur.

Il rencontre en chemin
Pèlerine jolie
Qui voyage et qui prie,
Un rosaire à la main ;
Colerette à longs plis
Ornait sa fine taille,
Un grand chapeau de paille
Couvrait son teint de lis.

« O gentil troubadour !
Si tu reviens fidèle,
Chante un couplet pour celle
Qui bénit ton retour.
— Pardonne à mon refus,
Pèlerine jolie
Sans avoir vu ma mie,
Je ne chanterai plus.

— Ne la revois-tu pas ?
O troubadour fidèle !
Regarde bien : c'est elle ;
Ouvre-lui donc tes bras,
Priant pour notre amour,
J'allais en pélerine
A la Vierge divine
Demander ton retour. »

Près de ces deux amans
S'élève une chapelle,
L'ermite, qu'on appelle,
Bénit leurs doux sermens.
Allez en ce saint lieu,
Amans du voisinage,
Faire un pèlerinage
A la mère de Dieu.

Dalvimare.

La musique est de l'auteur des paroles et se trouve notée au N. 586 de la Clé du Caveau.

WATERLOO.

AIR *de la contredanse de la Rosière*.
Ou *L'ombre s'évapore*.

Tout le camp sommeille,
Le général veille,
L'aurore vermeille
Ne luit pas encor.
Sur l'enceinte immense,
Dans l'ombre s'élance,
Et plane en silence
L'oiseau de la mort.

L'âme tranquille,
Le chef habile,
De son asile
Sort dès le matin.
Son œil embrasse
Le vaste espace
Où chaque place
Commande au destin.

Guerrier intrépide,
D'un mot il décide
L'attaque rapide,
Et sur un tambour,
L'art pour lui conspire ;
Son génie inspire
Les soins de l'empire
Et l'ordre du jour.

Quand dans la plaine
Lueur lointaine
Indique à peine
Les feux opposés,
Nos chefs s'assemblent,
Nos rangs s'ébranlent,
Nos bivouacs tremblent
Sous leurs pas pressés.

Notre artillerie
Est en batterie,
Notre infanterie
Manœuvre et s'étend.
Phalanges plus belles,
Nos lanciers fidèles
Volent sur les ailes
Où Mars les attend.

Les dragons passent,
Leurs flots s'amassent ;
Les hussards lassent
Leurs fougueux coursiers.
Troupe éclatante,
Masse imposante,
A l'œil présente
Nos fiers cuirassiers.

Les clairons résonnent ;
Les trompettes sonnent ;
Les coursiers frissonnent,
Prêts à s'échapper.
L'ennemi s'agite ;
De ses corps d'élite
Veut couvrir sa fuite.
La mort va frapper !

Mais il surmonte
L'effroi que dompte

La juste honte
D'un pareil succès.
Son artifice,
D'un bois propice,
Sert la milice
Du brave Ecossais.

Nos flanqueurs s'avancent,
Nos chasseurs s'élancent ;
Nos lanciers balancent
Leurs terribles dards.
Vivez dans l'histoire,
Soldats que la gloire
Mène à la victoire ;
Sous nos étendards !

La charge sonne,
Le bronze tonne,
Le feu sillonne ;
Moissonne les rangs ;
Et la fumée
Dans l'air semée,
Couvre l'armée
De ses noirs torrents.

La garde s'engage,
S'ouvrant un passage
Au sein d'un nuage
D'épaisses vapeurs.
Ses vieilles moustaches
Montrent leurs panaches
Flottant sur les haches
De nos vieux sapeurs.

Comme la foudre
Qu'on voit dissoudre
Et mettre en poudre
Les cèdres altiers ;
Leurs glaives percent,
Leurs bras renversent,
Leurs coups dispersent
Des carrés entiers.

L'ennemi succombe,
Il chancelle, il tombe,
Et déjà la tombe
Reçoit ses débris.

Ses soldats pâlissent;
Ses coursiers frémissent;
Les airs retentissent
De funestes cris !

Destin étrange !
Soudain tout change :
Le crime arrange
Un succès vendu.
Nos rangs se brisent
Nos feux s'épuisent,
Des traîtres disent
Que tout est perdu !

Mais crainte frivole :
Le vainqueur d'Arcole
Paraît et revole
Au lieu du danger.
Ses braves l'entourent,
D'ardeur ils concourent,
Et d'autres accourent
Prompts à nous venger.

L'armée entière,
Dans la carrière
Voit la poussière
Au loin s'élever.
Troupe attendue,
Qu'on croit perdue,
Nous est rendue,
Et vient nous sauver.

L'ivresse circule,
Puissant véhicule,
L'espoir est crédule.
Tout-à-coup, grands dieux !
Erreur passagère,
Faveur mensongère,
C'est l'aigle étrangère
Qui s'offre à nos yeux !

Nos invincibles,
Inaccessibles
Aux coups sensibles
Du destin fatal,

Forts du courage
Bravent l'orage,
Et du carnage
Donnent le signal.

Les masses s'écroulent;
Des flots de sang coulent;
D'ardents chevaux foulent
Les corps palpitants,
La faux de la guerre,
Les feux du tonnerre
Ont jonché la terre
De membres sanglants.

Traits magnanimes,
Efforts sublimes ;
Quelles victimes
Vont encor s'offrir ?
L'heure est funeste :
Tout vous l'atteste,
Il ne vous reste
Qu'à vaincre ou mourir.

Belliqueuse garde,
L'Anglais te regarde,
T'admire et retarde
Les feux et ton sort.
Ses lignes s'entr'ouvrent,
Et vers toi découvrent
Cent bouches qui s'ouvrent
Pour vomir la mort.

Troupe immortelle,
Sa voix t'appelle :
Français, dit-elle,
Chargés de lauriers,
Tout nous seconde;
La foudre gronde,
Sauvez du monde
Les premiers guerriers.

Fortune, tu braves
Vainement nos braves;
Des Français esclaves !
Desseins superflus.

Tu peux les entendre :
« *Nous savons attendre*
La mort sans nous rendre. »
Ils n'existent plus.

Eugène de Pradel.

Air ancien noté au N. 1338 de la Clé du Caveau.

LA SENTINELLE.

1821.

L'astre des nuits de son paisible éclat
Lançait les feux sur les tentes de France.
Non loin du camp, un jeune et beau soldat
Ainsi chantait, appuyé sur sa lance :
    Allez, volez, zéphyr joyeux,
    Porter mes chants vers ma patrie,
    Dites que je veille en ces lieux   (*bis*.)
    Pour la gloire et pour mon amie.

A la lueur des feux des ennemis,
La sentinelle est placée en silence :
Mais le Français, pour abréger les nuits;
Chante, appuyé sur le fer de sa lance :
    Allez, volez, etc.

L'astre du jour ramène les combats,
Demain il faut signaler sa vaillance.
Dans la victoire on trouve le trépas ;
Mais si je meurs à côté de ma lance,
    Allez encor, joyeux zéphyr,
    Allez, volez vers ma patrie,
    Dire que mon dernier soupir   (*bis*.)
    Fut pour la gloire et mon amie.

Rrault.

Musique de Choron notée au N. 716 de la Clé du Caveau.

BAYARD.

Emporté par trop de vaillance
Au milieu des rangs ennemis,
Le héros, l'espoir de la France
Vient de mourir pour son pays.
    Preux chevalier, timides pastourelles
    Que je gémis sur votre sort !
    L'appui des rois, le défenseur des belles,
    Bayard est mort ! Bayard est mort !

Honneur de la chevalerie,
Tendre amant, courageux soldat,
Il cédait tout à son amie,
Et tout lui cédait au combat.
    Preux chevalier, etc.

Bon chevalier, ami sincère,
Toujours sans reproche et sans peur,
Au milieu des cris de la guerre,
La pitié parlait à son cœur,
    Preux chevalier, timides pastourelles,
    Que je gémis sur votre sort !
    L'appui des rois, le défenseur des belles,
    Bayard est mort ! Bayard est mort !

Paroles d'un anonyme.

LE RETOUR DE LA SENTINELLE.

1821.

L'aube riante annonçait le matin.
Sous un vieil orme, auprès de sa chaumière
Le casque en tête et la lyre à la main,
Jeune guerrier chantait à sa bergère :
    Ici me voilà de retour
    Des nobles champs de la victoire :
    J'offre mes loisirs à l'amour,
    Quand j'ai combattu pour la gloire.

Dans les périls où l'honneur m'a conduit,
Guidé par lui, soutenu par ma flamme,
Aux feux du jour, aux ombres de la nuit,
Je confiais le secret de mon âme.
    Mais dans ces lieux, à mon retour
    De nobles champs de victoire,
    J'offre mes lauriers à l'amour,
    Quand j'ai combattu pour la gloire.

Avant que j'eusse affronté le trépas,
A mes transports tu trouvais mille charmes ;
Pour son amie, aurait-il moins d'appas,
L'amant chargé du noble poids des armes ?
　Non, non, tu dois à mon retour
　Mêler, pour prix de la victoire,
　Les myrtes heureux de l'amour,
　Aux lauriers brillants de la gloire.

　　　　　　　　　　Brault.

Musique de DARONDEAU notée au N 945 de la Clé du Caveau.

CHARMANTE GABRIELLE.

　Charmante Gabrielle,
　Percé de mille dards,
　Quand la gloire m'appelle
　A la suite de Mars,
　Cruelle départie !
　　Malheureux jour !
　Que ne suis-je sans vie
　　Ou sans amour !

　L'amour, sans nulle peine,
　M'a, par vos doux regards,
　Comme un grand capitaine
　Mis sous ses étendards.
　Cruelle départie !
　　Malheureux jour !
　Que ne suis-je sans vie
　　Ou sans amour !

　Si votre nom célèbre
　Sur mes drapeaux brillait,
　Jusqu'au-delà de l'Ebre
　L'Espagne me craindrait.
　Cruelle départie !
　　Malheureux jour !
　Que ne suis-je sans vie
　　Ou sans amour !

　Je n'ai pu, dans la guerre,
　Qu'un royaume gagner,
　Mais sur toute la terre
　Vos yeux doivent régner.
　Cruelle départie !
　　Malheureux jour !
　Que ne suis-je sans vie
　　Ou sans amour !

　Partagez ma couronne,
　Le prix de ma valeur ;
　Je la tiens de Bellonne :
　Tenez-la de mon cœur.
　Cruelle départie !
　　Malheureux jour !
　C'est trop peu d'une vie
　　Pour tant d'amour.

　Bel astre que je quitte,
　Ah ! cruel souvenir !
　Ma douleur s'en irrite.
　Vous revoir ou mourir
　Cruelle départie !
　　Malheureux jour !
　C'est trop peu d'une vie
　　Pour tant d'amour.

　Je veux que mes trompettes,
　Mes fifres, les échos,
　A tous moments répètent
　Ces doux et tristes mots :
　Cruelle départie !
　　Malheureux jour !
　C'est trop peu d'une vie
　　Pour tant d'amour.

　　　　　　　　　　Henri VI.

On a attribué cette romance ainsi que quelques autres à Henri IV, mais il est probable que le bon roi ne faisait pas lui-même ses vers, et on assure que Jean Bertaut lui prêtait sa plume. Il aima la poésie, et plusieurs poètes se ressentirent de ses bienfaits ; toutefois il fut trop occupé de ses guerres, de sa politique et de ses amours, pour avoir été un grand protecteur des lettres.

Grétry, dans ses *Essais sur la Musique*, avait répété, d'après de fausses traditions, que l'air de cette chanson était de Henri IV ; il est du père Ducaurroy, successivement maître de la chapelle de Charles IX, de Henri III et de Henri IV, qui l'avait composé pour un noël, et les paroles profanes nous l'ont conservé.

CHARLES VI.

1843.

La France a l'horreur du servage,
Et si grand que soit le danger,
Plus grand encore est son courage
Quand il faut chasser l'étranger,
Quand il faut chasser, chasser l'étranger.
Vienne le jour de délivrance,
Des cœurs ce vieux cri sortira : (bis.)
Guerre aux tyrans ! jamais, jamais en France, } bis
Jamais l'Anglais ne régnera, (bis.) }
Non, non, non, jamais, non,
Jamais en France,
Jamais l'Anglais ne régnera,
Non !

Réveille-toi, France opprimée !
On te crut morte... et tu dormais.
Un jour voit mourir une armée,
Mais un peuple ne meurt jamais. (bis.)
Jette le cri de délivrance
Et la victoire y répondra : (bis.)
Guerre aux tyrans ! etc.

En France jamais l'Angleterre
N'aura vaincu pour conquérir ;
Ses soldats y couvrent la terre
La terre doit les y couvrir. (bis.)
Jetons le cri de délivrance
Et la victoire y répondra : (bis.)
Guerre aux tyrans ! jamais, jamais en France, } bis
Jamais l'Anglais ne régnera, (bis.) }
Non, non, non, jamais non !
Jamais en France,
Jamais l'Anglais ne régnera,
Non !

MM. Casimir et Germain Delavigne.

Ces couplets sont extraits de l'opéra de *Charles VI*,
en vente chez MM. Michel Lévy, frères, 2, rue Vivienne.
La musique de M. F. Halévy se trouve à Paris, chez
M. Brandus, éditeur, 97, rue Richelieu.

LE TRONE D'AIRAIN.

Air nouveau.

Salut, trône d'airain, conquis par nos soldats,
Tu resteras toujours l'effroi des potentats.
En vain des hordes furieuses
Prétendaient de ton chapiteau
Cacher les marques glorieuses
Sous les plis d'un pâle drapeau,
Chaque jour le souffle d'Eole,
Indigné d'un succès bâtard,
Déchirait ce vil étendard,
Pour nous rendre celui d'Arcole.
   Salut, etc.

Salut, immortelle statue,
Vivante image des Césars,
Va, ne crains plus d'être abattue,
L'honneur veille sur nos remparts.
Regarde cette fonderie
Où la gloire a repris son cours,
C'est la fournaise des trois jours,
C'est le creuset de la patrie.
   Salut, etc.

Sous les saules de Sainte-Hélène
Ton ombre va se réjouir,
Quand le zéphir de son haleine,
T'instruira d'un tel souvenir.
Tes cendres, oh ! fils de Bellone,
Sont captives chez Albion,
Mais ton âme comme un rayon
Brille aujourd'hui sur la colonne.
   Salut, etc.

Descends du haut de l'Empirée,
Enfant du héros de Memphis,
L'aigle, sous la voûte azurée,
Plane et fait entendre ses cris :
Ecoute cet oiseau fidèle,
Il cherche en vain sur ce fronton
Les restes d'un beau rejeton,
Pour les réchauffer sous son aile.
   Salut, etc.

J'ai vu mille cordes tendues
Vouloir déraciner le fer
D'un piédestal qui vers les nues
Conduit l'aigle de Jupiter.
Ils croyaient ces nouveaux vandales,
Ébranler ce fier monument,
Quand notre sang fut le ciment
Qui scella ses premières dalles.
  Salut, etc.

Étrangers, viendrez-vous encore
Insulter à tant de malheurs?
Le faux laurier qui vous décore
Jadis nous fit verser des pleurs ;
Craignez de revoir la terre
Que foulèrent vos pieds impurs ;
Pour vous écraser sous nos murs,
Paris deviendrait un cratère.

Salut, trône d'airain, conquis par nos soldats,
Tu resteras toujours l'effroi des potentats.

Paroles d'un anonyme.

LA TRAITE DES NOIRS.

1835.

Que notre destin s'accomplisse!
Respect à notre pavillon ;
Mais à ce brick! il faut un nom,
Nous l'appellerons : *La Justice!*
Dieu des marins, toi, notre espoir,
De là-haut, entends ma prière :
Viens t'asseoir à bord du corsaire,
Protége son pavillon noir !

CHOEUR.

Viens t'asseoir à bord du corsaire,
Protége son pavillon noir !

Le négrier, dans sa démence,
A dit : ces hommes sont mon bien;
Leur travail, leur sang m'appartient ;
On me les achète d'avance.
Mais dans un jour de désespoir,
Nous répondons au téméraire :

Malheur à toi, crains le corsaire,
Respect à son pavillon noir !

CHOEUR.

Malheur à toi, crains le corsaire,
Respect à son pavillon noir !

Vous avez brisé vos entraves,
Et pour vos droits vous combattrez ;
Votre serment, vous le tiendrez :
Périr plutôt que d'être esclaves !
Si le ciel, trompant notre espoir,
Dans le combat nous est contraire,
Mourons tous à bord du corsaire,
Pressés sous le pavillon noir !

CHOEUR.

Mourons tous à bord du corsaire,
Pressés sous le pavillon noir !

Mais bien loin ces tristes présages!
Non, frères, nous triompherons,
Et puis, un jour, nous reviendrons,
Mais en vainqueurs sur ces parages.
Tremblants, alors, de vous revoir,
Vos maîtres diront, je l'espère :
Il est vainqueur ! gloire au corsaire!
Honneur à son pavillon noir !

CHOEUR.

Il est vainqueur! gloire au corsaire!
Honneur à son pavillon noir !

MM. Ch. Desnoyers et Alboise.

Extrait de *la Traite des Noirs*, drame en cinq actes, de MM. Charles Desnoyers et Alboise, en vente chez M. Marchant, 12, boulevart St-Martin. Prix : 60 c.
Musique de M. Henri POTIER.

EN AVANT, MARCHONS, MARCHONS!

1831.

AIR : *Non, jamais, jamais, jamais, je ne fuirai ma chaumière.*
(Blanchard.)

En avant, marchons, marchons,
Citoyens, soldats, aux armes!

France, bannis tes alarmes ;
  Amis serrons nos bataillons,
Contre nos ennemis formons nos bataillons. (*bis*)

On dit qu' l'Autrichien et le Russe
Veulent revenir comme autrefois.
S'ils viennent, ça s'ra pour le roi d' Prusse,
Et nous leur donn'rons sur les doigts.
  Oui, ces figur's à claques
    Nous les casserons,
  Et ces gourmands d' Cosaques
  N' mang'ront plus nos ognons.

En avant, marchons, marchons!
  Citoyens, soldats, aux armes!
  France, bannis tes alarmes,
  Tapons sur les Cosaques du Don ,
Autrichiens, Russes, Prussiens, tournez-nous les talons. (*bis*)

O vous, qui, pour notre patrie,
  Avez bravé tous les revers,
  Polonais, qui perdez la vie
  Plutôt que de porter des fers,
  Prêts pour votre défense,
  Qu'on nous dise un seul mot ;
  Et les enfants de la France
  S'écrieront aussitôt :

En avant, marchons, marchons,
  Pour les Polonais aux armes!
  Courons calmer leurs alarmes,
  Allons grossir leurs bataillons.
Polonais et Français, marchons et combattons. (*bis*)

Tout's les nations étrangères
  Contre nous en vain s'uniront ;
  Avant de franchir nos frontières,
  Sur tous les corps ell's marcheront.
  Si l' nombre nous opprime,
    Sachons braver le sort ,
  Qu'un seul cri nous anime :
  Indépendance ou mort.

En avant, marchons, marchons,
  Citoyens, soldats, aux armes!

France, bannis tes alarmes,
  Amis, serrons nos bataillons,
Contre nos ennemis serrons nos bataillons. (*bis*.)

Cognlard frères.

Extrait de *la Cocarde Tricolore*, vaudeville en trois actes, de MM. Cogniard frères, en vente chez M. Tresse, éditeur, 2 et 3, galerie de Chartres, Palais-National. Prix : 60 cent.
Musique de Blanchard notée au N. 1882 de la Clé du Caveau.

CHANT DE VICTOIRE.

Fuyant les villes consternées,
L'Ibère, orgueilleux et jaloux,
A vu s'abaisser devant nous
Les deux sommets des Pyrénées.
Ses tyrans, ses inquisiteurs,
Dans Madrid vont payer leurs crimes :
D'injustes sacrificateurs
Deviendront de justes victimes.

Gloire au peuple français, il sait venger ses droits!
Vive la république, et périssent les rois.

De Brutus éveillons la cendre :
O Gracques, sortez du cercueil!
La liberté, dans Rome en deuil,
Du haut des Alpes va descendre.
Disparaissez, prêtres impurs ;
Fuyez, impuissantes cohortes ;
Camille n'est plus dans vos murs,
Et les Gaulois sont à vos portes.
Gloire au peuple français, etc.

Avare et perfide Angleterre,
La mer gémit sous tes vaisseaux :
Tes voiles pèsent sur les eaux ,
Tes forfaits pèsent sur la terre.
Tandis que nos vaillants efforts
Brisent ton trident despotique ,
Vois l'abondance vers nos ports
Accourir des champs d'Amérique.
Gloire au peuple français, etc.

Lève-toi, sors des mers profondes,
Cadavre fumant du *Vengeur* (1)!
Toi qui vis le Français vainqueur
Des Anglais, des feux et des ondes,
D'où partent ces cris déchirants?
Quelles sont ces voix magnanimes?
Les voix des braves expirants,
Qui chantent du fond des abîmes.
Gloire au peuple français, etc.

Fleurus, champs dignes de mémoire,
Monument d'un triple succès;
Fleurus, champs amis des Français,
Semés trois fois par la victoire;
Fleurus, que ton nom soit chanté
Du Tage au Rhin, du Var au Tibre;
Sur ton rivage ensanglanté
Il est écrit: l'*Europe est libre*.
Gloire au peuple français, etc.

Ostende, reçois nos cohortes;
Namur, courbe-toi devant nous;
Oudenarde et Gand, rendez-vous;
Charleroy, Mons, ouvrez vos portes.
Bruxelles, devant tes regards
La liberté va luire encore :
Plaintive Liége, en tes remparts,
Revois le drapeau tricolore!
Gloire au peuple français, etc.

Rois conjurés, lâches esclaves,
Vils ennemis du genre humain,
Vous avez fui le glaive en main,
Vous avez fui devant nos braves :
Et de votre sang détesté
Abreuvant ses vastes racines,
Le chêne de la liberté
S'élève aux cieux sur vos ruines.
Gloire au peuple français, etc.

Dans nos cités, dans nos campagnes,
Du peuple on entend les concerts :

(1) Combat de ce vaisseau français contre trois vaisseaux anglais. Les braves qui montaient le *Vengeur* préférèrent tous la mort plutôt que de se rendre; ils coulèrent à fond aux cris de *Vive la République!*

L'écho des fleuves et des mers
Répond à l'écho des montagnes.
Tout répète ces mots touchants :
Victoire, Liberté, Patrie!
L'Europe se mêle à nos chants,
Le genre humain se lève et crie :

Gloire au peuple français, il sait venger ses droits!
Vive la république, et périssent les rois!

Chénier.

Musique de Méhul.

MAZAGRAN.

Ils étaient là, sous de faibles murailles,
Rêvant la gloire et l'honneur du pays.
Ils s'embrassaient au récit des batailles,
Et leurs regards cherchaient les ennemis.
  Les voilà! hors d'haleine,
  Sous leur manteau blanc;
  Et leur yatagan
  Brille au loin dans la plaine...
  L'Arabe est là-bas!
  Aux armes, soldats!
Ils étaient là, sous de faibles murailles,
Rêvant la gloire et l'honneur du pays. (bis.)

Combien sont-ils? et qu'importe leur nombre!
Avec le jour, nous compterons les morts.
En plein soleil, comme dans la nuit sombre,
Joignons, amis, nos généreux efforts.
  Avec nos carabines,
  Frappons sans appel,
  Et d'un plomb mortel,
  Traversons leurs poitrines;
  Car se rendre ou fuir
  C'est deux fois mourir!
Combien sont-ils? et qu'importe leur nombre!
Avec le jour, nous compterons les morts.

Pour escompter la valeur de vos têtes,
On les voyait à l'envi se presser,

Mais maintenant ils savent qui vous êtes,
Abd-el-Kader, c'est à recommencer.
　Oui la plaine est couverte
　Des enfants d'Hallah ;
　Les Français sont-là
　Sur la brèche entr'ouverte.
　　Tout trépas est beau
　　Près de son drapeau.
Ils escomptaient la valeur de vos têtes.
Abd-el-Kader, c'est à recommencer !

Ce carré blanc, illustré par la gloire,
L'Arabe altier l'appelait Mazagran,
Nom ignoré, mais que notre victoire
A, dans trois jours, fait désormais si grand.
　O phalanges d'Arcole,
　Sortez des tombeaux,
　Cent vingt-trois héros
　Sont nés de votre école ;
　　Ils ont mérité
　　L'immortalité !
Ce carré blanc, illustré par la gloire,
Jadis obscur, comme le monde est grand! (bis.)

Jacques Arago.

LA CHANSON DE JEAN RAISIN.

1849.

Dans une vieille écorce grise
Jean Raisin a passé l'hiver.
Il est en fleur, le voilà vert,
Jean Raisin ne craint plus la bise !
Il est joufflu, blanc et vermeil.
Le voilà vin, toute sa force
Ruisselant de sa fine écorce,
S'échappe en rayons de soleil.

　Au nom de la machine ronde,
　De l'eau coulant pour tout le monde,
　Place, place pour Jean Raisin,
　Le Jean Raisin devenu vin.
　Laissez donc passer Jean Raisin,
　Avec son vieil ami le pain.
　Laissez donc passer Jean Raisin,
　Avec son vieil ami le pain.

Enfant chéri des hautes cimes,
Sous l'œil de Dieu, libre jadis,
Il s'en allait par tout pays
Bravant la gabelle et les dîmes.
En ce temps-là, soir et matin,
Parmi les brocs et les bouteilles,
Le peuple chantait les merveilles
Et les vertus de Jean Raisin.
　Au nom de la machine ronde, etc.

Couronné de pampre et de roses,
Joyeux, loyal, jamais menteur,
A bon marché, ce franc parleur
Éclairait tous les fronts moroses.
Les rois un jour l'ont arrêté
Et l'ont chargé de mille entraves,
De gabelous, de rats de caves,
Puis des voleurs l'ont frelaté.
　Au nom de la machine ronde, etc.

Inspiré par Dieu notre père,
De février le parlement
Un jour décréta sagement
Qu'on lâcherait le gai compère.
Ce jour-là, sur des airs nouveaux,
Le peuple chanta les bouteilles,
Le vin vieux, la vigne et les treilles,
La République et les tonneaux.
　Au nom de la machine ronde, etc.

Mais voici bien une autre affaire,
Survient un second parlement,
Qui raisonnant différemment,
Vient d'empoigner le pauvre hère.
On garrottera le reclus,
On le liera pour qu'il ne bouge,
On l'accusera d'être rouge ! ! !
Le peuple ne chantera plus.
　Au nom de la machine ronde, etc.

Toute la nature enchaînée
Pleure et gémit sur tous les tons,
L'air n'a son droit dans nos maisons,
Qu'en passant par la cheminée...
On ferait mieux, j'y pense enfin,
D'arrêter les bois de teinture,
Et le poison qui dénature
L'âme et le sang de Jean Raisin.
　Au nom de la machine ronde, etc.

Allons, frelateurs escogriffes,
Apportez les clous et le bois,
Mettez Jean Raisin sur la croix,
Le diable s'en lave les griffes.
Mais par l'amour et l'union,
Comme le fils de Dieu le père,
Jean Raisin reviendra, j'espère,
Pour la grande communion.

Au nom de la machine ronde,
De l'eau coulant pour tout le monde,
Place, place pour Jean Raisin,
Le Jean Raisin devenu vin.
Laissez donc passer Jean Raisin,
Avec son vieil ami le pain.
Laissez donc passer Jean Raisin,
Avec son vieil ami le pain.

Gustave Mathieu.

La musique de DARCIER se trouve à Paris, chez L. Vieillot, éditeur, 32, rue Notre-Dame-de-Nazareth.

HYMNE AUX PAYSANS.

1848.

Il est des hommes sur la terre,
Les plus pauvres, les plus nombreux;
Les plus nobles dans la misère,
Au travail les plus courageux!
Dès qu'ils entrent dans ce bas monde,
Le malheur s'attache à leurs pas;
Pour eux seuls la vie est féconde
En durs labeurs, en durs combats :

Or, ces hommes, phalange humaine,
Qui pour nous s'use et meurt aux champs,
Dieu les protége et Dieu les mène,
On les nomme les paysans!...

Paysan! c'est leur nom sublime!
Paysan! homme du pays!
Celui dont l'ardeur magnanime
Lutte le jour, veille les nuits!
Celui dont les sueurs amères
Font germer le sol impuissant;
Ah! celui qui nourrit ses frères,
Peut bien s'appeler : Paysan!...

Honneur à toi, phalange humaine
Qui pour nous s'use et meurt aux champs,
Dieu te protége et Dieu te mène,
Honneur! honneur! aux paysans!...

Dans ces temps de sombres alarmes
Où vainqueur parut l'étranger,
Quand partout l'on criait : aux armes!
La patrie était en danger!...
Désertant femme, enfants, chaumières,
Pieds nus, sans pain, sans vêtements,
Comme des preux, à nos frontières
Allaient mourir les paysans!...

Honneur à toi, phalange humaine,
Dont le sang féconda nos champs,
Dieu te protége et Dieu te mène,
Honneur et gloire aux paysans!...

Ces champs où le blé s'amoncelle,
C'est le pain que vous mangerez;
Ces coteaux d'où le vin ruisselle,
C'est le vin qu'un jour vous boirez!
Payez donc cette dette immense,
Car ce vin pur et ce pain blanc,
Ces deux bases de l'existence,
Vous les devez au paysan!...

Honneur à toi, phalange humaine
Qui pour nous s'use et meurt aux champs
Dieu te protége et Dieu te mène,
Honneur! honneur aux paysans!...

Et vous tous, pauvres gens des villes,
Aux campagnes tendez les mains;
Plus de deuil! de guerres civiles!
L'Amour reprend ses droits divins!..
Aimons-nous, Français magnanimes,
Unissons nos communs efforts :
L'amour fait les hommes sublimes,
Et l'unité, les peuples forts!...

Et répétons, phalange humaine,
Ce refrain des cœurs triomphants :
Honneur aux hommes que Dieu mène,
Honneur et gloire aux paysans !...

    Félix Mouttet.

Musique de DARCIER.

IL NE FAUT PAS JOUER AVEC LE FEU.

1833.

AIR *du Carnaval* (de Béranger).

Pourquoi risquer, ô jeunesse imprudente,
Les jours nombreux que vous promit le sort ?
Et pour un geste, une parole ardente,
A pair ou non jouer avec la mort...
Écoutez bien ce que ma tante Élise
Me répétait en me grondant un peu
« Crains, cher enfant, de faire une sottise,
« Il ne faut pas jouer avec le feu. »

Pontife orné de la triple couronne,
Chez les Romains gouverne avec bonté,
Ne compromets ni ta vieille personne,
Ni ton brevet d'infaillibilité ;
Avec douceur, pape, il faut nous absoudre,
Qu'obtiendrais-tu des carreaux du vrai Dieu ?
Tous les savants analysent la foudre...
Il ne faut pas jouer avec le feu.

Rois, qui briguez le rôle d'autocrate,
Sur vos sujets n'allez pas trop peser ;
Refoulez l'air dans un vase, il éclate,
L'arc trop tendu doit bientôt se briser ;
Malheur à vous qui soufflez la lumière !
Si vous laissez aux mains d'un Richelieu
Le trône assis sur une poudrière :
Il ne faut pas jouer avec le feu.

Peuple du Nord, toi qui de loin convoites
Nos champs fleuris et nos cieux si brillants,
Toi qui, d'avance, en perspective exploites
Nos frais minois et nos vins pétillants ;

Tu veux chez nous vaincre et régner en maître !
Tremble ! en voyant le ciel remplir ton vœu ;
Le sol français produit bien du salpêtre :
Il ne faut pas jouer avec le feu.

Sexe charmant qui, par étourderie,
Lancez sur nous les réseaux de l'amour :
Ne riez pas... car, la coquetterie
Doit par le sort être punie un jour ;
En attisant le brasier qui dévore,
La main se brûle, et l'on maudit le jeu.
Belles ! le cœur recèle du phosphore :
Il ne faut pas jouer avec le feu.

Toi qui, du haut de ta noble tanière,
Troubles l'Ouest par le meurtre et l'effroi,
Songe aux Trois jours, songe *à la Pénissière*,
Songe à l'exil qui pèse sur ton roi ;
Il ne faudrait, pour renverser ton gîte,
Qu'une étincelle et le fusil d'un *bleu*,
Aux vieux manoirs la flamme prend si vite !...
Il ne faut pas jouer avec le feu.

Jeune écrivain dont l'âme indépendante
A la patrie offre d'heureux tributs,
Dans les combats, de ta plume éloquente,
Sape l'erreur et flétris les abus ;
Que le flambeau de ta raison hardie
Soit un fanal qui nous guide en tout lieu ;
Mais, garde-toi d'allumer l'incendie !...
Il ne faut pas jouer avec le feu.

    Louis Festeau.

La musique, de l'auteur des paroles, se trouve chez L. Vieillot, éditeur, 32, rue Notre-Dame-de-Nazareth.

LES GIRONDINS.

Par la voix du canon d'alarme
La France appelle ses enfants
Allons, dit le soldat : Aux armes !
C'est ma mère, je la défends.
 Mourir pour la patrie !   (bis.)
C'est le sort le plus beau, le plus digne d'envie. (bis)

Nous, amis, qui loin des batailles,
Succombons dans l'obscurité,
Vouons, du moins, nos funérailles
A la France! à la liberté!
    Mourir pour la patrie!   (bis.)
C'est le sort le plus beau, le plus digne d'envie. (bis)

Frères, pour une cause sainte,
Quand chacun de nous est martyr,
Ne proférons pas une plainte,
La France un jour doit nous bénir.
    Mourir pour la patrie!   (bis.)
C'est le sort le plus beau, le plus digne d'envie. (bis)

Du créateur de la nature
Bénissons encor la bonté,
Nous plaindre serait une injure,
Nous mourons pour la liberté.
    Mourir pour la patrie!   (bis.)
C'est le sort le plus beau, le plus digne d'envie. (bis)

Al. Dumas et Maquet.

On a donné le nom de *Girondins* aux membres du parti modéré de l'ancienne Constituante, parce que les chefs de ce parti appartenaient au département de la Gironde.

Dans la séance du 2 juin 1793, la Convention décrète l'arrestation de trente-deux de ses membres, au nombre desquels sont tous les Girondins les plus influents.

Le 3 octobre, sur la proposition d'Amar, la Convention ordonne la mise en accusation des chefs de la Gironde, qui, le 24 du même mois, comparaissent devant le tribunal révolutionnaire au nombre de vingt-un. C'étaient Antiboul, Gesterpt-Beauvais, Boileau, Brissot, Carrat, Dubos, Duchâtel, Laure-Duperret, Duprat, Sanchet, Boyer-Fonfrède, Gardien, Gensonné, Lacaze, Lasource, Lehardy, Mainvielle, Brulard-Sillery, Valazé, Vergniaud, Vigée.

Leur attitude est calme et noble, et ils entendent sans faiblir prononcer l'arrêt qui les envoie à l'échafaud. Sillery, qui marchait avec des béquilles, les jette en s'écriant : « Je n'en ai plus besoin : ce jour « est le plus beau jour de ma vie! » Lasource se lève et dit en s'adressant aux juges : « Je meurs le « jour où le peuple a perdu la raison; vous mourrez « le jour où il l'aura recouvrée. » Valazé tombe aux pieds de ses amis, qui le relèvent : « Est-ce que tu « as peur! lui demande l'un d'eux. — Moi, dit-il, je « meurs! » Il venait de s'enfoncer un poignard dans le cœur.

Dans la nuit qui suivit leur condamnation, ils firent un dernier repas pendant lequel tous montrèrent la plus grande liberté d'esprit; Vergniaud, qui portait un poison, le jeta, afin de mourir avec ses amis. A la suite de ce banquet funèbre, ils chantèrent jusqu'au jour les hymnes de la liberté, et ce fut en chantant qu'ils arrivèrent au pied de l'échafaud. Là, tous se donnèrent le baiser de paix et d'adieu. Sillery monta le premier, salua le peuple, et sans pâlir, il se coucha sur la planche. Le couteau monta vingt fois vers le ciel et retomba vingt fois! Jamais l'échafaud n'avait dévoré à la fois tant d'illustres victimes.

En 1847, inspirés par l'admirable histoire de ces grands citoyens, que venait de publier M. de Lamartine, MM. Alexandre Dumas et Maquet composèrent des strophes qui furent chantées sur le théâtre Historique, où elles obtinrent un immense succès. Ces strophes et surtout la musique sur laquelle elles étaient chantées, devinrent promptement populaires ; elles furent le chant de guerre des combattants de février, et peut-être est-ce à l'enthousiasme excité par elles que le peuple dut sa victoire.

Les deux premiers couplets seulement sont de MM. Alexandre Dumas et Maquet, et extraits de la pièce : *Le Chevalier de la Maison-Rouge*, en vente chez MM. Michel Lévy, frères, rue Vivienne, 1. Prix : 1 fr.

Musique de M. A. Varney.

LE CHANT DES OUVRIERS.

Nous dont la lampe, le matin,
Au clairon du coq se rallume,
Nous tous qu'un salaire incertain
Ramène avant l'aube à l'enclume,
Nous qui des bras, des pieds, des mains,
De tout le corps luttons sans cesse,
Sans abriter nos lendemains
Contre le froid de la vieillesse.

Aimons-nous, et quand nous pouvons
Nous unir pour boire à la ronde,
Que le canon se taise ou gronde,
    Buvons (ter)
A l'indépendance du monde!

Nos bras, sans relâche tendus
Aux flots jaloux, au sol avare,

Ravissent leurs trésors perdus,
Ce qui nourrit et ce qui pare :
Perles, diamants et métaux,
Fruit du coteau, grain de la plaine ;
Pauvres moutons, quels bons manteaux
Il se tisse avec votre laine !
    Aimons-nous, etc.

Quel fruit tirons-nous des labeurs
Qui courbent nos maigres échines ?
Où vont les flots de nos sueurs ?
Nous ne sommes que des machines.
Nos babels montent jusqu'au ciel,
La terre nous doit ses merveilles ;
Dès qu'elles ont fini le miel,
Le maître chasse les abeilles.
    Aimons-nous, etc.

Au fils chétif d'un étranger
Nos femmes tendent leurs mamelles,
Et lui, plus tard, croit déroger
En daignant s'asseoir auprès d'elles ;
De nos jours, le droit du seigneur
Pèse sur nous plus despotique :
Nos filles vendent leur honneur
Aux derniers courtauds de boutique.
    Aimons-nous, etc.

Mal vêtus, logés dans des trous,
Sous les combles, dans les décombres,
Nous vivons avec les hiboux,
Et les larrons, amis des ombres ;
Cependant notre sang vermeil
Coule impétueux dans nos veines ;
Nous nous plairions au grand soleil,
Et sous les rameaux verts des chênes.
    Aimons-nous, etc.

A chaque fois que par torrents
Notre sang coule sur le monde,
C'est toujours pour quelques tyrans
Que cette rosée est féconde ;
Ménageons-le dorénavant,
L'amour est plus fort que la guerre ;
En attendant qu'un meilleur vent
Souffle du ciel ou de la terre.

Aimons-nous, et quand nous pouvons
Nous unir pour boire à la ronde,
Que le canon se taise ou gronde,
    Buvons, buvons, buvons,
A l'indépendance du monde !

Pierre Dupont.

Il est difficile de juger ses contemporains et de choisir, parmi ceux qui prétendent à la lyre, ceux qui peuvent se survivre à eux-mêmes. En ce temps de suffrage universel, il n'est plus permis de s'en rapporter à un autre jugement qu'à celui du plus grand nombre, et l'auteur des *Bœufs* et du *Chant des Ouvriers* nous est naturellement venu à l'esprit.

Pierre Dupont a fait des chansons et de la musique sans le savoir ; ses chants deviennent populaires, son tour viendra d'être jugé, classé, étiqueté ; en attendant, on le chante. Nous nous faisons un plaisir de communiquer à nos lecteurs celle de ses œuvres qui, dans ce temps de commotion, a une signification plus expressive ; nous pouvons affirmer que *le Chant des Ouvriers* était fait longtemps avant février 1848, et qu'il a même séjourné dans nos cartons d'éditeur avant d'arriver à la popularité ; quand on devance la circonstance, on peut espérer de lui survivre.

La musique est de l'auteur des paroles.

A NOUS LA LIBERTÉ.

Enfants de nos montagnes,
Levez-vous, levez-vous,
Au loin, dans les campagnes,
Courez tous, courez tous.
Aux oppresseurs la guerre,
Secours à la misère !
   Me voilà !
    Hurra !
    Levez-vous,
    Courez tous ;
Brisez, brisez vos chaînes,
Le sort en est jeté,
Plus de travaux, de peines,
A nous la liberté !

Cessez d'être victimes
D'un sort vil et cruel,
Quittez vos noirs abîmes
Pour contempler le ciel ;
Le ciel, notre espérance,
S'il voit votre vaillance,
   L'aidera !
   Hurra !
    Levez-vous,
    Armez-vous ;
Brisez, brisez vos chaînes,
Le sort en est jeté,
Plus de travaux, de peines ;
A nous la liberté !

MM. Paul Duport et Deforges.

Tiré de *Schubry*, comédie-vaudeville en un acte, en vente chez M. Tresse, éditeur, Palais-Royal, galerie de Chartres, 2 et 3. Prix, 60 centimes.
Musique de M. de FLOTOW.

LA CITOYENNE.

1848.

O France, une éternelle gloire
Va rendre ton nom respecté ;
Arborons, en criant : Victoire !
L'étendard de la liberté !

Formons une garde civique,
Le peuple est roi de la cité.   (*bis.*)
   Vive la République !
   Vive la Liberté !

Défenseurs de la paix publique,
Si la patrie est en danger,
Il faut que notre République
Résiste au choc de l'étranger.
   Formons, etc.

Aux armes ! braves camarades,
La France a besoin de nos bras ;
Et comme sur les barricades,
Soyons citoyens et soldats !
   Formons, etc.

Français, désormais plus de chaînes,
La France a reconquis ses droits
Aux parjures toutes nos haines ;
Mais, citoyens, respect aux lois.
   Formons, etc.

Liberté, tu seras féconde,
D'amour embrasant tous les cœurs ;
Oui, tu feras le tour du monde,
Comme autrefois les trois couleurs !
   Formons, etc.

Martyrs des libertés sublimes,
Pour vos grands noms le bronze est prêt ;
Montez au ciel, nobles victimes,
Près de vos frères de juillet !
Formons une garde civique,
Le peuple est roi de la cité.   (*bis.*)
   Vive la République !
   Vive la Liberté !

Albert Blanquet.

La musique de M. Paul HENRION se trouve chez M. Colombier, éditeur, 6, rue Vivienne, à Paris.

LE VOTE UNIVERSEL.

1848.

Air : *Le gros major me l'a dit* (Paul Henrion).

Tout Français est électeur,
Quel bonheur ! Moi, tailleur,
Toi, doreur, lui, paveur,
Nous v'là z'au rang d'homme ;
C' droit qu'est not' sang, qu'est not' chair,
Nous coût' cher ; or, mon cher,   (*bis*).
Faut savoir c' qu'on nomme.

CHANSONS PATRIOTIQUES ET CHEVALERESQUES.

  Sachons bien   (bis.)
 Élire un homme de bien,
  Craignons bien   (bis.)
 D' prendre un propre à rien.

Oui, Giroux, t'es-t-électeur,
Pour fair' bon choix, prenons garde,
S'agit pas d' prendr' un loupeur
Qui s'amuse à la moutarde.
Parler n'est rien, faut agir;
Pas d' gens à blagues suspectes;
Puisque l' monde est à r'bâtir,
Choisissons d' bons architectes,
 Tout Français, etc.

L'impôt juste y faut l' payer;
Mais si l' minis' des finances
Fait danser l'anse du panier,
Voilà c' qui caus' nos souffrances.
Sur le chiffre des budgets
Y a des carottes à rabattre,
Faut donc choisir des cadets
Sachant qu' deux et deux font quatre.
 Tout Français, etc.

Pouvoir vivre en travaillant
Est un' loi bien naturelle,
Ceux qui font des lois pourtant
N'ont jamais oublié qu'elle.
Jésus qu'était charpentier,
Prit des pêcheurs pour apôtres.
C'est p't-être dans notre atelier...
Qu'il faudra choisir les nôtres.
 Tout Français, etc.

La France, à chaqu' nation,
En tout temps servit d'exemple :
Comm' disait Napoléon,
Tout' l'Europe nous contemple,
Avec les rois embêtés
Faudra peut-être en découdre,
Que nos nouveaux députés
N' craignent pas l'odeur de la poudre.
 Tout Français, etc.

Viendront des gueux en secret
Marchander nos voix, j' parie;
Honte à celui qui s' vendrait :
C'est un traître à la patrie.
Gardons tous not' dignité,
Mais si s' rencontre un' canaille
Qui s' vend'!... à perpétuité,
Qu'on lui coll' un bouchon d' paille.

 Tout Français est électeur,
  Quel bonheur! Moi, tailleur,
 Toi, doreur, lui, paveur;
  Nous v'là z'au rang d'homme,
C' droit qu'est not' sang, qu'est not' chair,
  Nous coût' cher; or, mon cher, (bis.)
 Faut savoir c' qu'on nomme.
  Sachons bien   (bis.)
 Élire un homme de bien,
  Craignons bien   (bis.)
 D' prendre un propre à rien.

     E. Pottier, ouvrier.

La musique de Paul HENRION est notée au N. 2350 de la Clé du Caveau.

LA VERSAILLAISE.

1792.

Quels accents, quels transports, partout la gaîté brille:
La France est-elle donc une seule famille?
Aux lieux même où les rois étalaient leur fierté
  On célèbre la liberté.   (bis.)
Est-ce une illusion? suis-je au siècle de Rhée?
J'entends chanter partout d'une voix assurée :
Nous ne reconnaissons, en détestant les rois,
Que l'amour des vertus et l'empire des lois.

Quel spectacle enchanteur, au nom de la Patrie,
Tout s'anime, tout prend une nouvelle vie,
Le vieillard semble encor, par sa vivacité,
  Renaître pour la liberté.   (bis.)
Et l'enfant, accusant la faiblesse de l'âge,
S'irrite d'être jeune et chante avec courage :

Nous ne reconnaissons, en détestant les rois,
Que l'amour des vertus et l'empire des lois.

Enfants, guerriers, vieillards, épouses, filles, mères,
Le riche citoyen, l'habitant des chaumières,
Tous jurent; réunis par la fraternité,
    De mourir pour la liberté.   (bis.)
En chassant les Tarquins, Brutus ne vit que Rome,
Pour réformer le monde, instruits par ce grand homme,
Ne reconnaissons plus, en détestant les rois,
Que l'amour des vertus et l'empire des lois.

Jadis d'un oppresseur l'injuste tyrannie
Assouvissait sur nous sa fureur impunie;
Et l'homme vertueux, dans la captivité,
    Soupirait pour la liberté.   (bis.)
Maintenant l'homme juste a brisé ses entraves
Les Français, indignés de s'être vus esclaves,
Ne reconnaissent plus, en détestant les rois,
Que l'amour des vertus et l'empire des lois.

Peuples, qui gémissez sous un joug tyrannique,
Venez voir le Français à sa fête civique :
Comparez vos terreurs à la sérénité
    Des enfants de la liberté.   (bis.)
Comparez à vos fers ces guirlandes légères
Que porte en s'embrassant tout un peuple de frères :
Vous ne reconnaîtrez, en détestant les rois,
Que l'amour des vertus et l'empire des lois.

Delrieu.

Musique de Géroust, notée au N. 495 de la Clé du Caveau.

LA PRISE DE LA BASTILLE.

1792.

Air : *Aussitôt que la lumière*

Est-il bien vrai que je veille,
  Et que mes yeux soient ouverts?
Quelle étonnante merveille
  Frappe aujourd'hui l'univers?

Launay, le ciel nous seconde,
  Tes efforts sont superflus :
Un seul instant l'airain gronde,
  Et ta *Bastille* n'est plus!

Que le beau feu qui m'anime
  T'électrise en ce moment,
Français! peuple magnanime,
  Cède à mon ravissement !
L'exécrable despotisme,
  Implorant de vains secours,
Soudain, au cris du civisme,
  A vu s'écrouler ces tours!

D'une terrible épouvante,
  Remplissant tous *Jérichos*,
Tel en son ardeur bouillante,
  Josué, jeune héros,
De la trompette guerrière,
  Aux éclats retentissants,
Voit de cette ville altière
  Tomber les murs insolents.

Toi qui, déchirant mon âme
  Au récit de tes malheurs,
De cette bataille infâme
  Nous dévoiles les horreurs,
Épargne à l'homme sensible
  Ce trop douloureux récit!
Pour peindre ce lieu terrible,
  Sur cent traits un seul suffit.

Des cris perçants et funèbres,
  Poussés par le désespoir,
Font du prince des ténèbres
  Abhorrer l'affreux manoir;
Mais peuple de tous les vices,
  L'enfer, séjour du démon,
N'est qu'un palais de délices
  Auprès de cette prison!

A l'heure si fugitive
  Quand, reprochant sa lenteur,
Ici la vertu plaintive
  Succombait à sa douleur;

Qui régnait sur ma patrie?
Qui donc lui donnait des lois?
Était-ce, dans leur furie,
Ou des monstres ou des rois?

Saturnes abominables,
Qui dévorez vos enfants,
Qui des pleurs des misérables
Engraissez vos courtisans;
Si quelques dieux tutélaires
Aux mortels vous ont donnés
Fut-ce pour être des pères
Ou des bourreaux couronnés,

Mais dans leur fureur trop vaine
Laissons ces princes trompés
Pleurer la perte certaine
De leurs pouvoirs usurpés.
Célébrer votre courage,
Français, chanter votre ardeur,
Voilà mon plus cher ouvrage,
C'est le seul vœu de mon cœur.

Quand l'infâme despotisme
Tombe expirant sous vos coups,
Enfants du patriotisme,
Je ne dois fêter que vous;
Je ne dois pour toute gloire,
Comme franc républicain,
Que buriner votre histoire
Sur le bronze et sur l'airain.

Puissent mes chants d'allégresse,
Élancés jusques aux cieux,
De la plus charmante ivresse
Soudain embraser les dieux!
Dans leur sagesse profonde,
Que tous, vantant nos succès,
Pour premier peuple du monde
Préconisent les Français.

T. Rousseau.

LE SERMENT DU JEU DE PAUME.

1792.

Air · *Mon petit cœur à chaque instant soupire.*

O Liberté, combien est magnanime
Ce fier mortel qui, plein de ton ardeur,
Prend son essor, et dans son vol sublime,
Soudain s'élève et plane à ta hauteur!
Tel qu'un Hercule, en s'offrant à ma vue,
Aux nations vient-il donner des lois?
Partout son bras, armé de sa massue,
Abat l'orgueil des tyrans et des rois!

Mais, est-ce toi, liberté trois fois sainte,
Qui, dans ce lieu déployant tes attraits,
Fais pour toujours briller son humble enceinte
De tout l'éclat des superbes palais!
Oui, c'est toi-même, adorable immortelle,
Qui, nous créant ces généreux vengeurs,
Pour soutenir la cause la plus belle,
Du plus beau feu viens embraser leurs cœurs.

Tous pénétrés de ta céleste flamme,
Tous repoussant de coupables effrois,
Jurent ensemble au despotisme infâme
Ou de périr, ou de venger nos droits.
Dans le délire où ce *serment* le jette,
Le *spectateur*, en pleurant, le redit:
Les bras en l'air, le peuple le répète;
Il le répète et le ciel applaudit!

Peintre (1) savant, ô toi qui des Horaces
Frappe mes yeux par l'étonnant tableau,
Fils du génie, élève heureux des Grâces,
Viens enfanter un chef-d'œuvre nouveau:
Peins ces Français... Mais quoi! par sa magie
Déjà ton art me les fait admirer:
Quelle fierté! quelle mâle énergie!
Oui, ce sont eux... Je les vois respirer.

Législateurs qui vous couvrez de gloire,
Par le serment qu'ici vous prononcez,

(1) David.

Sur les *tyrans* vous gagnez la *victoire* ·
Usez-en bien, ils sont tous terrassés;
Le despotisme, en sa rage exécrable
Se flatte en vain d'un empire éternel;
Votre *serment*, ce *serment* redoutable,
Est pour le *monstre* un arrêt sans appel!

Vœu superflu! les pères de la *France*
Brisent le fil de ses brillants destins,
Affreux revers! De sa vive *espérance*
Le flambeau *meurt et s'éteint* dans leurs mains!
En s'élevant contre les *fiers despotes*,
Mille d'abord *veulent* tous les *frapper*;
L'*intérêt parle* et mes *faux* patriotes,
Valets du *Louvre*, y vont soudain *ramper*.

Pour décevoir à ce point leur patrie,
Est-ce donc l'*or*, est-ce le fol orgueil
Qui, de l'*honneur*, dans leur âme *flétrie*,
Devient, hélas! le trop funeste écueil.
A leur début dans la vaste carrière,
Je vois en eux les plus grands des humains :
Vers le milieu, leur *taille* est ordinaire,
A peine au *bout* paraissent-ils des *nains*.

Que prouvent-ils par leur lâche tactique,
Ces imposteurs qu'on nous fit encenser ?
Quel jugement l'opinion publique
Sur leur morale a-t-elle à prononcer?
« Que tout mortel sans un cœur magnanime,
« Fût-ce un Solon, n'est qu'un héros d'un jour,
« Cent fois moins fait pour son rôle sublime
« Que pour l'emploi d'un vil Pasquin de cour.

T. Rousseau.

LE CHANT DU 14 JUILLET.

ieu du peuple et des rois, des cités, des campagnes,
e Luther, de Calvin, des enfants d'Israël,
ieu que le Guèbre adore au pied de ses montagnes
En invoquant l'astre du ciel.

Ici sont rassemblés, sous ton regard immense,
De l'empire français les fils et les soutiens,
Célébrant devant toi leur bonheur qui commence,
Égaux à leurs yeux comme aux tiens.

Rappelons nous ces temps où des tyrans sinistres
Des Français asservis foulaient aux pieds les droits;
Ces temps, si près de nous, où d'infâmes ministres
Trompaient les peuples et les rois.

Des brigands féodaux les rejetons gothiques
Alors à nos vertus opposaient leurs aïeux;
Et, le glaive à la main, des prêtres fanatiques
Versaient le sang au nom des cieux.

Princes, nobles, prélats nageaient dans l'opulence
Le peuple gémissait de leurs prospérités;
Du sang des opprimés, des pleurs de l'indigence,
Leurs palais étaient cimentés.

En de pieux cachots l'oisiveté stupide
Afin de plaire à Dieu détestait les mortels;
Des martyrs périssant par un long suicide
Blasphémaient aux pieds des autels.

Ils n'existeront plus ces abus innombrables,
La sainte liberté les a tous effacés;
Ils n'existeront plus ces monuments coupables,
Son bras les a tous renversés.

Dix ans sont écoulés : nos vaisseaux, rois de l'onde,
A sa voix souveraine ont traversé les mers :
Elle vient maintenant des bords du Nouveau-Monde
Régner sur l'antique univers.

Soleil, qui parcourant ta route accoutumée,
Donnes, ravis le jour et règles les saisons,
Qui, versant des torrents de lumière enflammée
Mûris nos fertiles moissons :

Feu pur, œil éternel, âme et ressort du monde,
Puisses-tu des Français admirer la splendeur;
Puisses-tu ne rien voir dans ta course féconde
Qui soit égal à leur grandeur.

Que les fers soient brisés ; que la terre respire.
Que la raison des lois parlant aux nations
Dans l'univers charmé fonde un nouvel empire,
  Qui dure autant que tes rayons.

Que des siècles trompés le long crime s'expie ;
Le ciel, pour être libre, a fait l'humanité.
Ainsi que le tyran l'esclave est un impie
  Rebelle à la divinité.

Chénier.

HYMNE A LA LIBERTÉ.

1793.

<small>AIR : *Vous qui d'amoureuse aventure* (de Renaud d'Ast).
Ou : *Veillons au salut de l'empire.*</small>

O liberté ! liberté sainte !
Déesse d'un peuple éclairé,
Règne aujourd'hui dans cette enceinte !
Par toi ce temple est épuré.
Liberté devant toi la raison chasse l'imposture,
L'erreur s'enfuit, le fanatisme est abattu :
  Notre évangile est la nature,
  Et notre culte la vertu.

Longtemps nos crédules ancêtres
Laissèrent usurper leurs droits ;
Liés de l'étole des prêtres,
Courbés sous le sceptre des rois :
Qu'aux accents de ta voix tombent les sceptres et les mitres.
Du genre humain que les droits partout soient gravés !
  Le monde avait perdu ses titres ;
  La France les a retrouvés.

Aimer sa patrie et son frère,
Servir le peuple souverain,
Voilà le sacré caractère
Et la foi d'un républicain.
D'un enfer chimérique il ne craint point la vaine flamme ;
D'un ciel menteur il n'attend point les faux trésors :
  Le ciel est dans la paix de l'âme,
  Et l'enfer est dans les remords.

Et vous, despotes de la terre,
Monstres et tigres couronnés !
Vous, auteurs d'une affreuse guerre,
Fédéralistes forcenés ?
Ennemis des Français, lâches qui demandez un maître
La liberté s'affermit par vos propres coups :
  Malgré vous nous l'avons fait naître ;
  Nous la garderons malgré vous.

Sur la montagne indestructible
Dont les oracles nous sont chers,
Le patriote incorruptible
Dicte la loi de l'univers.
Liberté ! c'est de là que sonne le tocsin du monde ?
Tyrans, tremblez ! Fuyez, ô superstitions !
  Sur cette montagne se fonde
  La liberté des nations !

François de Neufchâteau.

<small>Musique de DALAYRAC, notée au N. 648 de la Clé du Caveau.</small>

CHANT DES GUÉRILLAS.

1843.

  A moi !
A moi ! Guérillas des montagnes,
Le cri de guerre a retenti,
Braves défenseurs des Espagnes ;
L'ennemi vient, malheur à lui !   (bis.)

  Gravir monts et collines,
  Bondir sur les ravines,
  Guetter sous les ruines,
  Se traîner à genoux.
  Passer la nuit entière
  Dans une fondrière,
  Ou bien sous la bruyère,
  Guérillas, c'est de vous !...
A moi ! à moi, Guérillas, etc.

Le voici qui s'avance,
Plein d'ardeur, d'arrogance,
Sans nulle méfiance,
De la mort qui l'attend.
Voyez-vous sa bannière,
A travers la clairière,
S'élever grande et fière,
Guérillas en avant !
A moi, à moi, Guérillas, etc.

Votre course rapide,
Votre attaque intrépide,
Le surprend, l'intimide,
Il ne peut échapper.
Qu'il marche ou qu'il s'arrête,
Votre œil subtil le guette,
Votre bonne escopette
Partout va frapper !

  A moi !
Braves Guérillas des montagnes,
Entonnons tous ce noble cri :
Victoire aux enfants des Espagnes,
Victoire, à nous plus d'ennemi ! (*bis.*)

M. Isnard.

Musique de M. Étienne MERLE.

LES MOUSQUETAIRES DU ROI.

1833.

S'il fut jamais sur terre
Noble état, c'est, ma foi,
Celui de mousquetaire
Dans les gardes du roi :
On porte riche aigrette,
Justaucorps de velours,
Baudrier, collerette,
Brodés par les amours. } (*bis.*)

Que l'honneur m'appelle
Venger la querelle
Du roi mon seigneur,
Ou d'un fils de France,
Soudain je m'élance,
Et dis à mon cœur :
 S'il fut jamais, etc.

Qu'une châtelaine,
Riant de ma peine,
Trompe mon amour,
A cette cruelle,
Qui fait la rebelle,
Je dis à mon tour ;
 S'il fut jamais, etc.

Le vin, la folie,
Pour charmer ma vie
Voilà mon refrain :
Amour et bombance,
Honneur, opulence,
Voilà mon destin.
 S'il fut jamais, etc.

Que vers notre France,
L'étranger s'avance,
Qu'il soit faible ou fort,
En vrai mousquetaire,
Gaîment à la guerre
Je brave la mort.

S'il fut jamais sur terre,
Noble état, c'est ma foi,
Celui de mousquetaire
Dans les gardes du roi :
On porte riche aigrette,
Justaucorps de velours,
Baudrier, collerette,
Brodés par les amours. } (*bis.*)

Deblonne.

La musique de BAYALOS se trouve chez M. Leduc, 18, rue Vivienne.

LA BOULANGÈRE.

La boulangère a des écus
　Qui ne lui coûtent guère :
Elle en a, car je les ai vus,
　J'ai vu la boulangère
　　Aux écus,
　J'ai vu la boulangère.

« D'où te viennent tous ces écus,
　Charmante boulangère?
— Ils me viennent d'un gros Crésus,
　Dont je fais bien l'affaire,
　　Vois-tu !
　Dont je fais bien l'affaire.

A mon four aussi sont venus
　De galants militaires ;
Mais je préfère les Crésus
　A tous les gens de guerre,
　　Vois-tu !
　A tous les gens de guerre.

Des petits-maîtres sont venus.

Vous êtes plus bell' que Vénus. »
　Je n' les écoutais guère,
　　Vois-tu !
　Je n' les écoutais guère.

Des abbés coquets sont venus:
　Ils m'offraient, pour me plaire,
Des fleurettes au lieu d'écus ;
　Je les envoyais faire...
　　Vois-tu !
　Je les envoyais faire...

— Moi, je ne suis pas un Crésus,
　Abbé, ni militaire :
Mais mon talent est bien connu,
　Boulanger de Cythère,
　　Vois-tu !
　Boulanger de Cythère.

Je pétrirai, le jour venu,
　Notre pâte légère,
Et la nuit au four assidu,
　J'enfournerai, ma chère,
　　Vois-tu !

Eh bien! épouse ma vertu,
  Travaill' de bonn' manière,
Et tu ne seras pas... déçu
Avec la boulangère
  Aux écus!
Avec la boulangère. »

Attribuée à **Gallet**.

Cette chanson, un peu grivoise, dont on ne chante presque partout que le premier couplet, nous a été donnée par un amateur qui croit qu'elle date du temps de la régence, ainsi que celle de *la Meunière*. On connaît la chanson de Boufflers, *Gentille boulangère*, qui est à peu près dans le même genre; nous croyons celle-ci plus ancienne. On sait que c'est un air sur lequel on danse depuis longtemps une ronde qui finit gaîment tous les bals bourgeois. Nous n'avions trouvé la chanson dans aucun recueil.
Musique de MONDONVILLE, notée au N. 303 de la Clé du Caveau.

LA MEUNIÈRE DU MOULIN A VENT.

AIR : *En revenant de Montmartre*, etc.

En amour je suis très savant.
  De plus d'un' manière.
Depuis qu'un jour qu'il f'sait du vent,
Par derrière comm' par devant,
  J'ai vu la meunière
  Du moulin à vent.

Je me promenais très souvent
  Près de la rivière;
L' moulin à eau dorénavant,
Ne me plaira plus comme avant :
  J'ai vu la meunière
  Du moulin à vent.

Je lui dis : « Je suis bon vivant,
  Aimez-moi, ma chère;
Vous verrez qu'avec moi le vent
Soufflera toujours du levant
  Pour la bell' meunière
  Du moulin à vent. »

Mais c'est une tête à l'évent;
  Ell' tourna l' derrière,
Et refermant son contrevent
Ell' me laissa triste et rêvant
  A la belle meunière
  Du moulin à vent.

J' voulais, plein d'un zèle fervent
  Faisant ma prière,
M'aller jeter dans un couvent,
N' pouvant pas êtr' frère servant
  D' la belle meunière
  Du moulin à vent.

J'allai la voir le jour suivant;
  Elle fut moins fière,
Se tourna mieux qu'auparavant;
Et le lendemain, par devant,
  J'ai vu la meunière
  Du moulin à vent.

D'un autre moyen me servant,
  J'allai chez le notaire;
Et sur le contrat écrivant,
J' dis : « Mettez : Passé par devant...
  J'épouse la meunière
  Du moulin à vent. »

Attribuée à **Gallet**.

Air ancien, noté au N. 690 de la Clé du Caveau.

MA LISON, MA LISETTE.

1834.

AIR *C'est ma gaîté* (de Favart).

C'est ma Lison, ma Lisette,
  Ma grisette,
  C'est ma Lison
Que j'adore avec raison!

S'il fut jamais tendron
A l'humeur guillerette,

Au minois frais et rond,
Vrai gibier de luron?
  C'est ma Lison, etc.

Qui, n'ayant pour tout bien
Que sa mine drôlette,
Aux baisers d'un vaurien
Vient la livrer pour rien?
  C'est ma Lison, etc.

Sur le pavé glissant,
Trottillant, légerette.
Qui rend de tout passant
Le regard caressant?
  C'est ma Lison, etc.

Au pauvre, en son chemin,
Qui donne à l'aveuglette
Sans songer que demain
Elle sera sans pain?
  C'est ma Lison, etc.

Qui mange sans compter
L'argent que je lui prête,
Mais qui, pour m'en prêter,
Vingt fois sut emprunter?
  C'est ma Lison, etc.

Qui jadis me trompa
Sans paraître coquette,
Puis, pour moi qui dupa
Celui qui m'attrapa?
  C'est ma Lison, etc.

Par de tendres leçons,
Qui donne à ma musette
Quelques traits polissons
Dont je fais des chansons?
  C'est ma Lison, etc.

Dimanches et lundis,
Fatiguant ma couchette,
Qui fait un paradis
De mon pauvre taudis?
  C'est ma Lison etc.

Lorsque de moins jouir
La prudence projette,
Entre elle et l'avenir,
Qui jette le plaisir?
C'est ma Lison, ma Lisette,
  Ma grisette,
  C'est ma Lison
Que j'adore avec raison!

Edouard Hachin.

MONSIEUR ET MADAME DENIS.

Souvenirs nocturnes de deux époux du XVIIe siècle.

Il avait plu toute la journée; et n'ayant pu aller le soir faire leur partie de loto chez madame Caquet, sage-femme, rue des Martyrs, monsieur et madame Denis s'étaient couchés de bonne heure. Au bout de vingt-trois minutes, madame Denis, qui ne dormait pas, impatientée du silence obstiné de son mari, qui n'avait pas cessé de lui tourner le dos, soupira trois fois et prit la parole :

Air : *Premier mois de mes amours.*

MADAME DENIS.

Quoi! vous ne me dites rien!
Mon ami, ce n'est pas bien;
Jadis c'était différent;
Souvenez-vous-en, souvenez-vous-en...
J'étais sourde à vos discours,
Et vous me parliez toujours.

MONSIEUR DENIS, *se retournant.*

Mais, m'amour, j'ai sur le corps
Cinquante ans de plus qu'alors;
Car c'était en mil sept cent,
Souvenez-vous-en, souvenez-vous-en...
An premier de mes amours,
Que ne duriez-vous toujours!

MADAME DENIS, *se ravisant.*

C'est de vous qu'en sept cent-un
Une anguille de Melun

M'arriva si galamment !
Souvenez-vous-en, souvenez-vous-en...
　Avec des pruneaux de Tours
　Que je crois manger toujours.

MONSIEUR DENIS.

En mil sept cent deux, mon cœur
Vous déclara son ardeur :
J'étais un petit volcan ;
Souvenez-vous en, souvenez-vous-en...
　Feu des premières amours,
　Que ne brûlez-vous toujours !

MADAME DENIS.

On me maria, je crois,
A Saint-Germain-l'Aauxerrois.
J'étais mise en satin blanc ;
Souvenez-vous-en, souvenez-vous-en...
　Du plaisir charmants atours,
　Je vous conserve toujours.

MONSIEUR DENIS, *se mettant sur son séant.*

Comme j'étais étoffé !

MADAME DENIS, *s'asseyant de même.*

Comme vous étiez coiffé !

MONSIEUR DENIS.

Habit jaune en bouracan ;
Souvenez-vous-en, souvenez-vous-en...

MADAME DENIS.

Et culotte de velours
Que je regrette toujours.

(*Continuant.*)

Comme en dansant le menuet,
Vous tendîtes le jarret !
Ah ! vous alliez joliment !
Souvenez-vous-en, souvenez-vous-en...
　Aujourd'hui nous sommes lourds.

MONSIEUR DENIS.

On ne danse pas toujours.

(*S'animant.*)

Comme votre joli sein
S'agitait sous le satin !
Il était mieux qu'à présent,
Souvenez-vous-en, souvenez-vous-en..
　Belles formes, doux contours,
　Que ne duriez-vous toujours !

MADAME DENIS.

La nuit, pour ne pas rougir,
Je fis semblant de dormir.
Vous me pinciez doucement,
Souvenez-vous-en, souvenez-vous-en...
　Mais à présent, nuits et jours,
　C'est moi qui pince toujours.

MONSIEUR DENIS.

La nuit, lorsque votre époux
S'émancipait avec vous,
Comme vous faisiez l'enfant !
Souvenez-vous-en, souvenez-vous-en...
　Mais on fait les premiers jours
　Ce qu'on ne fait pas toujours.

MADAME DENIS.

« Comment avez-vous dormi ? »
Nous demandait chaque ami :
« Bien, » répondais-je à l'instant ;
Souvenez-vous-en, souvenez-vous-en...
　Mais nos yeux et nos discours
　Se contredisaient toujours.

MONSIEUR DENIS, *lui offrant une prise de tabac.*

Demain songez, s'il vous plaît,
A me donner mon bouquet.

MADAME DENIS, *tenant la prise de tabac sous le nez.*

Quoi ! c'est demain la Saint-Jean ?

MONSIEUR DENIS, *rentrant dans son lit.*

Souvenez-vous-en, souvenez-vous-en...
　Époque où j'ai des retours
　Qui me surprennent toujours.

MADAME DENIS, *se recouchant.*

Oui, jolis retours, ma foi !
Votre éloquence avec moi
Éclate une fois par an ;
Souvenez-vous-en, souvenez-sous-en...
Encor votre beau discours
Ne finit-il pas toujours.

(*Ici M. Denis a une réminiscence.*)

MADAME DENIS, *minaudant.*

Que faites-vous donc, mon cœur ?

MONSIEUR DENIS.

Rien... je me pique d'honneur.

MADAME DENIS.

Quel baiser !... il est brûlant...

MONSIEUR DENIS, *toussant.*

Souvenez-vous-en, souvenez-vous-en...

MADAME DENIS, *rajustant sa cornette.*

Tendre objet de mes amours,
Pique-toi d'honneur toujours.

Ici le couple bâilla,
S'étendit et sommeilla.
L'un marmottait en ronflant :
« Souvenez-vous-en, souvenez-vous-en... »
L'autre : « Objet de mes amours,
Pique-toi d'honneur toujours ! »

Désaugiers.

Notée au N. 241 de la Clé du Caveau.

LA FILLE DU SAVETIER.

Qu'un moment de vivacité
Peut causer de calamité !
Sexe chéri pour qui les larmes
Sont un besoin rempli de charmes,
Ah ! qu'au récit de mes malheurs
Vos beaux yeux vont verser de pleurs !

Mon père était un savetier
Fort estimé dans son métier,
Et ma mère était blanchisseuse ;
Moi, déjà, j'étais ravaudeuse,
Gagnant jusqu'à dix sous par jour :
Mais qu'est l'or sans un peu d'amour ?

Sur le même carré que nous
Logeait un jeune homme fort doux ;
Soit que j'entre, soit que je sorte,
Toujours il était sur la porte ;
A chaque heure il suivait mes pas ;
Mais mes parents ne l'aimaient pas.

Un jour, j'étais innocemment
Dans la chambre de mon amant,
Mon père vient, frappe à la porte.
Grands dieux ! que le diable l'emporte.
Hélas ! ne pourrons-nous jamais
De nos amours jaser en paix !

Mon père, comme un furieux,
Prend mon amant par les cheveux ;
Mon amant, quoique doux et tendre,
Contraint enfin de se défendre,
D'un coup de poing sur le museau,
Jette papa sur le carreau.

Aux cris du vieillard moribond,
Ma mère, avec un gros bâton,
Arrive comme la tempête,
Frappe mon amant sur la tête.
Ah ! pour moi, quel funeste sort !
Mon amant tombe roide mort !

Pour ce fatal coup de bâton,
On conduit ma mère en prison ;
On la pend, et le commissaire
M'envoie à la Salpêtrière......
Qu'un moment de vivacité
Peut causer de calamité.

Attribuée à **Taconet.**

Musique de LEMOINE.

LE DÉSIR D'ÊTRE SAGE.

Tous les jours je veux être sage,
Suivre les lois de la raison,
Auprès du plus charmant visage
Rester comme un petit Caton.
Le soir vient, je vois mon amie :
Le plaisir arrive soudain.
Encore aujourd'hui la folie,
Et je serai sage demain.

Le lendemain je jure encore,
Et ne puis tenir mon serment ;
Je revois celle que j'adore :
Peut-on résister un moment ?
Un baiser de ma douce amie
Fait fuir la sagesse grand train.
Encore aujourd'hui la folie,
Et je serai sage demain.

L'homme, auprès d'une fille aimable,
Peut-il répondre de ses vœux,
Un regard, un ris délectable
Le transporte et le rend heureux.
Vous par qui nous aimons la vie,
De vous fuir on projette en vain.
Encore aujourd'hui la folie,
Et je serai sage demain.

C'est donc demain qu'est la sagesse,
Et demain n'arrive jamais ;
C'est la faute de ma maîtresse.
Otez-lui donc quelques attraits,
Otez-lui son joli sourire,
Ses traits charmants, son air malin ;
Otez-lui tout ce qui m'inspire,
Et je serai sage demain.

Paroles d'un anonyme.

LA MÈRE BONTEMPS.

La mère Bontemps
S'en allait disant aux fillettes :

« Dansez, mes enfants,
Tandis que vous êtes jeunettes ;
 La fleur de gaîté
 Ne croît point l'été :
Née au printemps comme la rose,
Cueillez-la dès qu'elle est éclose :
 Dansez à quinze ans,
 Plus tard il n'est plus temps.

A vingt ans mon cœur
Crut l'Amour un dieu plein de charmes ;
 Ce petit trompeur
M'a fait répandre bien des larmes :
 Il est exigeant,
 Boudeur et changeant ;
Fille qu'il tient sous son empire
Fuit le monde, rêve et soupire.
 Dansez à quinze ans,
 Plus tard il n'est plus temps.

Les jeux et les ris
Dansèrent à mon mariage :
 Mais bientôt j'appris
Qu'il est d'autres soins en ménage.
 Mon mari grondait,
 Mon enfant criait :
Moi, ne sachant auquel entendre,
Sous l'ormeau pouvais-je me rendre ?
 Dansez à quinze ans,
 Plus tard il n'est plus temps.

L'instant arriva
Où ma fille me fit grand'mère :
 Quand on en est là,
Danser n'intéresse plus guère
 On tousse en parlant,
 On marche en tremblant ;
Au lieu de sauter la gavotte,
Dans un grand fauteuil on radote.
 Dansez à quinze ans,
 Plus tard il n'est plus temps.

Voyez les Amours
Jouer encor près de Louise.
 Elle plaît toujours,
Au bal elle serait de mise ;
 Comme moi pourtant,
 Sans cesse on l'entend

MA TANTE MARGUERITE.

1824.

Air du vaudeville de *la Petite Métromanie.*

Ma vieille tante Marguerite,
Qui touche à ses quatre-vingts ans,
Me dit toujours : « Pauvre petite,
Craignez les propos séduisants ;
Fillette doit fuir au plus vite
Quand un berger lui fait la cour.
— Ah ! vieille tante Marguerite,
Vous n'entendez rien à l'amour.   (*bis.*)

Eh quoi ! lorsque, dans la prairie,
On me dira bien poliment
Que je suis aimable et jolie,
Faudra-t-il me fâcher vraiment !
Un beau berger, si je l'irrite,
Prendrait de l'humeur à son tour.
Ah ! vieille tante Marguerite,
Vous n'entendez rien à l'amour.   (*bis.*)

Toutes les filles de mon âge
En cachette écoutent déjà
Des garçons le tendre langage ;
Je ne vois pas grand mal à ça.
Ma tante veut qu'on les évite ;
Mais je répondrai chaque jour :
Ah ! vieille tante Marguerite,
Vous n'entendez rien à l'amour. »   (*bis.*)

Et l'innocente, un soir, seulette,
Fit la rencontre de Colin,
Qui, d'abord, lui conta fleurette,
Puis l'égara de son chemin ;

Dire et redire à ses fillettes,
Si gentilles, si joliettes :
  Dansez à quinze ans,
  Plus tard il n'est plus temps. »

Attribuée à F. Dauphin.

Si bien que la pauvre petite
N'osa plus dire à son retour :
« Ah ! vieille tante Marguerite,
Vous n'entendez rien à l'amour. » (*bis.*)

Sylvain Blot.

PLAINTES D'UNE AMANTE ABANDONNÉE.

Dans les gardes françaises
J'avais un amoureux,
Fringant, chaud comme braise,
Jeune, beau, vigoureux ;
Mais de la colonelle
C'est le plus scélérat ;
Pour une péronnelle
Le gueux m'a planté là.

Il avait la semaine
Deux fois du linge blanc,
Et, comme un capitaine,
La toquante d'argent,
Le fin bas d'écarlate
A côtes de melon,
Et toujours de ma patte
Frisé comme un bichon.

Pour sa dévergondée,
Sa Madelon Friquet,
De pleurs tout inondée,
J'ai rempli mon baquet ;
Je suis abandonnée ;
Mais ce n'est pas le pis :
Ma fille de journée
Est sa femme de nuit.

Une petite rente,
D'un monsieur le bienfait,
Mon coulant, ma branlante,
Tout est au berniquet :
Il retournait mes poches,
Sans me laisser un sou.
Ce n'est pas par reproches,
Mais il me mangeait tout.

La nuit quand je sommeille,
Je pense à mon coquin ;
Mais le plaisir m'éveille
Tenant mon traversin.
La chance est bien tournée,
A présent c'est Catin
Qui suce la dragée,
Et moi le chicotin.

De ta lame tranchante
Perce mon tendre cœur ;
Fais périr ton amante,
Ou rends-lui son bonheur.
Le passé n'est qu'un songe,
Une fichaise, un rien.
J'y passerai l'éponge ;
Viens, rentre dans ton bien.

Attribuée à **Vadé**.

LA GRISETTE.

Oui, je suis grisette !
On voit ici-bas
Plus d'une coquette
Qui ne me vaut pas.

Je suis sans fortune,
Je n'ai pas d'aïeux ;
Oui, mais je suis brune
Et j'ai les yeux bleus..,
  Oui, je suis, etc.

Un vieux duc me presse,
Je résisterai,
Et serai duchesse
Lorsque je voudrai...
  Oui, je suis, etc.

Libre en ma demeure,
J'écris à Julien :
« Ah ! viens de bonne heure
« Tu feras le mien... »
  Oui, je suis, etc.

On nous fait la guerre,
Et pourtant, je crois,
Nous n'en avons guère
Qu'un seul à la fois...
  Oui, je suis, etc.

Moi, je fais l'épreuve
D'un hymen complet,
Et je deviens veuve
Quand cela me plaît...
  Oui, je suis, etc.

Une prude jeûne
Avec ses façons,
Et moi je déjeune
Avec des garçons...
  Oui, je suis, etc.

Pour avoir dimanche
Bonnet et ruban,
J'ai la robe blanche
Que je mets en plan...
  Oui, je suis, etc.

Fi d'un bal qu'éclaire
Le feu des quinquets ;
Vive la Chaumière !
On a des bosquets...
  Oui, je suis, etc.

Je suis ouvrière,
Voilà tout mon bien ;
Et j'aide ma mère
Qui ne gagne rien...
  Oui, je suis, etc.

J'aurais bien su rendre
Mon sort fortuné ;
J'en ai tant vu vendre
Ce que j'ai donné.
  Oui, je suis, etc,

Mais simple et modeste,
Je ne veux pas d'or,

Et ce qui me reste
Je le donne encor...

Oui, je suis grisette !
On voit ici-bas
Plus d'une coquette
Qui ne me vaut pas.

F. de Courcy.

La musique, de Ch. PLANTADE, se trouve à Paris, chez M. Heu, éditeur, 10, r. de la Chaussée-d'Antin.

LE GOUT DE LISON.

AIR : *Non, non, non, vous n'êtes plus Lisette.*

C'est en vain que Mondor
Convoite ma Lisette,
Et veut à force d'or
Corrompre la fillette ;
  Et zon, zon, zon,
Rester toujours grisette,
  Et zon, zon, zon,
C'est le goût de Lison.

Il offre un édredon,
Mais Lisette le raille,
Sur ce lit Cupidon
Enfonce, dort et bâille :
  Et zon, zon, zon,
Rebondir sur la paille,
  Et zon, etc.

Jamais riches atours
N'ont surpris sa tendresse,
Elle change d'amour
Pour en doubler l'ivresse !
  Et zon, zon, zon,
Caresse pour caresse,
  Et zon, etc.

Devant un beau miroir,
Que lui fait qu'on l'habille,
Car lorsqu'elle veut voir
Ses traits de jeune fille ;
  Et zon, zon, zon,
Deux yeux où l'amour brille,
  Et zon, etc.

D'un palais argenté
Dédaigner l'atmosphère,
Au feu de sa gaîté
Réchauffer sa misère,
  Et zon, zon, zon,
La couronne de lierre,
  Et zon, etc.

Ceignant du haut d'un char
Le rubis ou l'opale,
Elle eut de toute part
Insulté la morale :
  Et zon, zon, zon,
La tricher sans scandale,
  Et zon, etc.

Sur un ton sémillant,
Parfois il la provoque,
D'un langage brillant
La friponne se moque.
  Et zon, zon, zon,
La badine équivoque,
  Et zon, etc.

Si d'un air vaporeux
Le grand monde raffolle,
Pour son cœur amoureux
Fi ! d'une barcarolle.
  Et zon, zon, zon,
Chanter la gaudriole,
  Et zon, etc.

Dans nos bals du bon ton,
Sylphides ravissantes,
Vous repoussez, dit-on,
Les coupes enivrantes.
  Et zon, zon, zon,
Imiter les bacchantes,
  Et zon, etc.

Biens, faveur, parchemin,
Je t'offre tout, cruelle,

Lui dit-il, de l'hymen
Accepte la tutelle.
Et zon, zon, zon,
Vivre libre, dit-elle,
Et zon, zon, zon,
C'est le goût de Lison.

Edouard Hachin et Chanu.

LA GASCONNE.

AIR : *Auprès de Barcelone.*

Un jour dé cet automne,
Dé Bordeaux révénant,
Jé vis nymphé mignonne
Qui s'en allait chantant
On rit, on jase, on raisonne,
On n'aimé qu'un moment.

Jé vis nymphé mignonne
Qui s'en allait chantant :
C'était la jeune Œnone,
Fraîché comme un printemps.
On rit, on jase, on raisonne,
On n'aimé qu'un moment.

C'était la jeune Œnone,
Fraîché comme un printemps,
Fermé comme uné nonne,
Un morceau dé friand.
On rit, on jase, on raisonne,
On n'aimé qu'un moment.

Fermé comme uné nonne,
Un morceau dé friand.
Dans mon humeur gasconne,
J'étais entréprénant.
On rit, on jase, on raisonne
On n'aimé qu'un moment.

Dans mon humeur gasconne,
J'étais entréprénant.

Jé déchire et chiffonne
Lacet, gaze et ruban.
On rit, on jase, on raisonne,
On n'aimé qu'un moment.

Jé déchire et chiffonne
Lacet, gaze et ruban.
« Tiens, lé fils dé Latone,
Lui dis-je, est moins ardent. »
On rit, on jase, on raisonne,
On n'aimé qu'un moment.

« Tiens, lé fils de Latone,
Lui dis-je, est moins ardent ;
Et son flambeau, mignonne,
S'éteint dans l'Océan. »
On rit, on jase, on raisonne,
On n'aimé qu'un moment.

« Et son flambeau, mignonne,
S'éteint dans l'Océan.
Celui que jé té donne
S'en va toujours brûlant. »
On rit, on jase, on raisonne,
On n'aimé qu'un moment.

« Celui que jé té donne
S'en va toujours brûlant,
— Ah ! mé dit la friponne,
J'en doute à ton accent. »
On rit, on jase, on raisonne,
On n'aimé qu'un moment.

De Baussay.

Musique de DALAYRAC, notée au N. 589 de la Clé du Caveau.

LA MARMOTTE EN VIE.

1793.

J'ai quitté la montagne
Où jadis je naquis,
Pour courir la campagne
Et venir à Paris.

Ah ! voyez donc la marmotte,
　La marmotte en vie.
Donnez queuqu' chose à Javotte
　Pour sa marmotte en vie.
Ah ! voulez-vous voir la marmotte,
　La marmotte en vie ;
Ah ! donnez queuqu' chose à Javotte
　Pour sa marmotte en vie.

De village en village
Je m'en allai tout droit,
Portant petit bagage,
Criant dans chaque endroit :
« Ah ! voyez donc la marmotte,
　La marmotte en vie.
Donnez queuqu' chose à Javotte
　Pour sa marmotte en vie.
Ah ! voulez-vous voir la marmotte,
　La marmotte en vie ;
Ah ! donnez queuqu' chose à Javotte
　Pour sa marmotte en vie. »

Quand j' fus à la barrière,
Un commis m'arrêta,
M' disant : « Jeune étrangère,
Que portez-vous donc là ?
— Ah ! monsieur, c'est la marmotte,
　La marmotte en vie.
Donnez queuqu' chose à Javotte
　Pour sa marmotte en vie ;
Ah ! voulez-vous voir la marmotte,
　La marmotte en vie ;
Ah ! donnez queuqu' chose à Javotte
　Pour sa marmotte en vie.

— Passez, la jeune fille,
Avec ce petit bien ;
Quand on est si gentille,
Au roi l'on ne doit rien.
Allez crier la marmotte,
　La marmotte en vie.
D' mandez queuqu' chose pour Javotte,
　Pour sa marmotte en vie. »
Ah ! voulez-vous voir la marmotte,
　La marmotte en vie ;
Ah ! donnez queuqu' chose à Javotte
　Pour sa marmotte en vie.

Un beau monsieur me r'garde,
Puis s'arrête tout doux :
« La belle Savoyarde,
Montre-moi tes bijoux ;
Ah ! voyons donc c'te marmotte,
　C'te marmotte en vie.
J' donn'rai queuqu' chose à Javotte
　Pour sa marmotte en vie.
Ah ! montre-moi ta marmotte,
　Ta marmotte en vie.
Oui, je donnerai queuqu' chose à Javotte
　Pour sa marmotte en vie. »

Moi, sans plus de mystère,
Soudain le satisfis.
Il ouvr' son aumônière,
Puis, comptant ses louis :
« Ah ! prête-moi ta marmotte,
　Ta marmotte en vie.
Je donn'rai tout c't'or à Javotte
　Pour sa marmotte en vie ;
Ah ! prête-moi ta marmotte,
　Ta marmotte en vie ;
Oui, je donn'rai tout c't'or à Javotte
　Pour sa marmotte en vie. »

Que faire, pauvre fille,
En voyant tant d'argent ?
D'aise mon cœur pétille.
J'accepte le présent..
« Prenez, prenez la marmotte,
　La marmotte en vie.
Donnez, donnez à Javotte
　Pour sa marmotte en vie.
Ah ! caressez la marmotte,
　La marmotte en vie ;
Ah ! donnez, donnez à Javotte
　Pour sa marmotte en vie. »

Mais ce bien que r"grette,
Il me l'prit pour son or ;
N'ai plus que la coffrette
Où gardais ce trésor.
Ah ! j'ai perdu la marmotte,
　La marmotte en vie.
C'en ait fait, pauvre Javotte,
　D' ta marmotte en vie !

Ah ! oui, j'ai perdu la marmotte,
La marmotte en vie,
Ah ! c'en est fait, pauvre Javotte,
D'ta marmotte en vie !

Ducray Duménil.

La musique, de l'auteur des paroles, se trouve notée au N. 240 de la Clé du Caveau.

AH ! LE BEL OISEAU, MAMAN !

Ah ! le bel oiseau, maman,
Qu'Alain a mis dans ma cage !
Ah ! le bel oiseau, maman,
Que m'a donné mon amant !

En cachette, hier au soir,
Nous sortîmes du village :
« Suis-moi, si tu veux le voir,
Me dit-il, sous ce feuillage. »
Ah ! le bel oiseau, maman, etc.

« Pressons-nous, mon cher Alain ;
S'il s'échappait, quel dommage !
Mon cœur bat, mets-y la main. »
Le sien battait davantage.
Ah ! le bel oiseau, maman, etc.

Il me prit un doux baiser :
« Alain, Alain, sois donc sage.
— C'est, dit-il, pour préparer
Du bel oiseau le ramage. »
Ah ! le bel oiseau, maman, etc.

Il me presse de nouveau.
« Je le tiens, dit-il, courage !
Le voici sous mon chapeau ;
C'est le plus beau du village. »
Ah ! le bel oiseau, maman, etc.

Il est à moi pour toujours ;
Il chérit son esclavage ;
C'est l'objet de mes amours.
J'en veux jouir sans partage.

Ah ! le bel oiseau, maman,
Qu'Alain a mis dans ma cage !
Ah ! le bel oiseau, maman,
Que m'a donné mon amant !

Paroles d'un anonyme.

Air ancien, noté au N. 13 de la Clé du Caveau.

LE PETIT SAVOYARD.

AIR : *Ma marmotte a mal au pied*.

A peine âgé de dix ans,
Je quittai nos montagnes,
Marmotte en main, les yeux brillants,
J' parcourus les campagnes ;
Le premier jour, heureux déjà,
J' touchai l' cœur de Javotte,
Avecque mie, avecque ma,
Ma petite marmotte.

Sur mon chemin quand j' rencontrais
Quéqu' fill' malicieuse,
Aussitôt je lui montrais
Ma pièce curieuse.
Plus d'une dont le cœur soupira,
S'amusa comme Javotte,
Avecque mie, avecque ma,
Ma petite marmotte.

D'un tendron au cœur chagrin
J' savais réveiller l'âme,
D' la mienne, connaissant l' chemin,
Près de moi mainte dame
De ses tourments se consola,
En jouant comm' Javotte,
Avecque mie, avecque ma,
Ma petite marmotte.

Pour plaire j'avais ce qu'il faut,
En me voyant paraître,

Toutes les fill's aussitôt
  M'entr'ouvraient leurs fenêtres.
Cell's qui pour moi faisaient ça,
  Soupiraient comme Javotte,
Avecque mie, avecque ma,
  Ma petite marmotte.

Quand partout j'eus bien montré
  Ce que j'eus en partage,
Au pays je suis rentré
  Content de mon voyage.
D' nouveau depuis ce moment-là,
  Je fais sauter Javotte,
Avecque mie, avecque ma,
  Ma petite marmotte.

        Perchelet.

LES SOUVENIRS.

Nous vieillissons, ma pauvre bonne amie,
Hélas! le temps a marbré nos cheveux,
Et notre main, déjà mal affermie,
Trahit souvent nos désirs et nos vœux.
Mais si l'hiver qui glaça ma musette,
A nos plaisirs vient mettre le holà;
Caressons-nous, caressons-nous, Lisette,
Pour endormir encor ce regret-là.   (*bis*.)

Te souviens-tu de ce bosquet de roses
Qui sur mon cœur vit ton cœur se presser?
Là, sous tes pas, mille fleurs demi-closes
Tout doucement t'invitaient à glisser.
Où sont ces fleurs, témoins de ta défaite?
Sous ces remparts, un jour on les foula.
    Caressons-nous, etc.

Te souviens-tu de ce vieil uniforme
Que j'étrennai si bien à Friedland?
Le temps enfin l'a mis à la réforme;
Le bras faiblit, mais le cœur est brûlant.
Ah! mon habit, parmi ceux qu'on achète,
Tu ne fus pas!..... Aussi l'on t'exila.
    Caressons-nous, etc.

Te souviens-tu de l'honorable signe
Qui sur mon sein brilla dans les cent jours?
Ah! devait-on m'en déclarer indigne!
Mon pays seul n'eut-il pas mes amours?
Mais le traitant, qu'à ma place on brevète,
Pour l'obtenir, que de preux il vola!
    Caressons-nous, etc.

Te souviens-tu?... Laissons là ma misère:
Soyons Français, ne pensons plus à moi.
Citons plutôt le nouveau Bélisaire,
Dont les malheurs ont causé tant d'émoi.
Quoi, l'aigle est mort, on a flétri la tête
Qui tant de fois de gloire étincela!
Caressons-nous, caressons-nous, Lisette,
Pour endormir encor ce regret-là.   (*bis*.)

        Émile Debreaux.

COUPLETS DE TARARE.

1787.

Je suis né natif de Ferrare.
Là, par les soins d'un père avare,
Mon chant s'étant fort embelli,
Ahi! povero Calpigi!
Je passai du Conservatoire
Premier chanteur à l'oratoire
Du souverain di Napoli:
Ah! bravo, caro Calpigi.

La plus célèbre cantatrice
De moi fit bientôt par caprice
Un simulacre de mari.
Ahi! povero Calpigi!
Mes fureurs ni mes jalousies
N'arrêtant point ses fantaisies,
J'étais chez moi comme un zéro;
Ahi! Calpigi povero!

Je résolus, pour m'en défaire,
De la vendre à certain corsaire,
Exprès passé de Tripoli:
Ah! bravo, caro Calpigi!

Le jour venu, mon traître d'homme,
Au lieu de me compter la somme,
M'enchaîne au pied de leur châlit.
Ahi ! povero Calpigi !

Le forban en fit sa maîtresse ;
De moi, l'argus de sa sagesse ;
Et j'étais là tout comme ici :
Ahi ! povero Calpigi !

ATAR.

Qu'avez-vous à rire, Spinette ?

CALPIGI.

Vous voyez ma fausse coquette.

ATAR.

Dit-il vrai ?

SPINETTE.

Signor, è vero.

CALPIGI.

Ahi ! Calpigi povero !

Beaumarchais.

Cet opéra, que Beaumarchais appela *mélodrame*, fut représenté pour la première fois le 8 juin 1787 et repris le 3 août 1790, augmenté du couronnement de *Tarare*. L'auteur de *Figaro* fit précéder la nouvelle édition d'une énorme préface dans laquelle il cherche à prouver que lorsqu'il avait composé sa pièce, il avait fait un acte de courage. « Citoyens, s'écrie-t-il, souvenez-vous du temps où vos penseurs inquiétés, forcés de voiler leurs idées, s'enveloppaient d'allégories, et labouraient péniblement le champ de la révolution. Après quelques autres essais, je jetai dans la terre, à mes risques et périls, ce germe d'un chêne civique au sol brûlé de l'Opéra. »

Il avait lutté pendant six ans contre le pouvoir avant de faire représenter sa pièce, qui fit beaucoup de scandale et obtint d'abord peu de succès. Cependant, tout en disant que la pièce était mauvaise, tout le monde y courait.

Beaumarchais avait prétendu faire un opéra philosophique. « Une maxime à la fois consolante et sévère, disait-il, est le sujet de mon ouvrage. » C'est celle par laquelle il le termina :

Mortel, qui que tu sois, prince, prêtre ou soldat,
  Homme ! ta grandeur sur la terre
  N'appartient point à ton état :
  Elle est toute à ton caractère.

Le couronnement de Tarare, ajouté en 1790, était une allusion à la liberté française et une amplification de ces paroles de Mirabeau : *La liberté fera le tour du monde !*

De tout le fatras dont Beaumarchais avait fait sa pièce, composition bizarre et informe, durement versifiée, il n'est resté que les couplets de *Calpigi*, dont l'air charmant de Salieri fit la vogue, et qui est encore employé aujourd'hui par les vaudevillistes et les chansonniers.

Musique de SALIERI, notée au N. 280 de la Clé du Caveau.

COUPLETS DE NINON CHEZ MADAME DE SÉVIGNÉ.

1809.

C'est bien le plus joli corsage !
Le pied mignon, surtout les yeux !
Depuis bien longtemps, je le gage,
Paris n'en a pas vu de mieux.
Sa beauté séduirait un prince ;
Ah ! pour attraper les maris,
Les femmes ont dans la province
Les mêmes armes qu'à Paris.

A Paris, dit-on, c'est l'usage ;
On s' moque des provinciaux.
Tout c'qui n'est pas du grand village,
Passe à Paris pour êt' des sots.
Croyant leur mérite plus mince
D'nigauds, on trait' tous nos maris,
Mais les maris de la province
Ne le sont pas plus qu'à Paris.

De not' maîtresse, je vous jure,
Tout en est beau, tout en est bon,
C'est un ange pour la figure,
Et pour l'esprit c'est un démon.
De celui qu'elle fait paraître,
Comme de ses traits on est épris.
Excepté madame, peut-être,
On n'en a pas plus à Paris.

Dupaty.

Musique de BERTON, notée au N. 80 de la Clé du Caveau.

VOYAGE DE L'AMOUR ET DU TEMPS.

A voyager passant sa vie,
Certain vieillard nommé le Temps,
Près d'un fleuve arrive et s'écrie :
« Ayez pitié de mes vieux ans.
Eh quoi ! sur ces bords on m'oublie,
Moi qui compte tous les instants !
Mes bons amis, je vous supplie,
Venez, venez passer le Temps. »   (bis.)

De l'autre côté, sur la plage,
Plus d'une fille regardait,
Voulant aider à son passage,
Sur un bateau qu'Amour guidait.
Mais une d'elles, bien plus sage,
Leur répétait ces mots prudents :
« Bien souvent on a fait naufrage,
En cherchant à passer le Temps. »   (bis.)

L'Amour gaîment pousse au rivage,
Il aborde tout près du Temps ;
Il lui propose le voyage,
L'embarque et s'abandonne aux vents.
Agitant ses rames légères,
Il dit et redit dans ses chants :
« Vous voyez bien, jeunes bergères,
Que l'Amour fait passer le temps. » (bis.)

Mais tout-à-coup l'Amour se lasse :
Ce fut toujours là son défaut.
Le Temps prend la rame à sa place,
Et lui dit : « Quoi ! céder sitôt !
Pauvre enfant, quelle est ta faiblesse ?
Tu dors et je chante à mon tour
Ce vieux refrain de la sagesse :
Ah ! le Temps fait passer l'Amour. » (bis.)

De Ségur.

LE COUP DU MILIEU.

Air De la pipe de tabac.

Nos bons aïeux aimaient à boire,
Que pouvons-nous faire de mieux ?
Versez, versez ! je me fais gloire
De ressembler à mes aïeux !
Entre le chablis que j'honore,
Et l'aï dont je fais mon dieu,
Savez-vous ce que j'aime encore ?
C'est le petit *coup du milieu.*

Je bois quand je me mets à table,
Et le vin m'ouvre l'appétit ;
Bientôt ce nectar délectable
Au dessert m'ouvrira l'esprit.
Si tu veux combler mon ivresse,
Viens, Amour, viens, espiègle dieu,
Pour trinquer avec ma maîtresse,
M'apprêter le *coup du milieu.*

Ce coup, mes très chers camarades,
A pris naissance dans les cieux ;
Les dieux buvaient force rasades,
Buvaient enfin comme des dieux.
Les déesses, femmes discrètes,
Ne prenaient point goût à ce jeu.
Vénus, pour les mettre en goguettes,
Proposa le *coup du milieu.*

Aussitôt cet aimable usage
Par l'Amour nous fut apporté ;
Chez nous son premier avantage
Fut d'apprivoiser la beauté.
Le sexe, à Bacchus moins rebelle,
Lui rend hommage en temps et lieu,
Et l'on ne voit pas une belle
Refuser le *coup du milieu.*

Buvons à la paix, à la gloire !
Ce plaisir nous est bien permis ;
Doublons les rasades pour boire
A la santé de nos amis.
De Momus disciples fidèles,
Buvons à Panard, à Chaulieu ;
Mais pour la santé de nos belles
Réservons le *coup du milieu.*

Armand Gouffé.

IL FAUT SOUFFRIR POUR LE PLAISIR.

Air du vaudeville de la Dévote. (Scribe.)

Il n'est pas de plaisir sans peine,
Nous dit une vieille chanson ;
Cette morale est pure et saine
Et je l'adopte sans façon.
Moi, qui souvent d'humeur légère,
Ai changé mon goût, mon désir,
Pour bien jouir sur cette terre
J'ai vu, n'importe la manière,
    Qu'il faut souffrir
      Pour le plaisir.

Vous avez remarqué, sans doute,
Que, le premier jour de l'hymen,
Quand du logis on prend la route,
Jeune épouse pleure soudain :
Mais la maman, prudente et sage,
Lui dit au moment de partir,
En tout faut un apprentissage,
Allons, ma fille, du courage.
    Il faut, etc.

Lise possédait une rose,
Et Lise n'avait que quinze ans,
Pour la cueillir, à peine éclose,
Le désir enflamma mes sens ;
Je la cueillis, je vous l'assure,
Car l'épine se fit sentir,
Et les maux que depuis j'endure,
Je dis en pansant ma blessure :
    Il faut, etc.

Un damoiseau qu'amour transporte
Profanait un lit conjugal ;
Le mari vient, frappe à la porte,
Pour lui quel contre-temps fatal.
— De ces lieux comment disparaître,
La belle, hélas ! par où sortir ?
— Vous pouvez vous blesser, peut-être,
Mais je ne vois que la fenêtre.
    Il faut, etc.

Époux, dans les bras de vos dames,
Combien vos moments sont heureux ;
De l'amour, attisant les flammes,
Vous goûtez le plaisir des dieux ;
Mais pour prix de tous ces délices,
Souvent il vous faut obéir
A beaucoup de petits caprices ;
Ne criez pas : « Oh ! l'injustice ! »
    Il faut, etc.

Sur mes genoux j'avais ma femme ;
Au milieu d'un doux entretien
Certain désir glisse en mon âme,
Et je veux... vous m'entendez bien.
— Un homme, pour devenir père,
N'a, dit-elle, aucun déplaisir.
Mais tu seras sage, j'espère,
Car tu sais, quand on devient mère,
    Qu'il faut souffrir
      Pour le plaisir.

Chanu.

LE PREMIER PAS.

Le premier pas se fait sans qu'on y pense :
Craint-on jamais ce qu'on ne prévoit pas ?
Heureux celui dont la douce éloquence,
En badinant, fait faire à l'innocence
    Le premier pas !   *(bis.)*

Au premier pas un bonheur qu'on ignore
Sait à nos cœurs présenter tant d'appas,
Qu'à son déclin, regrettant son aurore,
Femme souvent veut qu'on la croie encore
    Au premier pas.   *(bis.)*

Le premier pas rarement inquiète
Jeune beauté qu'amour prend dans ses lacs ;
Mais sur la route où le fripon la guette,
Plus elle avance et plus elle regrette
    Le premier pas.   *(bis.)*

Bouilly et Moreau.

Musique de DOCHE.

CADET BUTEUX
A L'OPÉRA DE *LA VESTALE*.

Air : *V'là c' que c'est qu' d'aller au bois.* (N. 627.) (*)

L'aut' matin je m' disais com' ça :
Mais qu'est-c' qu' c'est donc qu'un opéra ?
V'là qu' dans un' rue, au coin d' la Halle,
　J' lisons : *la Vestale*;
　Faut que j' m'en régale :
C'est trois liv' douz' sous qu' ça m' cout'ra...
Un' Vestale vaut ben ça.

Air : *Décacheter sur ma porte.*

« On m' dit qu' la pièce est si triste,
« Qu' faudrait pour qu'on y résiste,
« Avoir un cœur de rocher ;
Moi qui n'ai d' mouchoir qu' pour m' moucher,
» J' vas trouver l' voisin Baptiste
» Qui m' prête un mouchoir d' batiste. »

Air : *Tous les bourgeois de Chartres.* (N. 564.)

L'heur' du spectacle approche,
Je m' r'quinqu' pus vite qu' ça,
Et les sonnett's en poche,
J' courons à l'Opéra ;
ais voyant qu' pour entrer l'on s' bat dans l'antichambre,
Je m' dis : Voyez queu chien d'honneur,
Quand pour c'te Vestale d' malheur
J' me s'rai foulé z'un membre !

Air : *Du lendemain.* (N. 750.)

N' croyez pas, ma cocotte,
　Qu' tout exprès pour vos beaux yeux,
J'allions, à propos d' botte,
　M' fair' casser z'un' jambe ou deux ;
Je r'vien'rons, n' vous en déplaise...
N' sait-on pas qu'il est d's endroits
Où c' qu'on entre plus à l'aise
　　La s'conde fois ?

Air : *Tarare Pompon.* (N. 663.)

J' n'ons pas pus tôt achevé,
Qu' la parole étouffée,
Par un' chienne d' bouffée
Je m' sentons soulevé ;
Le déluge m'entraîne,
Et me v'là z'en deux temps,
Sans billet z'et sans peine,
　　Dedans.

Air : *A boire ! à boire ! à boire !* (N. 1.)

Silenc' ! silenc' ! silence !
V'là qu' la première act' commence ;
Chacun m' dit d' mettre chapeau bas,
Je l' mets par terre, il n' tomb'ra pas.

Air : *Il était une fille.* (N. 219.)

J' voyons un monastère
Où c' qu'un' fille d'honneur
Était r'ligieuse à contre-cœur.
C'était monsieur son père
Qui, l' jour qu'il trépassa,
D' sa fille exigea ça...
　Ha !...

Air : *Quoi ! ma voisine, es-tu fâchée ?* (N. 669.)

Quand aux règles du monastère
　Un' fill' manquait,
On vous la j'tait tout' vive en terre
　Comme un paquet.
Si la terre aujourd'hui d' nos belles
　Couvrait l's abus,
J' crais ben qu' j'aurions pus de d'moiselles
　Dessous que d'ssus.

Air : *Dans les gardes-françaises.* (N. 120.)

V'là z'enfin un bel homme,
Qu'elle avait pour amant,

(*) Les numéros à la suite des airs sont ceux qui indiquent la place où la musique de chaque couplet de ce pot-pourri ce ouve notée dans la Clé du Caveau, conformément à notre note de la première page de ce volume. Cet avis doit servir pour utes les chansons à venir dont l'air des couplets varie.

Qui r'vient vainqueur à Rome
Avec son régiment ;
Il apprend que·l' cher père
A cloîtré son objet...
Il pleure, il s' désespère ;
Mais c'est comme s'il chantait.

Air : *Traitant l'Amour sans pitié.* (N. 571.)

Dans c' pays-là, par bonheur,
La loi voulait qu'on choisisse
La Vestal' la plus novice
Pour couronner le vainqueur.
« Tu r'viens comm' Mars en carême
(Lui tout bas celle qu'il aime)
Pour r'cevoir le diadème.
Du cœur dont t' as triomphé. »
Il veut répondre, il s'arrête,
Il la r'garde d'un air bête ;
Et le v'là qui perd la tête
Au moment d'être coiffé.   (bis.)

Air : *Bonsoir la compagnie.* (N. 66.)

Enfin
Un serr'ment de main
Lui dit : « Prends garde,
On nous regarde. »
Le v'là qui se remet ;
V'là qu'elle lui met
Un beau plumet.
« A c'te nuit, j' te l' promets.
— A c'te nuit, j' te l' permets.
— Puisqu' la çarimonie,
Dit l'abbesse, est finie,
Rentrez dans vot' dortoir ;
Jusqu'au revoir,
Bonsoir. »

Air : *A boire ! à boire ! à boire !* (N. 1.)

Silenc' ! Silenc' ! silence !
V'là qu' la seconde act' commence,
Et j' vois l'enceinte du saint lieu
Avec un réchaud z'au milieu.

Air : *J'arrive à pied de pravince.*

On ordonne à la religieuse
D'entretenir le feu ;
S'il s'éteint, la malheureuse
N'aura pas beau jeu.
A son devoir elle s'apprête,
N'osant dire tout haut
Qu'ell' a bien d'aut's feux en tête
Que l' feu du réchaud.

Air : *Des fraises.* (N. 525.)

La v'là seule, et dans son cœur,
Où qu' la passion s' concentre,
Elle appelle son vainqueur ;
Mais que d'viendra son honneur,
S'il entre, s'il entre, s'il entre ?

Air : *Du haut en bas.* (N. 155.)

« Il entrera,
S' dit-elle au bout d'un bon quart d'heure,
Il entrera,
Et puis après il sortira.
Gn'y a bien assez longtemps que j' pleure ;
Du moins j' dirai,
S'il faut que j' meure :
Il est entré. »

Air : *Une fille est un oiseau.* (N. 606.)

Si tôt pris, si tôt pendu ;
Elle court ouvrir la porte :
L'amant que l' plaisir transporte
Accourt d'amour éperdu.
« Faut qu' ce soir je t'appartienne ;
J'ai ta parole, t' as la mienne,
Pus de feu, pus de réchaud qui tienne.
— Ciel ! m'arracher de c' lieu saint ! »
Bref, mêm' rage les consume ;
Et tandis qu' leur feu s'allume,
V'là-t-i pas qu' l'autre s'éteint !   (bis.)

Air : *Au coin du feu.* (N. 47.)

« O ciel ! je suis perdue !
Dit la Vestale émue ;
Gn'y a pas de bon Dieu. »
Et v'là qu' la pauvre amante
Tombe glacée et tremblante.
Au coin du feu.   (ter.)

Air : *des Troubadours.* (N. 741.)

Les cris d' la belle évanouie
Donnent l'alerte à l'abbaye,
Qui s'éveill' tout ébahie :
Et l'amant, qui s' sent morveux,
Voyant qu'on crie à la garde,
S'esbigne en disant : « Si t' tarde,
Si j' m'amuse à la moutarde,
Nous la gobons tous deux. »

Air : *Dépêchons, dépêchons, dépêchons-nous.* (N. 679.)

Ah ! m'am'zell' qu'avez-vous fait là !
Dit d'une voix de tonnerre

Le révérend du monastère,
Ah! mam'zell', qu'avez-vous fait là!
Votr' feu s'est éteint, mais il vous en cuira.
D'shabillez, d'shabillez, d'shabillez-la ;
    Son affaire
    Est claire :
Qu'à l'instant même on l'enterre,
Et qu' ça, mor... et qu' ça, mor... et qu' ça, morbleu
L'i apprenne une aut' fois à bien souffler son feu!

    Air *des Pendus.* (N. 728.)

Là-d'sus on lui couv' l'estomac
D'un ling' tout noir qu'a l'air d'un sac ;
L'orchest' l'i pince à sa manière
Un', marche à porter l' diable en terre ;
Et la patiente, d' son côté,
S' dit tout bas : « J' m'en avais douté. »

    Air · *A boire! à boire! à boire!* (N. 1.)

Silenc' ! silenc' ! silence !
V'là qu' la troisième act' commence.
J' vois six tombeaux, sept, huit, neuf, dix,
Qu' c'est gai comme un *De profundis*.

    Air : *Au clair de la lune.* (N 1820.)

Au clair de la lune
L'amant, tout en l'air,
Sur son infortune
Vient chanter z'un air,
Où c' qu'il dit : « Qu'all' meure,
Et j' varrons beau train !
S'il fait nuit à c' t' heure,
Il f ra jour demain. »

    Air *des Pleurettes.* (N. 723.)

Mais drès que d' la Vestale
Il entend v'nir l' convoi,
Crac, le v'là qui détale...
On n' sait pas trop pourquoi.
D'vant la fosse il s'arrête
On croit que l' pauvre officier
D' chagrin va s'y j'ter l' premier ;
    Mais pas si bête !

    Air : *Le port Mahon est pris.* (N. 352.)

Du plus haut d' la montagne,
    L'enfant
    Descend,
Tout l' mond' l'accompagne,
Et tout bas chaq' compagne
S' dit, en allongeant l' cou :
« V'là son trou, v'là son trou, v'là son trou. »
Pendant l' *Miserere*
Qu'entonne m'sieu le curé,
Blême et plus morte qu' vive,
Au bord du trou la Vestale arrive :
Tout l' monde d'mand' qu'all' vive ;
L' curé répond : « Nenni,
    N, i, ni, c'est fini. »

    Air · *Bonjour, mon ami Vincent.* (N. 63.)

« C'tapendant, qu'il dit, j' veux bien
Faire encor queuqu' chose pour elle;
Sur c' réchaud où gn'y a plus rien
Mettez l' fichu d' la d'moiselle ;
Si l' ling' brûl' on n' l'enter'ra pas ;
S'il n' brûl' pas, ell' n' l'échapp'ra pas.
Vous l' voyez, aucune étincelle
N' vient contremander son trépas :
    Or, plus d' débats,
    Du haut en bas,
Gn'y a point z'à dir', faut qu'ell' saute l' pas. »

    Air : *Nous nous mari'rons dimanche.* (N. 409.)

    « Douc'ment,
    Dit l'amant,
Qui guettait l' moment,
Faut qu'enfin l' chap'let s' débrouille :
C'est moi qu' a tout fait,
Grâc' pour mon objet,
Sinon j'ai là ma patrouille.
    Par son trépas
    D'un crim' vot' bras
    Se souille ;
    Si ça n'est pas,
    J' veux que mon damas
    Se rouille !
— Mon Dieu ! comme il ment !
Dit la pauvre enfant ;
Ni vu, ni connu, j' t'embrouille. »

AIR : *Rantanplan tirelire.* (N. 504.)

« Vite, à moi, mon régiment !
  En plein, plan,
  Rlantanplan,
V'là z'un enterrement
  Qu'à l'instant
  Et d' but en blanc
Il faut mettre en déroute ;
Battons-nous, coût' qui coûte,
Quoique j' n'y voyons goutte. »
  Mais l' régiment
  Du couvent,
  En plein, plan,
  Rlantanplan,
Qu'est pour l'enterr'ment,
Répond qu'il vers'ra son sang
Jusqu'à la dernière goutte.
Pendant queuqu' temps on doute
Qu'est-c' qu'emport'ra la r'doute.
Au bout d'un combat sanglant,
  En plein, plan,
  Rlantanplan,
  Au lieu d' l'enterr'ment,
  C'est l' régiment
  De l'amant
Qui s' trouve être en déroute..

AIR : *Il a voulu, il n'a pas pu.* (N. 215.)

Gn'y a pas de milieu,
Faut s' dire adieu ;
C'est-i ça qui vous l' coupe ?
  Rien que d' les voir,
  V'là mon mouchoir
Qu'est trempé comme un' soupe.

AIR : *N'est-il amour, sous ton empire.* (N. 966.)

L' pauvre agneu descend dans la tombe !
  Qu' c'est pain béni !
Sur sa tête l' couvercle r'tombe ;
  V'là qu'est fini.
Pour si peu s' voir si maltraitée !
  L' beau chien d' plaisir !
Et n' la v'là-t-i pas ben plantée
  Pour raverdir !

AIR : *Ciel ! l'univers va-t-il donc se dissoudre !* (N. 984.)

Mais, patatras, v'là z'un éclair qui brille ;
Et l' Tout-Puissant, qui, j' dis, n'est pas manchot,
  Pour sauver la pauvre fille,
  Vous lâche un pétard qui grille
L' diable d' chiffon qui pendait sur l' réchaud
  Vive l' Père éternel,
  Qui d' son tonnerre
  Arrang' l'affaire !
  J' ny comptions guère ;
  C'est z'un coup du ciel.

AIR : *Ah ! mon Dieu ! que je l'échappe belle.* (N. 15.)

« Ah ! mon Dieu ! que je l'échappe belle !
  Dit en haussant l' cou
  Au d'ssus du trou
  La demoiselle ;
Au bon Dieu je d'vons un' fièr' chandelle !
  Car je n' pouvons pas
M' dissimuler qu' j'étions ben bas. »

AIR : *O Filii et Filiæ.* (N. 112.)

Tant y a que l' coupl' s'épousa,
Et qu' chaqu' vestal' dit, voyant ça :
« Quand est-c' qu'autant m'en arriv'ra ?
  Alleluia. »

Désaugiers.

RONDEAU DE JOCONDE.

J'ai longtemps parcouru le monde,
Et l'on m'a vu de toute part,
Courtisant la brune et la blonde,
Aimer, soupirer au hasard.

Sémillant avec les Françaises,
Romanesque avec les Anglaises,
En tous lieux où j'ai voyagé,
Selon le pays j'ai changé.
Sans me piquer d'être fidèle,
Je courais d'amour en amour ;

Je n'aimais jamais qu'une belle,
Oui, mais je ne l'aimais qu'un jour.
J'ai longtemps parcouru le monde, etc.

Ce n'était point de l'inconstance,
Oh ! non, c'était de la prudence ;
Car des femmes, sans vanité,
Je connais la légèreté,
Et je ne les quittais d'avance
Que pour n'en pas être quitté ;
Et cependant, en vérité,
Je l'ai souvent bien mérité ;
Car j'ai longtemps couru le monde, etc.

Mais de l'amour je porte enfin les chaînes,
L'aimable Édile a reçu mes serments,
Je trouve même un charme dans mes peines,
Et chéris jusqu'à mes tourments.
Mon luth, si longtemps infidèle,
Ne résonne plus que pour elle.
Pourtant je dois en convenir,
Je m'en souviens avec plaisir,

J'ai longtemps parcouru le monde,
Et l'on m'a vu de toute part,
Courtisant la brune et la blonde,
Aimer, soupirer au hasard.

Étienne.

Musique de Nicolo.

CONSEILS A MON FILS.

AIR : *Mon pays avant tout.*

Mon fils, j'ai de l'expérience,
Tu dois le voir à mes cheveux,
Comme toi, dès l'adolescence,
A nos belles j'offris mes vœux ;
Mais aux genoux d'une froide maîtresse,
Je n'allais pas gémir et soupirer,
Je parlais peu d'amour et de tendresse,
Mais dans un bois je savais l'attirer.

Écoute les avis d'un père,
Dont le plaisir fila les jours ;
Sache que l'amant téméraire
Est le plus chéri des amours ;
Qu'un Céladon aux pieds d'une cruelle
Meure d'amour et n'en puisse inspirer ;
Toi, tu vaincras les rigueurs d'une belle
Lorsqu'en un bois tu sauras l'attirer.

Dans le cœur de jeune maîtresse
Qu'Amour ne put encor blesser,
Fais pénétrer avec adresse
Le trait qu'elle veut repousser,
Et tu verras que son indifférence
Sous ce trait-là bientôt doit expirer,
En badinant avec intelligence,
Au fond d'un bois si tu sais l'attirer.

Tandis qu'avec une romance,
Qu'il fredonne dans un salon,
Près des belles un fat s'avance
Par un chemin beaucoup trop long,
Enfile droit pour aller à Cythère,
L'étroit sentier qu'Amour sut te montrer :
Fais à ta belle une chanson légère,
Et dans un bois tâche de l'attirer.

Ovide, pour plaire à Julie,
D'Apollon dédaigna la cour ;
Mais dans la main de son amie
Il mit le flambeau de l'Amour.
Elle oublia la grandeur mensongère
Où son orgueil avait droit d'aspirer ;
Et ne vit plus qu'Ovide sur la terre,
Dès qu'en un bois il eut su l'attirer.

A sa Lisette, qu'il dispose,
Vois le gros et pesant Lucas
Présenter un bouton de rose,
Dont la tige ne fléchit pas ;
Du campagnard la brillante éloquence
Est de savoir agir et désirer ;
Lise rougit et Lucas en silence
Au fond d'un bois va bientôt l'attirer.

Sache jouir de ta jeunesse,
Cet âge est celui du plaisir,
Ce Dieu qui voltige sans cesse,
Nous avertit de le saisir.

Il vient un temps où la beauté sévère
Ne permet plus même de désirer.
Hélas! mon fils, vieillard sexagénaire,
Au fond d'un bois ne peut plus l'attirer.

F. Dauphin.

L'AMOUR MARCHAND DE PLAISIR.

1810.

L'amour courait, cherchant pratique;
De plaisir il était marchand.
Pour achalander sa boutique,
Il s'en allait partout criant :
« Dans la saison d'aimer, de plaire,
Régalez-vous, il faut jouir ;
Étrennez l'enfant de Cythère,
Mesdames, voilà le plaisir ! (bis.)
  Régalez-vous, mesdames,
    Voilà le plaisir !

« Le temps s'envole et sur sa trace
Fuit beauté, jeunesse et désir ;
Comme un éclair le plaisir passe :
Au passage il faut le saisir.
Fillettes dont le cœur palpite,
Régalez-vous ; pourquoi rougir,
Au plaisir l'Amour vous invite.
Fillettes, voilà le plaisir ! (bis.)
  Régalez-vous, mesdames, etc.

« Au Mentor, au tyran sévère
Se dérober en tapinois,
D'un jaloux tromper la colère,
Réduire un Argus aux abois ;
Par un peu de coquetterie
Sans cesse éveiller le désir,
Voilà le plaisir de la vie.
Mesdames, voilà le plaisir ! (bis.)
  Régalez-vous, mesdames, etc.

« Dans le hameau, dans la campagne,
A la cour et chez les prélats,
A Rome, en France, dans l'Espagne,
Les plaisirs sont les meilleurs plats.

C'est le plaisir qui toujours reste,
On ne le voit pas desservir ;
Jusqu'au dernier, d'une main leste,
On voit les rois mêmes l'offrir.
Mesdames, voilà le plaisir ! (bis.)
  Régalez-vous, mesdames, etc.

« Mon adresse est chez le Mystère,
A l'enseigne du *Rendez-Vous* ;
Venez, venez, j'ai votre affaire,
J'ai du plaisir pour tous les goûts. »
Bientôt le plaisir fut si preste,
Tant de chalands vinrent s'offrir,
Qu'Amour criait : « Au reste, au reste !
Hâtez-vous, ou point de plaisir. (bis.)
  Régalez-vous, mesdames,
    Voilà le plaisir ! »

Henri de Brevanne.

Musique de A. MARQUE, notée au N. 316 de la Clé du Caveau.

PIERRE ET PIERRETTE.

AIR : *Mon système est d'aimer le bon vin.*
Ou : *de la contredanse* du Diable à Quatre.

Tic et tic et tac, et tin, tin, tin,
  Est l' refrain
De mon cœur et de mon verre ;
Tic et tic et tac, et tin, tin, tin,
  Est l' refrain
  Qui met Pierre
    En train.

Du pays j'arrivais simple et sage,
Grâce aux bonn's leçons de ma mèr'-grand ;
Je v'nais faire mon apprentissage ;
Mais Dieu sait c' qu'à Paris on apprend...
  Tic et tic et tac, etc.

J' voulais n'avoir jamais d'amourette,
Mais chez nous un jour Pierrette vint ;
J' voulais n' boire que d' l'eau, mais Pierrette
Était fille d'un marchand de vin.
  Tic et tic et tac, etc.

L' jour où j' la vis était un dimanche ;
Elle avait un si joli maintien,
Des ch'veux si noirs, une peau si blanche,
Deux yeux, deux... qu'sais-je ? il n' lui manquait rien
 Tic et tic et tac, etc.

Ma mèr', comm' c'était l'heure où l'on dîne,
Du dîner l'invite à prend' sa part ;
Elle accepte, on m' la bâill' pour voisine,
Mon cœur s' gonfle, et v'là le bouchon qui part.
 Tic et tic et tac, etc.

Dès l' premier coup que j' trinquons ensemble
(Ah ! mon Dieu ! qu' les amoureux sont sots !)
V'là ma main qui tremble, tremble, tremble,
Et mon verre qui s' brise en morceaux.
 Tic et tic et tac, etc.

«Voyez donc la jolie équipée !... »
M' dit Pierrette, mais d'un air si doux...
« Ma pauv' jupe est-elle assez trempée ?
Ah ! monsieur, si ce n'était pas vous !... »
 Tic et tic et tac, etc.

J' n'avions pas d' gob'lets en abondance,
Et Pierrette m' dit : « Buvez dans le mien,
J' n'ai pas peur que vous sachiez c' que j' pense,
 Car de vous je n' pense que du bien. »
 Tic et tic et tac, etc.

Après l' bœuf, les lentill's et l'omelette,
On s' lève, et ma belle m' dit en d'sous :
Tout's les fois qu' vous pass'rez d'vant Pierrette,
Y aura toujours un p'tit coup pour vous. »
 Tic et tic et tac, etc.

Le lend'main encor plus chaud qu' la veille,
J' cours chez elle ; le père était dehors,
Et Pierrette m' donne une bouteille
Dont le vin fait r'venir les morts.
 Tic et tic et tac, etc.

J' la débouche, mais bientôt le père
Nous surprend comme j' nous caressions ;
Moi, j' lui dis, pour arranger l'affaire :
Excusez, monsieur, c'est que j' trinquions. »
 Tic et tic et tac, etc.

« Vous avez trop bu, sortez d' table, »
M' répond-il en m' montrant les gross's dents.
— « Quand on trinque avec un' fille aimable,
Il est permis de se mettre un peu d'dans. »
 Tic et tic et tac, etc.

V'là-t-il pas qu'il veut m' mettre à la porte...
Mais bernique avec ça qu' j'étais gris...
« J'ons payé ; pourquoi vouloir que je sorte ?
— Tu n'as pas payé tout c' que t'as pris. »
 Tic et tic et tac, etc.

A la fin pourtant j' gagnions au large,
Parc' qu'au fond c'était vrai qu' j'avions tort,
Mais le soir, je r'venons à la charge,
Et l' pèr' nous prend à trinquer encor.
 Tic et tic et tac, etc.

Un coup de poing m' jett' sur Pierrette à terre,
L' père sur moi tombe au même moment ;
Maman passe, all' voit ça, tomb' sur l' père,
Et tout l' quartier tombe sur maman.
 Tic et tic et tac, etc.

On s' bouscule, on s' cogne, on s'estropie :
C'est un r'mu'-ménage, un brouhaha !
Chaqu' homme est un lion, chaqu' femme est une pie.
L'un dit qu' j'ai fait ci, l'aut' que j'ai fait ça.
 Tic et tic et tac, etc.

L' père, après ben des cris, ben des bosses,
M' dit, m' jetant mon objet dans mes bras :
« D'main j' prétends qu'on goûte le vin d' tes noces ;
Puisqu' tu l'as tiré, tu le boiras. »
 Tic et tic et tac, etc.

« N' faudra pas, morgué, deux fois nous l' dire, »
Que j' répliquons tous deux en sautant :
— «C' mari-là, moi, ça m' va comm' d' la cire.
— C'te femme-là, moi, ça m' va comm' un gant.»
 Tic et tic et tac, etc.

J'saute au cou d' mon biau-père et d' ma mère,
J' saute au cou d' Pierrett', qui l' rend bien ;
J' saute au cou d' tous les témoins d' l'affaire,
Et j' voudrais pouvoir m' sauter au mien.
 Tic et tic et tac, etc.

Dès l' lend'main on pataraphe, on danse ;
L' surlend'main j' faisons encor mieux qu' ça ;
L' jour d'après c' qui s'est fait se recommence,
Et jour et nuit, depuis c' moment-là,

   Tic et tic et tac, et tin, tin, tin,
      Est l' refrain
   De mon cœur et de mon verre,
   Tic et tic et tac, et tin, tin, tin,
      Est l' refrain
      Qui met Pierre
      En train.

            Désaugiers.

TAISEZ-VOUS.

Si l'on séduit votre femme volage,
Si les galants font sauter les verrous,
Pour conserver la paix dans le ménage,
   Taisez-vous, maris, taisez-vous.

Si vous avez les faveurs d'une belle,
Gardez-vous bien d'exciter les jaloux ;
Soyez discret encore plus que fidèle :
   Taisez-vous, amants, taisez-vous.

Si vous hantez les grands et l'opulence,
Ne les heurtez de propos aigres-doux ;
Ils ont pour eux le crédit, la puissance :
   Taisez-vous, petits, taisez-vous.

D'un ton léger, lorsqu'ainsi je devise,
Donnant pour loi mon avis et mes goûts,
J'ai peur, vraiment, que chacun ne me dise :
   Taisez-vous, bavard, taisez-vous.

      Paroles d'un anonyme.

Musique de A Meissonnier.

A UNE FILEUSE DE LA VILLE DE TOUR

    Air *de la Fileuse.*

   Si trois masculines Parques
   Filaient le lin de tes jours,
   Ils te donneraient des marques
   De leurs constantes amours.
   Ils t'en file, file, file...
   Ils t'en fileraient toujours.

   Profitons du temps qui passe ;
   Filons le lin de Vénus :
   Lin, fuseau, quand l'âge glace,
   Dans nos mains sont superflus.
   Hélas, on n'en file, file...
   Hélas ! on n'en file plus.

            Grécourt.

ZON, ZON.

Air : *Et non, non, non, ce n'est pas là* **Ninette**.

   Quand on a su toucher
   Le cœur de sa bergère,
   On peut bien s'assurer
   Du plaisir de lui faire...
     Et zon, zon, zon,
   Lisette, ma Lisette,
     Et zon, zon, zon,
   Lisette, ma Lison.

   De soupirer dix ans,
   C'est une vieille affaire :
   Aux premiers compliments
   On vient à présent faire..
     Et zon, zon, etc.

   L'Amour est un malin
   Qui toujours nous suggère,
   Près d'un objet divin,
   De lui dire et lui faire...
     Et zon, zon, etc.

   Le plus joli serment,
   Dans l'amoureux mystère,

Ne vous en dit pas tant
Qu'une seule fois faire...
   Et zon, zon, etc.

En vain, par vos appas,
Belles, vous savez plaire,
Si vous ne voulez pas
Vous en servir pour faire...
   Et zon, zon, etc.

Vous avez l'œil fripon,
Ma charmante voisine :
Si vous ne faites... zon,
Vous en avez la mine...
   Et zon, zon, etc.

On vous prend pour Vénus
En vous voyant si belle :
Il ne vous manque plus
Que de faire comme elle...
   Et zon, zon, etc.

La vertu, dans Paris,
N'est que pure chimère
Que prêchent les maris,
Pour être seuls à faire...
   Et zon, zon, etc.

Ma mère était Vénus,
Bacchus était mon père :
Ne vous étonnez plus
Si j'aime à boire et faire...
   Et zon, zon, etc.

L'abbé de Lattaignant.

LES DEUX MESURES.

AIR : *Du serin qui le fait envie.*

Phyllis est petite, mignonne,
C'est ce qui m'invite à l'aimer ;
Jamais une grande personne
Ne saura si bien m'enflammer.
Le bon goût, qu'il faut toujours croire,
Me recommande chaque jour
La grande mesure pour boire
Et la petite pour l'amour.

Une dame grande est altière,
Pleine d'orgueil et de hauteur :
Elle regarde d'ordinaire
Chacun du haut de sa grandeur.
Pour vous épargner ce déboire,
Chers amis, prenez tour à tour
La grande mesure, etc.

Une gigantesque figure
N'est point du tout ce qu'il me faut ;
Je suis de moyenne stature,
Et ne puis atteindre bien haut :
Par ce motif il est notoire
Que je dois prendre tour à tour
La grande mesure, etc.

Souvent, dans la tendre carrière,
On voit broncher un corps trop grand,
La taille petite et légère
Fait le chemin en se jouant.
Daignez donc à la fin me croire,
Et que chacun prenne à son tour
La grande mesure, etc.

Bien loin d'écouter l'inconstance,
Tant que sur terre on me verra,
Je penserai comme je pense ;
Jamais mon goût ne changera.
J'aurai toujours dans ma mémoire
Ce que je conseille en ce jour :
La grande mesure pour boire
Et la petite pour l'amour.
Panard.

RONDE DE RATON ET ROSETTE.

Courons d' la blonde à la brune,
A changer tout nous instruit ;

Le croissant devient pleine lune,
Après l' biau temps l' mauvais suit.
    L'hirondelle
    Peu fidèle,
Change de lieu tous les ans,
L' papillon, volage à l'extrême,
Est errant dans nos champs.
    Si l' papillon,
    L'hirondelle,
    La lune,
La pluie et l' biau temps
    Sont changeants,
Il faut changer de même,   (bis.)

A tout vent la girouette
Et les ailes du moulin.
Font toujours la pirouette
En tournant, tournant sans fin.
    Dans la pente
    L'eau serpente
Et fait cent tours différents.
On voit d'une inconstance extrême
Les zéphirs voltigeants.
    Si l' papillon,
    L'hirondelle,
    La lune,
La pluie et l' biau temps,
    Les ruisseaux,
    Les oiseaux,
    Les moulins,
    La girouette,
    Les vents
    Sont changeants,
Il faut changer de même.
    Et les monts
    Dans nos champs
    Sont constants,
Je suis constant de même.   (bis.)

Favart.

LE COMTE ORRY.

Le comte Orry disait pour s'égayer
Qu'il voulait prendre le couvent de Farmoutier,
Pour plaire aux nonnes et pour les désennuyer.

Ce comte Orry, châtelain redouté,
Après la chasse n'aimait rien que la gaîté,
Que la bombance, les combats et la beauté.

« Holà ! mon page, venez me conseiller.
L'amour me berce, et je ne puis sommeiller;
Comment m'y prendre pour dans ce couvent entrer ?

—Sire, il faut prendre quatorze chevaliers,
Et tous en nonnes il vous les faut habiller,
Puis, à nuit close, à la porte aller heurter. »

Orry va prendre quatorze chevaliers;
Et tous en nonnes Orry les fait habiller :
Puis, à nuit close, à la porte ils vont heurter.

« Holà ! qui frappe ? qui mène un si grand bruit ?
— Ce sont des nonnes, et qui ne vont que de nuit,
Qui sont en crainte de ce maudit comte Orry. »

Survient l'abbesse, les yeux tout endormis...
« Soyez, mesdames, bienvenues en ce logis...
Mais comment faire ? où trouver quatorze lits ? »

Chaque nonnette, d'un cœur vraiment chrétien,
Aux étrangères offre la moitié du sien...
« Soit, dit l'abbesse, sœur Colette aura le mien. »

La sœur Colette, c'était le comte Orry,
Qui, pour l'abbesse, d'amour ayant appétit,
Dans sa peau grille de trouver la pie au nid.

Fraîche, dodue, œil noir et blanches dents,
Gentil corsage, peau d'hermine et pieds d'enfants
La dame abbesse ne comptait pas vingt-cinq ans.

Au lit ensemble tous les deux bien pressés...
« Ah! dit l'abbesse, ciel! comme vous m'embrassez.
—Vrai Dieu ! madame, peut-on vous aimer assez ?

—Ah ! sœur Colette, qu'avez bien le cœur bon !
Mais, sœur Colette, qu'avez bien rude menton !
—Parbleu ! madame, ainsi mes compagnes l'ont.

—Toutes mes nonnes, venez me secourir !
Croix et bannière, l'eau bénite allez quérir :
Car je suis prise par ce maudit comte Orry.

—Ah ! dame abbesse, vous avez beau crier ;
Laissez en place croix, bannière et bénitier,
Car chaque nonne est avec son chevalier. »

La pauvre abbesse, après un plus grand cri,
Sans voir de nonnes, n'espérant plus de merci,
Prit patience avec sœur Colette aussi.

Neuf mois ensuite, vers la fin de janvier,
L'histoire ajoute, comme un fait singulier,
Que chaque nonne fit un petit chevalier.

Paroles d'un anonyme.

La romance picarde du comte Orry n'était qu'une tradition de province qui datait du XIVe ou du XVe siècle, et dont il ne restait que quelques fragments, lorsque La Place en remplit les lacunes, en rajeunit le langage, et l'inséra dans son recueil de pièces intéressantes et peu connues, en 1785. MM. Scribe et Poirson en ont fait le sujet d'un fort joli vaudeville joué en 1816. C'est de cette époque que date la réputation du comte Orry, qui jusque-là avait été circonscrite dans les villages de la Picardie, et qui s'est encore agrandie lorsque les mêmes auteurs ont fait, en 1828, de leur vaudeville un opéra, et qu'il a été embelli de la musique du célèbre Rossini.

LA TENTATION DE SAINT ANTOINE.

Air : *Plus inconstant que l'onde.*

Ciel ! l'univers va-t-il donc se dissoudre ?
Quel bruit ! quels cris ! quel horrible fracas !
  Devant moi je vois la foudre ;
  Elle tombe par éclats :
    Tout est en poudre
    Sur mon grabat.

  Grand Dieu ! du haut des cieux,
    Vois ma disgrâce,
    Et par ta grâce
    Fais que je chasse
    L'enfer de ces lieux

Air : *Du haut en bas.*

  C'était ainsi
Qu'Antoine exprimait ses alarmes,
  C'était ainsi
Qu'Antoine exprimait son souci,
Lorsque le diable, par ses charmes,
Venait chez lui faire vacarmes.
  C'était ainsi.

Air : *Des folies d'Espagne.*

On vit sortir d'une grotte profonde
Mille démons, mille spectres divers ;
Des noirs esprits toute la troupe immonde,
Pour le tenter, déserta les enfers.

Air : *Turelure, lure, et flon, flon, flon.*

  On vit des démons
  De tous les cantons ;
De la ville et de la campagne,
De la Cochinchine et d'Espagne ;
  On vit des diables blondins,
  Des bruns, des gris et des châtains ;
Les bruns, surtout, méchants lutins,
Faisaient remuer des pantins.
  Turelure, lure,
  Et flon, flon, flon,
  Tous avaient leur ton
  Leur allure.

Air : *La faridondaine.*

  Quelques-uns prirent le cochon
    De ce bon saint Antoine,
  Et, lui mettant un capuchon,
    Ils en firent un moine.

Il n'en coûtait que la façon
　　La faridondaine,
　　La faridondon :
Peut-être en avait-il l'esprit
　　Biribi,
A la façon de Barbari
　　Mon ami.

AIR : *Dans un détour.*

Sur un sofa
Une diablesse en falbala,
　Aux regards fripons,
Découvrait deux jolis monts
　Ronds.

AIR : *Au fond du caveau.*

Ronflant comme un cochon,
On voyait sur un trône
Un des envoyés de Pluton.
Il portait pour couronne
Un vieux réchaud sans fond,
Et pour sceptre un tison.
Sous ses pieds un démon
Vomissait du canon.
Le diable s'éveille, s'étonne,
　　Et dit : « Garçon,

AIR : *La Pierre-Filoise.*

Courez vite, prenez le patron,
Et faites-le-moi danser en rond !
Courez vite, prenez le patron,
　Tirez-le par son cordon.
　　Bon ! »
« Messieurs les démons, laissez-moi donc.
　— Non, tu chanteras,
　　Tu sauteras,
　　Tu danseras.
— Messieurs les démons, laissez-moi donc.
　— Non, tu chanteras,
　　Tu sauteras,
　　Tu danseras.
Courez vite, prenez le patron,
　Tirez-le par son cordon.
　　Bon ! »

AIR : *Quand la mer Rouge apparut.*

Le saint, craignant de pécher,
　Dans cette aventure,
S'en fut vite se cacher
　Sous sa couverture.
Mais montant sur son châlit,
Il rencontra dans son lit
　　Un minois fripon,
　　Un joli tendron ;
　　Sous des traits,
　　Pleins d'attraits,
　Une concubine :
　C'était Proserpine.

AIR : *Nous autres, bons villageois.*

　Piqué dans ce bacchanal,
D'avoir vu qu'on lui brisait sa cruche,
　Et qu'un derrière infernal
Avait fait caca dans sa huche ;
　Crainte aussi de tentation,
　Notre saint prend un goupillon
Et flanque aux démons étonnés
De l'eau bénite par le nez.

AIR : *Des folies d'Espagne.*

Tel qu'un voleur, sitôt qu'il voit main forte
Tel qu'un soldat, à l'aspect des prévôts,
On vit s'enfuir l'infernale cohorte,
Et s'abîmer dans ses affreux cachots.

AIR : *Ah ! maman, que je l'échappe belle !*

« Ah ! mon Dieu ! que je l'échappe belle !
　　Dit le saint tremblant,
　　　Tout en sortant
　　　De sa ruelle.
Ah ! mon Dieu ! que je l'échappe belle !
　　Un moment plus tard,
　Je faisais le diable cornard. »

AIR : *Le démon malicieux et fin.*

Le démon, quoiqu'il passe pour fin,
　Ne fut pas lors assez malin.

Ah! s'il eût pris la forme de Toinette,
Son air charmant, sa taille et ses appas,
C'en était fait, la grâce était muette,
Et saint Antoine eût volé dans ses bras.

Sedaine.

PORTRAIT DE MA'M'SELLE MARGOT.

LA REMPAILLEUSE,

PAR SON CHER AMANT DUBELAIR,

PEINTRE-DOREUR.

AIR : *Ça n' devait pas finir comm' ça.*

A ma Margot,
Du bas en haut,
Vous n' trouverez pas un défaut. (*bis.*)

Pour commencer par sa chev'lure.
Ah! dam! les jours de grand' colure,
Faut voir queu tour ses ch'veux vous ont!
Et s'ils étaient moins rouges qu'ils n' sont...
Ah! mon Dieu (*bis*)! mon Dieu! qu' c'est dommage
Mais, à ça près, j' gage
Qu'à ma Margot,
Du bas en haut,
Vous n' trouverez pas un défaut.

C'est-y sa peau qu'il faut vous peindre?
Jarni! quand all' l'aurait fait teindre,
Ell' n' l'aurait pas plus blanch' qu'ell' n' l'a,
Sauf queuqu's rousseurs par-ci, par-là.
Ah! mon Dieu! etc.

Pour les yeux, personne, j' m'en pique,
N'est dans l' cas d' l'y faire la nique;
Drès qu' sur vous son œil droit est l'vé,
Vous r'grettez que l' gauch' soit crevé...
Ah! mon Dieu! etc.

Son nez vous a certain' tournure
Qui r'lève joliment sa figure;
Et quoiqu'il descende un peu bas,
Si son menton ne l' frisait pas...
Ah! mon Dieu! etc.

C' qu'elle a d' superbe, c'est la bouche;
Queu plaisir, quand la mienne y touche !
Ça m' met l'esprit tout à l'envers ;
Queuqu' z'uns diront qu'elle est d' travers.
Ah! mon Dieu! etc.

Ses dents, faut les voir pour y croire !
Jarni! c'est d' la perle et d' l'ivoire;
Quand ell' m' les montre, j' sis heureux.
Pourquoi faut-il qu'all' n'en ait qu' deux?
Ah! mon Dieu! etc.

D' la beauté d' son sein rien n'approche,
C'est dur comm' neige et blanc comm' roche
Ça m' fait l'effet de deux soleils ;
S'ils étaient tant seul'ment pareils...
Ah! mon Dieu! etc.

Pour c' qu'est d' la souplesse d' sa taille,
Gn'y a point d'anguille qui la vaille;
Vous jureriez qu'elle n'a point d'os,
Et, sans l' malheur qu'elle a sur l' dos...
Ah! mon Dieu! etc.

. . . .
. . . .
. . . .

Ah! mon Dieu! etc.

Ses jamb's sont une autr' pair' de manches!
Ah! dam! faut les voir les dimanches!...
Ell' dans' pus pir' qu' la Camargo;
Et si c' n'est qu'ell' cloch' d'un ergot...
Ah! mon Dieu! etc.

Sur l' portrait que j' venons d' vous faire,
P't-êtr' vous direz qu' ma personnière
Du haut en bas n'est qu'un' guenon;
J' sis trop poli pour vous dir' non,
Mais conv'nez (*bis*), conv'nez qu' c'est dommage
Car, à ça près, j' gage
Qu'à ma Margot,
Du bas en haut,
Vous n' trouveriez pas un défaut.

Désaugiers.

LE LENDEMAIN.

Air : *Si vous buvez.*

Le lendemain !
Quel mot plein de mystère,
Quand il s'agit des secrets de l'hymen :
Du jeune époux la démarche est plus fière,
Un souvenir vient colorer son teint ;
La tendre épouse est rêveuse, au contraire,
Le lendemain.

Le lendemain,
L'amour se décolore,
A prétendu plus d'un censeur malin.
Loin d'apaiser le feu qui nous dévore,
Dites-le-moi, minois à l'œil mutin,
N'est-il pas vrai qu'on aime mieux encore
Le lendemain ?

Le lendemain,
Combien on sait de choses
Qu'un jour avant on soupçonnait en vain !
On sait enfin quelles métamorphoses
Le dieu d'amour opère en notre sein ;
L'épine alors ne défend plus la rose
Le lendemain.

Le lendemain,
Quelquefois la fillette
Colle au parquet son regard plus qu'éteint,
Lorsque l'époux, qui pétille en cachette,
Soupire après le moment peu lointain
D'aller gaîment finir sur la couchette
Le lendemain.

Le lendemain,
Une belle ignorante
A son amant pourrait rendre la main ;
Sans y penser, la petite innocente
Sur cet article a fait tant de chemin,
Que plus que nous elle est déjà savante
Le lendemain.

Le lendemain,
La douleur de la veille
Ne paraît plus qu'un souvenir lointain.
La jeune épouse a la puce à l'oreille,
Et quand le jour arrive à son déclin,
Le mal s'enfuit, la volupté s'éveille
Le lendemain.

Le lendemain,
Nos femmes, peu rebelles,
A nos désirs n'opposent aucun frein ;
J'ose assurer qu'elles seraient fidèles
Si nous gardions, tout le cours de l'hymen,
Le même feu dont nous brûlons pour elles
Le lendemain.

Paroles d'un anonyme.

HÉLOISE ET ABEILARD.

Air *de Malbrough.*

Écoutez, sexe aimable,
Le récit, le récit lamentable
D'un fait très véritable
Qu'on lit dans saint Bernard.

Le docteur Abeilard
Maître dans plus d'un art ;
Précepteur de fillette,
Soupirait, soupirait en cachette
Pour la nièce discrète
Du chanoine Fulbert.

Sous le même couvert
Logeait ce galant-vert ;
Son latin avec zèle
Il montrait, il montrait à la belle,
Et l'on dit qu'auprès d'elle
Il ne le perdit pas.

Mais un beau jour, hélas!
Donnant leçon tout bas,
Fulbert avec main forte
Vint frapper, vint frapper à la porte,
Entouré d'une escorte
De deux hommes à pié.

Abeilard effrayé,
Se mourant à moitié,
Quant on vint les surprendre
Lui faisait... lui faisait bien comprendre
Un passage assez tendre
Du savant art d'aimer.

Il voulut s'exprimer,
Mais sans plus s'informer,
L'abbé prenant le drôle
Lui coupa... lui coupa la... parole,
Et le maître d'école
Par force resta court.

C'était un méchant tour
Fait au docte en amour !
Depuis notre beau sire
Ne pouvant... ne pouvant plus instruire,
Au couvent se retire
Et meurt dévotement.

Héloïse, en pleurant,
Le suit au monument ;
Elle eût mieux fait d'en rire.
Car avant, car avant, du beau sire,
Elle eût pu déjà dire :
Ici gît mon amant.

Martin de Choisy (de Montpellier).

LA BONNE.

AIR : *Moi je flâne.*

Je suis bonne   (bis.)
Pour cent écus je me donne ;
Je suis bonne
Et surtout
Je sais faire un peu de tout.

Sur le pavé de Paris,
J'ai vingt-cinq ans de service ;
A l'antichambre, à l'office,
Ah ! que de choses j'appris !
Dieu merci, je dois connaître
Tout ce qu'il faut essuyer ;
Dans son ménage un bon maître
A tout pourra m'employer.
   Je suis bonne, etc.

Dans mon entier dévoûment
Je ne crains pas la fatigue,
Je sais conduire une intrigue
Et brusquer son dénoûment ;
De monsieur ou de madame,
Protégeant les rendez-vous :
J'ai souvent par bonté d'âme
Trompé la femme et l'époux.
   Je suis bonne, etc.

Fidèle dans mon métier,
Je sais gagner mon salaire,
Jamais on ne m'a vu faire
Danser l'anse du panier.
A ma mine peu riante
On me croirait un démon
Pourtant je suis peu méchante,
Lorsqu'on me connaît à fond.
   Je suis bonne, etc.

J'ai porté plus d'un enfant
Ainsi qu'une tendre mère,
Et j'ai même à la lisière
Mené plus d'un innocent ;
Adroite et prudente fille,
Donnant la correction,
De plusieurs fils de famille
J'ai fait l'éducation.
   Je suis bonne, etc.

Faut voir de quelle façon,
Ou cuisinière ou soubrette,
Je remue une omelette
Ainsi qu'un lit de garçon.
Fiez-vous à ma cuisine,
Célibataires blasés,
Pour remonter la machine
Et flatter vos goûts usés.
   Je suis bonne, etc.

On peut avec sûreté
Croire à mon obéissance ;
Je garantis ma décence
Ainsi que ma propreté ;
Pour le prouver je suis prête
A montrer ce que je sai...
Même une personne honnête
Pourra me prendre à l'essai.
  Je suis bonne, etc.

De certificats timbrés
Ma cassette est toute pleine,
Et j'ai servi (non sans peine)
Trois courtiers et six curés,
Deux emballeurs, un ermite,
Cinq fourreurs, un cabotin,
Enfin l'homme que je quitte
Était, je crois, Florentin.

  Je suis bonne   (*bis.*)
Pour cent écus je me donne ;
  Je suis bonne
   Et surtout
Je sais faire un peu de tout.

    Louis Festeau.

L'AUBERGE DE L'ÉCU DE FRANCE.

Air : *Mon père était pot.*

J'aime Dijon et la beauté
 De ses vignes fleuries,
J'aime Dijon et la bonté
 De ses hôtelleries.
  Il en est d'ailleurs
  Qui des voyageurs
 Briguent la préférence,
  Moi, je vais partout,
  Mais par-dessus tout
 J'aime l'Écu de France.

Si je contemple avec bonheur
 Cette enseigne chérie,
C'est qu'elle éveille dans mon cœur
 L'amour... de la patrie.
  Oui, d'être Français,
  Dans le doux accès
 De ma reconnaissance,
  Je suis glorieux,
  Lorsque, sous mes yeux,
 Je vois l'Écu de France.

Voulez-vous connaître les... lieux...
 De l'auberge que j'aime,
Sa façade charme les yeux
 Par sa blancheur extrême ;
  Joli logement,
  Derrière et devant,
 Avec la jouissance
  D'un petit jardin
  Qu'on a sous la main,
 Voilà l'Écu de France.

J'ai pourtant lu je ne sais où
 Que cette hôtellerie
A vrai dire n'était qu'un trou ;
 C'est une raillerie,
  Car les environs
  Sont si frais, si bons,
 Que, pour sa résidence,
  On a vu toujours
  Le dieu des amours
 Prendre l'Écu de France

Et l'amour a cent fois raison,
 J'ai vu l'Écu d'Espagne,
L'Écu de Rome et d'Albion,
 Et l'Écu d'Allemagne ;
  J'ai logé partout,
  J'ai tâté de tout,
 Et par expérience,
  J'ai dans tout pays
  Dit comme à Paris :
 Vive l'Écu de France !

    V.....

LE JUIF ERRANT.

Air de chasse.

Est-il rien sur la terre
Qui soit plus surprenant
Que la grande misère
Du pauvre Juif errant?
Que son sort malheureux
Paraît triste et fâcheux!

Des bourgeois de la ville
De Bruxelles en Brabant,
D'une façon civile,
L'accostent en passant.
Jamais ils n'avaient vu
Un homme aussi barbu.

Son habit, tout difforme
Et très mal arrangé,
Fit croire que cet homme
Était fort étranger,
Portant, comme ouvrier,

On lui dit : « Bonjour, maître,
De grâce accordez-nous
La satisfaction d'être
Un moment avec vous.
Ne nous refusez pas,
Tardez un peu vos pas.

— Messieurs, je vous proteste
Que j'ai bien du malheur;
Jamais je ne m'arrête,
Ni ici, ni ailleurs;
Par beau ou mauvais temps,
Je marche incessamment.

— Entrez dans cette auberge,
Vénérable vieillard;
D'un pot de bière fraîche
Vous prendrez votre part.
Nous vous régalerons
Le mieux que nous pourrons.

— J'accepterai de boire
Deux coups avecque vous,
Mais je ne puis m'asseoir;

Je suis, en véritté,
Confus de vos buntés.

— De connaître votre âge
Nous serions curieux :
A voir votre visage
Vous paraissez fort vieux;
Vous avez bien cent ans
Vous montrez tout autant.

— La vieillesse me gêne;
J'ai bien dix-huit cents ans:
Chose sûre et certaine,
Je passe encor douze ans,
J'avais douze ans passés
Quand Jésus-Christ est né.

— N'êtes-vous point cet homme
De qui l'on parle tant,
Que l'Écriture nomme
Isaac, Juif errant?
De grâce, dites-nous
Si c'est sûrement vous.

Isaac Laquedem
Pour nom me fut donné,
Né à Jérusalem,
Ville bien renommée;
Oui c'est moi, mes enfants,
Qui suis le Juif errant.

Juste ciel! que ma ronde
Est pénible pour moi!
Je fais le tour du monde
Pour la cinquième fois.
Chacun meurt à son tour,
Et moi je vis toujours!

Je traverse les mers,
Les rivières, les ruisseaux,
Les forêts, les déserts,
Les montagnes, les coteaux;
Les plaines, les vallons,
Tous chemins me sont bons.

J'ai vu dedans l'Europe,
Ainsi que dans l'Asie,
Des batailles et des chocs
Qui coûtaient bien des vies
Je les ai traversés
Sans y être blessé.

J'ai vu dans l'Amérique,
C'est une vérité,
Ainsi que dans l'Afrique,
Grande mortalité :
La mort ne me peut rien,
Je m'en aperçois bien.

Je n'ai point de ressource
En maison ni en bien;
J'ai cinq sous dans ma bourse
Voilà tout mon moyen.
En tous lieux, en tout temps,
J'en ai toujours autant.

— Nous pensions comme un songe
Le récit de vos maux;
Nous traitions de mensonge
Tous vos plus grands travaux;
Aujourd'hui nous voyons
Que nous nous méprenions.

Vous étiez donc coupable
De quelque grand péché,
Pour que Dieu tout aimable
Vous eût tant affligé?
Dites-nous l'occasion
De cette punition.

C'est ma cruelle audace
Qui causa mon malheur;
Si mon crime s'efface,
J'aurai bien du bonheur.
J'ai traité mon Sauveur
Avec trop de rigueur.

Sur le mont du Calvaire,
Jésus portait sa croix;
Il me dit débonnaire,
Passant devant chez moi :
« Veux-tu bien, mon ami,
« Que je repose ici? »

Moi, brutal et rebelle,
Je lui dis sans raison
« Ote-toi, criminel,
« De devant ma maison ;
« Avance et marche donc,
« Car tu me fais affront. »

Jésus, la bonté même,
Me dit en soupirant :
« Tu marcheras toi-même
« Pendant plus de mille ans,
« Le dernier jugement
« Finira ton tourment. »

De chez moi, à l'heure même,
Je sortis bien chagrin ;
Avec douleur extrême,
Je me mis en chemin.
Dès ce jour-là je suis
En marche jour et nuit.

Messieurs, le temps me presse,
Adieu la compagnie ;
Grâce à vos politesses,
Je vous en remercie ;
Je suis trop tourmenté
Quand je suis arrêté. »

Paroles d'un anonyme.

Il est probable que la légende fabuleuse du *Juif errant* est une allégorie de la dispersion des Juifs, inventée dans les temps d'ignorance et de superstition où ce peuple était proscrit par toute la terre.

La tradition du *Juif errant* a commencé à s'accréditer vers le commencement du XIIe siècle. Matthieu Paris, chroniqueur anglais qui vivait en 1228, en a parlé comme d'un personnage qui avait été vu par un archevêque de la Grande-Arménie. Cet homme, nommé, selon lui, Carthophilus, était portier du prétoire ; il frappa Jésus dans le dos et lui dit : *Marche, Jésus ; pourquoi t'arrêtes-tu ?* Jésus, se retournant, lui dit : *Je vais, et toi, tu attendras ma seconde venue.* Depuis, cet homme fut baptisé et appelé Joseph, par Ananias, qui avait baptisé l'apôtre saint Paul. Cependant il marche continuellement, et tous les cent ans il renaît et revient à l'âge qu'il avait à l'époque de la Passion. D'autres traditions le nomment *Michab-Ader*, et la *Rapsodie lyrique* du poète allemand Schubark le nomme *Ahasver*.

On prétendit l'avoir vu à Hambourg en 1542, en France en 1604, à Bruxelles en 1774. C'est à cette date qu'on rapporte la complainte et le portrait prétendu véritable qui l'accompagne.

Dans cette complainte aussi naïve que pauvrement rimée, comme dans une autre de 1609, le *Juif errant* dit qu'il était cordonnier et qu'il s'appelle *Isaac Laquedem*. Une lettre de l'Espion turc, de 1644, raconte le passage du Juif errant à Paris. Ce personnage a été employé dans le roman du *Moine*, par Lewis. M. Ed. Quinet a composé sur lui un livre intitulé *Ahasverus*. Enfin, tout le monde connaît le roman de M. Eugène Sue, dont le *Juif errant* n'est que le prétexte.

Air de chasse, noté au N. 1223 de la *Clé du Caveau*.

HISTOIRE DE DAMON ET D'HENRIETTE.

Henriette était fille
D'un baron de renom ;
D'une ancienne famille
Était le beau Damon ;
Il était fait au tour,
Elle était jeune et belle,
Et du parfait amour
Ils étaient le modèle.

Damon, plein de tendresse,
Un dimanche matin,
Ayant ouï la messe
D'un père capucin,
S'en fut chez le baron,
D'un air civil et tendre :
« Je m'appelle Damon ;
Acceptez-moi pour gendre.

— Mon beau galant, ma fille
N'est nullement pour vous ;
Car, derrière une grille,
Dieu sera son époux.
J'ai des meubles de prix,
De l'or en abondance,
Ce sera pour mon fils,
J'en donne l'assurance.

— Ah ! gardez vos richesses,
Monsieur, et votre bien,

Je vous fais la promesse
De n'y prétendre rien.
Comme vous j'ai de l'or,
Tout ce que je souhaite,
Et de tous vos trésors,
Je ne veux qu'Henriette. »

Ce vieillard malhonnête
S'en fut, sur ce propos,
En secouant la tête
Et lui tournant le dos ;
Comme un père inhumain,
Traîna la nuit suivante
Dans un couvent, bien loin,
La victime innocente.

Hélas ! quel triste orage
Pour ces tendres amants ;
Que ce cruel partage
Leur cause de tourments !
Damon a beau chercher
Sa charmante Henriette,
Mais il ne peut trouver
Le lieu de sa retraite.

L'abbesse prend à tâche
De lui tourner l'esprit :
Lui parlant sans relâche
Et de règle et d'habit :
« Prends le voile au plus tôt,
Ornes-en donc ta tête,
Et les anges d'en haut
En chanteront la fête.

— Ah ! madame l'abbesse,
Ramassez vos bandeaux ;
Je ne puis par faiblesse
Tomber dans vos panneaux.
Pour un sort plus heureux
Le dieu d'amour m'appelle ;
Damon a tous mes vœux,
Je lui serai fidèle. »

On envoie d'Allemagne
Une lettre au baron,
Lui mandant que Guillaume
Vient de perdre son nom
Dans un sanglant combat,
Montrant son grand courage,
Mais un seul coup dompta
Ce guerrier redoutable.

En lisant cette lettre,
Poussait mille soupirs,
Pleurant avec tendresse
La mort de son cher fils.
« J'avais, dit-il, gardé
Pour toi bien des richesses,
Mais le ciel a vengé
Le malheur d'Henriette. »

Le lendemain à la grille
Henriette il fut voir,
Lui dit : « Ma pauvre fille,
Je meurs de désespoir.
Le ciel me punit bien
De mon trop de rudesse ;
Mais tu n'y perdras rien,
Je te rends ma tendresse.

— Qu'avez-vous donc, cher père,
Qui vous chagrine tant ?
— Ma fille, ton pauvre frère
Est mort en combattant,
En défendant le roi,
Au pays d'Allemagne,
Et je n'ai plus que toi
Pour être ma compagne.

— Or, en ce moment même,
Ah ! mon père, arrêtez !
Celui que mon cœur aime,
Vous me le donnerez ?
— Depuis longtemps, hélas !
Ma fille en Italie,
On dit qu'à Castella
Il a perdu la vie.

— Cruelle destinée !
Quoi ! mon amant est mort !
Sa vie est terminée,
Et moi je vis encor !
Destin trop rigoureux,
Et vous, père barbare,

Votre insensible cœur
A jamais nous sépare.

Adieu donc, mon aimable,
Je ne te verrai plus !
Ton souvenir m'accable,
Tes soins sont superflus.
Adieu, cher tourtereau,
Ta chère tourterelle
Au-delà du tombeau,
Oui, te sera fidèle.

Ah ! madame l'abbesse,
Donnez-moi un habit ;
Un saint désir me presse
D'être de vos brebis.
Coupez mes blonds cheveux,
Dont j'eus un soin extrême ;
Arrachez-en les nœuds :
J'ai perdu ce que j'aime.

Adieu donc, mon cher père,
Et toutes mes amies !
Dedans ce monastère
Je veux finir ma vie,
Passer mes tristes ans
Sous un habit de nonne,
Prier pour mes parents.
Que le ciel leur pardonne ! »

La voilà donc novice.
Le grand dommage, hélas !
Que sous un noir cilice
Soient cachés tant d'appas !
Son père veut encor
L'arracher de la grille ;
Mais son amant est mort !
Elle veut rester fille.

Or, justement la veille
De sa profession
(Ecoutez la merveille
Digne d'attention),
En tous lieux on publie
Qu'un captif racheté
Revient de la Turquie,
Jeune et de qualité.

On parle dans la ville
De ce captif si beau ;
D'une façon civile
Chacun lui fait cadeau.
Les dames, dont les cœurs
Sont tendres de nature,
Versent toutes des pleurs
Sur sa triste aventure.

L'abbesse, curieuse,
A son tour veut le voir,
Chaque religieuse
Se transporte au parloir ;
Un secret mouvement
Y conduit Henriette,
Qui ordinairement
Restait en sa chambrette.

« Beau captif, dit l'abbesse,
Quel est votre malheur ?
A vous je m'intéresse.
— Madame, trop d'honneur,
Je ne puis maintenant
Dire comme on me nomme,
Apprenez seulement
Que je suis gentilhomme.

J'aimais d'amour fidèle
Une jeune beauté ;
La jeune demoiselle
M'aimait de son côté ;
Mais son père inhumain
Autrement en ordonne,
Et m'enlève un matin
Cette aimable personne.

Où l'a-t-il donc cachée,
Ce père rigoureux ?
Sept ans je l'ai cherchée
En cent différents lieux.
Par tout pays je cours,
Cherchant, sans espérance,
Celle qui doit un jour
Terminer ma souffrance.

Pris par un vieux corsaire,
Me vendit sans pitié,

Et d'un cœur débonnaire
J'ai gardé l'amitié ;
Mais sa fille enchantée,
Quoique charmante et belle,
Me voulait épouser.
Pour moi quelle nouvelle !

Enfin, de mes refus
Cette fille se rebute ;
Pendant un an et plus
Elle me persécute,
Et son ordre m'oblige
A de rudes travaux.
Leur souvenir m'afflige
En vous disant ces mots.

C'était fait de ma vie,
J'en désirais la fin,
Quand le ciel en Turquie
Conduit les Mathurins ;
Ils brisent mes liens,
Au patron ils m'achètent.
Pour moi le jour n'est rien
Sans ma chère Henriette. »

La novice, éperdue,
Succombe à ce discours ;
Chaque sœur se remue
Pour lui donner secours :
Elle ouvre un œil mourant,
Disant, toute tremblante :
« Damon, mon cher Damon,
Tu revois ton amante. »

A la voix de la fille,
Damon perd la raison.
Il veut forcer la grille
Ou brûler la maison ;
Et, pour le retenir,
Il faut qu'on lui promette
De lui faire obtenir
Sa constante Henriette.

Le vieux baron arrive
Pour la profession ;
Une amitié si vive
Lui fait compassion.

Le voilà consentant
De signer l'alliance,
Il veut, dès ce moment,
Combler leur espérance.

L'on fit ce mariage
Tout en solennité ;
Leurs parents de tout âge,
Chacun s'y est trouvé.
Après tant de douleurs,
De traverses et de gênes,
L'on unit ces deux cœurs,
Récompensant leurs peines.

Paroles d'un anonyme.

CANTIQUE DE GENEVIÈVE DE BRABANT.

Air du *Cantique de saint Roch*.

Approchez-vous, honorable assistance,
Pour entendre réciter en ce lieu
L'innocence reconnue et patience
De Geneviève très aimée de Dieu,
 Étant comtesse,
 De grande noblesse,
Née du Brabant était assurément.

Geneviève fut nommée au baptême :
Ses père et mère l'aimaient tendrement ;
La solitude prenait d'elle-même,
Donnant son cœur au Sauveur tout-puissant.
 Son grand mérite
 Fit qu'à la suite,
Dès dix-huit ans fut mariée richement.

En peu de temps s'éleva grande guerre,
Son mari, seigneur du Palatinat,
Fut obligé, pour son honneur et gloire,
De quitter la comtesse en cet état,
 Étant enceinte
 D'un mois sans feinte,
Fait ses adieux, ayant les larmes aux yeux.

Il a laissé son aimable comtesse
Entre les mains d'un méchant intendant,

Qui la voulut séduire par finesse,
Et l'honneur lui ravir subitement.
  Mais cette dame
  Pleine de charme
N'y voulut consentir aucunement.

Ce malheureux accusa sa maîtresse
D'avoir péché avec son cuisinier :
Le serviteur fit mourir par adresse,
Et la comtesse fit emprisonner :
  Chose assurée,
  Est accouchée,
Dans la prison, d'un beau petit garçon.

Le temps finit toute cette grand' guerre,
Et le seigneur revint en son pays.
Golo s'en fut au-devant de son maître,
Jusqu'à Strasbourg, accomplir son envie.
  Ce téméraire
  Lui fit accroire
Que sa femme adultère avait commis.

Étant troublé de chagrin dans son âme,
Il ordonna à Golo, ce tyran,
D'aller au plus tôt faire tuer sa dame
Et massacrer son petit innocent.
  Ce méchant traître,
  Quittant son maître,
Va, d'un grand cœur, exercer sa fureur.

Ce bourreau de Geneviève si tendre,
La dépouilla de ses habillements ;
De vieux haillons la fit vêtir, et prendre
Par deux valets fort rudes et très puissants.
  L'ont emmenée,
  Bien désolée,
Dans la forêt avec son cher enfant.

Geneviève, approchant du supplice,
Dit à ses deux valets, tout en pleurant :
« Si vous voulez me rendre un grand service,
Faites-moi mourir avec mon cher enfant ;
  Et sans remise
  Je suis soumise
A votre volonté présentement. »

La regardant, l'un dit : « Qu'allons-nous faire
Quoi ! un massacre ! je n'en ferai rien ;
Faire mourir notre aimable maîtresse...
Peut-être un jour nous fera-t-elle du bien.
  Sauvez-vous, dame
  Pleine de charme ;
Dans ces forêts qu'on ne vous voie jamais. »

Celui qui a fait grâce à sa maîtresse,
Dit : « Je sais bien comment tromper Golo,
La langue d'un chien nous faut, par finesse,
Prendre et porter à ce cruel bourreau.
  Ce traître infâme,
  Dedans son âme,
Dira : C'est celle de Geneviève au tombeau.

Au fond d'un bois, dedans une carrière,
Geneviève demeura pauvrement,
Etant sans pain, sans feu et sans lumière,
Ni compagnie que de son cher enfant.
  Mais l'assistance
  Qui la substante
C'est le bon Dieu, qui la garde en tout lieu.

Elle fut visitée par une pauvre biche
Qui tous les jours allaitait son enfant.
Tous les oiseaux chantent et la réjouissent,
L'accoutumant à leur aimable chant :
  Les bêtes farouches
  Près d'elle se couchent,
Divertissant elle et son cher enfant.

Voilà son mari qui est en grande peine
Dans son château, consolé par Golo ;
Ce n'est que jeux, que festins qu'on lui mène
Mais ces plaisirs sont très mal à propos ;
  Car, dans son âme,
  Sa chère dame
Ce châtelain pleure avec grand chagrin.

Jésus-Christ a découvert l'innocence
De Geneviève, par sa grande bonté :
Chassant dans la forêt en diligence,
Le comte des chasseurs s'est écarté,
  Après la biche,
  Qui est nourrice
De son enfant, qu'elle allaitait souvent.

La pauvre biche se sauve au plus vite
Dedans la grotte, auprès de l'innocent;
Le comte aussitôt, faisant la poursuite
Pour la tirer de ces lieux promptement,
    Vit la figure
    D'une créature
Qui était auprès de son cher enfant.

Apercevant dans cette grotte obscure
Cette femme couverte de cheveux,
Lui demanda : « Qui êtes-vous, créature?
Que faites-vous dans ces lieux ténébreux?
    Ma chère amie,
    Je vous en prie,
Dites-moi donc, s'il vous plaît, votre nom.

— Geneviève, c'est mon nom d'assurance,
Née du Brabant, où sont tous mes parents.
Un grand seigneur m'épousa sans doutance,
Dans son pays m'emmena promptement.
    Je suis comtesse
    De grande noblesse,
Mais mon mari fait de moi grand mépris.

Il m'a laissée, étant d'un mois enceinte,
Entre les mains d'un méchant intendant,
Qui a voulu me séduire par contrainte,
Et puis me faire mourir vilainement;
    De rage félonne
    Dit à deux hommes
De me tuer moi et mon cher enfant. »

Le comte ému, reconnaissant sa femme
Dedans ce lieu, la regarde en pleurant.
« Quoi! est-ce vous, Geneviève, chère dame,
Pour qui je pleure il y a si longtemps?
    Mon Dieu! quelle grâce,
    Dans cette place
De retrouver ma très chère moitié. »

Ah! quelle joie! Au son de la trompette,
Voici venir la chasse et les chasseurs,
Qui reconnurent le comte, je proteste,
A ses côtés et sa femme et son cœur.

    L'enfant, la biche,
    Les chiens chérissent,
Les serviteurs rendent grâce au Seigneur.

Tous les oiseaux et les bêtes sauvages
Regrettent Geneviève par leur chant,
Pleurent et gémissent par leurs doux ramages
En chantant tous d'un ton fort languissant,
    Pleurant la perte
    Et la retraite
De Geneviève et de son cher enfant.

Ce grand seigneur, pour punir l'insolence
Et la perfidie du traître Golo,
Le fit juger par très juste sentence,
D'être écorché tout vif par un bourreau.
    A la voirie
    L'on certifie
Que son corps y fut jeté par morceaux.

Fort peu de temps notre illustre princesse
Resta vivante avec son cher mari.
Malgré ses chères et tendres caresses,
Elle ne pensait qu'au Sauveur Jésus-Christ.
    Dans sa chère âme,
    Remplie de flamme,
Elle priait Dieu tant le jour que la nuit.

Elle ne pouvait manger que des racines
Dont elle s'était nourrie dans les bois;
Ce qui fait que son mari se chagrine,
Offrant toujours des vœux au roi des rois,
    Qu'il s'intéresse
    De sa princesse,
Qui suivait si austèrement ses lois.

« Puissant seigneur, par amour, je vous prie,
Et puisqu'aujourd'hui il faut nous quitter,
Que mon cher fils, ma douce compagnie,
Tienne toujours place à votre côté;
    Que la souffrance
    De son enfance
Fasse preuve de ma fidélité. »

Geneviève à ce moment rendit l'âme
Au roi des rois, le Sauveur tout-puissant.

Bénoni, de tout son cœur et son âme,
Poussait des cris terribles et languissants,
    Se jetant par terre
    Lui et son père,
Se lamentant, pleurant amèrement.

Du ciel alors sortit une lumière,
Comme un rayon d'un soleil tout nouveau,
Dont la clarté dura la nuit entière ;
Rien n'a paru au monde de plus beau.
    Les pauvres et riches,
    Jusqu'à la biche,
Tout a suivi Geneviève au tombeau.

Pour conserver à jamais l'innocence
De Geneviève accusée par Golo,
La pauvre biche veut par sa souffrance
La prouver par un miracle nouveau,
    Puisqu'elle est morte,
    Quoi qu'on lui porte,
Sans boire ni manger sur le tombeau.

Paroles d'un anonyme.

Air ancien, noté au N. 736 de la Clé du Caveau.

FUALDÈS.

Écoutez, peuples de France,
Du royaume du Chili,
Peuples de Russie, aussi
Du cap de Bonne-Espérance,
Le mémorable accident
D'un crime très conséquent.

Capitale du Rouergue,
Vieille ville de Rodez,
Tu vis de sanglants forfaits
A quatre pas de l'Ambergue,
Faits par des cœurs aussi durs
Comme tes antiques murs.

De très honnête lignée
Vinrent Bastide et Jausion,
Pour la malédiction
De cette ville indignée ;
Car d' Rodez les habitants
Ont presqu' tous des sentiments.

Bastide le gigantesque,
Moins deux pouces ayant six pieds,
Fut un scélérat fieffé
Et même sans politesse,
Et Jausion l'insidieux
Sanguinaire, avaricieux.

Ils méditent la ruine
D'un magistrat très prudent,
Leur ami, leur confident ;
Mais ne pensant pas le crime,
Il ne se méfiait pas
Qu'on complotait son trépas.

Hélas ! par un sort étrange,
Pouvant vivre honnêtement,
Ayant femme et des enfants,
Jausion, l'agent de change,
Pour acquitter ses effets
Résolut ce grand forfait.

Bastide le formidable,
Le dix-neuf mars, à Rodez,
Chez le vieillard Fualdès
Entre avec un air aimable,
Dit : « Je dois à mon ami ;
Je fais son compte aujourd'hui. »

Ces deux beaux-frères perfides
Prennent des associés :
Bach et le porteur Bousquier,
Et Missonnier l'imbécile,
Et Colard est pour certain
Un ancien soldat du train.

Dedans la maison Bancale,
Lieu de prostitution,
Les bandits de l'Aveyron,
Vont faire leur bacchanale,

Car pour un crime odieux,
Rien n'est tel qu'un mauvais lieu.

Alors le couple farouche
Saisit Fualdès au Terral ;
Avec un mouchoir fatal
On lui tamponne la bouche ;
On remplit son nez de son
Pour intercepter le son.

Dans cet infâme repaire
Ils le poussent malgré lui,
Lui déchirant son habit,
Jetant son chapeau par terre,
Et des vielleurs insolents
Assourdissent les passants.

Sur la table de cuisine
Ils l'étendent aussitôt ;
Jausion prend son couteau
Pour égorger la victime ;
Mais Fualdès, d'un coup de temps,
S'y soustrait adroitement.

Sitôt l'Hercule Bastide
Le relève à bras tendu ;
De Jausion éperdu
Prenant le fer homicide :
« Est-ce là comme on s'y prend !
Va, tu n'es qu'un innocent. »

« Puisque sans raison plausible
Vous me tuez, mes amis,
De mourir en étourdi,
Cela ne m'est pas possible :
Ah ! laissez-moi dans ce lieu
Faire ma paix avec Dieu. »

Ce géant épouvantable
Lui répond grossièrement :
« Tu pourras dans un instant
Faire paix avec le diable. »
Ensuite d'un large coup
Il lui traverse le cou.

Voilà le sang qui s'épanche,
Mais la Bancale aux aguets
Le reçoit dans un baquet,
Disant : « En place d'eau blanche,
Y mettant un peu de son,
Ça sera pour mon cochon. »

Fualdès meurt, et Jausion fouille,
Prenant le passe-partout,
Dit : Bastide, « Ramass' tout. »
Il empoigne la grenouille,
Bague, clef, argent comptant,
Montant bien à dix-sept francs.

Alors chacun à la hâte,
Colard, Benoît, Missonnier,
Et Bach, le contrebandier,
Mettant la main à la pâte,
Le malheureux maltraité
Se trouve être empaqueté.

Certain bruit frappe l'ouïe
De Bastide furieux :
Un homme s'offre à ses yeux,
Qui dit : « Sauvez-moi la vie,
Car, sous ce déguisement,
Je suis Clarisse Enjalran. »

Lors d'une main téméraire,
Ce monstre licencieux,
Veut s'assurer de son mieux
A quel homme il a affaire,
Et, trouvant le fait corstant,
Teint son pantalon de sang.

Sans égard et sans scrupule
Il a levé le couteau.
Jausion lui dit : « Nigaud,
Quelle action ridicule,
Un cadavre est onéreux,
Que feras-tu donc de deux ? »

On traîne l'infortunée
Sur le corps tout palpitant ;
On lui fait prêter serment.
Sitôt qu'elle est engagée,

Jausion officieux
La fait sortir de ces lieux.

Quand ils sont dedans la rue,
Jausion lui dit d'un air fier :
« Par le poison ou le fer,
Si tu causes t'es perdue. »
Manson rend du fond du cœur
Grâce à son tendre sauveur.

Bousquier dit avec franchise,
En contemplant cette horreur :
« Je ne serai pas porteur
De pareille marchandise.
Comment, mon cher ami Bach,
Est-ce donc là ton tabac ? »

Mais, Bousquier faisant la mine
De sortir de ce logis,
Bastide prend son fusil,
Et l'appui sur la poitrine
De Bousquier, disant : « Butor,
Si tu bouges, tu es mort. »

Bastide, ivre de carnage,
Donne l'ordre du départ,
En avant voilà qu'il part ;
Jausion doit fermer la marche ;
Et les autres du brancard
Saisissent chacun un quart.

Alors de l'affreux repaire
Sort le cortége sanglant :
Colard et Bancal devant,
Bousquier, Bach, portaient derrière,
Missonnier, ne portant rien,
S'en va la canne à la main.

En allant à la rivière,
Jausion tombe d'effroi.
Bastide lui dit : « Eh ! quoi !
Que crains-tu ? » Le cher beau-frère
Lui répond: « Je n'ai pas peur, »
Mais tremblait comme un voleur.

Enfin, l'on arrive au terme :
Le corps, désempaqueté,

Dans l'Aveyron est jeté.
Bastide alors, d'un air ferme,
S'éloigne avec Jausion ;
Chacun tourne les talons.

Par les lois de la physique,
Le corps du pauvre innocent,
Se trouvant privé de sang,
Par un miracle authentique,
Surnage, aux regards surpris,
Pour la gloire de Thémis.

L'on s'enquiert et l'on s'informe,
Les assises de l'Aveyron
Prennent condamnation
Par un arrêt bien en forme,
Qui, pour quelqu'omission
A subi cassation.

En vertu d'une ordonnance,
La cour d'assises d'Albi
De ce forfait inouï
En doit prendre connaissance ;
Les fers aux mains et aux pieds,
Ces monstres sont transférés.

Le chef de gendarmerie
Et le maire de Rodez
Ont inventé, tout exprès,
Une cage bien garnie,
Qui les expose aux regards,
Comme tigres et léopards.

La procédure commence ;
Bastide le rodomont,
Au témoin qui le confond,
Parle avec impertinence,
Quoiqu'entouré de recors,
Il fait le drôle de corps.

Tous adoptent le système
De la dénégation ;
Mais cette œuvre du démon
Se renverse d'elle-même ;
Et leurs contradictions
Servent d'explications.

Pressés par leur conscience,
Bach et la Bancal, tous deux,
Font des aveux précieux.
Malgré cette circonstance,
Les beaux-frères accusés
N'en sont pas déconcertés.

Qui vous a sauvé, Clarisse?
Dit l'aimable président;
Il vous faut en ce moment
Le nommer à la justice :
Est-ce Veynac ou Jausion?
— Je ne dis ni oui ni non.

Clarisse voit l'air farouche
Que sur elle on a porté;
Non, l'*auguste vérité*
Ne peut sortir de ma bouche...
Je ne fus point chez Bancal...
Mais quoi! je me trouve mal...

On prodigue l'eau des Carmes :
Clarisse aussitôt revient;
A Bastide qui soutient
Ne connaître cette dame,
Elle dit : Monstre enragé,
Tu as voulu m'égorger.

Si l'on en croit l'éloquence
De chacun des avocats,
De tous ces vils scélérats
Manifeste est l'innocence,
Mais malgré tous leurs rébus,
Ce sont des propos perdus.

De Clarisse l'innocence
Paraît alors dans son jour;
Elle prononce un discours
Qui commande le silence,
Et n'aurait pas plus d'éclat
Quand ce serait son état.

« Dans cet asile du crime,
« Imprudente, et voilà tout,
« Pleurs, débats, *j'entendis tout,*
« Derniers cris de la victime :
« Me trouvant là par hasard,
« Et par un moment d'écart. »

A la fin tout débat cesse
Par la condamnation
De Bastide et de Jausion;
Colard, Bach et la tigresse,
Par un légitime sort,
Subissent l'arrêt de mort.

De la clémence royale,
Pour ses révélations,
Bach est l'objet. Pour raisons
On conserve la Bancale,
Jausion, Bastide et Colard
Doivent périr sans retard.

A trois heures et demie,
Le troisième jour de juin,
Cette bande d'assassins
De la prison est sortie
Pour subir leur châtiment,
Aux termes du jugement

Bastide vêtu de même,
Et Colard comme aux débats,
Jausion ne l'était pas ;
A sa famille qu'il aime
Envoie une paire de bas
En signe de son trépas.

Malgré la sainte assistance
De leurs dignes confesseurs,
Ces scélérats imposteurs
Restent dans l'impénitence,
Et montent sur l'échafaud
Sans avouer leurs défauts.

Dernières paroles de Jausion à sa femme.

Epouse sensible et chère,
Qui, par mon ordre inhumain,
M'as si bien prêté la main
Pour forcer le secrétaire,
Elève nos chers enfants
Dans tes nobles sentiments.

Catalan, dentiste.

Air ancien, noté au N. 1375 de la Clé du Caveau.

MORT ET CONVOI
DE L'INVINCIBLE MALBROUGH.
1709.

Malbrough s'en va-t-en guerre,
Mironton, mironton, mirontaine;
Malbrough s'en va-t-en guerre,
Ne sait quand reviendra. (*ter.*)

Il reviendra z'à Pâques,
Mironton, mironton, mirontaine,
Il reviendra z'à Pâques
Ou à la Trinité. (*ter.*)

La Trinité se passe,
Mironton, mironton, mirontaine;
La Trinité se passe,
Malbrough ne revient pas. (*ter.*)

Madame à sa tour monte,
Mironton, mironton, mirontaine;
Madame à sa tour monte,
Si haut qu'ell' peut monter (*ter.*)

Elle aperçoit son page,
Mironton, mironton, mirontaine,
Elle aperçoit son page,
Tout de noir habillé. (*ter.*)

Beau page, ah! mon beau page,
Mironton, mironton, mirontaine:
Beau page, ah! mon beau page,
Quell' nouvelle apportez? (*ter.*)

Aux nouvell's que j'apporte,
Mironton, mironton, mirontaine;
Aux nouvell's que j'apporte,
Vos beaux yeux vont pleurer. (*ter.*)

Quittez vos habits roses,
Mironton, mironton, mirontaine;
Quittez vos habits roses,
  (*ter.*)

Monsieur d' Malbrough est mort,
Mironton, mironton, mirontaine;
Monsieur d' Malbrough est mort,
Est mort et enterré!... (*ter.*)

J' l'ai vu porter en terre,
Mironton, mironton, mirontaine;
J' l'ai vu porter en terre,
Par quatre z'officiers. (*ter.*)

L'un portait sa cuirasse,
Mironton, mironton, mirontaine,
L'un portait sa cuirasse,
L'autre son bouclier. (*ter.*)

L'un portait son grand sabre,
Mironton, mironton, mirontaine:
L'un portait son grand sabre,
L'autre ne portait rien. (*ter.*)

A l'entour de sa tombe,
Mironton, mironton, mirontaine;
A l'entour de sa tombe,
Romarin l'on planta. (*ter.*)

Sur la plus haute branche,
Mironton, mironton, mirontaine;
Sur la plus haute branche,
Le rossignol chanta. (*ter.*)

On vit voler son âme,
Mironton, mironton, mirontaine;
On vit voler son âme,
Au travers des lauriers. (*ter.*)

Chacun mit ventre à terre,
Mironton, mironton, mirontaine;
Chacun mit ventre à terre,
Et puis se releva. (*ter.*)

Pour chanter les victoires,
Mironton, mironton, mirontaine;
Pour chanter les victoires,
Que Malbrough remporta.

La cérémoni' faite,
Mironton, mironton, mirontaine ;
La cérémoni' faite,
Chacun s'en fut coucher. *(ter.)*

Les uns avec leurs femmes,
Mironton, mironton, mirontaine ;
Les uns avec leurs femmes,
Et les autres tout seuls. *(ter.)*

Ce n'est pas qu'il en manque,
Mironton, mironton, mirontaine ;
Ce n'est pas qu'il en manque,
Car j'en connais beaucoup. *(ter.)*

Des blondes et des brunes,
Mironton, mironton, mirontaine ;
Des blondes et des brunes,
Et des châtaign's aussi. *(ter.)*

J' n'en dis pas davantage,
Mironton, mironton, mirontaine ;
J' n'en dis pas davantage,
Car en voilà z'assez. *(ter.)*

Paroles d'un anonyme.

Il y avait soixante ans que le fameux duc de Marlborough était mort, après avoir été oublié pendant dix ans, lorsqu'en 1781, la nourrice du Dauphin fils de Louis XVI (qui se nommait madame Poitrine), chanta, en berçant son royal nourrisson, cette espèce de ballade dont l'air naïf et gracieux fit sensation. M. de Chateaubriand, qui a entendu chanter cet air dans l'Orient, croit qu'il y a été porté du temps des croisades. Les paroles burlesques avaient probablement été rapportées dans plusieurs provinces après la bataille de Malplaquet, en 1709, par quelques soldats de Villars et de Boufflers. Déjà, en 1706, on avait composé sur Marlborough des couplets qui se trouvent dans le recueil manuscrit, en quarante-quatre volumes, de chansons historiques, fait pour M. de Maurepas, et qui se trouve au dépôt des Manuscrits de la bibliothèque royale. La chanson de la nourrice fut bientôt à la mode au château de Versailles, parvint à Paris et se répandit bientôt dans toute la France. Pendant quatre ou cinq ans, on n'entendit que le refrain : *mironton, mirontaine*. La chanson fut imprimée sur les éventails et les écrans, avec une gravure représentant le convoi de Malbrough, madame montée sur sa tour, le page tout de noir habillé, etc. Cette estampe fut imitée de toutes les grandeurs, de toutes les formes, courut les rues et les villages, et elle a donné à M. de Marlborough une célébrité plus populaire que toutes ses victoires. Toutes les fois que Napoléon montait à cheval pour entrer en campagne, il fredonnait l'air : *Malbrough s'en va-t-en guerre*. A Sainte-Hélène, près de son lit de mort, ayant parlé du duc de Marlborough avec M. de Las Cases, et en ayant fait l'éloge, il vint à penser à la chanson, ne put s'empêcher de sourire, et dit : « Voilà pourtant ce que c'est que le ridicule ; il stigmatise tout, jusqu'à la victoire ! » puis il fredonna le premier couplet.

Peu de personnes connaissent aujourd'hui un poème en quatre chants, intitulé : *Malbrough*, composé en 1783 par Beffroi de Reigny, qui se faisait appeler le cousin Jacques, et qui constate que ce fut la nourrice du Dauphin qui apporta la chanson de Malbrough à Versailles ; on joua à la même époque, sur le théâtre de Nicolet, la grande pantomime de *Malbrough* ; et une pièce comique sous le même titre, qui fut jouée en 1834 aux Variétés, vient d'être reprise avec succès sur le théâtre des Folies-Dramatiques.

L'air de cette chanson est extrêmement gracieux, et Beaumarchais l'a employé avec succès dans le *Mariage de Figaro*, pour la jolie romance du page Chérubin.

Air ancien, noté au N. 662 de la Clé du Caveau.

M. DE LA PALISSE.

Messieurs, vous plaît-il d'ouïr
L'air du fameux La Palisse ?
Il pourra vous réjouir,
Pourvu qu'il vous divertisse.

La Palisse eut peu de bien
Pour soutenir sa naissance ;
Mais il ne manqua de rien,
Dès qu'il fut dans l'abondance.

Bien instruit dès le berceau,
Jamais, tant il fut honnête,
Il ne mettait son chapeau,
Qu'il ne se couvrît la tête.

Il était affable et doux,
De l'humeur de feu son père,

Et n'entrait guère en courroux
Si ce n'est dans la colère.

Il buvait tous les matins
Un doigt tiré de la tonne,
Et mangeant chez ses voisins,
Il s'y trouvait en personne.

Il voulait dans ses repas
Des mets exquis et fort tendres,
Et faisait son mardi gras
Toujours la veille des Cendres.

Ses valets étaient soigneux
De le servir d'andouillettes,
Et n'oubliaient pas les œufs,
Surtout dans les omelettes.

De l'inventeur du raisin
Il révérait la mémoire ;
Et pour bien goûter le vin
Jugeait qu'il en fallait boire.

Il disait que le nouveau
Avait pour lui plus d'amorce ;
Et moins il y mettait d'eau
Plus il y trouvait de force.

Il consultait rarement
Hippocrate et sa doctrine ;
Et se purgeait seulement
Lorsqu'il prenait médecine.

Il aimait à prendre l'air
Quand la saison était bonne,
Et n'attendait pas l'hiver
Pour vendanger en automne.

Il épousa, ce dit-on,
Une vertueuse dame ;
S'il avait vécu garçon,
Il n'aurait pas eu de femme.

Il en fut toujours chéri ;
Elle n'était point jalouse,

Sitôt qu'il fut son mari,
Elle devint son épouse.

D'un air galant et badin,
Il courtisait sa Caliste,
Sans jamais être chagrin
Qu'au moment qu'il était triste.

Il passa près de huit ans
Avec elle fort à l'aise ;
Il eut jusqu'à huit enfants :
C'était la moitié de seize.

On dit que dans ses amours
Il fut caressé des belles,
Qui le suivirent toujours
Tant qu'il marcha devant elles.

Il brillait comme un soleil,
Sa chevelure était blonde,
Il n'eût pas eu son pareil,
S'il eût été seul au monde.

Il eut des talents divers,
Même on assure une chose :
Quand il écrivait en vers,
Qu'il n'écrivait pas en prose.

En matière de rébus,
Il n'avait pas son semblable :
Il eût fait des impromptus,
S'il en eût été capable.

Il savait un triolet
Bien mieux que sa patenôtre,
Quand il chantait un couplet,
Il n'en chantait pas un autre.

Il expliqua doctement
La physique et la morale :
Il soutint qu'une jument
Est toujours une cavale.

Par un discours sérieux,
Aprouva que la berlue

Et les autres maux des yeux
Sont contraires à la vue.

Chacun alors applaudit
A sa science inouïe ;
Tout homme qui l'entendit,
N'avait pas perdu l'ouïe.

Il prétendit en un mois
Lire toute l'Écriture,
Et l'aurait lue une fois,
S'il en eût fait la lecture.

Par son esprit et son air,
Il s'acquit le don de plaire,
Le roi l'eût fait duc et pair,
S'il avait voulu le faire.

Mieux que tout autre il savait
A la cour jouer son rôle :
Et jamais, lorsqu'il buvait,
Ne disait une parole.

Lorsqu'en sa maison des champs
Il vivait libre et tranquille,
On aurait perdu son temps
De le chercher à la ville.

Un jour il fut assigné
Devant son juge ordinaire,
S'il eût été condamné,
Il eût perdu son affaire.

Il voyageait volontiers,
Courant par tout le royaume,
Quand il était à Poitiers,
Il n'était pas à Vendôme.

Il se plaisait en bateau ;
Et, soit en paix, soit en guerre,
Il allait toujours par eau,
Quand il n'allait pas par terre.

Un beau jour, s'étant fourré
Dans un profond marécage,

Il y serait demeuré,
S'il n'eût pas trouvé passage.

Il fuyait assez l'excès ;
Mais dans les cas d'importance,
Quand il se mettait en frais,
Il se mettait en dépense.

Dans un superbe tournoi,
Prêt à fournir sa carrière,
Il parut devant le roi :
Il n'était donc pas derrière.

Monté sur un cheval noir,
Les dames le reconnurent,
Et c'est là qu'il se fit voir
A tous ceux qui l'aperçurent.

Mais bien qu'il fût vigoureux,
Bien qu'il fît le diable à quatre,
Il ne renversa que ceux
Qu'il eut l'adresse d'abattre.

Au piquet, par tout pays,
Il jouait suivant sa pente,
Et comptait quatre-vingt-dix
Lorsqu'il faisait un nonante.

Il savait les autres jeux
Qu'on joue à l'académie,
Et n'était pas malheureux,
Tant qu'il gagnait la partie.

On s'étonne sans raison
D'une chose très commune :
C'est qu'il vendit sa maison ;
Il fallait qu'il en eût une.

Il choisissait prudemment
De deux choses la meilleure,
Et répétait fréquemment
Ce qu'il disait à toute heure.

Il fut, à la vérité,
Un danseur assez vulgaire,

Mais il n'eût pas mal chanté,
S'il n'avait voulu se taire.

Il eut la goutte à Paris,
Longtemps cloué sur sa couche ;
En y jetant les hauts cris,
Il ouvrait bien fort la bouche.

On raconte que jamais
Il ne pouvait se résoudre
A charger ses pistolets
Quand il n'avait pas de poudre.

On ne le vit jamais las,
Ni sujet à la paresse :
Tandis qu'il ne dormait pas,
On tient qu'il veillait sans cesse.

C'était un homme de cœur,
Insatiable de gloire ;
Lorsqu'il était le vainqueur,
Il remportait la victoire.

Les places qu'il attaquait,
A peine osaient se défendre,
Et jamais il ne manquait
Celles qu'on lui voyait prendre.

Un devin, pour deux testons,
Lui dit d'une voix hardie
Qu'il mourrait de là les monts,
S'il mourait en Lombardie.

Il y mourut, ce héros,
Personne aujourd'hui n'en doute,
Sitôt qu'il eut les yeux clos,
Aussitôt il ne vit goutte.

Il fut, par un triste sort,
Blessé d'une main cruelle.
On croit, puisqu'il en est mort,
Que la plaie était mortelle.

Regretté de ses soldats,
Il mourut digne d'envie,

Et le jour de son trépas
Fut le dernier de sa vie.

Il mourut le vendredi,
Le dernier jour de son âge ;
S'il fût mort le samedi,
Il eût vécu davantage.

J'ai lu dans les vieux écrits
Qui contiennent son histoire
Qu'il irait en paradis,
S'il n'était en purgatoire.

Paroles d'un anonyme.

Voici ce qu'on lit dans le *Menagiana*, édition de 1715, que l'on sait avoir été revue par La Monnoie : « Gabriel Naudé, qui, dans son dialogue de *Mascurat et de Saint-Ange*, a discouru fort au long de la poésie burlesque et de ses différents styles, ne paraît pas en avoir connu un qu'on pourrait fort bien, ce me semble, appeler le style niais, tel qu'est celui de la chanson intitulée : *le Fameux La Galisse*, homme imaginaire, dont on a pris plaisir de faire en cinquante quatrains la description ci-dessus, etc.

Il est singulier que La Monnoie n'ait pas alors indiqué qu'il était l'auteur de cette chanson. Cependant, dans ses œuvres publiées l'année suivante, 1716, et de son vivant, le même passage se retrouve textuellement copié ; excepté qu'on y a ajouté : *Dont M. de La Monnoie a pris, etc.* A cette époque, c'était donc M. de La Galisse et non M. de La Palisse. Le nom du maréchal qui combattit avec François Ier, à Pavie, s'écrivait *La Palice* ; mais la ressemblance des deux noms et de l'air choisi par l'auteur de la chanson, aura motivé la confusion. Cet air était celui d'un couplet fait sans doute lors de la défaite de Pavie, et dont voici les paroles :

> Monsieur La Palisse est mort,
> Il est mort devant Pavie.
> Un quart d'heure avant sa mort
> Il était encore en vie !.....

La chanson de La Palisse commence ainsi dans le recueil de romances imprimé en 1767, et le titre de l'air, ainsi que sa musique primitive, est gravé dans *le Théâtre de la Foire*, 1737. Alors le nom du héros avait changé, et dans l'édition des *Œuvres de La Monnoie*, 3 vol. in-8, 1770, on lit : *Chanson sur le fameux La Palisse*. L'air langoureux, qui était celui d'un ancien noël, convenait aux paroles ; celui qu'on y a substitué depuis une cinquantaine d'années ne s'y ajuste qu'en doublant quelques notes.

Revenons à Ménage, qui ignorait de qui était la

chanson; s'il avait cru qu'elle fût de La Monnoie, il n'aurait pas été étonné que Gabriel Naudé n'en eût pas parlé dans son ouvrage, imprimé en 1650, La Monnoie n'ayant alors que neuf ans. Cet ouvrage, dont parle Ménage sous le titre de *Mascurat*, était aussi connu sous le titre de : *Jugement de tout ce qui a été imprimé contre le cardinal Mazarin.*

Du reste, la chanson commençant par les mots : *Messieurs, vous plaît il d'ouïr l'air du fameux La Galisse* ou *La Palisse*, prouve que cet air était connu et qu'il y avait une chanson plus ancienne.

Air ancien, noté au N. 692 de la Clé du Caveau.

LA MÈRE MICHEL.

AIR : *Ah! si vous aviez vu M. de Catinat.*

C'est la mère Michel qui a perdu son chat,
Qui cri' par la fenêtr', qui est-c' qui lui rendra,
Et l' compèr' Lustucru qui lui a répondu :
« Allez, la mèr' Michel, vot' chat n'est pas perdu. »

C'est la mère Michel qui lui a demandé :
« Mon chat n'est pas perdu! vous l'avez donc trouvé? »
Et l' compèr' Lustucru qui lui a répondu :
« Donnez un' récompense, il vous sera rendu. »

Et la mère Michel lui dit : « C'est décidé :
Si vous rendez mon chat, vous aurez un baiser. »
Le compèr' Lustucru, qui n'en a pas voulu,
Lui dit : « Pour un lapin votre chat est vendu. »

Paroles d'un anonyme.

Air ancien, noté au N. 22 de la Clé du Caveau.

LE ROI DAGOBERT.

Le bon roi Dagobert
Avait sa culotte à l'envers ;
  Le grand saint Éloi
  Lui dit : « O mon roi!
  Votre Majesté
  Est mal culotté.
— C'est vrai, lui dit le roi,
Je vais la remettre à l'endroit. »

Comme il la remettait
Et qu'un peu il se découvrait,
  Le grand saint Éloi
  Lui dit : « O mon roi!
  Vous avez la peau
  Plus noir' qu'un corbeau.
— Bah! bah! lui dit le roi,
La rein' l'a plus noire que moi. »

Le bon roi Dagobert
Fut mettre son bel habit vert ;
  Le grand saint Éloi
  Lui dit : « O mon roi!
  Votre habit paré
  Au coude est percé.
— C'est vrai, lui dit le roi ;
Le tien est bon : prête-le-moi. »

Du bon roi Dagobert
Les bas étaient rongés des vers ;
  Le grand saint Éloi
  Lui dit : « O mon roi!
  Vos deux bas cadets
  Font voir vos mollets.
— C'est vrai, lui dit le roi ;
Les tiens sont bons : donne-les-moi. »

Le bon roi Dagobert
Faisait peu sa barbe en hiver ;
  Le grand saint Éloi
  Lui dit : « O mon roi!
  Il faut du savon
  Pour votre menton.
— C'est vrai, lui dit le roi ;
As-tu deux sous? prête-les-moi. »

Du bon roi Dagobert
La perruque était de travers ;
  Le grand saint Éloi
  Lui dit : « O mon roi!
  Votre perruquier
  Vous a mal coiffé.

— C'est vrai, lui dit le roi ;
Je prends ta tignasse pour moi. »

Le bon roi Dagobert
Portait manteau court en hiver,
  Le grand saint Éloi
  Lui dit : « O mon roi !
  Votre Majesté
  Est bien écourté.
  — C'est vrai, lui dit le roi ;
Fais-le rallonger de deux doigts. »

Du bon roi Dagobert
Le chapeau coiffait comme un cerf ;
  Le grand saint Éloi
  Lui dit : « O mon roi !
  La corne au milieu
  Vous siérait bien mieux.
  — C'est vrai, lui dit le roi ;
J'avais pris modèle sur toi. »

Le roi faisait des vers ;
Mais il les faisait de travers ;
  Le grand saint Éloi
  Lui dit : « O mon roi !
  Laissez aux oisons
  Faire des chansons.
  — C'est vrai, lui dit le roi,
C'est toi qui les feras pour moi. »

Le bon roi Dagobert
Chassait dans la plaine d'Anvers,
  Le grand saint Eloi
  Lui dit : « O mon roi !
  Votre Majesté
  Est bien essoufflé.
  — C'est vrai, lui dit le roi,
Un lapin courait après moi. »

Le bon roi Dagobert
Allait à la chasse au pivert ;
  Le grand saint Éloi
  Lui dit : « O mon roi !
  La chasse aux coucous
  Vaudrait mieux pour vous.
  — Eh bien, lui dit le roi,
Je vais tirer : prends garde à toi. »

Le bon roi Dagobert
Avait un grand sabre de fer ;
  Le grand saint Éloi
  Lui dit : « O mon roi !
  Votre Majesté
  Pourrait se blesser.
  — C'est vrai, lui dit le roi ;
Qu'on me donne un sabre de bois. »

Les chiens de Dagobert
Étaient de gale tout couverts ;
  Le grand saint Éloi
  Lui dit : « O mon roi !
  Pour les nettoyer
  Faudrait les noyer.
  — Eh bien, lui dit le roi,
Va-t'en les noyer avec toi. »

Le bon roi Dagobert
Se battait à tort, à travers ;
  Le grand saint Eloi
  Lui dit : « O mon roi !
  Votre Majesté
  Se fera tuer.
  — C'est vrai, lui dit le roi ;
Mets-toi bien vite devant moi. »

Le bon roi Dagobert
Voulait conquérir l'univers,
  Le grand saint Éloi
  Lui dit : « O mon roi !
  Voyager si loin
  Donne du tintouin.
  — C'est vrai, lui dit le roi ;
Il vaudrait mieux rester chez soi. »

Le roi faisait la guerre,
Mais il la faisait en hiver ;
  Le grand saint Éloi
  Lui dit : « O mon roi !
  Votre Majesté
  Se fera geler.
  — C'est vrai, lui dit le roi ;
Je m'en vais retourner chez moi. »

Le bon roi Dagobert
Voulait s'embarquer sur la mer ;

Le grand saint Éloi
Lui dit : « O mon roi !
Votre Majesté
Se fera noyer.
— C'est vrai, lui dit le roi ;
On pourra crier : Le roi boit ! »

Le bon roi Dagobert
Avait un vieux fauteuil de fer ;
Le grand saint Éloi
Lui dit : « O mon roi !
Votre vieux fauteuil
M'a donné dans l'œil.
— Eh bien ! lui dit le roi,
Fais-le vite emporter chez toi. »

La reine Dagobert
Choyait un galant assez vert ;
Le grand saint Éloi
Lui dit : « O mon roi !
Vous êtes... cornu,
J'en suis convaincu.
— C'est bon, lui dit le roi,
Mon père l'était avant moi. »

Le bon roi Dagobert
Mangeait en glouton du dessert ;
Le grand saint Éloi
Lui dit : « O mon roi !
Vous êtes gourmand ;
Ne mangez pas tant.
— Bah ! bah ! lui dit le roi,
Je ne le suis pas tant que toi. »

Le bon roi Dagobert,
Ayant bu, allait de travers ;
Le grand saint Éloi
Lui dit : « O mon roi !
Votre Majesté
Va tout de côté.
— Eh bien ! lui dit le roi,
Quand t'es gris marches-tu plus droit ?

Quand Dagobert mourut,
Le diable aussitôt accourut ;
Le grand saint Éloi
Lui dit : « O mon roi !
Satan va passer ;
Faut vous confesser.

— Hélas ! dit le bon roi,
Ne pourrais-tu mourir pour moi ? »

Paroles d'un anonyme.
Air ancien, noté au N. 209 de la Clé du Caveau.

Il est difficile d'assigner une origine à cette chanson burlesque, et d'imaginer quel poète a eu la fantaisie de ressusciter le roi Dagobert et saint Éloi. Tout le monde sait que ce dernier, qui avait dès sa jeunesse excellé dans les ouvrages d'orfèvrerie, avait été employé par Dagobert, qui le fit son trésorier et son *monétaire*. Nous avons encore des monnaies de ce roi, où le nom d'*Eligius monetarius*, Éloi monétaire, est consigné. Il devint évêque de Noyon, et fut le confident de Dagobert, à qui il inspira le goût des fondations pieuses. Sa vie a été écrite par saint Ouen, et nous ne pouvons rapporter tous les miracles que cet écrivain lui attribue ; il en est pourtant un assez singulier pour le mentionner. L'église de Sainte-Colombe ayant été volée, saint Éloi s'en plaignit à cette sainte, et lui dit d'une façon hardie : *Si vous ne faites rapporter aux voleurs les ornements et l'argent de votre église, je la fermerai si bien que personne n'y viendra plus*. La nuit suivante, le tout fut rapporté.

Quant à Dagobert, son règne eut de bons commencements, mais l'amour des femmes le porta aux plus honteux excès ; il accabla le peuple d'impôts, fit des guerres injustes et commit de grandes cruautés.

Il mourut de ses débauches à trente-six ans, en 638, à Épinay. Il avait fondé l'abbaye de Saint-Denis, et y fut enterré. On voit encore dans cette église une sculpture bizarre représentant la vision d'un évêque qui avait aperçu l'âme de Dagobert emmenée en enfer par les démons, et plusieurs saints, entre autres saint Denis, l'arrachant de leurs griffes et la portant au ciel. Quelques chroniques lui ont donné le titre de saint, mais l'Église ne le lui a pas confirmé. Tout le monde a vu au Cabinet des Antiques le *fauteuil de Dagobert*, monument de bronze fait, *disait-on*, par saint Éloi. Il a été rendu à l'abbaye de Saint-Denis en 1841.

Dans tout ce que nous venons de dire, rien ne peut motiver la chanson du *Bon roi Dagobert*. Le style prouve qu'elle n'est pas fort ancienne, non plus que l'air de chasse sur lequel on la chante. Les anachronismes sont trop visibles pour qu'ils n'aient pas été faits exprès. Cette chanson est une espèce de thème sur lequel tout le monde a brodé ; vers 1813, elle redevint à la mode, et on y ajouta des couplets satyriques évidemment dirigés contre Napoléon, et relatifs à la campagne de Russie. La chanson, qui courait les rues, fut défendue par la police.

Je ne sais pourquoi Dagobert a donné lieu à plusieurs plaisanteries, entre autres à celle-si connue : *Il n'est si bonne compagnie qui ne se quitte*, disait le roi Dagobert à ses chiens, en les envoyant noyer parce qu'ils avaient la gale. Quant à saint Éloi, qui est le patron des orfèvres et des forgerons, il a encore servi de texte à une chanson un peu grossière dont nous donnons un couplet :

AIR : *J'ai rêvé toute la nuit.* (241.)

Saint Éloi avait un fils
Qui se nommait *Oculi* ;
Et quand saint Éloi forgeait,
  Son fils *Oculi*,   (bis.)
Et quand saint Éloi forgeait,
  Son fils *Oculi* soufflait.

CADET ROUSSELLE.

1792.

Cadet Rousselle a trois maisons (bis.)
Qui n'ont ni poutres, ni chevrons. (bis.)
C'est pour loger les hirondelles,
Que direz-vous d' Cadet Rousselle ?
   Ah! ah! ah! mais vraiment,
Cadet Rousselle est bon enfant.

Cadet Rousselle a trois habits ; (bis.)
Deux jaunes, l'autre en papier gris ; (bis.)
Il met celui-là quand il gèle,
Ou quand il pleut et quand il grêle.
   Ah! ah! ah! mais vraiment,
Cadet Rousselle est bon enfant.

Cadet Rousselle a trois chapeaux ; (bis.)
Les deux ronds ne sont pas très-beaux, (bis.)
Et le troisième est à deux cornes :
De sa tête il a pris la forme.
   Ah! ah! ah! mais vraiment,
Cadet Rousselle est bon enfant.

Cadet Rousselle a trois beaux yeux ; (bis.)
L'un r'garde à Caen, l'autre à Bayeux ; (bis.)
Comme il n'a pas la vu' bien nette,
Le troisième, c'est sa lorgnette.
   Ah! ah! ah! mais vraiment,
Cadet Rousselle est bon enfant.

Cadet Rousselle a une épée, (bis.)
Très-longue, mais toute rouillée ; (bis.)
On dit qu'ell' ne cherche querelle
Qu'aux moineaux et qu'aux hirondelles.
   Ah! ah! ah! mais vraiment,
Cadet Rousselle est bon enfant.

Cadet Rousselle a trois souliers ; (bis.)
Il en met deux dans ses deux pieds ; (bis.)
Le troisièm' n'a pas de semelle ;
Il s'en sert pour chausser sa belle.
   Ah! ah! ah! mais vraiment,
Cadet Rousselle est bon enfant.

Cadet Rousselle á trois cheveux ; (bis.)
Deux pour les fac's, un pour la queue ; (bis.)
Et quand il va voir sa maîtresse,
Il les met tous les trois en tresse.
   Ah! ah! ah! mais vraiment,
Cadet Rousselle est bon enfant.

Cadet Rousselle a trois garçons ; (bis.)
L'un est voleur, l'autre est fripon ; bis.
Le troisième est un peu ficelle ;
Il ressemble à Cadet Rousselle.
   Ah! ah! ah! mais vraiment,
Cadet Rousselle est bon enfant.

Cadet Roussel a trois gros chiens ; (bis.)
L'un court au lièvr', l'autre au lapin, (bis.)
L' troisième s'enfuit quand on l'appelle,
Comm' le chien de Jean de Nivelle.
   Ah! ah! ah! mais vraiment,
Cadet Rousselle est bon enfant.

Cadet Rousselle a trois beaux chats, (bis.)
Qui n'attrappent jamais les rats ; (bis.)
Le troisièm' n'a pas de prunelle ;
Il monte au grenier sans chandelle.
   Ah! ah! ah! mais vraiment,
Cadet Rousselle est bon enfant.

Cadet Rousselle a marié (bis.)
Ses trois filles dans trois quartiers; (bis.)
Les deux premièr's ne sont pas belles,
La troisièm' n'a pas de cervelle;
  Ah! ah! ah! mais vraiment,
Cadet Rousselle est bon enfant.

Cadet Rousselle a trois deniers, (bis.)
C'est pour payer ses créanciers; (bis.)
Quand il a montré ses ressources,
Il les resserre dans sa bourse.
  Ah! ah! ah! mais vraiment,
Cadet Rousselle est bon enfant.

Cadet Roussell' s'est fait acteur, (bis.)
Comme Chénier s'est fait auteur; (bis.)
Au café quand il jou' son rôle,
Les aveugles le trouvent drôle (*).
  Ah! ah! ah! mais vraiment,
Cadet Rousselle est bon enfant.

Cadet Roussell' ne mourra pas, (bis.)
Car, avant de sauter le pas, (bis.)
On dit qu'il apprend l'orthographe
Pour fair' lui-mêm' son épitaphe.
  Ah! ah! ah! mais vraiment,
Cadet Rousselle est bon enfant.

    Paroles d'un anonyme.

Ce fut vers 1792 que les soldats français entendirent chanter dans le Brabant une chanson de *Jean de Nivelle*, personnage qui leur était fort inconnu, et auquel ils substituèrent quelque loustic de régiment appelé *Cadet Rousselle*. Du reste, la chanson devint si populaire, qu'elle donna l'idée d'une pièce bouffonne qui fut jouée au théâtre de la Cité, et dans laquelle l'acteur, *Brunet*, eut tant de succès que le type de ce personnage fut souvent employé pour lui. Il est certain que la chanson primitive a été modifiée et augmentée à plusieurs reprises, et qu'il serait difficile d'en retrouver le texte original. Elle a cependant été imprimée et gravée chez Frère; l'air, qui était fort gai, a été mis en contredanse.
Air ancien, noté au N. 658 de la Clé du Caveau.

(*) La pièce de Audo était intitulée : *Cadet Rousselle au Café des Anglais*.

LES BOSSUS.

1740.

Depuis longtemps je me suis aperçu
De l'agrément qu'on a d'être bossu.
Polichinelle en tous lieux si connu,
Toujours chéri, partout si bien venu,
Fait le gros dos parce qu'il est bossu.

Loin qu'une bosse soit un embarras,
De ce paquet on fait un fort grand cas :
Quand un bossu l'est derrière et devant,
Son estomac est à l'abri du vent,
Et ses épaules sont plus chaudement.

On trouve ici des gens assez mal nés
Pour s'aviser d'aller leur rire au nez :
Il l'ont toujours aussi long que le bec
De cet oiseau que l'on trouve à Quebec,
Et leur babil inspire du respect.

Tous les bossus ont ordinairement
Le ton comique et beaucoup d'agrément.
Quand un bossu se montre de côté,
Il règne en lui certaine majesté,
Qu'on ne peut voir sans en être enchanté.

Si j'avais eu les trésors de Crésus,
J'aurais rempli mon palais de bossus.
On aurait vu près de moi, nuit et jour,
Tous les bossus s'empresser tour-à-tour
De montrer leur éminence à ma cour.

Dans mes jardins, sur un beau piédestal,
J'aurais fait mettre un Ésope en métal,
Et par mon ordre, un de mes substituts
Aurait gravé près de ses attributs :
Vive la bosse et vivent les bossus !

Concluons donc, pour aller jusqu'au bout,
Qu'avec la bosse on peut passer partout.

Qu'un homme soit ou fantasque ou bourru,
Qu'il soit chassieux, malpropre, mal vêtu,
On le distingue alors qu'il est bossu.

Paroles d'un anonyme.

La chanson des *Bossus*, que l'on trouve dans plusieurs recueils, y est rarement complète; elle est attribuée à un bossu, médecin et neveu du fameux Santeuil; il l'a composée pour un repas auquel il avait invité tous les bossus de sa connaissance; c'était vers 1740.
Air ancien, noté au N. 144 de la Clé du Caveau.

L'ARRIVÉE DE NIGAUDIN A PARIS.

Air *de la valse du Hâvre.*
Ou · *Déjà je pars, de toutes parts.*

Soudain,
Me l'vant de grand matin,
J' fais mon paquet fort bien,
Et je m'mets en voyage :
J'avions souliers, habits et bas,
Mon bâton sous le bras,
Vers Paris j' guide mes pas.

J'enrage,
Il vient un grand orage,
Le tonnerre fait tapage ;
Mais, grand Dieu ! quelle averse !
J' suis mouillé jusqu'aux os.
J' veux passer un ruisseau,
V'là-t'y pas qu'un lourdeau
Me pousse et me renverse ?

A peine à Paris, v'là qu'une belle
Me dit, en me prenant la main :
« Mon ami, comment qu' tu t'appelles?
— Moi, mamsell' ? j' m'appell' Nigaudin. »
V'là qu'all' m' presse,
Qu'all' m' caresse,
Et me serre sur son sein.
— Quelle tendresse !
Quelle ivresse
De te voir, mon cher cousin.

Enfin,
La journé' s' pass' très bien,
Je dors jusqu'au lend'main
La grasse matinée.
A onze heur's ma cousine me dit :
Lève-toi, mon petit,
Le déjeuner est cuit.

Après m'être fait bien du corps
J' fais ma toilette et j' sors
Pour visiter la ville :
J' m'en fus voir l'ours Martin,
L'éléphant, le requin ;
J'étais dans ce jardin
Comme au sein d' ma famille.

J' vois une affiche qu'on contemple,
Les mains dans mes poches, j' lisons :
« Ambigu, boulvart du Temple,
Aujourd'hui *les Chevaliers du Lion.* »

Au spectacle,
Sans obstacle,
Dans un fiacre, j' guide mes pas ;
Cette vie
Est jolie,
Quand l'argent ne manque pas.

J'entre, j' voyons l'ver un rideau :
On crie : En bas l' chapeau !
Je l' jette
Sous ma banquette.
Arrivent des homm's et des soldats,
Qui font de grands ébats ;
Tout ça n' me regarde pas.

Queu bonheur !
Au bout d' trois quarts d'heure
J' n'en pouvions plus de chaleur,
Voilà qu'on baisse la toile.

J' sors pour me délasser :
J' vois du monde d'amassé,
On m' dit qu' c'était Bobèche,
Et puis Galimafré.

De leurs farces, de leurs parades
J' m' tenais l' ventr', tant que j' riais ;
Ne v'là-t'y pas qu'un camarade
M'emprunt' ma montr' dans mon gousset ?

    D'ans la foule,
    V'là qu'on s'boule,
J'cours après, mais queu malheur !
Ne v'là-t'y pas qu' la patrouille
    M'arrête pour le voleur ?

  J'ons beau m'expliquer,
    Beau crier
  Et ben gesticuler,
On m'mène au corps-de-garde.
J' vous en prie, monsieur l' général,
    Ou bien le caporal
  Ne me fait's pas de mal.

Après avoir fait un' faction,
  Je sors du violon
  Sans demander mon reste.
A Paris, j' dis adieu d' bon cœur,
  On n'y voit qu' des malheurs,
  Du monde et des voleurs.

Là, c'est un serin qu'est envolé,
  Un chien qu'est écrasé,
  Plus loin une batt'rie ;
  Là, c'est des charlatans,
  Des bonn's et des enfants,
  Des voitur's, des marchands,
  De tous côtés l'on crie.

C'est un train à fendre la tête ;
On n'fait que d'être poussé, r' poussé ;
Et si quelque part l'on s'arrête,
Vot' voisin vous marche sus l' pied.

    J' tire ma crampe,
    Et j' décampe,
Car si j' restions plus longtemps,
    Au village,
    Je le gage,
J' r'tourn'rais comme un p'tit saint Jean.

Adieu, Paris, adieu, beaux jours,
  L'objet de mes amours,
  Tout d' bon j' vous abandonne ;
Tout droit j' m'en retourne à mon pays ;
  Car pour rester ici,
  N, i, ni, c'est fini.

François Letellier,

ancien chanteur des rues.

Musique de feu Despinois, arrangée par Doche pour le théâtre, et notée au N. 1500 de la Clé du Caveau.

LE RETOUR DE NIGAUDIN DANS SA FAMILLE.

Air *de la valse du Hâvre.*

De Paris quittant le canton,
  A ch'val sur mon ânon,
  J' pars pour l' villag' d'Asnière,
Plus j' voulais qu'il aille en avant,
  Il allait en reculant
  Et se couchait par terre.

De rage, à grands coups d'échalas,
  Frappant à tour de bras,
  J' lui caressais les côtes.
V'là qu'un mauvais plaisant
  Disait, en me voyant :
  Oui, c'est bien là vraiment
  Deux bêt's l'un' portant l'autre.

D'un nouveau malheur je me damne :
Au cabaret étant entré,
J'avais mal attaché mon âne :
V'là qu'il prend la fuit' dans les prés.

    V'là que j' cours,
    Que j' parcours,
En d'mandant mon bourriquet,
    J' vous en prie,

J' vous supplie,
Si vous l'avez, rendez-lê.

De loin, voyant mon petit ânon,
J'crie : « Arrête, Manon. »
A grands pas v'là qu' j'arpente,
Mais, jarni, ben mal à propos,
J' choppe auprès d'un hameau.
V'là que j' tombe à plat ventre.

Queu train !
V'là le marchand de vin,
Armé d'un gros gourdin,
Et d'une manièr' frappante
M'disant : « P'tit tondu,
Tu me dois un écu ;
Tu vas m' payer mon dû. »
La scène était touchante ;
Dans mon désespoir je m'écrie
« C'est l' maudit âne qu'est cause de ça,
Oui, c'est en courant après lui
Qu' j'ai oublié d' vous payer ça. »

Plus d' bonne mine,
Plus d' cuisine,
Plus de montre, plus d'ânon.
Je suis bien
Petit enfant prodigue
Retournant à la maison.

Pourtant.
V'là qu' j'aperçois l' clocher.
Ben las, ben efflanqué,
Au villag' v'là qu' j'arrive ;
C'était ben l' cas de dire, vraiment,
J'étais en arrivant
Comme le Juif errant.
V'là Martin, Blaisot, Nicolas,
Et puis le grand Colas,
Qui volent sur mes traces.
« C'ment, c'est toi, Nigaudin !
— Oui, c'est ben moi, Catin ;
Embrasse-moi donc un brin. »
V'là qu'all' m' saute sur la face.

V'là qu' ma tante, mon père,
Et ma mère,
S'écriant :
L' v'là donc, c' pauvre enfant !
Dis'nt avec des larmes amères :
Nigaudin, viens donc sur mon flanc.
L'un m'embrasse,
L'autre m'arrache,
Et dans un jour aussi beau,
Père et mère,
Oncles et frères,
Tout l' monde pleurait comme des veaux.

Entré dans not' maison,
V'là-t'y pas qu' tout l' canton
Cheu nous arrive en foule,
D'mandant à cor et à cris
Que j' leux fasse un récit
Sur la ville de Paris.

« Vraiment
C'est un pays charmant ;
Mais faut beaucoup d'argent
Dans ce riant asile.
Mais c' qui déplaît tout d' bon,
J' vais vous l' dire sans façon :
La hauteur des maisons
Empêche de voir la ville ;

Champs-Élysées, quais et Tuileries,
Palais-Royal et boulevarts,
Où des demoiselles jolies
S'y promènent de toutes parts.

Grande roulade,
Grande parade,
Escamoteurs, aboyeurs ;
Grands spectacles,
Charrettes, fiacres,
Et demoiselles
Qui vendent leur honneur. »
Après un aussi beau récit,
V'là tout l' monde ébahi
De joie et de surprise :
Monsieur l' curé, l' maire et l' bailli

Restent tout interdits
Sus l' grand tableau de Paris.

François Letellier,
ancien chanteur des rues.

Les deux chansons qui précèdent ne sont pas richement rimées ; mais elles donneront une idée de celles qu'on chante dans les carrefours et qui sont composées par les chanteurs eux-mêmes Ces poésies *faciles* ne laissent pas que d'avoir leur intérêt dans l'histoire de notre littérature et de nos mœurs. Elles sont à la portée du peuple, qui les retient et les chante plus volontiers que des ouvrages de meilleur goût.

Musique de Despinois, notée au N. 1500 de la Clé du Caveau.

LA BELLE BOURBONNAISE.

1768.

Dans Paris la grand' ville,
Garçons, femmes et filles,
Ont tous le cœur débile,
Et poussent des hélas !
   Ah ! ah ! ah ! ah !
La belle Bourbonnaise,
La maîtresse de Blaise,
Est très mal à son aise,
Elle est sur le grabat,
   Ah ! ah ! ah ! ah !   *(quater.)*

N'est-ce pas grand dommage
Qu'une fille aussi sage,
Au printemps de son âge,
Soit réduite au trépas ?
   Ah ! ah ! ah ! ah !
La veille d'un dimanche,
En tombant d'une branche,
Se fit mal à la hanche
Et se démit le bras,
   Ah ! ah ! ah ! ah !   *(quater.)*

On chercha dans la ville
Un médecin habile
Pour guérir cette fille :
Il ne s'en trouva pas,
   Ah ! ah ! ah ! ah !
On mit tout en usage,
Médecine et herbage,
Bon bouillon et laitage :
Rien ne la soulagea,
   Ah ! ah ! ah ! ah !   *(quater.)*

Voilà qu'elle succombe ;
Elle est dans l'autre monde,
Puisqu'elle est dans la tombe,
Chantons son *Libera*,
   Ah ! ah ! ah ! ah !
Soyons dans la tristesse,
Et que chacun s'empresse,
En regrettant sans cesse,
Ses charmes, ses appas,
   Ah ! ah ! ah ! ah !   *(quater.)*

Pour qu'on sonnât les cloches,
On donna ses galoches,
Son mouchoir et ses poches,
Ses souliers et ses bas,
   Ah ! ah ! ah ! ah !
Quant à sa sœur Javotte,
On lui donna sa cotte,
Son manteau plein de crotte,
Le jour qu'elle expira,
   Ah ! ah ! ah ! ah !   *(quater.)*

En fermant la paupière
Ell' finit sa carrière,
Et sans drap et sans bière
En terre on l'emporta,
   Ah ! ah ! ah ! ah !
La pauvre Bourbonnaise
Va dormir à son aise,
Sans fauteuil et sans chaise,
Sans lit et sans sofa,
   Ah ! ah ! ah ! ah !   *(quater.)*

Attribuée au chevalier **de Boufflers.**

La chanson de *la Bourbonnaise* était une grosse bouffonnerie, dont l'héroïne était sans doute quelque courtisane de l'époque, qui, comme beaucoup de ses semblables, était tombée dans la misère après avoir brillé dans Paris. En 1768, lorsque la du Barri commença d'être en faveur, on chercha tous les moyens d'en dégoûter le roi, et on fit plusieurs chansons sur sa basse extraction, entre autres *la Nouvelle Bourbonnaise*. Mais la première chanson était antérieure au règne de la favorite, et ce qui lui donna une vogue qui s'est prolongée pendant plus d'un demi-siècle, c'était la manière dont elle était chantée par un homme connu sous le nom de *Grimacier*, dont la physionomie mobile et expressive était très originale. Cet homme, qui avait disparu pendant la Révolution, reparut sous l'Empire, et chanta encore dans les rues *la Bourbonnaise*, dont le succès n'a pas dû survivre au talent comique de son interprète.

Air italien. noté au N. 301 de la Clé du Caveau.

LE DÉPART DU CONSCRIT.

Je suis't un pauvre conscrit
De l'an mille huit cent dix;
Faut quitter le Languedo,
Le Languedo, le Languedo,
    Oh !
Faut quitter le Languedo,
Avec le sac sur le dos.

Le maire, et aussi le préfet,
N'en sont deux jolis cadets;
Ils nous font tirer z'au sort,
Tiré z'au sort, tiré z'au sort,
    Ort ;
Ils nous font tiré z'au sort,
Pour nous conduir' z'à la mort.

Adieu donc, mes chers parents,
N'oubliez pas votre enfant;
Crivés li de temps en temps,
De temps en temps, de temps en temps,
    En ;
Crivés li de temps en temps,
Pour lui envoyer de l'argent.

Adieu donc, chères beautés,
Dont nos cœurs sont z'enchantés;
Ne pleurez point not 'départ :

Not' départ, not' départ,
    Art ;
Ne pleurez point not' départ ;
Nous reviendrons tôt z'ou tard.

Adieu donc, mon tendre cœur;
Vous consolerez ma sœur :
Vous y direz que Fanfan,
Que Fanfan, que Fanfan,
    An ;
Vous y direz que Fanfan,
Il est mort z'en combattant.

Qui qu'a fait cette chanson,
N'en sont trois jolis garçons;
Ils étiont faiseux de bas,
Faiseux de bas, faiseux de bas,
    Ah ;
Ils étiont faiseux de bas,
Et à c' t'heure ils sont soldats.

Paroles d'un anonyme.

LE RETOUR DU CONSCRIT.

« Ah ! que je suis donc chagrinée
Que mon amant s'est engagé !
Je pleure tous les soirs,
Que je peux pas savoir
Quand je vas le revoir.
Y a deux ans qu'il est parti,
Avec son beau fusil,
Pour tuer les ennemis.

— Ah ! bah ! la bell', ne pleurez pu,
Que votre amant est revenu.
  — J' vous r'connais; en partant,
Vous étiez paysan,
A présent, changement !
Comm' tu es-t-habillé !
Te voilà retapé
Comme un vrai grenadier.

— François', ma mignon', mon tendron,
Je reviens pour fair' la moisson.

Je suis un beau guerrier
Qui n'a pas déserté ;
Je viens pour t'épouser.
François', ma mi', mon cœur,
Donne-moi tes faveurs,
Je suis ton serviteur. »

Dumersan et Brazier.

Musique de Blanchard, notée au N. 447 de la Clé du Caveau.

RONDE DE NEWGATE,
OU LES VOLEURS DE LONDRES.

Y a pus d' plaisir que d' peine,
  La briguedondaine,
A s' voir mis sous l' scellé,
  La briguedondé.

Accourez à Newgate,
Pour donner à vos maux
    Du r'pos ;
On n'y port' pas d' manchette,
Mais on y fait jabots.
Y a pus d' plaisir, etc.

On vous donn' d' la bonn' soupe,
Et des bons z'haricots
    Tout chauds ;
Vot' viande on vous la coupe,
D' peur d'user vos couteaux.
Y a pus d' plaisir, etc.

V'nez voir leux bell's ouvrages
De paille et de cocos,
    Badauds ;
C' qu'y a d' mieux, dans l' s'étalages,
C'est qu'ils n' paient pas d'impôts.
Y a pus d' plaisir, etc.

Ainsi qu' ces vins qu'on vante
Et qu'on tient rassemblés
    Sous clés.

Pour qu'aucun d' vous n' s'évente,
On vous a tous fic'lés.

Y a pus d' plaisir que d' peine,
  La briguedondaine,
A s' voir mis sous l' scellé,
  La briguedondé.

Sauvage.

COMPÈRE GUILLERI.

Il était un p'tit homme
Qui s'app'lait Guilleri,
    Carabi ;
Il s'en fut à la chasse,
A la chasse aux perdrix,
    Carabi,
    Toto carabo,
Marchand d' carabas,
Compère Guilleri,
Te lairas-tu (*ter*) mouri ?

Il s'en fut à la chasse,
A la chasse aux perdrix,
    Carabi ;
Il monta sur un arbre
Pour voir ses chiens couri,
    Carabi ;
    Toto carabo,
Marchand d' carabas,
Compère Guilleri,
Te lairas-tu (*ter*) mouri ?

Il monta sur un arbre
Pour voir ses chiens couri,
    Carabi ;
La branche vint à rompre,
Et Guilleri tombi,
    Carabi,
    Toto carabo,
Marchand d' carabas,
Compère Guilleri,
Te lairas-tu (*ter*) mouri ?

La branche vint à rompre
Et Guilleri tombi,
   Carabi ;
Il se cassa la jambe,
Et le bras se démit,
   Carabi ;
  Toto carabo,
Marchand d' carabas,
Compère Guilleri,
Te lairas-tu (*ter*) mouri ?

Il se cassa la jambe,
Et le bras se démit,
   Carabi ;
Les dam's de *l'Hôpital*
Sont arrivées au bruit,
   Carabi,
  Toto carabo,
Marchand d' carabas,
Compère Guilleri,
Te lairas-tu (*ter*) mouri ?

Les dam's de *l'Hôpital*
Sont arrivées au bruit,
   Carabi ;
L'une apporte un emplâtre,
L'autre, de la charpi,
   Carabi,
  Toto carabo,
Marchand d' carabas,
Compère Guilleri,
Te lairas-tu (*ter*) mouri ?

L'une apporte un emplâtre,
L'autre, de la charpi,
   Carabi ;
On lui banda la jambe,
Et le bras lui remit,
   Carabi,
  Toto carabo,
Marchand d' carabas,
Compère Guilleri,
Te lairas-tu (*ter*) mouri ?

On lui banda la jambe,
Et le bras lui remit,
   Carabi ;

Pour remercier ces dames,
Guilleri les embrassit,
   Carabi,
  Toto carabo,
Marchand d' carabas,
Compère Guilleri,
Te lairas-tu (*ter*) mouri ?

Pour remercier ces dames,
Guilleri les embrassit,
   Carabi,
Ça prouv' que par les femmes
L'homme est toujours guéri,
   Carabi,
  Toto carabo,
Marchand d' carabas,
Compère Guilleri,
Te lairas-tu (*ter*) mouri ?

Paroles d'un anonyme.

Air ancien, noté au N. 561 de la Clé du Caveau.

J' N'AI QU'UN SOU.

Air : *Tra, la, la.*

J' n'ai qu'un sou, (*bis.*)
J' veux pourtant boir' comme un trou ;
Je dîn'rai, j' sais pas où,
Mais c' qu'y a de sûr, c'est qu' j' n'ai qu'un sou.

C'est peu d' chos', mais j' gage, moi,
Qu' tout l' jour j' vivrai comme un roi.
Tant d' gens s'en vont ripaillant
Qui n'ont pas un sou vaillant !
  J' n'ai qu'un sou, etc.

J'entr' dans tous les cabarets ;
J' bois bouteille, et lorsqu'après
On m' dit : Paîrez-vous enfin ?
J' réponds : Faudrait être malin...
  J' n'ai qu'un sou, etc.

Quand j' n'ai plus d' tabac j' pourrais
En acheter pour un sou, mais

D'un' livre j'aim' mieux m' charger,
J' devrai ça... j' peux pas changer...
　　J' n'ai qu'un sou, etc.

J' rencontre un ami qu'a de quoi...
Faut qu'il déjeune avec moi ;
Aux Provençaux j' lui dis : Vien,
C'est cher ; mais j' ne risque rien...
　　J' n'ai qu'un sou, etc.

Une bell' me fait les yeux doux...
J' mont' chez elle ; nous faisons les fous ;
Ell' m' dit : Tu sais c' que ça vaut...
— Fallait donc dir' ça plus tôt.
　　J' n'ai qu'un sou, etc.

Si v'nant troubler mon cerveau,
L' chagrin m' pousse à m' j'ter à l'eau,
Fièr'ment, grâce à mes quat' liards,
J' peux choisir l' pont des Arts !
　　J' n'ai qu'un sou, etc.

Quel objet frappe mes yeux !
J'aperçois un malheureux
Qui p'têt' va mourir de faim...
Mon sou lui donn'ra du pain.

　　J' n'ai plus l' sou (bis).
J' veux pourtant boir' comme un trou ;
Je din'rai, j' sais pas où,
Mais c'qu'y a d' sûr, c'est que j'n'ai plus l' sou.

　　　　　　A. R.

SAINT CRÉPIN.

Le bon Dieu dit à saint Crépin
　　Vous êt's un saint Nicaise,
Vous m'avez fait des escarpins
　　Où je n' suis pas à l'aise,
Et dont le cuir n'est pas très bon
La fari don daine, la fari don don,
　　Vous sortirez du paradis,
　　　　Biribi,
　　A la façon de Barbari
　　　　Mon ami.

Le saint Crépin soûl comme un gueux
　　Rôdait dans sa boutique,
Il dit au maître bienheureux :
　　Vous êt's un lunatique,
Qui n'entendez pas la raison,
La fari don daine, la fari don don,
　　Je sortirai de voir' taudis,
　　　　Biribi.
　　A la façon de Barbari,
　　　　Mon ami.

L'insolence de saint Crépin
　　Eut des suites étranges,
Il perdit en un tour de main
　　La pratique des anges
Et cell' des filles de Sion,
La fari don daine, la fari don don,
　　Quoiqu'il leur fît souvent crédit,
　　　　Biribi,
　　A la façon de Barbari
　　　　Mon ami

Le bon Dieu prévoyant les maux
　　Qu' l'hiver occasionne,
Leur promit à tous des sabots
　　Pour la fin de l'automne
Bien garnis de peau de mouton,
La fari don daine, la fari don don,
　　Avec des bas de laine aussi,
　　　　Biribi,
　　A la façon de Barbari
　　　　Mon ami.

Les redoutes du carnaval
　　Etaient déjà formées
Sainte Madelein' vint au bal
　　Pompeusement parée ;
Elle avait le pied si mignon,
La fari don daine, la fari don don,
　　Que tous les saints s'en trouvent épris,
　　　　Biribi,
　　A la façon de Barbari
　　　　Mon ami.

On rit et puis on s'embrassa,
　　On alluma des cierges,
Puis chaque cavalier donna
　　La main à chaque vierge,

Et tous ces danseurs du bon ton
La fari don daine, la fari don don,
  Sautaient du parquet au lambri,
    Biribi,
  A la façon de Barbari
    Mon ami.

Saint Antoine était dans un coin
  Avec la sœur Agathe,
Voyez, dit-il, comm' de tous points
  Tous les sabots éclatent,
Allons, voyons, dansons en rond,
La fari don daine, la fari don don,
  Que les vôtres éclat'nt aussi,
    Biribi,
  A la façon de Barbari
    Mon ami.

Saint Éloi rencontra son fils
  Tout suant, tout en nage.
Eh quoi ! de danser aujourd'hui,
  Vous avez donc la rage.
Croyez-moi, prenez un bouillon,
La fari don daine, la fari don don,
  Et puis allez vous mettre au lit,
    Biribi,
  A la façon de Barbari
    Mon ami.

      Paroles d'un anonyme.

CANTIQUE DE SAINT HUBERT.

Air · *Du bon Jésus.*

Ouvrons notre mémoire,
  Et élevons nos yeux
  Jusqu'au centre des cieux,
  Pour publier la gloire
Du bien-aimé de Dieu, du grand saint **Hubert**,
Si réclamé par tout l'univers.
  Publions en tous lieux
Le pouvoir de ce saint glorieux.

  Parmi la loi païenne,
  Saint Hubert fut né

  De très noble lignée,
  Fils du duc d'Aquitaine.
En France, renommé par son premier exploit
Il fut s'offrir au service du roi (*).
  Où il fut sûrement
Fait capitaine à son contentement.

  Hubert, en son jeune âge,
  A eu l'honneur d'avoir
  Comme ayant le pouvoir,
  Floribane en mariage,
Fille du comte Dagobert, demeurant à Louvain.
La chasse était son plus grand entretien.
  Le plaisir et la joie
De saint Hubert était parmi les bois.

  Le Seigneur, par sa grâce,
  Changea bien ce païen
  Au nombre des chrétiens.
  Dans une partie de chasse,
Jour du vendredi saint chassant dans la forêt,
Il guide un cerf et le poursuit de près ;
  Et comme un chasseur,
Il espérait d'en être vainqueur.

  Le cerf lui résiste
  En lui disant : Crois-moi,
  Chasseur, arrête-toi ;
  En vain tu fais la poursuite
Au divin roi des rois. Regarde-moi dans ce lieu,
Figure-toi que je suis ton vrai Dieu ;
  Je viens te convertir,
Quitte ta chasse et bannis tes plaisirs.

  Hubert mit pied à terre,
  Et fut bien surpris
  De voir un crucifix
  Entre les bois d'un cerf

(*) Les exemplaires de ce cantique, imprimés pendant la révolution, et celui du cabinet des estampes de la Bibliothèque royale, au lieu des mots : *au service du roi*, portent : *au service de la loi*. C'est ainsi qu'au théâtre, dans l'opéra de *Richard-Cœur-de-Lion*, au lieu de *ce roi passait*, on chantait alors *la loi passait*.

Qu'il avait poursuivi. Prosterné, à genoux,
　Il dit : Seigneur, que me demandez-vous ?
　　　Dites-moi, dans ce lieu,
　Ce qu'il faut faire pour vous plaire, ô mon Dieu !

　　　Sitôt la voix répète,
　　　En lui disant : Hubert,
　　　Va trouver saint Lambert,
　　　Évêque de Mastricht.
Il doit te baptiser. Tu apprendras soudain
　De ce saint homme à vivre en bon chrétien.
　　　Tu seras patron des chasseurs,
　Et des Ardennes : c'est pour ton bonheur.

　　　Hubert fut à Mastricht
　　　Trouver saint Lambert :
　　　Lui dit d'un cœur ouvert :
　　　Très digne et saint évêque,
Il faut me baptiser. Je viens les larmes aux yeux.
　Me prosterner de la part de mon Dieu ;
　　　Soyez mon protecteur ;
　Enseignez-moi la vraie loi du Seigneur.

　　　Saint Lambert le baptise
　　　　Charitablement,
　　　Lui apprit à l'instant
　　　A vivre selon l'Église ;
Le fit vrai pénitent ; après quoi saint Hubert,
　Pendant sept ans resta dans le désert,
　　　Se traitant en rigueur,
　Se nourrissant de racines et de pleurs.

　　　Après que ce saint homme
　　　　Eut assez souffert
　　　Sous l'habit solitaire,
　　　Et pour qu'on le renomme,
　Un ange du ciel lui fut envoyé,
　Lui donna la sainte étole et la clé
　　　Qui fera préserver
　Tous les chrétiens d'animaux enragés.

　　　　Paroles d'un anonyme.

De tous les cantiques naïfs et prosaïques, composés par de pieux troubadours de village ou par des sacristains de paroisse, le plus curieux est celui de saint Hubert ; il surpasse peut-être dans son genre ceux du Juif errant et de Geneviève de Brabant, que nous donnons dans ce recueil.

Ce n'est pas sans peine qu'on a pu le transcrire en espèces de vers, guidé par la mesure plus que par le sens, les pancartes d'Épinal et de Cambray l'ayant constamment donné en lignes courantes, comme la prose la plus ordinaire, ce qui la rend très difficile à chanter ; les rimes moins qu'exactes n'aident pas à démêler la poésie singulière de cette œuvre pieuse.

Nous avons rétabli ce cantique avec le même soin que l'on aurait mis au texte non ponctué d'un manuscrit ancien du meilleur poète grec ou latin, et nous pensons qu'on le trouvera ici dans sa pureté primitive.

Nous devons avertir les amateurs de poésies et de chansons, que certains vers nous semblent un peu longs, et qu'en les chantant il faudra souvent faire l'élision de quelques voyelles.

Ce cantique ne nous paraît pas cependant très ancien ; le langage ne ressemble pas à celui de nos premiers poètes, et n'annonce pas une époque plus reculée que le siècle de Louis XIV, et même que la fin de ce siècle.

La dévotion à saint Hubert est cependant fort ancienne. Il était d'une famille noble ; quelques-uns disent qu'il descendait en ligne directe de Clotaire, fils de Clovis et de sainte Clotilde.

Il fut placé à la cour de Thierri III, qui régna en 688, fut marié, et quitta le siècle pour l'Église, après sa conversion miraculeuse, opérée par la vision d'un cerf qui portait une croix entre ses bois.

Nous ne rapporterons pas tous les miracles qu'on lui attribue ; mais on doit parler du miracle continuel qu'il fait depuis sa mort : c'est celui de guérir de la rage ceux qui font un pèlerinage à l'abbaye de bénédictins d'Aindain, où son corps fut transporté, et qui a pris son nom. Cette abbaye est située dans la forêt des Ardennes, au pays de Liége, dont il fut évêque.

On y conserve l'étole miraculeuse qu'un ange lui avait apportée de la part de la sainte Vierge, et qui se conserve toujours entière, quoique toujours on en enlève des parcelles pour les appliquer à ceux qui ont été mordus par des animaux enragés. On leur fait une incision au front, et on y enferme un morceau de cette sainte étole.

Gardons-nous bien d'affaiblir cette croyance. On conçoit les effets de l'imagination sur certains malades, et la confiance en saint Hubert peut en avoir guéri quelques-uns : mais il est bon d'ajouter à son remède une bonne cautérisation de la morsure, et les remèdes et précautions indiquées par M. Magendie et M Dupuytren.

La fête de saint Hubert se célèbre le 3 novembre : les chasseurs l'ont pris pour patron, à cause du goût qu'il avait pour la chasse avant sa conversion.

FLEURETTE.

1844.

Ecoute-moi bien, ma Fleurette,
Le roi vient demain au château;
Tout nous promet brillante fête,
Et le cortége qui s'apprête,
Par Notre-Dame, sera beau!...
Ecoute encore, ma Fleurette,
Pour bien reconnaître le roi,
Tu regarderas son aigrette!...
— Je regarderai dit Fleurette...
Et mes yeux ne verront que toi ! (*bis*.)

Ecuyers d'abord, puis les pages,
Puis les chevaliers, les barons;
Puis les seigneurs de tous étages,
Tous, dans nos plus beaux équipages,
Devant toi nous défilerons.
Te trouvant si fraîche et vermeille,
Plus d'un, en passant, comme moi,
Pourra te le dire à l'oreille!
— Ils parleront à mon oreille...
Et mon cœur n'entendra que toi! (*bis*.)

Puis enfin, notre roi lui-même
Paraîtra suivi de sa cour;
S'il allait te dire je t'aime!
Fleurette, à toi mon diadème!
Ma royauté pour ton amour!
Un roi qui dit je vous adore!
C'est bien séduisant par ma foi?
— Si le roi dit qu'il m'adore,
Je lui dirai je vous honore;
Et mon cœur n'aimera que toi! (*bis*.)

Gustave Lemoine.

La musique de Mlle Loïsa Puget, se trouve chez M. Heugel, éditeur, 2 *bis*, rue Vivienne, à Paris.

COUPLETS DE JOCONDE.

1814.

JEANNETTE.

Parmi les filles du canton
On choisit la plus innocente ;
Le bailli proclame son nom,
Vous jugez comme elle est contente.

26

Mais avec le bouquet chéri
Elle obtient encor autre chose :
Elle peut choisir un mari...
Que je voudrais avoir la rose !

On va bien me la disputer :
Chacune se dit la plus sage ;
Pourtant j'espère l'emporter
Sur les filles de ce village.
De leurs efforts je ne crains rien,
Voulez-vous en savoir la cause ?
Ma mère et le bailli sont bien...
Et je crois que j'aurai la rose.

JOCONDE.

Si l'on couronne la beauté,
Si l'on couronne l'innocence,
Vous êtes digne, en vérité,
D'avoir ici la préférence.
A quelqu'un ce présent si doux
Est destiné, je le suppose.
Chacun voudrait être l'époux
Qui recevra de vous la rose.

Étienne.

Il n'est personne qui ne connaisse le conte charmant de La Fontaine, dans lequel il surpassa l'Arioste, auquel il l'avait emprunté, et qui mérita que Boileau lui consacrât une longue dissertation.

Ce sujet avait été plusieurs fois traité, aux Français, par Fagan, en 1740; à l'Opéra-Comique, par Desforges, en 1790 ; au Théâtre de la Cité, par Léger, en 1795, lorsqu'en 1814 Étienne s'en empara de nouveau avec un grand succès. La musique ravissante de Nicolo mit ses airs dans toutes les bouches ; Martin n'y contribua pas peu par la manière délicieuse dont il chanta le rôle de Joconde.

Étienne, que les lettres viennent de perdre récemment, était un homme de beaucoup d'esprit, de peu d'imagination, mais un des plus habiles *arrangeurs* qu'il y ait eu au théâtre. Il reprenait avec un talent remarquable les sujets déjà traités, et savait les rendre nouveaux par la manière dont il les présentait, comme il l'a prouvé dans les opéras du *Rossignol*, de *Cendrillon* et de *Jeannot et Colin*, et dans la comédie des *deux Gendres*, qui fit tant de bruit en 1810.

Étienne était né en 1777 d'une famille peu aisée, dans le village de Chamouilly. Il vint à Paris en 1796, et débuta dans la carrière littéraire par de petits vaudevilles et des articles de journaux. La protection du duc de Bassano, dont il devint secrétaire, lui ouvrit la porte de la fortune. Il obtint des places lucratives, entre autres la direction de la police générale des journaux et des théâtres, put travailler à sa réputation et ne tarda pas à entrer à l'Académie française. Nous ne devons pas parler ici du rôle politique qu'il a rempli avec habileté, mais de ses succès comme chansonnier et comme vaudevilliste. Ce ne sont pourtant pas ceux-là qui en ont fait un pair de France. Il est auteur de quarante-cinq pièces de théâtre et il a coopéré à la rédaction du *Nain jaune*, du *Constitutionnel* et de *la Minerve*. Il est mort le 13 mars 1845, âgé de soixante-huit ans.

Musique de Nicolo, notée au N. 1913 de la Clé du Caveau.

AMOUR POUR AMOUR.

1814.

Dans un amoureux délire,
Un berger jeune et discret
Disait ainsi son martyre
A l'écho de la forêt :
« Ah ! c'est le bonheur suprême
D'inspirer tendre retour,
Mais, hélas ! celle que j'aime
  Ne rend pas amour   (*bis.*)
  Pour amour. »

Mais la bergère attentive,
Quand le berger soupirait,
A sa romance plaintive
En ces termes répondait :
« Va ! ta plainte est inutile,
Ne gémis pas nuit et jour ;
Sois confiant, sois docile,
  Si tu veux amour   (*bis.*)
  Pour amour. »

— De nos bois tu fuis l'ombrage.
— C'est qu'il faut un peu changer.
— Tu plais à tout le village.
— Je n'aime qu'un seul berger.
— Bergère, sois moins coquette.

—Sois moins jaloux à ton tour,
Et dans ma douce retraite
  Viens me rendre amour   (bis.)
  Pour amour.

Étienne.

Musique de Nicolo, notée au N 1341 de la Clé du Caveau.

ROMANCE DE JOCONDE.

1814.

Dans un délire extrême,
On veut fuir ce qu'on aime,
On prétend se venger,
On jure de changer,
On devient infidèle,
On court de belle en belle,
Mais on revient toujours
A ses premiers amours.

Ah! d'une ardeur sincère
Le temps ne peut distraire,
Et nos plus doux plaisirs
Sont dans nos souvenirs.
On pense, on pense encore
A celle qu'on adore,
Et l'on revient toujours
A ses premiers amours.

Étienne.

Musique de Nicolo, notée au N. 1018 de la Clé du Caveau.

ROMANCE DU PRISONNIER.
OU LA RESSEMBLANCE.

Il faut des époux assortis
Dans le lien du mariage;
Vieilles femmes, jeunes maris
Feront toujours mauvais ménage;

On ne voit point le papillon
Sur la fleur qui se décolore;
Rose qui meurt cède au bouton
Les baisers de l'amant de Flore.

Ce lien peut être plus doux
Pour un vieillard qu'amour enflamme,
On voit souvent un vieil époux
Etre aimé d'une jeune femme :
L'homme, à sa dernière saison,
Par mille dons peut plaire encore;
Ne savons-nous pas que Tithon
Rajeunit auprès de l'Aurore?

Aux époux unis par le cœur
Le temps fait blessure légère;
On a toujours de la fraîcheur,
Quand on a le secret de plaire.
Rose qui séduit le matin,
Le soir peut être belle encore :
L'astre du jour à son déclin
A souvent l'éclat de l'aurore.

Alexandre Duval.

Musique de Della Maria, notée au N. 223 de la Clé du Caveau.

COUPLET DE LA JUIVE.

1835.

ÉLÉAZAR.

Rachel, quand du Seigneur la grâce tutélaire
A mes tremblantes mains confia ton berceau,
J'avais à ton bonheur voué ma vie entière,
O Rachel, et c'est moi qui te livre au bourreau!
  J'entends une voix qui me crie :
  « Préservez-moi de la mort qui m'attend.

Je suis si jeune, et je tiens à la vie :
  Mon père, épargnez votre enfant. »
Et d'un seul mot, arrêtant la sentence,

Je puis te soustraire au trépas !
J'abjure à jamais ma vengeance,
Non, Rachel, tu ne mourras pas !

Scribe.

Extrait de la *Juive,* opéra en 5 actes ; en vente chez M. Tresse, éditeur, 2 et 3, galerie de Chartres, Palais-National. Prix : 1 fr.
Musique d'Halévy.

ROMANCE DU PRÉ AUX CLERCS.

1832.

Souvenirs du jeune âge
Sont gravés dans mon cœur,
Et je pense au village
Pour rêver le bonheur.
Ah ! ma voix vous supplie
D'écouter mon désir :
Rendez-moi ma patrie
Ou laissez-moi mourir.   } (bis.)

De nos bois le silence,
Les bords d'un clair ruisseau,
La paix et l'innocence
Des enfants du hameau,
Ah ! voilà mon envie,
Voilà mon seul désir :
Rendez-moi ma patrie
Ou laissez-moi mourir.   } (bis.)

E. de Planard.

Extrait du *Pré-aux-Clercs*, opéra-comique ; en vente chez M. Tresse, éditeur, 2 et 3, galerie de Chartres, Palais-National. Prix : 60 centimes.
Musique de Hérold, notée au N. 2117 de la Clé du Caveau.

COUPLETS DE MARIE.

1826.

Une robe légère
D'une entière blancheur,
Un chapeau de bergère,
De nos bois une fleur,
Ah ! telle est la parure
Dont je suis enchanté ;
Et toujours la nature
Embellit la beauté.

Crois-tu donc que mon Émilie
Puisse devenir plus jolie ;
Que ces plumes et ces bijoux,
Cette ceinture en broderie,
Cette belle écharpe d'Asie,
Rendent jamais ses traits plus doux ?
Non, non, c'est une chimère.

Une robe légère
D'une entière blancheur,
Un chapeau de bergère,
De nos bois une fleur ;
Ah ! telle est la parure
Dont je suis enchanté,
Et toujours la nature
Embellit la beauté.

De Planard.

Musique d'Hérold, notée au N. 2224 de la Clé du Caveau.

LE SOLEIL DE MA BRETAGNE.

1841.

La mer m'attend, je veux partir demain,
Sœur, laisse-moi, j'ai vingt ans, je suis homme
Je suis Breton et je suis gentilhomme,
Sur l'Océan je ferai mon chemin.
— Mais si tu pars, mon frère,
Que ferais-je sur terre ?
Toute ma vie à moi,
Tu sais bien que c'est toi !
Oh ! ne va pas, loin de notre berceau,
Reste avec moi, ta sœur et ta compagne ;
On vit heureux à la montagne,
Et puis de la Bretagne
Le soleil est si beau !

Chansons populaires de France

Sur un beau brick qui portera ton nom,
Je reviendrai dans un an capitaine ;
J'achèterai ces bois, ce beau domaine,
Et nous serons les seigneurs du canton !
 — Mais n'as-tu pas, dit-elle,
 Notre pauvre tourelle,
 Pour trésor le bonheur,
 Pour t'aimer tout mon cœur?
Oh ! ne va pas, loin de notre berceau ;
Reste avec moi, ta sœur et ta compagne ;
On vit heureux à la montagne,
 Et puis de la Bretagne
 Le soleil est si beau !

Mais il partit, quand la foudre grondait,
Dix ans passés, de lui pas de nouvelle !
Près du foyer, sa compagne fidèle
Pleurait toujours et toujours attendait.
 Un jour à la tourelle
 Un naufragé l'appelle,
 Lui demande un abri.
 C'est lui ! mon Dieu, c'est lui !
—Oui, sœur, c'est moi ! je reviens au berceau ;
J'ai tant souffert, loin de toi, ma compagne !
Mais je l'oublie, en voyant ma montagne :
 O ma Bretagne,
 Que ton soleil est beau !

Gustave Lemoine.

La musique, de Mlle Loïsa Puget, se trouve chez M. Meissonnier fils, éditeur, rue Dauphine, 18, à Paris, et est notée au N. 2222 de la Clé du Caveau.

JENNY L'OUVRIÈRE.

1847.

Voyez là-haut cette pauvre fenêtre,
Où du printemps se montrent quelques fleurs ;
Parmi ces fleurs vous verrez apparaître
Une enfant blonde, aux plus fraîches couleurs...
Voyez là-haut cette pauvre fenêtre,
Où du printemps se montrent quelques fleurs !..
C'est le jardin de Jenny l'ouvrière,
 Au cœur content, content de peu...
Elle pourrait être riche et préfère
 Ce qui lui vient de Dieu ! (bis.)

Dans son jardin, sous la fleur parfumée,
Entendez-vous un oiseau familier ?
Quand elle est triste, oh ! cette voix aimée,
Par un doux chant suffit pour l'égayer !...
Dans son jardin, sous la fleur parfumée,
Entendez-vous un oiseau familier ?
C'est le chanteur de Jenny l'ouvrière,
 Au cœur content, content de peu...
Elle pourrait être riche et préfère
 Ce qui lui vient de Dieu ! (bis.)

Aux malheureux souvent elle abandonne
Ce qu'elle gagne, hélas ! un peu de pain !
Qu'un pauvre passe, et comme elle est si bonne
En le voyant elle n'aura plus faim.
Aux malheureux souvent elle abandonne
Ce qu'elle gagne, hélas ! un peu de pain !
C'est le bonheur de Jenny l'ouvrière !
 Au cœur content, content de peu...
Elle pourrait être riche, et préfère
 Ce qui lui vient de Dieu,
 Ce qui lui vient (bis) de Dieu !

Émile Barateau.

Musique d'Etienne Arnaud, se trouve chez M. Heugel, éditeur, rue Vivienne, 2 bis, à Paris.

LE CALME.

Voyez, la mer tranquille
Ressemble au ciel d'azur,
Et sur le flot docile
Glisse un air frais et pur...
Ah ! sur la mer si belle
N'allez pas voyager ;
La mer est infidèle
Et le temps peut changer.
Non ! sur la mer si belle
N'allez pas voyager,
La mer est infidèle,
Et le temps peut changer.

La vague calme et douce
Arrive jusqu'à nous
Et jette sur la mousse
Mille parfums plus doux...
Ah! sur la mer si belle, etc.

Sur cette pauvre plage
Il n'est que peu de fleurs,
Mais sur l'autre rivage
Peut-être il est des pleurs!...
Ah! sur la mer si belle
N'allez pas voyager,
La mer est infidèle
Et le temps peut changer!
Non! sur la mer si belle
N'allez pas voyager,
La mer est infidèle
Et le temps peut changer!

Émile Barateau.

Musique de F. Masini; se trouve chez M. Meissonnier, éditeur, rue Dauphine, 18.

LES FEUILLES MORTES.

1848.

Mes jours sont condamnés, je vais quitter la terre,
Il faut vous dire adieu sans espoir de retour !
Vous, qui pleurez, hélas ! bel ange tutélaire,
Laissez tomber sur moi vos doux regards d'amour
Du céleste séjour entr'ouvrez-moi les portes.
Et du maître éternel pour adoucir la loi,
Quand vous verrez tomber, tomber les feuilles mortes,
Si vous m'avez aimé, vous prîrez Dieu pour moi,
Si vous m'avez aimé (*bis*), vous prîrez Dieu pour moi !

Oui, le premier printemps va fleurir sur ma tombe
Oui, ce jour qui m'éclaire est mon dernier soleil...
Et des arbres jaunis chaque feuille qui tombe,
Me montre du trépas le lugubre appareil.
Oui, des oiseaux du ciel les légères cohortes
Chanteront dans les airs, sans causer mon effroi !
Quand vous verrez tomber, etc.

Sans vous, sans votre amour je quitterais la vie,
Sans y rien regretter, comme un séjour de deuil,
Aux chagrins, aux revers, ma jeunesse asservie
Voit la mort comme un phare et non comme un écueil;
Mais j'ai par vos doux soins des douleurs les plus fortes
Bravé les traits cruels, sans trouble et sans effroi !
Quand vous verrez tomber, tomber les feuilles mortes,
Si vous m'avez aimé, vous prîrez Dieu pour moi,
Si vous m'avez aimé (*bis*), vous prîrez Dieu pour moi.

Adolphe Porte.

Musique de Louis Abadie, se trouve, à Paris, chez M. Heugel, édit., r. Vivienne, 2 *bis*.

LES SOUVENIRS DU PAYS.

Loin des chalets qui m'ont vu naître,
Dans les cités portant mes pas,
Mon cœur séduit voulut connaître
D'autres peuples, d'autres climats.
O mon pays, de tes belles campagnes,
Je garde au moins le touchant souvenir ;
Et loin de toi ce refrain des montagnes
Me fait toujours palpiter de plaisir,
 Palpiter de plaisir...
 La, la, la, la, la.
Ce refrain dont je garde un touchant souvenir
Me fait toujours palpiter de plaisir.

Quand reverrai-je la colline,
Où l'on respire un air si frais ?
Et le château qui la domine,
Et ses jardins et ses forêts ?
 O mon pays, etc.

Que je regrette au sein des villes,
La douce paix de nos hameaux,
Nos cieux d'azur, nos lacs tranquilles,
Nos jours de fête et nos travaux !
O mon pays, de tes belles campages,
Je garde au moins le touchant souvenir,

Et loin de toi ce refrain des montagnes,
Me fait toujours palpiter de plaisir,
    Palpiter de plaisir.
    La, la, la, la, la.
Le refrain dont je garde un touchant souvenir,
Me fait toujours palpiter de plaisir !

A. Bétourné.

Musique de M. Amédée de Beauplán, se trouve chez M. Meissonnier, éditeur, rue Dauphine, 18.

AME DE QUINZE ANS.

1844.

Soutenir qui penche
Sur ses pas tremblants :
Passer sa main blanche
Dans des cheveux blancs.
Marcher, folle encore
Avec la raison
Unir fraîche aurore
A pâle horizon ;
C'est ce que jeunesse
Rêve en son printemps,   *(bis.)*
C'est ce que caresse
Ame de quinze ans.

Mêler frais sourire
Au regard passé :
Le cœur qui désire
Au cœur épuisé ;
Au bras qui se presse
Sur un tendre appui,
Offrir sa faiblesse
Plus forte que lui.
C'est ce que, etc.

A froide mémoire,
Jusqu'au dernier jour,
Donner qui fait croire
Une voix d'amour;
Puis être bénie
Par noble vieillard,

Ici, dans la vie,
Et par Dieu plus tard.
C'est ce que jeunesse
Rêve en son printemps,   *(bis.)*
C'est ce que caresse
Ame de quinze ans.

Madame ***.

Musique de A. Marquerie, se trouve chez M. Paté, éditeur, 14, passage du Grand-Cerf, à Paris, notée au N. 2204 de la Clé du Caveau.

NAPLES.

Le doux printemps se lève
Riche comme un beau rêve,
Partons, amis, partons,   *(bis.)*
L'hirondelle légère,
Ne rase pas la terre,
Les vents nous seront bons.   *(ter.)*
Vogue, vogue, vogue, ma balancelle,
Chantez, gais matelots,
Que votre voix se mêle
Au murmure des flots.   *(ter.)*

A l'horizon de brume,
Le Vésuve qui fume,
Promet Naples aujourd'hui.   *(bis.)*
Dans cette ville heureuse,
La vie est gracieuse
Comme un jardin fleuri...   *(ter.)*
Vogue, vogue, vogue, etc.

Quand la nuit tend ses voiles
Sous ce beau ciel d'étoiles,
Le gai Napolitain,   *(bis.)*
Chante une sérénade,
Puis sous la colonnade
S'endort priant un saint.   *(ter.)*
Vogue, vogue, vogue, etc.

Des femmes peu cruelles,
Des fleurs toujours nouvelles,

Des bains chers aux amours; (bis.)
Des concerts, des prières,
Un ciel pur, des cratères,
Voici Naples toujours.
Vogue, vogue, vogue, ma balancelle,
Chantez, gais matelots,
Que votre voix se mêle
Au murmure des flots. (ter.)

E. Aumassip.

Musique de F. Madrid, se trouve chez M. E. Mayaud, boulevart des Italiens, notée au N. 2131 de la Clé du Caveau.

UNE CHANSON BRETONNE.
1834.

Bien loin de la Bretagne
Où j'ai reçu le jour,
Bien loin de la montagne,
Où j'ai pleuré d'amour;
A la fleur qui boutonne
Je dis souvent, souvent,
Une chanson bretonne
Que je chante en rêvant,
  Je dis souvent
Une chanson bretonne
Que je chante en rêvant,
  En rêvant !

Ici quand tout repose,
J'accours chaque matin,
Voir l'horizon tout rose,
Là-bas, dans le lointain ;
Au soleil qui rayonne
Je dis souvent, souvent,
Une chanson bretonne,
Que je chante en rêvant !
  Je dis souvent, etc.

Quand un nuage passe
Là-haut, dans le ciel gris,
Et que le vent le chasse
Vers mon pauvre pays :
Aux pleurs je m'abandonne,
Et dis souvent, souvent,
Une chanson bretonne
Que je chante en rêvant.
  Et dis souvent, etc.

Où va mon chant fidèle !
Hélas ! je n'en sais rien !
Ma pensée, où court-elle ?
Oh ! mon cœur le sait bien !
A lui, quand je pardonne
Tout en souffrant, souffrant,
Allez chanson bretonne.
Que je chante en pleurant,
  Allez, allez,
Allez, chanson bretonne,
Que je chante en pleurant,
  En pleurant !

E. Barateau.

Musique de F. Massini, se trouve chez M. Edmond Mayaud, éditeur, boulevart des Italiens, notée au N. 2113 de la Clé du Caveau.

SON NOM.
1836.

Le nom de celle que j'aime,
Je le garde dans mon cœur,
Nul ne le sait que moi-même,
C'est mon secret, mon bonheur,
Mon secret, mon secret, mon bonheur, }(bis.)
Il est là, il est là, dans mon cœur.

Ce nom, délice insaisissable,
Je ne veux pas le confier,
Je ne l'écris pas sur le sable,
Je ne le dis pas au papier ;
Je n'en parle pas à la brise,
La brise peut le murmurer ;
A l'écho de peur de surprise
L'écho pourrait le soupirer,
  Le soupirer.
  Le nom de celle que j'aime, etc.

Les chants où tout mon cœur respire
C'est lui qui me les dit tout bas.
Pourtant dans les vers qu'il m'inspire
Lui seul il ne se trouve pas,
Ce nom que rien ne peut vous dire,
Si je la voyais en ces lieux,
Malgré moi vous pourriez le lire,
Il serait écrit dans mes yeux,
  Ecrit dans mes yeux !

  Le nom de celle que j'aime,
  C'est mon secret, mon bonheur,
  Mais souvent, malgré moi-même,
  Mes vœux trahissent mon cœur,
Et pourtant, et pourtant par bonheur,
Il est là, toujours là dans mon cœur !
Ce doux nom, mon secret, mon bonheur,
Il est là, toujours là dans mon cœur !

Comme une fleur qui nous est chère,
Et qu'on craint de voir se faner,
Je ne veux pas loin du mystère
Dans les salons le profaner :
J'aime bien mieux, quand je m'éveille,
Etre seul à le prononcer :
J'aime bien mieux quand je sommeille
De ce nom me sentir bercer,
  Me sentir bercer...

  Le nom de celle que j'aime,
  Je ne le dis qu'à mon cœur,
  Nul ne le sait que moi-même,
  C'est mon secret, mon bonheur,
Oui, ce nom, ce doux nom, mon bonheur,
Il est là, il est là dans mon cœur !
Mon secret, mon secret, mon bonheur !
Il mourra, il mourra dans mon cœur.

Gustave Lemoine.

La musique, de Mlle Loïsa Puget, se trouve chez M. Meissonnier, éditeur, rue Dauphine, 18.

LE LÉGER BATEAU.

On m'avait dit sur un autre rivage,
Dans les cités, va chercher le bonheur;
Dans les cités rien n'a séduit mon cœur,
Et je reviens dans mon pauvre village.
   Rendez-moi mon léger bateau,
     L'azur du lac paisible
     Et ma rame flexible;
   Rendez-moi mon léger bateau
   Et ma chaumine au bord de l'eau. *(bis.)*
   Ma chaumine au bord de l'eau.

Sous ces lambris où la pourpre étincelle,
Je n'avais plus ma douce liberté;
De noirs soucis ombrageaient ma gaîté,
J'avais perdu tout bonheur avec elle.
   Rendez-moi mon léger bateau, etc.

Je veux revoir ces jeux sur la fougère,
Qu'un triste ennui ne refroidit jamais;
Je veux revoir ce ciel pur que j'aimais;
Je veux m'asseoir au foyer de mon père.
   Rendez-moi mon léger bateau,
     L'azur du lac paisible,
     Et ma rame flexible;
   Rendez-moi mon léger bateau
   Et ma chaumine au bord de l'eau. *(ter.)*
   Ma chaumine au bord de l'eau.

Saint-Elme Champ.

Musique d'E. Bruguière, notée au N. 2254 de la Clé du Caveau.

ROMANCE DU PIED-DE-MOUTON.

1806.

Gusman ne connaît plus d'obstacles,
C'est un Dieu qui guide ses pas;
Tu dois t'attendre à des miracles,
Ah! pour toi qui n'en ferait pas?...
Touché d'une flamme aussi pure,
Le ciel le protége en ce jour,
Et l'on commande à la nature,   } *(bis.)*
Quand on obéit à l'amour.

Léonora, que des prestiges
Ne te causent point de frayeur.

Et regarde tous les prodiges
Comme des gages de bonheur;
De Gusman la voix te rassure,
Car tu pourras voir en ce jour
Changer les lois de la nature,
Plutôt que celles de l'amour.

Ce Dieu, qui donne le courage,
Anime Gusman en ces lieux;
On peut toujours braver l'orage
Quand on a l'espoir d'être heureux.
Entends le zéphir qui murmure,
C'est le présage d'un beau jour :
Tout est permis dans la nature,
En suivant les lois de l'amour.

Ribié et **Martainville**.

Musique de Taix, notée au N. 710 de la Clé du Caveau.

MON PAYS.

1836.

Oui, je t'aime d'amour, ô ma chère Bretagne,
Oui, je t'aime d'amour, avec ta pauvreté,
Avec ton sol de pierre et ta rude campagne,
Avec tes longs cheveux et ton front indompté !
 L'étranger te délaisse,
 Et dit : sombre pays!
 Et c'est de ta tristesse
 Que mon cœur est épris.
 Car toujours une mère,
Une mère est belle pour son fils,
 Et je t'aime, pauvre terre,
Car c'est toi, oui, c'est toi mon pays!
Je t'aime, pauvre terre, c'est toi mon pays!
 Oui, c'est toi mon pays!

Voyez dans ces rochers un petit héritage,
Sol aride et brûlant sans tours et sans manoir !
On n'y voit point de fleurs, on n'y voit point d'ombrage,
Quatre murs seulement dans un champ de blé noir!
 Mais mon cœur, pauvre chaume,
 Qui vit mes premiers pas,
 Pour le plus beau royaume
 Ne te donnerait pas !
 Car toujours une mère
Est la plus belle aux yeux de son fils,
 Et je t'aime, pauvre terre,
Car c'est, toi, oui, c'est toi mon pays!
Je t'aime, pauvre terre, c'est toi mon pays!
 Oui, c'est toi mon pays!

O bonheur! j'aperçois la passerelle en planches,
Et le torrent sauvage, où j'aimais tant à voir
Nos Bretonnes, pieds nus, avec leurs coiffes blanches,
S'en aller, en chantant, du gros bourg au lavoir,
 Mais l'image chérie
 Fuit avec le sommeil ;
 O ma douce patrie,
 Je te pleure au réveil.
 S'il est loin de sa mère,
Il n'est plus de bonheur pour un fils!...
 Je te pleure, pauvre terre,
Car je suis loin de toi, mon pays!
Je pleure loin de toi, loin de toi, pauvre terre,
 Loin de toi, mon pays!

Gustave Lemoine.

La musique, de Mlle Loïsa Puget, se trouve chez M. Meissonnier, éditeur, rue Dauphine, 18.

TA PATRIE ET TES AMOURS.

 Parle-moi, je t'en prie,
 Oh! parle-moi toujours
 De ta belle Italie,
 De tes premiers amours!

 Dis-moi les sérénades
 Que la nuit tu donnais,
 Et les douces ballades,
 Qu'alors tu lui chantais...
 Parle-moi, etc.

 Dis-moi que, pâle et belle,
 La lune aimait à voir

L'amoureuse étincelle
Que jette ton œil noir...
　　Parle-moi, etc.

Le soir à la madone
Que de vœux, que d'amour,
Que de fleurs que moissonne
L'aurore à son retour.
Parle-moi, je t'en prie,
Oh! parle-moi toujours
De ta belle Italie,
De tes premiers amours!

　　　　Mme Laure Jourdain.

Musique de F. Masini, se trouve chez M. Edmond Mayaud, éditeur, boulevart des Italiens, 7, à Paris.

DANS CE MODESTE ET SIMPLE ASILE.

1834.

Dans ce modeste et simple asile
Nul ne peut commander que moi,
Je suis libre, heureuse et tranquille,
Je puis courir partout, je croi,
Sans qu'un mari gronde après moi.
Et si quelque amoureux
　　Soupçonneux
　Me faisait les grands yeux,
　　Moi, je ris,
　Moi, je ris, et je dis

　Liberté chérie,
　Seul bien de la vie,
　Liberté chérie,
　Règne toujours là,
Tra la, tra la, tra la, la.
　Liberté chérie,
　Seul bien de la vie,
　Liberté chérie,
　Règne toujours là.
　　Tra la, la,
Tant pis pour qui s'en fâchera.
　　Tra la, la,
Tant pis pour qui s'en fâchera.

J'irais quand je suis la maîtresse
Me donner un maître, oui-d'à,
Pour qu'à la danse où l'on s'empresse
Quand un galant m'invitera,
Mon mari dise : Restez là.
　'Un époux en fureur,
　　Me fait peur,
　C'est alors que mon cœur
　　Ne dirait
Qu'en secret, oui, qu'en secret

　Liberté chérie,
　Seul bien de la vie,
　Liberté chérie,
　Règne toujours là.
Tra la, tra la, tra la, la,
　Liberté chérie,
　Seul bien de la vie,
　Liberté chérie,
　Règne toujours là,
　　Tra la, la.
Tant pis pour qui s'en fâchera.
　　Tra la, la,
Tant pis pour qui s'en fâchera.

　　　　Scribe et Mélesville.

Le Chalet, opéra comique en un acte, en vente chez M. Tresse, éditeur, 2 et 3, galerie de Chartres, Palais-National. Prix : 60 cent.
Musique d'A. Adam, notée au N. 2105 de la Clé du Caveau.

LUCY,

OU LA CHUTE DES FEUILLES.

C'était l'époque où les fleurs vont finir,
　Où la feuille tombe agitée,
　Un soir à sa mère attristée,
Lucy parlait de joie et d'avenir.
Elle disait · Je serai son épouse,
Tu l'as promis : de son bonheur jalouse,
Jeune, longtemps j'embellirai ses jours.(*bis.*)
　Et les feuilles tombaient toujours!... (*bis.*)

Ah ! qu'il me tarde au jour de notre hymen
  De voir dans mes cheveux posée
  La blanche fleur de l'épousée
Et l'anneau d'or s'attacher à ma main.
Auprès de toi, lui, ton fils, moi, ta fille,
Formant alors une seule famille,
Nous serons deux à veiller sur tes jours. (bis.)
    Et les feuilles tombaient toujours !... (bis.)

Et cet hiver, me désignant au bal,
  On te dira : Qu'elle est jolie !...
  Mais tu pleures, je t'en supplie,
Ne pleure pas, je ne sens aucun mal.
Vois...je suis mieux... plus de sujet d'alarmes!
Oh ! pourquoi donc verserais-tu des larmes,
Quand l'avenir me promet de longs jours?(bis.)
    Et les feuilles tombaient toujours !... (bis.)

Un mois plus tard, l'automne avait passé
  Au loin attristant la vallée,
  Sur la pierre d'un mausolée
Je lis un nom nouvellement tracé,
C'était Lucy !... Plaignez sa pauvre mère.
Lui, qui priait, dans sa douleur amère,
Levait au ciel des regards éperdus. (bis.)
    Et les feuilles ne tombaient plus !.., (bis.)

       Emile Barateau.

Musique de Charles Plantade, se trouve chez
M. Cotelle, éditeur, rue St-Honoré, 137, à Paris

L'AMOUR VRAI.

1810.

De ma Céline amant modeste,
Si je n'ai reçu qu'un aveu,
Il vaut à lui seul tout le reste ;
  Amour sincère vit de peu.   (bis.)
J'ai captivé plus d'une belle,
Mais mon cœur, ah ! croyez-moi bien,
Les donnerait toutes pour celle
Qui ne m'a jamais donné rien.   (bis.)

Quoique Céline soit charmante,
Je ne suis heureux qu'à demi,
Quoiqu'elle ait le cœur d'une amante,
Je n'ai que les droits d'un ami.   (bis.)
Mais en vain son âme rebelle
Refuse un plus tendre lien
Je donnerais mes jours pour celle
Qui ne m'a jamais donné rien.   (bis.)

C'est ainsi que sous la ramée
Chantait un soir le troubadour,
Non loin de là sa bien-aimée
Entendit ces accents d'amour.   (bis.)
Or, il obtint de cette belle
Un prix qu'il méritait si bien ;
Il eut un doux baiser de celle
Dont il n'avait eu jamais rien.   (bis.)

       Millevoye.

Musique de Lambert, notée au N. 1924 de la Clé du Caveau.

LES YEUX D'UNE MÈRE,
OU HUIT ANS D'ABSENCE.

1842.

Salut ! salut ! sol natal, mon pays !
Après huit ans de tourments, de misère,
Pleurant de joie et baisant ta poussière,
Je te revois, tous mes maux sont finis!
  Voici déjà la vieille église
Où ma mère a dit : pour toi, je prîrai !
  Là, le noyer où ma Louise
  M'a dit un soir : j'attendrai !...
Reconnais-moi, reconnais, noble terre,
Ton pauvre enfant qui revient vers sa mère
Huit ans d'absence ont bien pu me changer:
Mais regarde mon cœur... il n'est pas étranger !

Qui vient là-bas ?... ah ! qu'il soit bien venu!
Le péager ! mon ami !... courons vite !...
Daniel, c'est moi !... mais il passe et m'évite...
Quoi ! mon ami ne m'a pas reconnu!

Mais j'aperçois une fenêtre...
Tout mon cœur bat, Louise habite là !
  C'est elle !... je la vois paraître !
  Elle regarde... et s'en va !
Quoi ! mon ami ! ma Louise si chère !
Personne ici ne reconnaît un frère !
Huit ans d'absence ont dû... bien me changer !
Pour tous ceux que j'aime je suis donc étranger?

Le froid, la faim, tout l'accable à présent ;
Sous la fatigue, il pâlit... il chancelle...
Le cœur brisé d'une peine mortelle,
Près de l'église il s'assied en pleurant.
  Mais venant de prier Marie,
  Une pauvre vieille alors en descend ;
  Elle regarde, elle s'écrie :
  — Ah ! Jésus, c'est mon enfant !...
—O sois bénie, sois bénie, ô ma mère.
Toi qui, du moins, reconnais ma misère !
Huit ans d'absence ont bien pu me changer...
Mais pour sa mère un fils n'est jamais étranger !

Gustave Lemoine.

La Musique, de Mlle Loïsa Puget, se trouve chez M. Meissonnier fils, éditeur, rue Dauphine, 18.

MARIE.

1848.

Air : *Ta résille, jeune fille.*

O dis-moi, douce Marie,
N'es-tu pas la plus jolie
Des reines de la prairie,
  Qui passe en chantant le soir ?
    Ton sourire
    Qu'on admire,
  Ton tendre cœur qui soupire ;
    Dans la plaine,
    O ma reine,
Je voudrais toujours te voir.

J'ai parcouru l'Italie,
L'Allemagne, la Russie,
J'ai vu la fille du roi
Qui n'est pas si bien que toi !
  O dis-moi, etc.

Oui j'ai visité la France,
J'ai vu la riche Provence ;
Et du Midi jusqu'au Nord
Je n'ai vu pareil trésor !
  O dis-moi, etc.

J'ai vu notre Normandie,
J'ai vu nos îles fleuries,
J'ai vu nos bosquets en fleurs,
Rien ne sourit à mon cœur.

O dis-moi, douce Marie,
N'es-tu pas la plus jolie
Des reines de la prairie,
  Qui passe en chantant le soir ?
    Ton sourire
    Qu'on admire,
  Ton tendre cœur qui soupire ;
    Dans la plaine,
    O ma reine,
Je voudrais toujours te voir.

Émile Letihals.

La musique, de L. Abadie, se trouve chez M. Meissonnier fils, éditeur, rue Dauphine, 18, à Paris.

NINA LA MARINIÈRE.

1843.

Air *populaire napolitain.*

De Sorente à Mysène,
La mer Napolitaine
Ne connaît qu'une reine
Jeune fille à l'œil noir !
De Mysène à Sorente
Je vogue plein d'espoir,
Nina, Nina, ma charmante,
Zanatto t'attend ce soir.   *(bis.)*

Quand sur la vague altière,
Nina la marinière
S'élance vive et fière,
Alors il faut la voir ;
La nacelle indolente,
S'éveille à son pouvoir,
Nina, Nina, ma charmante,
Le ciel est d'azur ce soir !

A Portici, ma belle,
Déjà l'on nous appelle,
J'entends la saltarelle,
Eh ! vite à ton miroir ;
Prends ta légère mante,
Coiffe le réseau noir,
Nina, Nina, ma charmante,
Je serai jaloux ce soir !

Tu me diras, mon âme,
Quelque refrain de femme
Cadencé par la rame,
Quelque chant du revoir.
L'oiseau, quand ta voix chante,
Se taît de désespoir,
Nina, Nina, ma charmante,
Ne viendras-tu pas ce soir ?

Déjà l'heure s'envole,
Mais dans la brise folle
J'entends sa barcarolle,
Oh ! comment t'en vouloir ;
Ma barque impatiente,
Accourt te recevoir,
Nina, Nina, ma charmante,
Nous serons heureux ce soir !

D. Tagliafico.

La musique se trouve chez M. Colombier, éditeur, rue Vivienne, 6, à Paris.

C'EST TOI.

1843.

Ce qu'il me faut à moi, pour que mon triste cœur
Renaisse à l'espérance et reprenne courage,
C'est le bois frémissant et son paisible ombrage,
    Où l'on rêve au bonheur !   (bis.)
Pour entrevoir l'azur dans mon ciel noir d'orage.(bis)
    Ce qu'il me faut à moi !
    C'est toi ! (bis) ah ! c'est toi !

Ce qu'il me faut à moi, quand la brise du soir
Caresse avec amour les fleurs de la vallée,
Quand je t'appelle en vain de ma voix désolée,
    Comme un rayon d'espoir   (bis.)
Pour ranimer en moi la croyance envolée : (bis.)
    Ce qu'il me faut à moi, etc.

Ce qu'il me faut à moi, qui n'ai plus dans mon cœur
Qu'un morne désespoir qui dessèche ma vie,
C'est un doux mot d'amour à mon âme ravie,
    C'est un peu de bonheur !   (bis.)
Pour donner à mon cœur le bonheur qu'il envie :(bis)
    Ce qu'il me faut à moi, c'est toi !   (bis.)
    C'est toi ! (bis) ah ! c'est toi ! oui, c'est toi !

A. Catelin.

Musique d'E. Arnaud, se trouve chez M Meissonnier fils, éditeur, rue Dauphine, 18, à Paris.

LA FEUILLE ET LE SERMENT.

J'avais juré d'aimer Rosine,
    D'aimer Rosine.
Je l'écrivis étourdiment,
    Étourdiment,
Sur une feuille d'églantine.   (bis.)
    Souffla le vent !   (bis.)
Il emporta la feuille et mon serment !
    Et mon serment !
Il emporta la feuille et mon serment !

J'étais aimé de Madeleine,
    De Madeleine,
Qui le jurait en m'écrivant,
    En m'écrivant,
Sur une feuille de verveine.   (bis.)
    Souffla le vent !   (bis.)
Il emporta la feuille et le serment !
    Et le serment !
Il emporta la feuille et le serment !

Rosine à moi revint fidèle,
    Revint fidèle,
Me consoler tout doucement,
    Tout doucement.
Je n'avais plus d'espoir en elle. *(bis.)*
    Souffla le vent,   *(bis.)*
Il rapporta la feuille et mon serment,
    Et mon serment!
Il rapporta la feuille et mon serment!

Pour que jamais il ne s'envole,
    Il ne s'envole,
Je l'ai gravé profondément,
    Profondément,
Et dans mon cœur et sur un saule. *(bis.)*
    Souffla le vent!   *(bis.)*
A lui la feuille, et pour moi le serment!
    Oui le serment!
A lui la feuille, et pour moi le serment!

P. Rosem.

La Musique, de Léopold Amat, se trouve, à Paris, chez M. E. Mayaud, éditeur, boul. des Italiens, 7.

FLEUR DES CHAMPS.

1836.

Fleur des champs, brune moissonneuse,
Aimait le fils d'un laboureur,
Par malheur, la pauvre faneuse
N'avait à donner que son cœur.
Elle pleurait; un jour, le père
Lui dit : fauche ce pré pour moi,
Si dans trois jours, il est par terre,
Dans trois jours, mon fils est à toi.

Le doux récit que je vous chante
Est un simple récit du cœur;
C'est une histoire bien touchante
Que m'a contée un moissonneur!

En l'écoutant, la pauvre fille
Crut mourir de joie et d'amour,
A l'instant, prenant sa faucille,
Elle travaille nuit et jour.
Près de défaillir à l'ouvrage,
Elle puisait avec ferveur,
Dans sa prière, du courage,
Et sa prière dans son cœur.
    Le doux récit, etc.

Sur sa route, une marguerite
Arrête ses yeux attendris :
Il faut tomber, pauvre petite,
Car mon bonheur est à ce prix.
Mais en tombant, la fleur naissante
Avait des regards si touchants,
Qu'elle fit pleurer l'innocente,
Comme elle, simple fleur des champs.
    Le doux récit, etc.

Le troisième jour, dans la plaine,
Revient le riche laboureur;
L'enfant est pâle et hors d'haleine,
Mais ses yeux brillent de bonheur.
J'ai plaisanté, dit-il, ma fille,
Mais pour toi voilà dix écus,
Et le soir près de sa faucille,
Expirait une fleur de plus.

Telle est l'histoire bien touchante
Que m'apprirent des moissonneurs;
Et chaque fille qui la chante
A la chanson mêle ses pleurs!

Gustave Lemoine.

La musique, de Mlle Loïsa Puget, se trouve chez M. Meissonnier fils, éditeur, rue Dauphine, 18, à Paris.

LE FORGERON.

1836.

Enclume chérie, ô mes seules amours,
Bien fort, bien fort retentis toujours;
Ta voix si jolie, en mon noir séjour,
Résonne mieux qu'un doux chant d'amour.
La, la, la, la, la, la, la, la, la, la. *(quater.)*

Chantant d'une voix sonore
En frappant pan ! pan! pan,
Roger forgeait dès l'aurore,
Martelant, pan! pan ! pan.
Le forgeron, fort peu sensible,
Passait partout pour si terrible,
Qu'il faisait trembler le quartier,
Lorsqu'il chantait à plein gosier.
 Enclume chérie, etc.

Sa forge allait un dimanche,
Doucement, pan, pan, pan,
Son cœur battait en revanche,
Violemment, pan! pan! pan!
C'est qu'il avait vu passer Rose,
Fleur de quinze ans à peine éclose,
Il met des gants, offre sa main,
Et fredonne le lendemain :
Enclume chérie, au nom de l'amour,
Bien bas, bien bas, résonne le jour,
Rose si jolie, dans mon noir séjour,
Va faire entendre un doux chant d'amour.
 La, la, la, etc.

Mais Rose un jour n'est pas bonne,
A l'instant, pan! pan! pan!
Trois fois un soufflet résonne,
 On entend, pan ! pan ! pan !
Et puis silence ! on la croit morte;
La garde vient, brise la porte,
Et trouve le féroce époux
Qui lui disait à deux genoux :
Rose, je t'en prie, au nom des amours,
Bats-moi, bats-moi, bats-moi tous les jours,
Ta main si jolie sera toujours
Plus douce que satin et velours.
La, la, la, la, la, la, la, la, la, la. (*quater.*)
   Gustave Lemoine.

Musique de Mlle Loïsa Puget.

LA BELLE PROVENÇALE.

1837.

Va ! ne sois pas jalouse
De la belle Andalouse,
Elle l'est moins que toi .
Il n'est pas une fille,
De Cadix à Séville,
Qui te vaille, ma foi !

Dis-moi si jamais mains plus blanches
Ont tressé de plus noirs cheveux ?
Si jamais d'aussi belles hanches
Ont porté corps plus gracieux ?
Et ce pied, cette jambe fine.
Tous ces harmonieux contours,
Et cette bouche purpurine
Qui semble le nid des amours.
 Va ! ne sois pas, etc.

Crois-tu que ce soleil qui brille
Dans l'Océan de tes beaux cieux,
Réserve aux filles de Castille
Ses baisers les plus amoureux ?
Crois-tu que l'air de tes montagnes
Soit moins enivrant et moins pur,
Que moins vertes sont tes campagnes,
Et que ton ciel ait moins d'azur ?
 Va ! ne sois pas, etc.

Crois-tu, fille de la Provence,
Que ta joue ait moins d'incarnat,
Que ta taille ait moins d'élégance,
Et que ton œil ait moins d'éclat ?
Va, bel ange de la nature,
Tout d'amour et de volupté,
A toi, céleste créature,
La pomme d'or de la beauté !

Va ! ne sois point jalouse
De la belle Andalouse,
Elle l'est moins que toi ;
Il n'est pas une fille,
A Cadix, à Séville,
Qui te vaille, ma foi !

   Isnard.

La musique, d'É. Merle, se trouve chez M. Schonenberger, éditeur, boul. Poissonnière, 18, à Paris.

LA FAVORITE.
1840.

Viens! viens! je cède éperdu!
Au transport qui m'enivre. (bis.)
Mon amour, mon amour t'est rendu,
Pour t'aimer, je veux vivre,
Pour t'aimer! pour t'aimer!
Ah! viens, j'écoute en mon cœur
Une voix, une voix qui me crie :
Ah! va dans une autre patrie,
Va cacher ton bonheur,
Ah! va cacher ton bonheur.

— O transport! c'est mon rêve perdu
Qui rayonne et m'enivre, (bis.)
Son amour, son amour m'est rendu,
Mon Dieu, laissez-moi vivre,
O mon Dieu! ô mon Dieu!
J'abandonne mon cœur
A la voix, à la voix qui me crie :
Ah! va dans une autre patrie,
Va cacher ton bonheur! (bis.)

A. Royer et G. Vaez.

Extrait de la *Favorite*, opéra en 4 actes; en vente chez M. Tresse, éditeur, 2 et 3, galerie de Chartres, Palais-National. Prix : 1 fr.
La musique de G. Donizetti se trouve, à Paris, chez M. Brandus, éditeur, rue Richelieu, 97.

OUI, MONSEIGNEUR.
1840.

Oui, monseigneur, je suis jolie,
J'ai seize ans et de grands yeux bleus;
On doit m'aimer à la folie.
Oh! je suis un ange des cieux!

J'aimerais votre doux langage,
Ce doux langage est si flatteur,
Mon beau seigneur!
Mais je trouve au village,
Le vrai bonheur, } (bis.)
Oui, monseigneur.

Oui, monseigneur, j'ai plus de grâces
Que les beautés de vos palais;
Oui, tous les cœurs suivront mes traces,
On ne me trompera jamais.
J'aimerais, etc.

Oui, monseigneur, dans la vallée
J'irai le soir cueillir des fleurs,
J'irai sous la voûte étoilée
Effacer leurs riches couleurs.
Vraiment, vraiment votre doux langage,
Ce doux langage est bien flatteur.
Oui, monseigneur!
Mais je trouve au village,
Le vrai bonheur, } (bis.)
Oui, monseigneur!

Arsène Gouet.

La musique, d'Aristide de Latour, se trouve chez M. Leduc, éditeur, 18, rue Vivienne.

LES DEUX MULES DU BASQUE.
1845.

Quand on est Basque et bon chrétien,
Et qu'on a deux mules pour bien,
Vraiment on n'a besoin de rien! (bis.)
Ah! vraiment! (bis.)
On n'a besoin de rien! (bis.)
Eh hop, eh hop, mes mules jolies,
Eh hop, eh hop, mules mes amours,
Eh hop, eh hop, mes mules chéries,
Eh hop, eh hop, galopez toujours!

J'ai deux mules; c'est tout mon bien :
De Burgos à Saint-Sébastien
Je les mène et ramène,
Je trotte par toute saison;
Payer l'abri d'une maison
N'est vraiment pas la peine! (bis.)
Quand on est Basque, etc.

Souvent pour rien j'ai transporté
Un pauvre qui m'a souhaité
Qu'un jour Dieu me le rende;
Mais comme il faut vivre pourtant,

Quelquefois je fais en passant
   Un peu de contrebande.   *(bis.)*
     Quand on est Basque, etc.

Seul j'aime au doux bruit du grelot
Troubler la cité, qu'au galop
   Lestement je traverse;
Ai-je une compagne, soudain
Mes friponnes prennent d'instinct
   Le chemin de traverse.   *(bis.)*
     Quand on est Basque, etc;

Un jour quand je rencontrerai
Quelque belle fille à mon gré,
   Allons, dirai-je, ensemble
A l'église incliner le front,
Deux mules pour nous deux seront
Bien assez, ce me semble.   *(bis.)*

Quand on est Basque et bon chrétien,
Et qu'on a deux mules pour bien,
   Vraiment on n'a besoin de rien !   *(bis.)*
     Ah ! vraiment !   *(bis.)*
   On n'a besoin de rien !   *(bis.)*
Eh hop, eh hop, mes mules jolies,
Eh hop, eh hop, mules mes amours,
Eh hop, eh hop, mes mules chéries,
Eh hop, eh hop, galopez toujours !

             L. Fortoul.

La musique, de P. Henrion, se trouve chez M. Colombier, éditeur, rue Vivienne, 6, à Paris.

LUCIE DE LAMMERMOOR.

1839.

LUCIE.

Vers toi toujours s'envolera
   Mon rêve d'espérance;
Le bruit des flots pour toi sera
   L'écho de ma souffrance;
Si mon pauvre cœur désolé
   A sa douleur succombe,
Ah! cueille dans ce bois isolé
   Une fleur pour ma tombe.
Adieu ! adieu ! tout mon bonheur !
La mort, la mort est dans mon cœur.
   Adieu, adieu, bonheur !

EDGAR.

Vers toi toujours s'envolera
   Mon rêve d'espérance;
Le bruit des flots pour toi sera
   L'écho de ma souffrance,
Et si ton amant désolé
   A sa douleur succombe,
Donne une larme à l'exilé,
   Que ton cœur soit sa tombe.
Adieu! adieu! tout mon bonheur !
La mort, la mort est dans mon cœur,
   La mort est dans mon cœur.

Vers toi toujours s'envolera
   Mon rêve d'espérance;   *Ensemble.*
Pour moi, le bruit des flots sera
   L'écho de ma souffrance.

EDGAR.

Si mon pauvre cœur désolé
   A sa douleur succombe,
Donne une larme à l'exilé,
   Que ton cœur soit sa tombe.

LUCIE.

Jette quelques fleurs sur ma tombe.
Adieu! adieu, tout mon bonheur,
   La mort est dans mon cœur.   *Ensem.*
Ah! adieu, tout mon bonheur,
   Tout mon bonheur!

      Alphonse Royer et **Gustave Vaez.**

Lucie de Lammermoor, opéra en deux actes et quatre tableaux, paroles de MM. Royer et G. Vaez, musique de G. Donizetti. En vente chez M. Tresse, galerie de Chartres, 2 et 3 (Palais-National). Prix : 1 fr.

RETOUR EN FRANCE.

1846.

Oui, voyageur sur la terre et sur l'onde,
J'ai parcouru tout ce vaste univers,
J'ai vu l'ancien, j'ai vu le nouveau monde,
Bien des climats, bien des pays divers ;
J'ai vu Stamboul après Rome et Florence,
Vu l'oasis où les mois sont des jours ;
Mais rien pour moi ne vaut encor la France } (bis.)
Et cette fois je reviens pour toujours !

Dans les cités, au désert, sous la tente,
J'ai rencontré des visages humains,
Souvent, malgré cette humeur inconstante,
Triste en partant serré de nobles mains ;
Pour lui, trahir la crainte et l'espérance,
J'ai pu trouver plus d'un cœur sans détours ;
Mais point d'amis comme ceux de la France } (bis.)
Et cette fois je reviens pour toujours !

Ailleurs, dit-on, les femmes sont plus belles,
Ou dans la voix ont un plus doux accent ;
Ou bien encor, moins souvent infidèles,
N'offrent leur cœur qu'à l'amour innocent.
Sur ces récits n'ayez point d'assurance,
N'en croyez pas, jeunes gens, ces discours,
Car nulle part on n'aime comme en France } (bis.)
Et cette fois j'y reviens pour toujours,

Bouniol.

La musique, de Lazerges, se trouve, à Paris, chez M. Chaillot, éditeur, rue Saint-Honoré, 352,

ENFANTS, N'Y TOUCHEZ PAS.

1845.

Du nid charmant caché sous la feuillée,
Cruels petits lutins à la mine éveillée,
Du nid charmant caché sous la feuillée,
Hélas ! pourquoi faire ainsi le tourment ?
    Ce nid, ce doux mystère,
    Que vous guettez d'en bas,
    C'est l'espoir du printemps,
    C'est l'amour d'une mère !...
    Enfants, n'y touchez pas !   (bis.)

Qui chantera Dieu, la brise et les roses ?
Méchants, si vous tuez ces jeunes voix écloses ?
Qui chantera Dieu, la brise et les roses ?
Autour de vous tout s'en attristera.
    Ce nid, etc.

Dieu seul a droit sur tout ce qui respire :
Ne pouvant rien créer, il ne faut rien détruire ;
Dieu seul a droit sur tout ce qui respire,
Beaux maraudeurs, prenez garde, il vous voit.
    Ce nid, etc.

Laissons, laissons les bouquets à leur tige,
A l'air qu'il réjouit l'insecte qui voltige ;
Laissons, laissons les bouquets à leur tige,
Aux bois leur ombre et les nids aux buissons.
    Ce nid, ce doux mystère,
    Que vous guettez d'en bas,
    C'est l'espoir du printemps,
    C'est l'amour d'une mère !...
    Enfants, n'y touchez pas !   (bis.)

Hippolyte Guérin.

La musique, de L. Clapisson, se trouve chez madame Cendrier, éditeur, rue du Faubourg-Poissonnière, 7, à Paris.

LA BRUNE THÉRÈSE.

1846.

    Thérèse, ma mignonne,
    Veux-tu donner ton cœur ?
    Tu deviendras baronne,
    Je suis puissant seigneur.
    Tu danseras, tu valseras,
        Belle mignonne.
    Tu danseras, tu valseras,
        Tu m'aimeras.

—Non, non, non, non, monsieur, (*bis.*)
Dit la brune Thérèse,
Je ne vous aime pas, (*bis.*)
Je ne puis être à vous.
Il faut que l'on me plaise } (*bis.*)
Pour être mon époux.
La brune Thérèse (*bis.*)
Ne sera pas pour vous.

— Tu portes, ma rosière,
De simples fleurs des champs
Qui deviendront, ma chère,
De riches diamants.
Tu danseras, tu valseras,
   Belle rosière ;
Tu danseras, tu valseras,
   Tu m'aimeras !
— Non, non, non, non, monsieur, etc.

— A toi plaisirs, richesses,
Dentelles et velours,
Des bals chez les duchesses,
Ma vie et mes amours.
Tu danseras, tu valseras,
   Chez les duchesses ;
Tu danseras, tu valseras,
   Tu m'aimeras !

—Non, non, non, non, monsieur, (*bis.*)
Dit la brune Thérèse,
Je ne vous aime pas, (*bis.*)
Je ne puis être à vous.
Il faut que l'on me plaise } (*bis.*)
Pour être mon époux.
La brune Thérèse (*bis.*)
Ne sera pas pour vous.

Prosper Guion.

La musique, de P. Guion, se trouve, à Paris, chez M. Brullé, éditeur, 16, passage des Panoramas.

NON, MONSEIGNEUR !

1840.

Oh ! dis-moi, jeune fille,
Jeune fille aux amours,
Si tu veux, ma gentille,
Je t'aimerai toujours.

Laisse là ta misère,
Ah ! viens dans mon palais
Où tu n'auras, bergère,
Ni crainte, ni regrets.
   Viens !

Non, non, non, Monseigneur,
Qui me dites gentille,
Car je suis pauvre fille
Et... j'ai promis mon cœur.

Je te ferai baronne,
Noble dame à la cour ;
Je t'offre ma couronne,
Pour ton cœur en retour.
   Viens !
Non, non, etc.

Je t'offre ma richesse
Et de beaux colliers d'or,
Le titre de duchesse
S'il te séduit encor.
   Viens !
Non, non, non, Monseigneur,
Qui me dites gentille,
Car je suis pauvre fille
Et... j'ai promis mon cœur.

Aristide de Latour.

La musique est de l'auteur des paroles, et se trouve chez M. Colombier, éditeur, rue Vivienne, 6, à Paris.

LE BRIGAND CALABRAIS.

1838.

Vois-tu bien, mon enfant, là-bas sur la montagne,
Ces soldats dont le casque étincelle au soleil ?
Ce sont là des maudits qui battent la campagne,
Pour nous surprendre ici pendant notre sommeil ;
Pour nous surprendre ici (*bis*) pendant notre sommeil.

Tiens !
Prends donc ma carabine,
Sur toi veillera Dieu.
D'ici je t'examine,
S'ils font un pas (*bis*), fais feu,
S'ils font un pas, mais un seul pas, fais feu !

Vois-tu bien, mon enfant, comme ils font sentinelles ?
C'est qu'ils sont, nuit et jour, liés à notre sort :
Ils sont, depuis quinze ans, mes gardiens trop fidèles :
Quand tu venais au monde ils demandaient ta mort !
Quand tu venais au monde (*bis*) ils demandaient ta mort
 Tiens ! prends donc, etc.

Vois-tu bien mon enfant, c'est là, sur cette pierre,
Que ta mère sanglante implora leur pitié ;
C'est là qu'ils l'ont frappée en maudissant ton père.
Enfant, voilà ma haine, en veux-tu la moitié ?
Enfant, voilà ma haine (*bis*), en veux-tu la moitié ?

 Tiens !
Prends donc ma carabine,
Sur toi veillera Dieu.
D'ici je t'examine,
S'ils font un pas (*bis*), fais feu,
S'ils font un pas, mais un seul pas, fais feu !

 Paul de Julvécourt.

La musique, du comte d'Adhémar, se trouve chez M. Heugel, éditeur, 2 *bis*, rue Vivienne.

JACQUOT LE RAMONEUR.

 Du haut en bas
C'est moi qui ramone,
Si peu qu'on me donne,
Voilà mes deux bras,
C'est moi qui ramone
 Du haut en bas.

Ainsi couvert de suie,
Le pauvre Jacquot chantait,
Et bravant le froid, la pluie,
Dans ses doigts gaîment soufflait ;
C'est qu'il pensait à sa mère,
Qui tout là-bas l'attendait ;
En songeant à sa misère
Jacquot plus fort répétait :
 Du haut en bas, etc.

Oh ! donnez-moi de l'ouvrage,
Car j'ai besoin, voyez-vous,
Pour retourner au village,
De ramasser des gros sous.
Elle est si vieille, ma mère,
Tenez, pour vous amuser,
Jacquot, si ça peut vous plaire,
Va sauter, chanter, danser.
 Du haut en bas, etc.

Allons, Jacquot, du courage,
Ton joli p'tit sac de cuir
Chaqu' jour s'emplit davantage ;
Ma mère, je vas t'enrichir.
Vienn' vit' la saison nouvelle,
Pour lui porter mon trésor ;
Rien pour moi, tout est pour elle.
Allons, Jacquot, crie encor !
 Du haut en bas, etc.

Au printemps, vers sa chaumière,
Jacquot dirigea ses pas.
Il ne trouva qu'une pierre,
Sa mère était morte, hélas !
Et maintenant dans la rue,
En voyant le pauvre enfant,
Chacun se sent l'âme émue,
Car sa voix pleure en chantant :

 Du haut en bas,
C'est moi qui ramone,
Si peu qu'on me donne,
Voilà mes deux bras,
C'est moi qui ramone
 Du haut en bas.

 Cogniard frères.

La musique, de J.-J. Masset, se trouve, à Paris, chez M. Paté, éditeur, 14, passage du Grand-Cerf

LE RÊVE DE MARIE.

1839.

Tu veux, pauvre Marie,
   Pour voir Paris,
Quitter mère chérie
   Et le pays !
Du moins jusqu'à l'aurore
Attends pour te mettre en chemin,
Et dans mes bras encore
Dors, mon enfant, jusqu'à demain,

   Crois-moi, pauvre Marie,
     Reste en ce lieu ;
On dit qu'à Paris l'on oublie
     Sa mère et Dieu.
Et tu pourrais, pauvre Marie,
Oublier là ta mère et Dieu !
Oui, tu pourrais, pauvre Marie,
Oublier là ta mère et Dieu !...

   L'enfant fait sa prière,
     Rêveuse encor,
   Au front baise sa mère,
     Et puis s'endort !...
Pendant qu'elle sommeille
Auprès de son lit elle entend
Sa mère qui la veille
Tout bas lui dire en sanglotant :
   Crois-moi, pauvre Marie, etc.

   Pourtant elle s'exile,
     Malgré cela ;
Joyeuse en la grande ville,
     Oui, la voilà.
Plus d'une heureuse image
Dorant à ses yeux l'avenir,
De son humble village
Efface le doux souvenir.
   Crois-moi, pauvre Marie,
     Fuis de ce lieu, etc.

   Enfin, Dieu la renvoie,
     Après deux ans,
Au chaume de Savoie :
     Il était temps !
Thérèse et toi, mon frère,
C'est vous enfin que je revois !
Et notre bonne mère ?
— Morte de chagrin, loin de toi !

   Soudain ce mot l'éveille !...
     A son chevet
Sa mère est toujours là qui veille :
     L'enfant rêvait...
Pleurant de joie, elle s'écrie :
Plus de Paris et plus d'adieu !
Car je pourrais, pauvre Marie,
Oublier là ma mère et Dieu !

Gustave Lemoine.

La musique, de Mlle Loïsa Puget, se trouve, chez M. Meissonnier fils, éditeur, rue Dauphine, 18 ; elle est notée au N. 2211 de la Clé du Caveau.

LE SÉNATEUR ET LA GONDOLIÈRE.

1835.

   Gentille gondolière,
   Pour toi je meurs d'amour !
   Accorde à ma prière
   Tendre espoir de retour ;   (bis.)
   Tout bas, un dieu suprême
   Dit aux cœurs amoureux :
   Réponds aux doux aveux,
   Aime l'amant qui t'aime.
   — Non, seigneur, taisez-vous,
   Je ne veux aimer qu'un époux, (bis.)
   Je ne veux aimer qu'un époux,
   Qu'un époux.   (bis.)

   Gentille gondolière,
   Engage-moi ton cœur,
   Et sur ta vie entière
   Je fixe le bonheur ;
   Au sein de la richesse,
   Tout préviendra tes vœux ;

L'or sait nous rendre heureux,
Crois l'amant qui te presse.
— Non, seigneur, taisez-vous,
Je ne veux croire qu'un époux.

Gentille gondolière,
De ton minois si frais
Phœbus, sur la rivière,
Va brunir les attraits ;
Laisse rame et nacelle,
Et les riants plaisirs
Combleront tes désirs ;
Suis un amant fidèle...
— Non, seigneur, taisez-vous,
Je ne veux suivre qu'un époux.

Gentille gondolière,
Quoi ! tu quittes ces bords ?
Dans ta fuite légère
Tu ris de mes transports ;   (bis.)
Tu disparais, cruelle !
Et les lointains échos
N'apportent que ces mots
A l'amant qui t'appelle :
— Non, seigneur, taisez-vous, } (bis.)
Je ne veux aimer qu'un époux,
Je ne veux aimer qu'un époux,
    Qu'un époux.   (bis.

Louis Festeau.

La musique, de Louis Festeau, se trouve chez L.
eillot, éditeur, rue Notre-Dame-de-Nazareth, 32.

E VÉRITABLE AMOUR.

1842.

Tu demandes, Marie,
Si l'amour est menteur,
Si deux fois dans la vie
On peut donner son cœur ?...
  Non, non, mon ange,   (bis.)
Jamais le cœur ne change ;
  L'amour d'un jour,   (bis.)
Ce n'est pas de l'amour !

Celle qui, sur la terre,
Seule a pu nous charmer,
On l'aima la première,
On doit toujours l'aimer.
    Crois-moi, mon ange, etc.

Mais l'amour pur rayonne,
Le temps le rajeunit,
Le malheur le couronne,
Et le ciel le bénit !
    Crois-moi, mon ange, etc.

Lorsque vient la mort même,
Le cœur va, sans regret,
Attendre ce qu'il aime !...
Revoir ce qu'il pleurait !...

  Oui, dans le ciel,
  Dans le ciel même,
Toujours, toujours on s'aime !
    Comme le ciel,   (bis.)
L'amour est éternel !

Gustave Lemoine.

La musique, de Mlle Loïsa Puget, se trouve
chez M. Meissonnier fils, éditeur, rue Dauphine, 18.

LE PARDON.

1834.

Pardonne-moi,
J'attends de toi
Un de ces mots
Qui rendent l'espoir, le repos,
Trop de rigueur
Nuit au bonheur,
Flétrit le cœur ;
Douce parole
Charme et console,
Elle est de l'âme un tendre écho ;
Le froid silence
Accroît l'offense
Que détruirait peut-être un mot, (bis.)

Quand tu souriras,
Quand tu me diras :
Viens à moi, je te pardonne,
A la vie, au bonheur
Tu vas rendre mon cœur,
Quand tu souriras,
Quand tu presseras
Cette main que je te donne,
A la vie, au bonheur
Tu vas soudain rendre mon cœur.

Pardonne-moi,
Bannis l'effroi
Qui me saisit
A ce regard qui seul punit;
Pour t'attendrir
Sur mes douleurs
Faut-il des pleurs?
Non, je l'espère,
Ce front sévère
Pour moi ne peut l'être à jamais ;
Avec les larmes,
S'en vont nos charmes,
Je veux garder tous mes attraits.   (bis.)

Quand tu souriras, etc.

Décide-toi
Pardonne-moi
Depuis longtemps
Soumise, tremblante, j'attends ;
Cède à mes vœux,
Je ne veux plus
De tes refus,
Tu peux encore,
Quand je t'implore,
Oublier un tort bien léger,
Si je me lasse
D'implorer grâce,
De rôle nous allons changer...   (bis.)

Mais tu m'as souri,
Et je vois d'ici
Que ma grâce est obtenue,
A la vie, au bonheur
Tu vas rendre mon cœur :
J'ai su te fléchir,
J'ai su t'attendrir,
Enfin, j'y suis parvenue;
A la vie, au bonheur
Tu vas enfin rendre mon cœur!

Amédée de Beauplan.

La musique, de l'auteur des paroles, se trouve chez M. Heugel, éditeur, 2 bis, rue Vivienne.

LE PETIT MOUSSE NOIR.

1844.

Sur le grand mât d'une corvette
Un petit mousse noir chantait,
Disant d'une voix inquiète
Ces mots que la brise emportait.
Oh! qui me rendra le sourire
De ma mère m'ouvrant ses bras.
Filez, filez, ô mon navire,
Car le bonheur m'attend là-bas!
Oui, le bonheur m'attend là-bas.

Quand je partis, ma bonne mère
Me dit : Tu vas sous d'autres cieux;
De nos savanes la chaumière
Va disparaître de tes yeux.
Pauvre enfant, si tu savais lire,
Je t'écrirais souvent, hélas!
   Filez, etc.

On te dira, dans le voyage,
Que pour l'esclave est le mépris ;
On te dira que ton visage
Est aussi sombre que les nuits;
Sans écouter laisse-les dire :
Ton âme est blanche, eux n'en ont pas.
   Filez, etc.

Ainsi chantait sur la misaine
Le petit mousse de tribord :
Quand tout à coup le capitaine
Lui dit en lui montrant le bord :
Va, mon enfant, loin du corsaire,
Sois libre et fuis des cœurs ingrats :
Tu vas revoir ta pauvre mère,
Et le bonheur est dans ses bras,
Oui, le bonheur est dans ses bras.

Marc Constantin.

La musique de Chéret, se trouve chez M. Chabal, éditeur, boulevard Montmartre, à Paris.

LAURETTE.

1827.

Joli minois, vingt ans à peine,
Taille fine, regard charmant;
Front de neige et tresse d'ébène,
Gaité folâtre et cœur aimant,
Voilà bien cette bergerette,
Tendre et naïve tour à tour.
Trouvez-moi donc une Laurette, } (bis.)
Parmi vos dames de la cour.

Voit-on briller dans sa parure.
De l'art le secours étranger,
C'est une rose fraîche et pure,
La blanche fleur de l'oranger;
Elle est en simple collerette
Belle comme un rayon du jour.
    Trouvez, etc.

De la constance heureux modèle,
A son tour Laurette aimera,
Et Laurette sera fidèle
Au premier choix qu'elle fera;
Osez-vous lui conter fleurette,
Elle rougit au nom d'amour.
    Trouvez, etc.

De Laurette, qui vous regarde,
Craignez le souris gracieux;
Mes chers amis, prenez bien garde
Au doux langage de ses yeux;
Ses yeux qui font blessure secrète,
Qu'on ne guérit pas en un jour.
Trouvez-moi donc une Laurette } (bis.)
Parmi les dames de la cour.

              Terrasson.

La musique, de Sor, se trouve chez M. Heugel, éditeur, 2 bis, rue Vivienne.

LE BAL.

1833.

Il est marié!!!... le parjure,
Dans un billet court et glacial,
Joignant l'ironie à l'injure,
M'invite à figurer au bal;
Eh bien! j'irai! pour cette fête
Que l'art s'empresse à me parer!...
Courons saluer sa conquête...
Ah! mon Dieu! si j'allais pleurer!...

Déjà la voiture m'emporte;
Un long tremblement m'a saisi...
Quel éclat brille à cette porte!...
On arrête... c'est donc ici!
Quel bruit! quelle foule brillante!
Le plaisir semble l'enivrer:
Entrons... ma figure est riante...
Ah! mon Dieu! si j'allais pleurer?...

Je l'aperçois, là-bas il danse,
Ses traits expriment le bonheur;
De loin, il me voit... il s'avance,
A ses yeux cachons ma pâleur.
Quelle est cette beauté fatale?...
Il vient me la faire admirer;
Je veux sourire à ma rivale.
Ah! mon Dieu! si j'allais pleurer?...

Dois-je danser?... quelle folie!
Quand j'ai peine à me soutenir;
Il m'a dit que j'étais jolie,

Qu'un bouquet m'allait à ravir;
Il me persiffle, il me méprise;
Je sens ma raison s'égarer!...
Ah! fuyons! mon âme se brise,
Loin des heureux allons pleurer.

Louis Festeau.

Musique de Paul Henrion.

LA ROSE BRETONNE.

Pauvre berger breton,
Qui n'avait rien que sa chaumière,
  Aimait une ouvrière,
C'était la rose du canton.
  Annette était jolie,
  Pauvre Jacque était laid!...
  Riant de sa folie,
  La belle, hélas, n'aimait
Que le son de la musette
Et la danse du pays!
Car pour la gentille Annette,
Un bal était le Paradis!

Un jour, elle pleurait,
Du village, c'était la fête;
  Sans croix d'or pour toilette,
Elle disait qu'elle en mourrait!
  Jacque vend sa chaumière,
  C'était tout son trésor!
  En secret, l'ouvrière
  Reçut une croix d'or!...
Et, le soir, à la musette,
Dansait avec ses amis;
Car pour la gentille Annette,
Un bal était le Paradis!

Pour lui, le cœur joyeux,
Il dormit dans une bruyère;
  Dieu, sur le pauvre hère,
Envoie un doux rêve des cieux:
  Il la voit... c'est bien elle!
  La croix d'or la parait...

Elle était la plus belle!
Et de joie il pleurait!...
Et les sons de la musette,
Jusqu'à ses sens engourdis,
Arrivaient avec la fête...
Jacque rêvait du Paradis!

Soudain, il jette un cri!
Sur son front, pendant qu'il sommeille,
  Un doux baiser l'éveille,
Annette en pleurs est devant lui:
  Je sais tout, lui dit-elle;
  Oui je t'aime, et pour moi,
  Moi, qu'on dit la plus belle,
  Va, le plus beau c'est toi!
Huit jours après la musette
Résonnait dans le pays,
Et Jacque, l'époux d'Annette,
Sur terre avait le Paradis!

Gustave Lemoine.

La musique, de Mlle Loïsa Puget, se trouve chez M. Heugel, éditeur, 2 *bis*, rue Vivienne.

LA PART DU DIABLE.

1843.

Ferme ta paupière,
Dors, mon pauvre enfant,
Ne vois pas ta mère
Qui prie en pleurant,
Dame noble et fière,
Belle senora,
Calmez ma misère
Et Dieu vous le rendra.
Donnez, donnez sur cette terre, }(bis.)
Dieu, dans le ciel, vous donnera.
  Ah! ah!

O grand de la terre!
O riche seigneur!
Si notre prière

Blessa votre cœur,
Si ma plainte amère
Vous importuna,
A notre misère,
Hélas! pardonnez-la.
A qui pardonne sur la terre } (bis.)
Dieu, dans le ciel, pardonnera.
    Ah! ah!

O puissant seigneur!
O roi de la terre!
Que notre prière
Arrive à ton cœur,
Ta main tutélaire,
Nous protégera.
En toi seul j'espère,
Car mon cœur me dit là :
    Ah! ah!
A qui pardonne sur la terre } (bis.)
Dieu, dans le ciel, pardonnera.

E. Scribe.

La musique, de E. Auber, se trouve, à Paris,
chez MM. Troupenas, et comp^e, éditeurs, 40, rue
Neuve-Vivienne.

LA SÉPARATION.

1840.

Au point du jour, dans sa chambrette,
A l'amant qu'elle aima le mieux,
En pleurant, la tendre Lisette
Disait au moment des adieux :
— Quand le lien qui nous enchaîne
Est à jamais brisé par vous,
Monsieur, ne montrez pas de haine,
Pour nous quitter, embrassons-nous! (bis.)

Retournez dans votre famille,
Ne consultez pas ma douleur;
Je n'étais qu'une pauvre fille,
Pouvais-je aspirer au bonheur?
De quelque riche demoiselle
Vous allez devenir l'époux;
Sans intérêt j'étais fidèle,
Pour nous quitter, embrassons-nous!

En fuyant le bruit de la ville,
Après un modeste repas,
Dans les sentiers de Romainville,
Souvent l'amour guida nos pas,
Un épais rideau de feuillage
Cachait les plaisirs les plus doux;
Nos bois ont perdu leur ombrage,
Pour nous quitter, embrassons-nous!

Ah! laissez-moi pour héritage
Ce portrait par vos mains tracé;
Mes yeux, en fixant votre image,
Verront plus gaîment le passé.
Je sourirai, dans ma vieillesse,
A notre premier rendez-vous.
Alfred, encore une caresse;
Pour nous quitter, embrassons-nous! (bis.)

Édouard Dugas.

Musique de Paul Henrion

L'ARRIVÉE DU RÉGIMENT.

De ton frère demain, ma fille,
Le régiment doit arriver,
Bien avant que le jour ne brille,
Demain, demain il faudra nous lever.
Nous irons bien loin du village,
Bien loin l'attendre à son passage.
Ah! quand ton frère paraîtra,
Mon Dieu, comme mon cœur battra,
    Comme mon cœur battra!

Et toutes deux à sa rencontre
S'en allèrent avant le jour.
Enfin le régiment se montre,

Plus près, plus près est le bruit du tambour.
    Sous les yeux de la pauvre mère,
    Ils passent tous... douleur amère,
    Car son fils, parmi les soldats,
    Est le seul qu'elle ne voit pas,
    Est le seul qu'elle ne voit pas !...

    Oh ! comme alors son sein palpite
    De crainte et de mille douleurs...
    Voyez ce sabre qu'on agite !
    Dit sa fille en versant des pleurs !
    Ma mère, calmez votre peine
    Regardez là !... là !... le capitaine !
    Et soudain son fils, ô bonheur !
    Son fils la pressa sur son cœur !...

            Émile Darateau.

La musique, de A. Grisar, se trouve chez Edmond Mayaud, éditeur, boulevart des Italiens, 2.

ADIEU, BEAU RIVAGE DE FRANCE.

    Adieu, beau rivage de France,
        Au revoir,
    J'ai pour charmer l'absence,
        L'espoir
    De retrouver ma belle,
        Fidèle ;
    Adieu, beau rivage de France,
        L'amour,
    Saura charmer l'absence
        D'un jour
    Par l'espoir du retour !

Un soir ainsi chantait gaîment dans sa nacelle,
Un jeune matelot rêvant à ses amours ;
Le ciel était serein, la pêche serait belle,
La barque s'éloigna, lui répétait toujours :
    Adieu !..... etc.

Puis arriva la nuit, une voile étrangère
Croisait près de ses bords, le pêcheur malheureux
Devint son prisonnier ; dans sa douleur amère,
Il répétait tout bas, des larmes plein les yeux :

    O vierge du pêcheur qui t'implore
        L'espoir,
    Par toi je puis encore
        Revoir
    Mon pays et ma belle
        Fidèle ;
    Rivage fleuri que j'adore,
        Au revoir,
    Mon cœur conserve encore
        L'espoir
    De bientôt vous revoir !

La tempête grondait, dans la mer orageuse,
Rejeta le captif, à la côte en nageant
Il croyait aborder, mais la vague houleuse,
L'engloutit ; le pêcheur dit encore en mourant

    Adieu, beau rivage de France,
    Hélas ! pour moi plus d'espérance,
    Adieu, pour toujours, mes amours,
    Et vous rives de France !

            Abel Poret de Morvan.

La musique, d'Albert Grisar, se trouve chez M. Edmond Mayaud, éditeur, boulev. des Italiens, 2.

LE FIL DE LA VIERGE.

1842.

Pauvre fil qu'autrefois ma jeune rêverie,
    Naïve enfant,
Croyait abandonné par la vierge Marie
    Au gré du vent ;
Dérobé par la brise à son voile de soie,
    Fil précieux,
Quel est le chérubin dont le souffle t'envoie
    Si loin des cieux ?
Viens-tu de Bethléem, la bourgade bénie,
    Frêle vapeur
De l'encens qu'apportaient les mages d'Arméni
    Pour le Seigneur ?

Sous les palmiers du Nil, la ronce te prit-elle
    Au manteau bleu,
Où la Reine des cieux, fugitive et mortelle,
    Cachait un Dieu ?

Détaché quelque part de sa blanche auréole,
    Oh! quand tu viens,
Furtif et méconnu comme un faible symbole
    Des vieux chrétiens,
Oh! je t'aime! vois-tu, parce qu'une croyance
    Est avec toi!
Tu viens comme un lambeau de la première enfance
    Et de sa foi!
Tu viens comme autrefois les blanches tourterelles
    Discrets courriers,
Portant un peu d'espoir suspendu sous leurs ailes
    Aux prisonniers ;
Tu me rends d'autrefois les tranquilles soirées,
    Et les enfants,
Et les vierges, marchant dans les fêtes sacrées
    En voiles blancs.

Et ce temps d'innocence où l'âme est tout éprise
    Pour une fleur,
Quand l'orgue aux longs accords soupirait dans l'église
    Avec mon cœur :
Quand l'ombre de ma mère, attentive et charmée,
    Venait le soir,
Écarter les rideaux de l'alcôve fermée
    Pour mieux me voir ;
Adieu, pauvre fil blanc. Je t'aime... Vole encore !
    Mais ne va pas
T'arrêter au buisson dont l'épine dévore
    Et tend les bras !
Ne te repose pas quand du haut des tourelles
    Le jour a fui :
Vole haut, près de Dieu : les seules amours fidèles
    Sont avec lui.

      Maurice Saint-Aguet.

La musique, de P. Scudo, se trouve chez M. A. Grus, éditeur, boulevard Bonne-Nouvelle, 31, à Paris.

L'AIR NATAL.

Adieu, Paris, sans regret je vous quitte,
Je vais au loin pour ne plus revenir.
Quand je partis, Marie était petite ;
Depuis trois ans comme elle a dû grandir !
    Tyrol, ô ma patrie !
Je vais revoir ta colline chérie,
Tes bois, tes fleurs, tes ruisseaux de cristal,
    Et puis Marie !
Rien n'est si doux que l'air natal.

Pour la parer, sans la rendre plus belle,
Car à seize ans est-il besoin d'atours ?
J'ai fait emplette à la ville pour elle
D'une croix d'or, d'un collier de velours.
    Tyrol, ô ma patrie, etc.

J'apporte aussi, faut-il que je le dise ?
Un anneau d'or où deux noms sont unis,
Gage d'amour que l'on donne à l'église,
Quand le pasteur a dit : soyez bénis !
    Tyrol, ô ma patrie,
Je vais revoir ta colline chérie,
Tes bois, tes fleurs, tes ruisseaux de cristal,
    Et puis Marie !
Rien n'est si doux que l'air natal !

      Émile Barateau.

La musique, d'Auguste Panseron, se trouve, à Paris, chez M. Brullé, éditeur, 16, passage des Panoramas.

PLUS DE MÈRE.

    Pitié ! madame,
    Pour l'orphelin
    Qui vous réclame
    Un peu de pain ;   (bis.)
Pitié ! pitié ! pour l'orphelin.

C'était un beau jour de victoire !
J'attendais mon père, et pourtant

Ma mère à tous nos cris de gloire
Ne répondait qu'en sanglotant...
Mère, d'où viennent tes alarmes,
Puisqu'il va revenir enfin ?...
Et ma mère me dit en larmes :
Enfant, pauvre enfant orphelin !...
    Pitié ! madame, etc.

Orphelin ! dis-tu, bonne mère ?
Pourquoi ce mot qui me fait peur ?
Pourquoi donc fermer ta paupière ?
Pourquoi cette froide pâleur ?...
Ne dors pas quand je te caresse,
Réponds-moi ! mais, vœux superflus !
A mes baisers, à ma tendresse,
Ma mère ne répondit plus !
    Pitié ! madame, etc.

Et seul à présent sur la terre,
Obligé de gagner mon pain,
J'ai compris ce mot de ma mère
Enfant, pauvre enfant orphelin !
Plus de baisers pour récompense !
Plus d'ange qui me sourira !...
Plus de ciel, plus de Providence !
Car une mère est tout cela !...
    Pitié ! madame,
    Pour l'orphelin
    Qui vous réclame
    Un peu de pain ;
    Pitié ! madame,   (*bis.*)
Du pain ! du pain, pour l'orphelin.

            Gustave Lemoine.

La musique, de Mlle Loïsa Puget, se trouve, à Paris, chez M. Meissonnier fils, éditeur, 18, rue Dauphine.

LE JEUNE PATRE.

Voici la nuit qui va descendre,
Les troupeaux couvrent le chemin :
Les chants du soir se font entendre,
Je reste seul ! pauvre orphelin !

O pâtres, quittez vos bruyères,
    Ceux que vous aimez,
    Que vous aimez,
    Sont là-bas !
On vous attend dans vos chaumières,
    Allez, allez,
    Moi l'on ne m'attend pas !

Moi, souffrant et pauvre, mon âme
Sans amour doit se consumer,
Jamais un doux regard de femme
Ne me dira : Veux-tu m'aimer ?
    O pâtres, etc.

Hélas ! ici, jusqu'à l'aurore
Je reste, et demain, sans espoir,
Demain, vous entendrez encore
Mon chant plaintif de chaque soir.
O pâtres, quittez vos bruyères,
    Ceux que vous aimez,
    Que vous aimez,
    Sont là-bas !
On vous attend dans vos chaumières,
    Allez, allez,
    Moi l'on ne m'attend pas !

            Émile Souvestre.

Musique de Mme Pauline Duchambge

FLEURS ET JEUNES FILLES.

1843.

Air *de la valse de Giselle.*

Dansez, chantez, ô blanches sœurs des anges !
Le ciel est pur et la terre est en fleur ;
Dansez, chantez, donnez-vous sans mélanges
Des mots d'amour, de joie et de bonheur.

    Le vert feuillage
    De ce bocage

Et le ramage
Des doux oiseaux,
Tout vous invite ;
Profitez vite !
Craignez la fuite
D'instants si beaux !
Dansez, chantez, etc.

L'herbe est fleurie,
Dans la prairie
La fleur jolie
S'ouvre au soleil ;
Depuis l'aurore,
Le ciel se dore
Et se colore
D'un feu vermeil.
Dansez, chantez, etc.

Tout rit, tout chante ;
Fête charmante !
De chaque plante
Sort maint parfum
Qui, vers Dieu même,
Dieu, qui vous aime,
Bonheur extrême !
Monte un par un.
Dansez, chantez, etc.

Sous la verdure
L'onde plus pure
Coule et murmure
Entre les fleurs ;
Sur la corolle
La mouche vole
Pour humer, folle,
De tendres pleurs.
Dansez, chantez, etc.

O blondes filles !
Jeunes, gentilles,
De vos familles
Trésors charmants,
C'est pour vous, belles,
Qu'éclosent, frêles,

Les fleurs nouvelles
Qu'on voit aux champs.
Dansez, chantez, etc.

A vous la mousse,
La brise douce,
L'herbe qui pousse,
A vous l'azur ;
A vous, fillettes,
Les chansonnettes,
Les pâquerettes,
A vous l'air pur !
Dansez, chantez, etc.

A vous les roses
Fraîches écloses,
Que vos doigts roses
Vont effeuillant.
Plaisir qu'on cueille,
Fleur qu'on effeuille
Vont, feuille à feuille,
Au gré du vent.
Dansez, chantez, etc.

Fleurs passagères,
Filles légères,
Mousses, fougères,
Herbes, couleurs ;
Brillent, rieuses !
Capricieuses :
Filles joyeuses !
Joyeuses fleurs !

Dansez, chantez, ô blanches sœurs des anges !
Le ciel est pur et la terre est en fleur ;
Dansez, chantez, donnez-vous sans mélanges
Des mots d'amour, de joie et de bonheur.

Charles Regnard.

La musique, de Burgmüller, se trouve chez M. Colombier, éditeur, 6, rue Vivienne.

DANS VENISE.

Dans la riche Venise, où le luxe étincelle !
Où brillent dans les eaux les portiques dorés,
Où sont les grands palais dont le marbre recèle
Des chefs-d'œuvre de l'art les trésors adorés,
    Je n'ai que ma gondole.
    Vive comme un oiseau,
    Qui se balance et vole,   *(bis.)*
    A peine effleurant l'eau.

Le doge a les honneurs et la toute puissance,
Les financiers de l'or, les marchands des vaisseaux
Les nobles ont l'éclat que donne la naissance,
Métastase a son luth, et Titien ses pinceaux.
    Je n'ai que ma gondole, etc.

Mais j'ai prié saint Marc, du plus saint de mon âme,
Il m'a donné d'Anna l'amour tendre et constant;
Et quand ses grands yeux noirs me pénètrent de flamme,
Je suis heureux, puissant, noble, riche, et pourtant
    Je n'ai que ma gondole,
    Vive comme un oiseau,
    Qui se balance et vole,   *(bis.)*
    A peine effleurant l'eau.

           E. Aubin.

La musique, de P. Henrion, se trouve à Paris, chez M. Heugel, éditeur, 2 bis, rue Vivienne.

LE MULETIER DU VÉSUVE.

1836.

Du haut de la montagne
Où j'ai reçu le jour,
J'entends dans la campagne
Mon gai refrain d'amour.
C'est toi, Nizza, ma belle,
Ta douce voix m'appelle,
Ne tremble pas pour moi,
Joyeux, j'accours vers toi,
Que le Vésuve et la tempête
Éclatent, grondent, rien ne m'arrête!
Vrai muletier, hardi Napolitain,
Libre d'effroi, je chante et nargue le destin
    Allons, mule jolie,
    On nous attend là-bas,
    Vers ma gentille amie,
    Pressons (*bis*) le pas.
La, la, tra, la, la, la, la, tra, la, la, la.
    Pressons (*bis*) le pas.

    Nizza de l'Italie,
    Charmante et jeune fleur,
    Quoiqu'au soleil brunie,
    Séduit par sa fraîcheur;
    Les filles de Sorrente,
    De Rome et de Tarente,
    N'ont point, en vérité,
    Tant d'attraits, de beauté;
Mais si d'orgueil mon cœur palpite,
Quand à la danse on nous invite,
Car sur ma foi plus d'un noble signor,
Pour obtenir sa main, donnerait un trésor.
    Allons, mule jolie, etc.

    Longtemps ma fiancée,
    Rebelle à tous mes vœux,
    De mon âme oppressée
    Repoussa les aveux ;
    J'avais beau la maudire,
    Soupirer mon martyre,
    Toujours à Paolo
    Nizza répondait : no.
Mais un matin près du Cratère,
Soudain j'entends les cris de son vieux père
Il expirait... mais je sauvai ses jours.
Et Nizza fut à moi, fut à moi pour toujours!
    Allons, mule jolie,
    On nous attend là-bas,
    Vers ma gentille amie,
    Pressons (*bis*) le pas.
La, la, tra, la, la, la, la, tra, la, la, la.
    Pressons (*bis*) le pas.

          Crevel de Charlemagne.

La musique, de M. Graziani, se trouve, à Paris, chez M. Prilipp, éditeur, 18, boulevart Montmartre.

LES MARRONNIERS.

Air *de Marengo*.

Me voilà donc exilé de la ville,
Me voilà donc au hameau de retour;
Des courtisans la cohorte servile
Ne viendra pas m'atteindre en ce séjour.
Arbres chéris, berceau de mon enfance,
Témoins discrets de mes premiers amours,
Contre les grands servez-moi de défense,
Vieux marronniers, ombragez-moi toujours.

N'est-ce pas là que la gentille Adèle,
Grâce à mes soins, brûlante de désirs,
En m'accordant ce que j'exigeais d'elle,
Osa vider la coupe de plaisirs?
Jamais, hélas! pendant vingt ans d'absence,
Je n'ai trouvé chez les belles des cours
Tant de candeur, d'amour et d'innocence!
Vieux marronniers, ombragez-moi toujours.

N'est-ce pas là qu'à la voix de Lutèce,
Lorsque la France a réclamé nos bras,
On vit un jour notre ardente jeunesse
Saisir un glaive et voler aux combats?
Sous ce feuillage, où naquit la victoire,
Résonne encore le fracas des tambours;
Et je retrouve ici vingt ans de gloire:
Vieux marronniers, ombragez-moi toujours.

N'est-ce pas là que le vainqueur du monde,
Quelques instants éloigné des drapeaux,
Mettant un frein à son ardeur profonde,
Crut, mais trop tard, savourer le repos?
Premier acteur de ce sublime drame,
Dont le destin si tôt borna le cours,
Tout en ce lieu te rappelle à mon âme:
Vieux marronniers, ombragez-moi toujours.

La mort survient: sa fatale barrière
Endort les maux et fait trêve au désir:
Heureux alors qui pendant sa carrière

s'est aveuglé des éclairs du plaisir.
J'ai bien vécu; lorsqu'il faudra descendre
Dans cette asile ou l'on pèse nos jours,
Je vous confie et ma gloire et ma cendre:
Vieux marronniers, ombragez-moi toujours.

Émile Débreaux.

LA FÊTE DES BONNES GENS.

1782.

L'amitié vive et pure
Donne ici des plaisirs vrais.
　C'est la simple nature
Qui pour nous en fait les frais.
Gaîté franche, amour honnête,
Ramènent le bon vieux temps.
Chez nous c'est encor la fête,
La fête des bonnes gens.

Chez nous le mariage
N'est que l'accord de deux cœurs.
　D'un si doux esclavage
Les nœuds sont tissus de fleurs.
Du bonheur on est au faîte,
Sitôt qu'on a des enfants.
En famille on fait la fête,
La fête des bonnes gens.

　La bergère sévère
Prend gaîment le verre en main ;
　L'amour au fond du verre
Se glisse et passe en son sein.
Pour l'amant, quelle conquête !
Tous deux en sont plus charmants.
L'amour embellit la fête,
La fête des bonnes gens.

　Par de grands airs tragiques
A la ville on attendrit.
　Par des concerts rustiques
Au village on réjouit.
Sans vous fatiguer la tête
Par des accords trop savants,

Venez tous rire à la fête,
La fête des bonnes gens.

Lourdet de Santerre.

Cette jolie chanson était le vaudeville final de l'opéra de *Colinette à la cour*, qui fut joué pour la première fois à l'Académie royale de musique, le 1er janvier 1782. L'air est une de ces compositions franches et naïves comme en faisait Grétry, qui y mettait toujours de la mélodie et du chant. Le grand Opéra ne croyait pas déroger alors en donnant des pièces gracieuses et amusantes, dont tout le monde retenait les airs, comme on avait retenu ceux du *Devin de village*, de Rousseau. Aujourd'hui l'on appelle cela **perruque** et **rococo**, et l'on ne doit pas oublier, à la honte du siècle, qu'il y a quelques années, à une représentation du *Devin de village*, un impertinent jeta une perruque sur le théâtre. Il n'en est pas moins vrai que les dernières reprises des charmants opéras de Grétry et de Monsigny, à l'Opéra-Comique, ont prouvé que le gracieux et le naturel devaient toujours réussir.

La musique, de Grétry, se trouve notée au N. 315 de la Clé du Caveau.

LA PHILOSOPHIE.

On parle de philosophie :
On ne sait pas la définir;
Mais la seule digne d'envie,
La mienne, enfin, c'est le plaisir.
Sourire à l'aimable folie,
Pour mieux jouir, être inconstant :
C'est ainsi qu'on descend gaîment ⎫ bis.
　Le fleuve de la vie. ⎭

Les anciens sages de la Grèce
N'étaient pas sages tous les jours;
On a vu souvent leur sagesse
Échouer auprès des amours.
Sourire à l'aimable folie, etc.

Pour composer son édifice
L'abeille se nourrit de fleurs;
Suivons son exemple propice :

Sachons effleurer tous les cœurs;
Sourire à l'aimable folie,
Pour mieux jouir être inconstant :
C'est ainsi qu'on descend gaîment } *(bis.)*
    Le fleuve de la vie.

Sewrin.

La musique, de A. Meissonnier aîné, se trouve notée au N. 342 de la Clé du Caveau.

LE ROI DES PLAISIRS.

1738.

Sous des lambris où l'or éclate,
Fouler la pourpre et l'écarlate,
Sur un trône, dicter des lois,
    C'est le plaisir des rois !
Sur la fougère et sur l'herbette,
Lire dans les yeux de Lisette
Qu'elle est sensible à nos soupirs,
    C'est le roi des plaisirs. *(bis.)*

Quelque part que l'on se transporte,
Être entouré d'une cohorte,
Voir des curieux jusques aux toits,
    C'est le plaisir des rois.
Quand on voyage avec Sylvie,
N'avoir pour toute compagnie
Que les amours et les zéphirs,
    C'est le roi des plaisirs. *(bis.)*

Posséder des trésors immenses,
Briller par de riches dépenses,
Commander et donner des lois,
    C'est le plaisir des rois.
Toucher l'objet qui sait nous plaire;
Par un retour tendre et sincère,
Le voir sensible à nos désirs,
    C'est le roi des plaisirs. *(bis.)*

Agir et commander en maître,
Avec la poudre et le salpêtre,
Fortement appuyer ses droits,
    C'est le plaisir des rois.

Quand le tendre enfant nous couronne,
Tenir du cœur ce qu'on nous donne,
Ne rien devoir qu'aux doux soupirs,
    C'est le roi des plaisirs. *(bis.)*

Des plus beaux bijoux de l'Asie
Parer une beauté chérie,
En charger sa tête et ses doigts,
    C'est le plaisir des rois.
Voir une petite fleurette
Toucher plus le cœur de Nanette
Que perles, rubans et saphirs,
    C'est le roi des plaisirs. *(bis.)*

Quand on est heureux à la guerre,
En informer toute la terre,
Publier partout ses exploits,
    C'est le plaisir des rois.
Lorsque l'amour nous récompense,
Goûter dans l'ombre et le silence
Le fruit de nos tendres soupirs,
    C'est le roi des plaisirs. *(bis.)*

Avec une meute bruyante,
Remplir les forêts d'épouvante,
Réduire des cerfs aux abois,
    C'est le plaisir des rois.
Avec une troupe choisie,
Chasser à grands coups d'ambroisie
La douleur et les vains soupirs,
    C'est le roi des plaisirs. *(bis.)*

Donner dans une grande fête
Des concerts à rompre la tête,
Où l'on entend mugir cent voix,
    C'est le plaisir des rois.
Dans un petit repas tranquille
Par quelque gentil vaudeville,
Du cœur exprimer les désirs,
    C'est le roi des plaisirs. *(bis.)*

A des flatteurs, dont la souplesse
S'avilit jusqu'à la bassesse,
Donner souvent les beaux emplois,
    C'est le plaisir des rois.
Verre en main près de ce qu'on aime,

Railler ceux qu'une ardeur extrême
De l'ambition rend martyrs,
   C'est le roi des plaisirs.   (bis.)

Panard.

  Panard, Charles-François, que quelques biographes nomment *Pannard*, était né à Courville, près Chartres, en 1691. Il mourut, à Paris, le 13 juillet 1765, d'une attaque d'apoplexie. Ce chansonnier peut, à juste titre, passer pour le père du genre actuel ; ses chansons, dont le nombre est considérable, ont été publiées par les soins d'un de ses élèves, Armand Gouffé, et réunies en trois volumes in-18, en 1803.

  La musique, de Mouret, se trouve notée au N. 543 de la Clé du Caveau.

LE VIN, LES FEMMES ET LE TABAC.

Quand j'ai ma pipe bien aimée,
Mon seul trésor, mes seuls amours,
Lorsque s'exhale sa fumée,
Je vois renaître mes beaux jours.
Lorsqu'un nuage me contourne,
Ah! je suis plus heureux qu'un roi !   (bis.)
Combats, victoir's, tout cela tourne,
Tout cela tourne autour de moi.   (ter.)

— Moi je dis : Vive une maîtresse !
Il m'en faut, j'en veux à foison ;
Gaîment je change de tendresse
Quand je change de garnison.
Dans chaque endroit où je séjourne,
Fille ou veuve cède à ma loi ;   (bis.)
Oui, chaque tête tourne, tourne,
Chaque tête tourne pour moi.   (ter.)

— Moi, le vin seul me met en veine,
Lorsque j'en bois avec ardeur,
P'tit à p'tit j' deviens capitaine,
J' suis général, puis empereur.
Près de moi le plaisir séjourne,
Dans le paradis je me croi,   (bis.)
Lorsque tout tourne, tourne, tourne,
Lorsque tout tourne autour de moi. (ter.)

Ch. Paul de Kock et Cogniard frères.

LA PIPE DE TABAC.

Contre les chagrins de la vie,
On crie et *ab hoc*, et *ab hac* ;
Moi, je me crois digne d'envie
Quand j'ai ma pipe et mon tabac. (bis.)
Aujourd'hui, changeant de folie,
Et de boussole et d'almanach,
Je préfère fille jolie
Même à la pipe de tabac.   (bis.)

Le soldat bâille sous la tente,
Le matelot sur le tillac ;
Bientôt ils ont l'âme contente
Avec la pipe de tabac.   (bis.)
Si pourtant survient une belle,
A l'instant le cœur fait tic-tac,
Et l'amant oublie auprès d'elle
Jusqu'à la pipe de tabac.   (bis.)

Je tiens cette maxime utile
De ce fameux monsieur de Crac ;
En campagne comme à la ville,
Fêtons l'amour et le tabac.   (bis.)
Quand ce grand homme allait en guerre,
Il portait dans son petit sac
Le doux portrait de sa bergère
Avec la pipe de tabac.   (bis.)

Pigault-Lebrun.

  La musique, de Gaveaux, se trouve notée au N. 108 de la Clé du Caveau.

LA PAILLE.

Sur tout on a fait des chansons :
On a chanté le vin, les belles,
L'eau, le feu, les fleurs, les moissons,
Les brebis et les tourterelles ;
Un auteur dont je suis bien loin
Fit des vers sur l'huître à l'écaille,
Un autre en a fait sur le foin,
Je vais m'étendre sur la paille.

La paille couvre l'humble toit,
Du laboureur modeste asile;
Un lit de paille aussi reçoit
Son corps fatigué mais tranquille;
Le riche, au sein de ses palais,
Sur le duvet s'ennuie et bâille.
Peines, tourments sont sous le dais,
Quand le bonheur est sur la paille.

La paille, tressée en réseaux,
Du soleil garantit nos belles;
Grâce à ces immenses chapeaux,
Elles n'ont plus besoin d'ombrelles;
Mais ils voilent trop leurs appas,
Et Zéphir leur livre bataille.
Il a raison : on ne doit pas
Cacher les roses sous la paille.

Jadis, respectant ses serments,
L'amant, fidèle à sa maîtresse,
Pour elle encore, après trente ans,
Brûlait d'une égale tendresse;
Hélas! on n'aime plus qu'un jour!
De la constance l'on se raille;
Et maintenant les feux d'amour
Ne sont plus que des feux de paille.

Mais je n'aurais jamais fini
Si, dans l'ardeur qui me travaille,
J'entreprenais de dire ici
Tout ce qui se fait sur la paille.
Ami lecteur, je meurs d'effroi
Que ta rigueur ne me chamaille;
Sois indulgent, car avec toi
Je ne veux pas rompre la paille.

Joseph Servières.

La musique, de Desargus, se trouve notée au
N. 691 de la Clé du Caveau.

LES RARETÉS.

1720.

On dit qu'il arrive ici
  Une compagnie

Meilleure que celle-ci
  Et bien mieux choisie.
Va-t'en voir s'ils viennent, Jean,
Va-t'en voir s'ils viennent.

Un abbé qui n'aime rien
  Que le séminaire,
Qui donne aux pauvres son bien,
  Et dit son bréviaire.
Va-t'en voir s'ils viennent, Jean,
Va-t'en voir s'ils viennent.

Un magistrat curieux
  De jurisprudence,
Et qui, devant deux beaux yeux,
  Tient bien la balance.
Va-t'en voir s'ils viennent, Jean,
Va-t'en voir s'ils viennent.

Une fille de quinze ans,
  D'Agnès la pareille,
Qui pense que les enfants
  Se font par l'oreille.
Va-t'en voir s'ils viennent, Jean,
Va-t'en voir s'ils viennent.

Une femme et son époux,
  Couple bien fidèle;
Elle le préfère à tous,
  Et lui n'aime qu'elle.
Va-t'en voir s'ils viennent, Jean,
Va-t'en voir s'ils viennent.

Un chanoine dégoûté
  Du bon jus d'octobre,
Un auteur sans vanité;
  Un musicien sobre.
Va-t'en voir s'ils viennent, Jean,
Va-t'en voir s'ils viennent.

Un Breton qui ne boit point;
  Un Gascon tout bête;
Un Normand franc de tout point;
  Un Picard sans tête.
Va-t'en voir s'ils viennent, Jean,
Va-t'en voir s'ils viennent.

Une femme que le temps
  A presque flétrie,
Qui voit des appas naissants
  Sans aucune envie.
Va-t'en voir s'ils viennent, Jean,
  Va-t'en voir s'ils viennent.

Une belle qui cherchant,
  Compagne fidèle,
La choisit en la sachant
  Plus aimable qu'elle.
Va-t'en voir s'ils viennent, Jean,
  Va-t'en voir s'ils viennent.

Un savant prédicateur
  Comme Bourdaloue,
Qui veut toucher le pécheur
  Et craint qu'on le loue.
Va-t'en voir s'ils viennent, Jean,
  Va-t'en voir s'ils viennent.

Une nonne de Longchamps,
  Belle comme Astrée,
Qui brûle, en courant les champs,
  D'être recloîtrée.
Va-t'en voir s'ils viennent, Jean,
  Va-t'en voir s'ils viennent.

Un médecin sans grands mots,
  D'un savoir extrême,
Qui n'ordonne point les eaux,
  Et guérit lui-même.
Va-t'en voir s'ils viennent, Jean,
  Va-t'en voir s'ils viennent.

Et, pour bénédiction,
  Nous aurons un moine
Fort dans la tentation,
  Comme saint Antoine.
Va-t'en voir s'ils viennent, Jean,
  Va-t'en voir s'ils viennent.

De La Motte-Houdart.

Air ancien, noté au N. 613 de la Clé du Caveau.

LE FLANEUR.

1814.

Air de *la Légère* (contredanse).

  Moi, je flâne,   (*bis.*)
Qu'on m'approuve ou me condamne !
  Moi, je flâne,   (*bis.*)
  Je vois tout,
  Je suis partout.

Dès sept heures du matin,
Je demande à la laitière
Des nouvelles de Nanterre
Ou bien du marché voisin ;
Ensuite au café je flûte
Un verre d'eau pectoral ;
Puis, tout en mangeant ma flûte,
Je dévore le journal.
  Moi, je flâne, etc.

J'ai des soins très assidus
Pour les *Petites Affiches* ;
J'y cherche les chiens caniches
Que l'on peut avoir perdus.
Des gazettes qu'on renomme
Je suis le premier lecteur ;
Après je fais un bon somme
Sur l'éternel *Moniteur*.
  Moi, je flâne, etc.

Pressant ma digestion,
Je cours à la promenade ;
Sans moi, jamais de parade,
Jamais de procession.
Joignant aux mœurs les plus sages
La gaîté, les sentiments,
Je m'invite aux mariages,
Je suis les enterrements.
  Moi, je flâne, etc.

J'inspecte le quai nouveau
Qu'on a bâti sur la Seine ;
J'aime à voir d'une fontaine
Tranquillement couler l'eau.

Je fais la paix ou la guerre
Avec quelque vieux nigaud,
Qui sable un cruchon de bière
En raisonnant comme un pot.
    Moi, je flâne, etc.

Enfin soyez avertis
Que je ne vais au spectacle
Que quand, par un grand miracle,
Les Français donnent *gratis*.
Sans maîtresse et sans envie,
Buvant de l'eau pour soutien,
Ainsi je mène la vie
D'un joyeux épicurien.

    Moi, je flâne ;   (*bis*.)
Qu'on m'approuve ou me condamne !
    Moi, je flâne,   (*bis*.)
    Je vois tout,
    Je suis partout.

              Casimir Ménétrier.

Air de contredanse, noté au N. 501 de la Clé du Caveau.

LES GRANDES VÉRITÉS.

1796.

AIR : *Aussitôt que la lumière*.

Oh ! le bon siècle, mes frères,
Que le siècle où nous vivons !
On ne craint plus les carrières
Pour quelques opinions.
Plus libre que Philoxène,
Je déchire le rideau ;
Coulez, mes vers, de ma veine.
Peuple, voici du nouveau.

La chandelle nous éclaire,
Le grand froid nous engourdit,
L'eau fraîche nous désaltère,
On dort bien dans un bon lit ;

On fait vendange en septembre,
En juin viennent les chaleurs ;
Et quand je suis dans ma chambre,
Je ne suis jamais ailleurs.

Rien n'est plus froid que la glace.
Pour saler il faut du sel.
Tout fuit, tout s'use et tout passe,
Dieu lui seul est éternel.
Le Danube n'est pas l'Oise ;
Le soir n'est pas le matin,
Et le chemin de Pontoise
N'est pas celui de Pantin.

Le plus sot n'est qu'une bête,
Le plus sage est le moins fou :
Les pieds sont loin de la tête.
La tête est bien près du cou.
Quand on boit trop on s'enivre ;
La sauce fait le poisson ;
Un pain d'une demi-livre
Pèse plus d'un quarteron.

Romulus a fondé Rome,
On se mouille quand il pleut.
Caton fut un honnête homme,
Ne s'enrichit pas qui veut.
On n'aime pas la moutarde
Que l'on sert après dîné.
Parlez-moi d'une camarde
Pour avoir un petit nez.

Quand un malade a la fièvre
Il ne se porte pas bien.
Qui veut courir plus d'un lièvre,
A coup sûr, n'attrape rien.
Soufflez sur votre potage,
Bientôt il refroidira ;
Enfermez votre fromage,
Ou le chat le mangera.

Les chemises ont des manches.
Tout coquin n'est pas pendu.
Tout le monde court aux branches
Lorsque l'arbre est abattu.

Qui croit tout est trop crédule.
En mesure il faut danser.
Une écrevisse recule
Toujours au lieu d'avancer.

Point de mets que l'on ne mange,
Mais il faut du pain avec,
Et des perdrix sans orange
Valent mieux qu'un hareng sec.
Une tonne de vinaigre
Ne prend pas un moucheron ;
A vouloir blanchir un nègre
Un barbier perd son savon.

On ne se fait pas la barbe
Avec un manche à balai ;
Plantez-moi de la rhubarbe,
Vous n'aurez pas de navet.
C'était le cheval de Troie
Qui ne buvait pas de vin ;
Et les ânes qu'on emploie
Ne sont pas tous au moulin.

J'ai vu des cailloux de pierre,
Des arbres dans les forêts,
Des poissons dans la rivière,
Des grenouilles aux marais.
J'ai vu le lièvre imbécile
Craignant le vent qui soufflait,
Et la girouette mobile
Tournant au vent qui tournait.

Le bon sens vaut tous les livres ;
La sagesse est un trésor ;
Trente francs font trente livres ;
Du papier n'est pas de l'or.
Par maint babillard qui beugle
Le sourd n'est pas étourdi ;
Il n'est rien tel qu'un aveugle
Pour n'y voir goutte à midi.

Ne nous faites pas un crime
De ces couplets sans façon ;
On y trouve de la rime
Au défaut de la raison.

Dans ce siècle de lumières,
De talents et de vertus,
Heureux qui ne parle guères,
Et qui n'en pense pas plus.

Armand Charlemagne.

Air ancien, noté au N. 50 de la Clé du Caveau.

L'ABDICATION DU ROI RÉNÉ,

1826.

Air *du Calife de Bagdad.*

Sujets qui pleurez mon empire,
Désormais soyez mes égaux ;
Contre un flacon, contre une lyre,
J'ai troqué les hochets royaux.
Avant de brûler ma bannière,
Sachez ma volonté dernière :
 Enfants, buvez à la santé
 De ma défunte royauté !

Esclave de votre navire,
Au timon j'étais chevillé ·
En voyant un vassal sourire,
L'esclave-roi s'est réveillé.
De ma grandeur je vous délivre ;
Je végétais... et je veux vivre...
 Enfants, buvez à la santé
 De ma défunte royauté !

Quand sur vos toits exempts d'alarmes
Le sommeil répand ses pavots,
Le *qui vive !* et le bruit des armes
Des palais chassent le repos.
Morphée, en visitant le chaume,
Sur mes yeux versera son baume...
 Enfants, buvez à la santé
 De ma défunte royauté !

Comment choisir, au rang suprême,
L'or pur ou l'or de bas aloi ?...
Peut-on savoir si ceux qu'on aime
Chérissent l'homme ou bien le roi ?...

Je fuis les vénales caresses
Des courtisans et des maîtresses...
  Enfants, buvez à la santé
  De ma défunte royauté!

A ce gala de déchéance,
Feudataire et preux chevalier,
De votre serment d'allégeance
Gaîment je veux vous délier.
Manant, ton roi verse rasade:
Viens donc lui donner l'accolade!
  Enfants, buvez à la santé
  De ma défunte royauté!

Ménestrels à la voix sonore,
Notre luth est prêt... commençons.
Pour *requiem*, jusqu'à l'aurore,
Chantons ballades et tensons;
Sur cette nappe, au choc du verre,
Dressons mon acte mortuaire...
  Enfants, buvez à la santé
  De ma défunte royauté!

Pour les fronts que l'ennui sillonne,
Gardez le chêne et le laurier;
Tressez ma nouvelle couronne
D'œillet, de roses et d'olivier.
Peuple, je t'accorde amnistie,
Tu peux siffler ma dynastie...
  Enfants, buvez à la santé
  De ma défunte royauté!

Cousins, mes ci-devant confrères,
Qui gardez le royal licou,
Ne blâmez pas mes goûts vulgaires,
Bien moins que vous tous je suis fou:
J'échappe au poignard qui vous guette,
Aux longs saluts de l'étiquette.
  Enfants, buvez à la santé
  De ma défunte royauté!

Adieu, pourpre! adieu, diadème!
Dont j'étais caparaçonné!
Je viens d'effacer le saint-chrême;
Trop longtemps, hélas! j'ai trôné.
Adieu, ma royale bicoque!
Aux vents je jette ma défroque...
  Enfants, buvez à la santé
  De ma défunte royauté!

Louis Festeau.

La musique, de l'auteur des paroles, se trouve chez L. Vieillot, éditeur, 32, rue Notre-Dame-de-Nazareth.

CHANTONS L'AMOUR ET LE PLAISIR

Pour obtenir celle qu'il aime,
L'un éblouit par la grandeur:
A se voir aimer pour lui-même,
Un autre met tout son bonheur.
Mes chers amis, dans cette vie,
Chacun a son goût, sa folie;
La meilleure est de bien jouir.
Chantons l'amour et le plaisir.

L'un dans les hasards de la guerre
Trouve le bonheur de ses jours.
L'autre, sous le toit solitaire
Du tendre objet de ses amours.
Mes chers amis, dans cette vie
Chacun a son goût, sa folie;
La meilleure est de bien jouir.
Chantons l'amour et le plaisir.

Saint-Just.

La musique, de Boïeldieu, se trouve notée au N. 1025 de la Clé du Caveau.

MA VIE ÉPICURIENNE.

Air *de chasse de l'opéra* le Roi et le Fermier.

  Le jour,
    Chantant l'amour,
Et souvent le faisant sans bruit
  La nuit;

Des yeux
Ou noirs ou bleus
Je fus toujours également
Amant.
Content,
Et bien pourtant,
Lorsque ma bourse est aux abois,
Je bois,
J'espère que c'est bien.
Heim ?
Agir en épicurien.

Je fuis,
Tant que je puis,
Des sots, des méchants les travers
Divers ;
Je plains
Les gens enclins
A croire que sur terre rien
N'est bien ;
Par goût
Content de tout,
Le monde, ma foi, tel qu'il est,
Me plaît.
J'espère que c'est bien,
Heim ?
Penser en épicurien.

Combien
De *gens de bien*
Par l'intrigue ont eu des wiskis
Acquis !
Leur nom
Est en renom ;
Mais en secret ils sont haïs,
Trahis.
Joyeux,
Moi, j'aime mieux
Presser le bras de l'amitié,
A pié !
J'espère que c'est bien,
Heim ?
Sentir en épicurien.

Quand par
Un grand hasard
Je sens, hélas ! mon appétit
Petit.

En vain
Mon médecin,
Dit que je ne puis sans danger
Manger ;
Jamais,
Lui dis-je, un mets
N'a surpris encore ma dent
Boudant...
J'espère que c'est bien,
Heim ?
Parler en épicurien.

Un sot,
Au moindre mot,
Souvent nous envoie un cartel
Mortel ;
Mais fi
D'un tel défi,
Moi, j'ai pour toute arme un foret
Tout prêt...
Ma main
Perce, et soudain
Nous nageons dans les flots d'un vin
Divin,...
J'espère que c'est bien,
Heim ?
Se battre en épicurien.

Loyal,
Toujours égal,
Je ne fus jamais à demi
Ami.
A qui
M'aime aujourd'hui
Puis-je être utile, à son secours
Je cours ;
Mon bien
Devient le sien,
Je veux enfin qu'on soit chez moi
Chez soi...
J'espère que c'est bien,
Heim ?
Aimer en épicurien.

On voit,
Sous l'humble toit
Où voulut me placer le sort,
D'abord

Un chien,
Mon seul gardien,
Une table, un banc, puis après,
Tout près,
Un lit
Simple et petit,
Qui peut, au besoin, faire deux
Heureux.
J'espère que c'est bien,
Heim ?
Loger en épicurien.

Aucun
Trouble importun
N'altère de mes heureux jours
Le cours.
Tout voir
Sans m'émouvoir
Fut toujours la suprême loi
Pour moi.
J'attends
La faux du Temps ;
Mais je ne l'attends, morbleu ! qu'en
Trinquant.
J'espère que c'est bien,
Heim ?
Vieillir en épicurien.

Enfin
Jusqu'à ma fin,
Aimant, riant, buvant, sautant,
Chantant,
Je veux
Voir mes cheveux,
Et de pampre et de myrte verts
Couverts.
Je veux
Que mes neveux
Disent : « Il ne recula pas
D'un pas... »
J'espère que c'est bien,
Heim ?
Mourir en épicurien.

Désaugiers.

La musique, de Monsigny, se trouve notée au
N. 676 de la Clé du Caveau

RONDEAU D'UNE FOLIE.

On ne saurait trop embellir
Le court espace de la vie ;
Pour moi, je veux la parcourir
Avec l'Amour et la Folie.

Du temps rapide qui s'enfuit
Rien n'échappe à la faux cruelle,
Souvent il la frappe et détruit
Jusqu'à la fleur la plus nouvelle.
On ne saurait trop embellir, etc.

Empressons-nous donc de jouir
Du charme heureux de la jeunesse,
Et ménageons un souvenir
Qui vienne égayer la vieillesse.

On ne saurait trop embellir
Le court espace de la vie ;
Pour moi, je veux la parcourir
Avec l'Amour et la Folie.

Bouilly.

La musique, de Méhul, se trouve notée au N 1676
de la Clé du Caveau

PHILOSOPHIE ÉPICURIENNE

Air : *Vaudeville des habitants des Landes.*

Pon, pon, pon, pon, pon, pon, pon,
Je passerais gaîment ma vie
Dans la cabane d'un Lapon.
Pon, etc.

Près du Pomard de la folie,
De vrais amis de maint chapon,
Pon, etc.

Rempli d'une mousse légère
Où se cache le Dieu fripon,
Pon, etc.

J'aime autant mon vase de terre
Que les beaux vases du Japon,
    Pon, etc.

Glou, glou, glou, glou, glou, glou, glou,
Héraclite sur nos misères
Pleurait, dit-on, comme un hibou.
    Glou, etc.

Démocrite, au nez de ses frères,
A son tour riait comme un fou,
    Glou, etc.

Aristote veut nous conduire
Et nous mène je ne sais où;
    Glou, etc.

Ces trois messieurs dans leur délire,
N'ont fait que se casser le cou,
    Glou, etc.

A l'homme il suffirait de dire :
Pour être heureux, bois comme un trou.
    Glou, etc.

Tin, tin, tin, tin, tin, tin, tin,
J'ai beaucoup de respect, sans doute,
Pour celui qui dès le matin,
    Tin, etc.

Sur un bouquin, sans y voir goutte,
Pâlit comme un ignorantin,
    Tin, etc.

Mais, pour moi qui ne sais pas lire
Dans le grand livre du destin,
    Tin, etc.

J'aime mieux la jeune Thémire
Qu'un vieil auteur grec ou latin,
    Tin, etc.

Et jamais je ne sus écrire
Qu'amour, plaisir, bon vin, festin,
    Tin, tin.

Zon, zon, zon, zon, zon, zon, zon,
Pour embellir notre existence,
A quoi nous sert notre raison ?
    Zon, etc.

Du vrai bonheur de l'inconstance
Elle nous cache l'horizon,
    Zon, etc.

Car je veux faire à chaque belle,
Jusqu'à ma dernière saison...
    Zon, etc.

Pan, pan, pan, pan, pan, pan, pan,
Jadis sous l'ombrage des hêtres,
J'embouchais la flûte de Pan,
    Pan, etc.

Et de mes sottises champêtres,
J'étais alors fier comme un paon,
    Pan, etc.

Pour une muse moins sévère,
Sur l'Hélicon je vais grimpant,
    Pan, etc.

Du bruit du refrain et du verre,
Je viens vous briser le tympan,
    Pan, etc.

Et si ma chanson sait vous plaire,
Prouvez-le-moi tous en frappant :
Pan, pan, pan, pan, pan, pan, pan.

Feu **J.-A.-M. Monpellier.**

La musique, de Tourterelle, se trouve notée au N. 1132 de la Clé du Caveau.

LE MÉNAGE DE GARÇON.

1809.

Je loge au quatrième étage,
C'est là que finit l'escalier ;
Je suis ma femme de ménage,
Mon domestique et mon portier.

Des créanciers quand la cohorte
Au logis sonne à tour de bras,
C'est toujours, en ouvrant ma porte, } (bis)
Moi qui dis que je n'y suis pas.

De tous mes meubles l'inventaire
Tiendrait un carré de papier ;
Pourtant je reçois d'ordinaire
Des visites dans mon grenier.
Je mets les gens fort à leur aise :
A la porte un havard maudit,
Tous mes amis sur une chaise,
Et ma maîtresse sur mon lit.

Vers ma demeure quand tu marches,
Jeune beauté, va doucement ;
Crois-moi, quatre-vingt-dix-huit marches
Ne se montent pas lestement.
Lorsque l'on arrive à mon gîte,
On se sent un certain émoi ;
Jamais sans que son cœur palpite,
Une femme n'entre chez moi.

Gourmands, vous voulez, j'imagine,
De moi pour faire certain cas,
Avoir l'état de ma cuisine.
Sachez que je fais trois repas :
Le déjeuner m'est très facile,
De tous côtés je le reçoi.
Je ne dîne jamais qu'en ville,
Et ne soupe jamais chez moi.

Je suis riche et j'ai pour campagne
Tous les environs de Paris ;
J'ai mille châteaux en Espagne ;
J'ai pour fermiers tous mes amis.
J'ai, pour faire le petit-maître,
Sur la place un cabriolet ;
J'ai mon jardin sur ma fenêtre,
Et mes rentes dans mon gilet.

Je vois plus d'un millionnaire
Sur moi s'égayer aujourd'hui :
Dans ma richesse imaginaire,
Je suis aussi riche que lui.
Je ne vis qu'au jour la journée,
Lui, vante ses deniers comptants.
Et puis à la fin de l'année,
Nous arrivons en même temps.

Un grand homme a dit dans son livre
Que tout est bien, il m'en souvient.
Tranquillement laissons-nous vivre,
Et prenons le temps comme il vient.
Si, pour recréer ce bas monde,
Dieu nous consultait aujourd'hui,
Convenons-en tous à la ronde, } (bis.)
Nous ne ferions pas mieux que lui.

Joseph Pain.

La musique, de Bouffet, se trouve notée au
N. 264 de la Clé du Caveau

MA PHILOSOPHIE.

1807.

Air : *Fournissez un canal au ruisseau.*

Pour jamais l'an vient de s'écouler,
Amis, c'est un mal sans remède,
Et bien loin de nous en désoler,
Ne songeons qu'à l'an qui succède ;
Oui, livrons-nous, pour rajeunir,
Aux transports d'une gaîté folle ;
Et, ne pouvant fixer le temps qui vole,
Tâchons de fixer le plaisir.

Si l'objet dont nous sommes épris
Devait toujours rester le même,
A nos yeux il perdrait de son prix
Tout vieillit, c'est la loi suprême ;
Et lorsque l'an, vers son déclin,
Loin de moi fuit à tire d'aile,
Je vois bien moins ce qu'il ôte à ma belle
Que ce qu'il ajoute à mon vin.

Moquons-nous de la fuite du temps,
Et n'en regrettons que la perte ;
Que toujours de vingt mets différents
Notre table reste couverte...
Et chantons à tous nos repas :
« L'appétit naît de la folie ;
Or, les seuls jours perdus dans cette vie
Sont les jours où l'on ne rit pas. »

Aimons bien, buvons bien, mangeons bien,
　Jusqu'à la fin de notre route ;
Et surtout, amis, ne gardons rien
　Pour un lendemain dont on doute
Alors l'avare nautonier,
　Aux enfers prêt à descendre,
Prévoyant bien qu'il n'aurait rien à prendre,
　Finira par nous oublier.

　　　　　　　Désaugiers.

La musique, de Monsigny, se trouve notée au
N 814 de la Clé du Caveau.

LA RECONNAISSANCE.

Vous qui de prêcher la raison
Avez contracté l'habitude,
Parmi les vices du bon ton
Vous oubliez l'ingratitude.
Combien de gens n'a-t-on pas vus,
Aux jours nébuleux de la France,
Dénigrer toutes les vertus,
Et surtout la reconnaissance.

Dans ce beau siècle où l'on a mis
Les mots à la place des choses,
Où d'infaillibles beaux esprits
Prennent les effets pour les causes,
On parle tant d'humanité,
On vante tant la bienfaisance....
Eh ! messieurs, ayez la bonté
D'y joindre la reconnaissance.

L'ami dont le cœur généreux
M'a fait partager son aisance,
Sur mes destins moins malheureux
Versa plus d'une jouissance.
Il double le bien qu'il me fait
En me tirant de l'indigence :
Je jouis d'abord du bienfait,
Et puis de ma reconnaissance.

　　　　　　Cousin Jacques.

La musique, de l'auteur des paroles, se trouve
notée au N. 646 de la Clé du Caveau.

LA BACCHANAL.

1849.

Gais enfants du carnaval
　Que l' plaisir entraîne,
　Au nom d' votre souveraine,
　La rein' Bacchanal ;
Dans les flots de vin vieux,
　Noyons là paresse,
　Viv' la joie et l'ivresse,
　Seuls plaisirs des dieux !

Que tout l' mond' soit en goguette,
Et que tout Paris répète :
　　Crac !
　Bacchanal ! Bacchanal,
C'est le r'frain du carnaval,
　Bacchanal, Bacchanal,
　　Viv' la Bacchanal !

Dans l' salon, dans l'atelier
　Et dans la boutique,
　On n' fait que d' la politique
　Quel vilain métier !
Evitons, entre nous,
　Tous ces bavardages ;
　Aujourd'hui les plus sages,
　Ce sont les plus fous.
　　Que tout l' monde, etc.

La vie est un carnaval
　Où tout est folie ;
　Rien n'est vrai, sinon l'orgie,
　L'amour et le bal.
Pour la rein' Bacchanal,
　Chicards et pierrettes,
　Débardeurs et grisettes,
　Galop infernal !

Que tout l' mond' soit en goguette,
Et que tout Paris répète :
　　Crac !

Bacchanal, Bacchanal,
 C'est le 'r'frain du carnaval,
 Bacchanal, Bacchanal,
 Viv' la Bacchanal!

Salvador.

La musique, d'Amédée Artus, se trouve chez I. Meissonnier fils, éditeur, 18, rue Dauphine.

MON LIT.

1842.

Sait-on pourquoi, pauvre poète,
J'aime tant ce lit de noyer?
C'est qu'à lui seul dans ma chambrette,
Il me tient lieu de mobilier.
Ma table et ma dernière chaise,
On a pu les prendre à loisir...
Mais, cher huissier, ne t'en déplaise,
Défense à toi de le saisir.
    Mon lit, mon lit,
    Mon pauvre lit,
    Mon lit solitaire
    De célibataire,
Par qui je suis heureux la nuit! (*bis*.)

Le vent, à l'entour de ma chambre,
A beau faire sa grosse voix,
Sous mes rideaux, même en décembre,
Je me ris du marchand de bois...
Oh! quand il neige, quand il gèle,
Quand sur le toit, mon seul plafond,
J'entends la pluie ou bien la grêle,
Comme alors tu me sembles bon.
    Mon lit, etc.

Là, d'une main, je prends un livre;
L'autre au besoin tient l'éteignoir...
De vers, de prose, je m'enivre...
Ensuite, je me dis bonsoir.
Et quand le jour qui vient à luire
Surprend mon âme qui rêvait,
A mon réveil, pour me sourire,
Le soleil dore ton chevet.
    Mon lit, etc.

Durant le jour, je perds courage;
Plus de repos, de liberté!
A chaque pas, je n'envisage
Qu'une triste réalité...
Avec toi, de riants mensonges
Bercent mon cœur émerveillé,
Et, pour faire suite à mes songes,
J'ai mes rêves tout éveillé.
    Mon lit, etc

Si l'amitié plaint mes alarmes,
Toi, tu me consoles bien mieux...
Le soir, pour arrêter mes larmes,
Doucement tu fermes mes yeux.
Pour la douleur, le meilleur hôte,
Le seul abri, c'est le sommeil.
Et si je médite une faute,
La nuit tu me portes conseil.
    Mon lit, etc.

Vers un but, vers une espérance,
Lorsque j'ai couru vainement,
Je m'endors avec confiance...
Le bien, dit-on, vient en dormant.
La fortune, je l'imagine,
Viendra me prendre entre deux draps...
En attendant mieux, qui dort dîne...
Et je te dois plus d'un repas.
    Mon lit, etc.

L'hymen, parfois, est ma chimère...
Oui, mais dans ce troisième ciel,
La lune rousse, d'ordinaire,
Succède à la lune de miel.
Après quelques mois de ménage,
Rêveur et fronçant le sourcil,
Plus d'un mari, les jours d'orage,

Se dit tout bas : où donc est-il ?
 Mon lit, mon lit,
 Mon pauvre lit,
 Mon lit solitaire
 De célibataire,
Par qui j'étais heureux la nuit ! (*bis*.)

Frédéric de Courcy.

La musique, de Clapisson, se trouve chez M. Meissonnier fils, éditeur, rue Dauphine, 18, à Paris.

LA GAITÉ.

1836.

Air : *Vive le vin de Ramponneau !*

 La gaîté
 Suit la pauvreté,
Vivons dans l'indigence ;
 Le pauvre en France,
 Naît joyeux.
Il faut être, pour vivre heureux,
 Gueux.

 Près de son or
 Un mylord
S'étend, bâille et s'endort,
S'ennuyant sur la terre.
 Près d'un flacon
 De mâcon,
Dans les bras d'un tendron
Je suis millionnaire.
 La gaîté, etc.

 Ce parvenu
 Peu connu,
Mais toujours bien venu
Chez les grands du royaume,
 Sous des lambris
 En débris
Cherche en vain les abris
Qu'il trouvait sous un chaume.
 La gaîté, etc.

 Rois, empereurs,
 Sénateurs,

 Consuls triomphateurs,
Quel démon vous entraîne ?
 Chefs révérés,
 Préférez
A ces trônes dorés
Celui de Diogène.
 La gaîté, etc.

 Ces canapés
 Bien drapés
Furent souvent trempés
Et de sang et de larmes.
 Sans nul combat,
 Sans débat,
Lise, sur mon grabat,
L'embellit de ses charmes.
 La gaîté, etc.

 Des grands atours
 Les amours,
S'effarouchent toujours.
Lise moins retenue
 Ne cache pas
 Ses appas,
Je la presse en mes bras
Heureuse et toute nue.
 La gaîté, etc.

 Quand la gaîté,
 La santé,
Trouvent la volupté,
Plus de vaine souffrance ;
 Plus de revers,
 De travers,
J'en atteste mes vers,
J'en crois mon indigence.

 La gaîté
 Suit la pauvreté :
Vivons dans l'indigence.
 Le pauvre, en France,
 Naît joyeux.
Il faut être, pour vivre heureux,
 Gueux.

Clairville aîné.

Air ancien, noté au N. 1101 de la Clé du Caveau.

TOUT POUR DEUX.

Air : *Il faut quitter ce que j'adore* (du *Jockey*).

Si Pauline est dans l'indigence,
Moi, grâce au ciel, j'ai de l'argent.
Pour une honnête et douce aisance
Mon avoir sera suffisant.
A la compagne de sa vie
On doit offrir un sort heureux.
Ah! quand on prend femme jolie,
Il faut avoir du bien pour deux.

Loin d'elle je prétends sans cesse
Chasser le chagrin, le souci;
Et si parfois de la tristesse
Elle éprouve le sombre ennui,
J'égaierai ma douce amie,
Car moi je suis toujours joyeux.
Ah! quand on prend femme jolie,
Il faut de la gaîté pour deux.

Pauline, au printemps de son âge,
A peine touche à ses quinze ans.
Les travaux, les soins du ménage,
Pour elle seront fatigants.
Mais j'aiderai ma douce amie :
Je me sens fort et courageux.
Ah! quand on prend femme jolie,
Il faut de la santé pour deux.

Radet.

La musique, de Solié, se trouve notée au N. 229 de la Clé du Caveau.

VIVE LA CHANSON.

1832.

Air : *Réveillons-la.*

Chers amis, doublons les rasades!
Nos refrains, dit-on, sont glacés :
Gais jadis, serions-nous malades,
Ou ne boirions-nous pas assez?
Qu'avez-vous, Bacchus remédie
Au mal dont Momus doit souffrir...
Enivrons-nous, gens de plaisir!
De l'ivresse naît la saillie.
Du vin! du vin! avec cet élixir,
La chanson ne doit pas mourir.

Pallions nos chants politiques...
Le cœur libre et l'œil en gaîté,
Aux rigueurs des lois despotiques,
Opposons la Fraternité!
L'avenir nous tend le calice
Où le vin coulera plus doux...
Au tambourin, rallions-nous,
Joyeux ligueurs rentrons en lice.
Que de refrains nous promet l'avenir!
La chanson ne doit pas mourir.

De Momus, pour charmer l'histoire,
Gais ministres à ses sujets,
Au lieu d'une charte illusoire,
Jetons en riant des couplets!
La puissance a de tristes songes...
Que les nôtres soient exceptés!
La chanson dit des vérités,
Une charte dit des mensonges;
Gloire à Momus, et vive le plaisir!
La chanson ne doit pas mourir.

Soutenu d'un nain téméraire
Qui s'oppose au pas du géant,
Contre nous se meut l'arbitraire...
Par dessus, sautons en chantant!
Tous enfants qu'un même ciel couvre,
Tous unis, donnons-nous la main;
Dussions-nous entonner demain
La Carmagnole autour du Louvre
De par Momus il faut la rajeunir...
La chanson ne doit pas mourir!

A cueillir la palme nouvelle
En frondant les nouveaux abus,
Vainement le peuple l'appelle,
Béranger ne lui répond plus;
Regagnons les veilles perdues...
Le peuple a besoin de chansons :

Quand l'homme gît dans les prisons,
La chanson doit courir les rues....
Rions au peuple! et nargue du visir:
La chanson ne doit pas mourir.

J.-A. Perchelet.

IL FAUT BOIRE ET MANGER.

AIR : *Ça n'dur'ra pas toujours.*

Disciples d'Épicure,
Suivons sans déroger,
Cette loi que Nature
Sait si bien propager :
Il faut boire et manger.   (quater.)

Puisqu'on ne voit sur terre
Qu'ennui, peine et danger,
Amis, que faut-il faire
Pour ne pas y songer?
Il faut boire et manger.

Amour, gloire et richesse,
Votre charme est léger;
Le seul qui me paraisse
N'être pas mensonger,
C'est de boire et manger.

Lorsque notre maîtresse
S'avise de changer,
Pour narguer la tristesse,
Qui croit nous affliger,
Il faut boire et manger.

Verrait-on de ce monde
Tant d'hommes déloger,
S'ils chantaient à la ronde,
Avant de s'égorger :
Il faut boire et manger.

Mœurs, usages, costumes,
Tout finit par changer;
Il n'est qu'une coutume
Qu'on ne peut négliger :
C'est de boire et manger.

Quel est du pauvre hère
Le bonheur passager?
N'eût-il que de l'eau claire
Et qu'un os à ronger?
C'est de boire et manger.

J'ai, par terre et sur l'onde,
Visité l'étranger,
Dans tous les coins du monde
Où j'ai pu voyager,
J'ai vu boire et manger.

Amant, qui te disposes,
A l'heure du berger,
Veux-tu de quelques roses
Voir ton front s'ombrager?
Il faut boire et manger.

Fi du docteur maussade
Qui pour mieux le gruger,
Soutient à son malade
Qu'il ne peut sans danger
Ni boire ni manger!

De Paris jusqu'en Chine
On aime à vendanger;
De Rome en Cochinchine
On court au boulanger :
Il faut boire et manger.

Jusqu'à l'heure fatale
Où le noir messager,
Dans sa barque infernale,
Viendra tous nous ranger,
Il faut boire et manger.

Désaugiers.

Air ancien, noté au N. 69 de la Clé du Caveau.

MES VŒUX.

AIR *de la Fête du village voisin.*

Est-il, amis, des printemps sans nuages
Ou des étés sans trop grandes chaleurs!

Existe-t-il des hivers sans rigueurs
    Et des automnes sans orages ?
        Non, non, non, non, non,
        Lisette ou Ninon
Ne peuvent du temps braver les outrages.
    Ainsi, croyez-moi,
    Pleins d'un doux émoi,
    Tâchons de saisir
    L'éclair du plaisir ;
    Repoussons d'ici
    Regret et souci ;
D'épis et de fleurs orner mes cheveux,
Voilà, mes amis, le plus cher de mes vœux. (ter.)

C'est un voyage ici-bas que la vie ;
Les fleurs partout n'ornent pas le chemin,
Et sur les pas ou d'amour ou d'hymen
    Parfois sont la haine et l'envie.
        Que pendant le cours
        De jours longs ou courts
Jamais la gaîté ne nous soit ravie :
    Ainsi, croyez-moi, etc.

Chauds partisans des couleurs purpurines,
Couronnons-nous de pampres, d'oliviers ;
C'est dans le sang que croissent les lauriers
    Et les roses ont des épines.
        Aimables vauriens,
        Des épicuriens
Relevons l'autel qui tombe en ruines.
    Ainsi, croyez-moi, etc.

Vous qui voulez devant la pourpre altière
Que l'univers tremble et tombe à genoux,
Composés d'os et de chair comme nous,
    Qui vous rend donc l'âme si fière ?
        Vallons et coteaux,
        Chaumes et châteaux
Ne sont que débris, tombeaux et poussière :
    Ainsi, croyez-moi, etc.

Contre la mort pourquoi les faibles hommes
Poussent-ils donc tant de cris superflus ?
Quand elle vient, nous ne respirons plus ;
    Elle n'est pas tant que nous sommes.
        A-t-on vu jamais

Sauver de ses traits
Docteurs, charlatans, sorciers, astronomes :
    Ainsi, croyez-moi,
    Pleins d'un doux émoi,
    Tâchons de saisir
    L'éclair du plaisir ;
    Repoussons d'ici
    Regret et souci,
D'épis et de fleurs orner mes cheveux,
Voilà, mes amis, le plus cher de mes vœux. (ter.)

Emile Debreaux.

La musique, de Boïeldieu, se trouve notée au N. 1680 de la Clé du Caveau.

LA GAITÉ.

1840.

AIR : *Maman, le mal que j'ai.*

La santé vient de la gaîté,
Qui se porte bien aime à rire,
Tandis qu'avec la gravité
On devient jaune comme cire.
    Ah ! pour qui rit toujours
        La vie est franche,
        C'est un dimanche.
    Ah ! pour qui rit toujours
        Point de nuit blanche,
            Et les jours
            Sont courts.

La bonté tient de la gaîté
Ses élans d'humeur débonnaire.
Quand Dieu créa la charité,
Certes, il n'était pas en colère.
    Ah ! pour qui rit toujours
        L'âme est si bonne
        Qu'elle pardonne.
    Ah ! pour qui rit toujours
        On plaint, on donne,
            Et les jours
            Sont courts.

L'amour emprunte à la gaîté
Ses moyens les plus sûrs de plaire ;
Quand on fait rire la beauté,
La pudeur n'a plus qu'à se taire. —
   Ah ! pour qui rit toujours,
    Comme une belle
    Montre du zèle,
   Ah ! pour qui rit toujours,
    Point de cruelle,
     Et les jours
      Sont courts.

Pour boire, il faut de la gaîté,
A moins que l'on ne soit malade ;
L'honnête homme, en bonne santé,
A chaque rire boit rasade.
   Ah ! pour qui rit toujours
    La soif est prompte,
    Mais on la dompte.
   Ah ! pour qui rit toujours,
    On boit sans honte
     Et les jours
      Sont courts.

Il faut qu'on chante avec gaîté
Des refrains que l'esprit aiguise,
Et fuir le chanteur apprêté
Comme le plain-chant de l'Église.
   Ah ! pour qui rit toujours,
    La gaudriole
    Vaut un symbole.
   Ah ! pour qui rit toujours,
    La rime est folle
     Et les jours
      Sont courts.

Enfin qu'en mourant, la gaîté
De regrets ne soit pas suivie ;
Les plaisirs dont on a goûté
Font croire à ceux d'une autre vie.
   Ah ! pour qui rit toujours,
    La conscience
    Sert de défense.
   Ah ! pour qui rit toujours
    Naît l'espérance...
     Et les jours
      Sont courts.

                    Salgat.

CHANSON DU BOUFFE ET LE TAILLEUR

   Gaîment je m'accommode
    De tout.
Je suis, pour toute mode,
    Mon goût.
Je sais, en habile homme,
    Saisir
Tout ce qu'en France on nomme
    Plaisir.

Je suis près des fillettes
    Léger ;
On me voit d'amourettes
    Changer.
Aux soupirs je me livre
    Un jour :
L'inconstance fait vivre
    L'amour.

Quand une belle appelle,
    J'y suis.
Qu'un faquin me harcelle,
    Je fuis.
Aux serments faut-il croire ?
    J'y crois.
A table faut-il boire ?
    Je bois !

           Armand Gouffé et Villiers.

La musique, de Gaveaux, se trouve notée au N. 675 de la Clé du Caveau.

AU TEMPS.

1827.

Air · *Celui qui plie à soixante ans bagage.*

Phœbé paraît, et sa course nocturne
Vient exciter mon âme au souvenir.
Père des dieux, inflexible Saturne,
Des jours passés daigne m'entretenir.

En parcourant mon obscure carrière,
Tu sais jadis combien tu me trompas !
Pour une fois exauce ma prière :
Cruel vieillard, retourne sur tes pas.

Transportons-nous aux jours de mon enfance ;
Rappelle-moi ces instants de bonheur
Où les plaisirs de la simple innocence
Comblaient mes vœux et remplissaient mon cœur.
Dans les chagrins, les tourments de la vie
J'avais ma mère ; elle m'ouvrait les bras !
A mon amour c'est toi qui l'as ravie.
Cruel vieillard, retourne sur tes pas.

Tout jeune encor j'adorai la patrie,
Et je l'ai vue en ses jours triomphants,
Mais l'insensée imitant ta furie,
Bientôt, hélas ! dévora ses enfants :
La liberté sous la hache s'incline,
Son arbre tombe et se brise en éclats ;
A ce vieux tronc n'est-il plus de racine ?
Cruel vieillard, retourne sur tes pas.

L'orage gronde et tout va se dissoudre ;
Vingt nations menacent nos remparts :
L'aigle apparaît, et, conquérant la foudre,
De ses lauriers couvre nos étendards.
La France enfin lève sa tête altière,
Loin de ses bords reporte les combats ;
A ses genoux je vois l'Europe entière !...
Cruel vieillard, retourne sur tes pas !

Dans les dangers, parmi le bruit des armes,
J'avais atteint l'âge heureux des plaisirs.
Je vis Lisette, et, malgré les alarmes,
Mon cœur s'ouvrit à de nouveaux désirs.
De ses attraits j'eus l'image fidèle,
Mille baisers couvrirent tant d'appas !
Après dix ans j'ai revu le modèle...
Cruel vieillard, retourne sur tes pas !

Sans m'écouter tu fuis à tire-d'aile,
Je vois de près mon arrière-saison :
Et chaque pas en ta course éternelle
De nos destins rapproche l'horizon.
Plein des vapeurs du doux jus de la tonne,
C'est vainement qu'amour me dit tout bas :
Un beau soleil luit souvent en automne...
Cruel vieillard, retourne sur tes pas.

J'ai conservé les feux de ma jeunesse :
Comme autrefois j'aime la liberté ;
De l'amitié je sens toute l'ivresse,
Mon cœur palpite auprès de la beauté.
Pourquoi nourrir une stérile flamme ?
Ah ! si les ans qu'en vain tu me comptas
Chargent mon front sans refroidir mon âme,
Cruel vieillard, retourne sur tes pas.

Marcillac.

La musique, de Tourterelle, se trouve notée au
N 1129 de la Clé du Caveau.

LA TABLE.

AIR . *Je ne veux la mort de personne.*

En vrai gourmand, je veux ici
Chanter ce meuble nécessaire
Dont tous les mois l'attrait chéri
Double nos nœuds et les resserre (*) ;
Oui, quels que soient les traits mordants
Dont la critique nous accable,
Au risque de ses coups de dents,
Je vais m'étendre sur la table.

Comment refuser son tribut
A cette mère universelle ?
Sans la table, point de salut,
Et nous n'existons que par elle :
L'alcôve où l'homme s'amollit
Lui peut-elle être comparable ?
Les pauvres mourants sont au lit,
Les bons vivants ne sont qu'à table.

Quel doux spectacle, quel plaisir,
De voir ces sauces parfumées
Dont toujours, prompt à les saisir,
L'odorat pompe les fumées !

* La société épicurienne du Caveau Moderne
s'assemblait tous les mois au Rocher de Cancale.

On rit, on chante, on mange, on boit...
De bonheur source intarissable !
Le cœur pourrait-il rester froid,
Quand il voit tout fumer à table !

Deux rivaux entendent sonner
L'instant qui menace leur vie.
A faire un dernier déjeuner
Un témoin sage les convie ;
Dans le vin tous deux par degrés
Éteignent leur haine implacable·
Ils seraient peut-être enterrés,
S'ils ne s'étaient pas mis à table.

Le gros Raymond voit chaque jour
Cent wiskys assiéger sa porte :
Il reçoit la ville et la cour ;
La renommée aux cieux le porte.
« Il a donc de rares vertus ?
— Non. — A-t-il un rang remarquable,
Des talents, de l'esprit ? — Pas plus.
— Qu'a-t-il donc ? — Il a bonne table. »

Grands yeux bien noirs et bien piquants,
Oreille ou poitrine rôtie,
Petite bouche, belles dents,
Cervelle grasse et bien farcie,
Taille légère, bons gigots,
Sein de lis, langue délectable,
Jambe mignonne, pieds de veaux,
Voilà ma maîtresse et ma table.

A table, on compose, on écrit ;
A table, une affaire s'engage ;
A table, on joue, on gagne, on rit ;
A table, on fait un mariage ;
A table on discute, on résout ;
A table, on aime, on est aimable ;
Puisqu'à table, on peut faire tout,
Vivons donc sans quitter la table.

Désaugiers.

La musique, de Wicht, se trouve notée au N. 803 de la Clé du Caveau.

LE PORTRAIT DE LA VIE.

1808.

AIR : *J'étais bon chasseur autrefois*

Un sage l'a dit autrefois :
Tout est vanité sur la terre,
Jeunes et vieux, bergers et rois,
Chacun caresse une chimère.
Craindre, espérer, douter de tout,
Suivre la raison, la folie,
Jouir un peu, souffrir beaucoup :
Voilà ce que c'est que la vie.   (*bis.*)

L'homme puissant feint d'être heureux,
Le lâche affecte du courage,
Le pervers se dit vertueux,
L'insensé veut paraître sage ;
Cet autre, embrassant son rival,
Est dévoré de jalousie ;
C'est à qui cachera son mal :
Voilà ce que c'est que la vie.   (*bis.*)

Faire l'éloge de son cœur,
Se plaindre de l'ingratitude,
Être chatouilleux sur l'honneur
Et vicieux par habitude ;
Parler toujours de loyauté,
User souvent de perfidie,
Faiblesse, audace, cruauté :
Voilà ce que c'est que la vie.   (*bis.*)

Du hasard tout subit la loi :
Sans le vouloir on reçoit l'être ;
On aime sans savoir pourquoi ;
On s'égorge sans se connaître ;
Pour un riche, mille indigents ;
Pour l'indigent, point de patrie ;
Pour tout le monde des tourments :
Voilà ce que c'est que la vie.   (*bis.*)

Désireux de ce qu'on n'a pas,
Fatigué de ce qu'on possède,
Frémir à l'aspect du trépas,
Appeler la mort à son aide,

Vouloir embrasser la vertu,
Retomber dans son apathie,
Et mourir comme on a vécu :
Voilà ce que c'est que la vie.. (bis.)

L.-D. L.

La musique, de Doche, se trouve notée au N. 794 de la Clé du Caveau.

REGARDEZ, MAIS N'Y TOUCHEZ PAS.

AIR : *Du magistrat irréprochable.* (M. Guillaume.)

Quel refrain ma muse en goguette
Va-t-elle aujourd'hui fredonner ?
Après vous, hélas ! la pauvrette
Peut trouver à peine à glaner.
En pillant dans plus d'un ouvrage,
Je pourrais sortir d'embarras ;
Non, non, me dis-je avec courage :
Regardons, mais n'y touchons pas.

A seize ans fillette charmante
Fit naître l'amour dans mon sein,
Et sous la gaze transparente
Je me permis plus d'un larcin.
Moitié désir, moitié sagesse,
Sa bouche, en murmurant tout bas,
Répétait, malgré son ivresse :
Regardez, mais n'y touchez pas.

D'après un conseil fort utile,
Dans un bois voulant l'attirer,
Un jour, hors des murs de la ville,
Je sus à propos l'égarer ;
Et là, partageant mon délire,
Elle osa rester dans mes bras,
Et n'eut plus la force de dire :
Regardez, mais n'y touchez pas.

Savez-vous pourquoi la victoire
Toujours a chéri le Français ?
Pourquoi, dans les champs de la gloire,
Chaque jour doubla ses succès ?

C'est qu'aux légions du Bosphore
Il répéta jusqu'au trépas
(Montrant l'étendard tricolore)
Regardez, mais n'y touchez pas.

Je n'ai jamais de l'opulence
Envié les nombreux trésors ;
Gaîment je souffre l'abstinence,
Je bois gaîment, gaîment je dors.
Aux riches en vain l'industrie
Prodigue les mets délicats,
Le dégoût survient et leur crie :
Regardez, mais n'y touchez pas.

Savez-vous pourquoi de la vie
Je profite en épicurien ?
C'est qu'un jour la Parque ennemie
De moi ne respectera rien ;
Ailleurs, avant qu'on nous installe,
Jouissons donc, puisque là-bas
On nous dira comme à Tantale :
Regardez, mais n'y touchez pas.

Émile Debreaux.

La musique, de Wicht, se trouve notée au N. 76 de la Clé du Caveau.

LES AFFICHES.

AIR : *La petite Javotte.*

BRINDAVOINE.

L' moindre effet qui nous manque :
Un s'rin qui s' fait chercher,
Un chien, un billet d' banque,
V'là c' qu'on fait afficher,
Eh ! oui, v'là c' qu'on fait afficher.
Mais, au coin d' chaque rue
Où l'on porte ses pas,
La probité perdue,
V'là c' qu'on n'affiche pas.

JAVOTTE.

Pour se venger d'un' femme
Dont il n' peut s'approcher,

En enrageant dans l'âme,
Un fat va l'afficher,
Eh! oui, le fat va l'afficher.
Parlez-moi d'un compère
Qui vous dirait tout bas :
« A dimanch', ma p'tit' mère,
Et je n' t'affich'rai pas. »

JÉRÔME.

Des malins, à la ronde,
S'amusent à chercher
Des paquets sur tout l' monde
V'là c' qu'ils vont afficher,
Eh! oui, v'là c' qu'ils vont afficher.
Mais comme un jour ils doivent
Êtr' payés d' leux éclats,
Les danses qu'ils reçoivent,
V'là c' qu'ils n'affichent pas.

MALASSIS.

Lorsqu'un' fill' se marie,
Son âg', qu'ell' n' peut cacher,
Aux portes d' la mairie,
V'là c' qu'on fait afficher.
Eh! oui, v'là c' qu'on fait afficher.
Mais c' que souvent la belle
Perd, en f'sant un faux pas,
Pour marier la d'moiselle,
V'là c' qu'on n'affiche pas.

MARIOLLE.

Une pièce nouvelle
Que l'on vient d'ébaucher,
Dès l' matin, avec zèle,
V'là c' qu'on fait afficher,
Eh! oui, v'là c' qu'on fait afficher.
Mais quand l'auteur succombe,
Honteux, il dit tout bas :
« Une pièce qui tombe,
V'là c' qu'on n'affiche pas. »

Du Mersan et Brazier.

LA MANIÈRE DE VIVRE CENT ANS.

Si de votre vie,
Joyeux troubadours,
Vous avez l'envie
D'étendre le cours,
Ecoutez les sons
De ma lyre sexagénaire ;
Prêcher en chansons
Est ma fantaisie ordinaire.
Daignez donc vous taire
Pour quelques instants :
Voici la manière
De vivre cent ans.

S'endormir à l'heure
Où le jour s'enfuit ;
Quitter sa demeure
Dès que le jour luit :
Au loin de ses pas
Porter la marche irrégulière,
Pour chaque repas
Nouvelle course auxiliaire :
Et l'année entière
Même passe-temps,
Voilà la manière
De vivre cent ans.

Fier sur une tonne,
Narguer le chagrin ;
Prévoir, quand il tonne,
Un ciel plus serein ;
Se montrer soumis
Aux coups du sort parfois sévère ;
Tendre à ses amis
Sa bourse, sa main et son verre,
Suivre la bannière
De Roger-Bontemps,
Voilà la manière
De vivre cent ans.

Des beautés factices
Redouter l'accueil,
Deleurs artifices
Éviter l'écueil ;

Sauver sa gaîté
Des flots de la gent chicanière ;
De la faculté
Fuir la doctrine meurtrière ;
Ne faire la guerre
Qu'aux cerfs haletants,
Voilà la manière
De vivre cent ans.

Toujours honnête homme,
Marcher hardiment,
Toujours économe
Jouir sobrement ;
Être par accès
Des neuf sœurs heureux tributaire ;
Puis, avec succès,
Volant du Parnasse à Cythère,
A rimer et plaire
Consacrer son temps,
Voilà la manière
De vivre cent ans.

Lorsque du jeune âge
L'on sent fuir l'ardeur,
Dans un doux ménage
Chercher le bonheur :
Au gré de ses vœux
Voir bientôt son épouse mère,
Toujours plus heureux,
Au bout de dix ans se voir père
D'une pépinière
D'enfants bien portants,
Voilà la manière
De vivre cent ans.

Du gai vaudeville
Fidèles troupeaux,
Parcourir la ville
Au son des pipeaux ;
Convives grivois,
Chaque mois faire bonne chère,
Serrer chaque mois
Les nœuds d'une amitié si chère,
Se revoir, se plaire,
Se quitter contents,
Voilà la manière
De vivre cent ans.

Faut-il par l'exemple
Vous convaincre tous ?
J'en vois dans ce temple
Un bien doux pour nous.
Regardez Laujon,
L'honneur de notre sanctuaire ;
Fils d'Anacréon,
Il boit et chante octogénaire ;
Toute sa carrière
Fut un long printemps ;
Voilà la manière
De vivre cent ans.

Desaugiers.

Air ancien, retouché par Désaugiers, et noté au N. 532 de la Clé du Caveau.

LA CHAUMIÈRE.

AIR : *Femmes, voulez-vous éprouver.*

Pour trouver le parfait bonheur,
Dont le séjour est un mystère,
Consultez toujours votre cœur :
Que ce guide seul vous éclaire.
De vos ambitieux désirs,
Fuyez la trompeuse lumière ;
Et pour goûter de vrais plaisirs,
Venez me voir dans ma chaumière.

Là vous jouirez des faveurs
Que me prodigue la nature ;
Vous y verrez des fruits, des fleurs,
Et le cristal d'une onde pure.
Si vous aimez un doux sommeil,
Venez dormir sur ma fougère ;
Si vous aimez un doux réveil,
Réveillez-vous dans ma chaumière.

Zéphire y parfume les airs
Des odeurs que la rose exhale ;
Vous entendrez les doux concerts
De la fauvette matinale.

Et si vous aimez la gaîté
Que donne un travail salutaire,
On la trouve avec la santé
Dans le jardin de ma chaumière.

La fortune, par des remords,
Souvent nous fait payer ses charmes,
Moi, je vous offre des trésors
Qui ne coûtent jamais de larmes :
La paix du cœur, de vrais amis,
Mon chien, ma lyre et ma bergère,
Peu de livres, mais bien choisis :
Voilà les biens de ma chaumière.

Loin de mon paisible séjour,
Pour voler de belles en belles,
Le plaisir, en trompant l'amour,
Lui prête, dites-vous, des ailes.
Cet amour est un imposteur ;
Le mien n'a pas l'humeur légère :
Il ne quitte jamais mon cœur,
Et ne sort pas de ma chaumière.

Pour ma Lise, mes feux constants
Depuis vingt ans brûlent mon âme ;
Lise pour moi, depuis vingt ans,
N'a jamais vu pâlir sa flamme.
O vous, dont le cœur veut former
Un doux nœud pour la vie entière,
Amants, jurez de vous aimer
Comme on aime dans ma chaumière.

Comte de Ségur.

La musique, de Solié, se trouve notée au N. 195 de la Clé du Caveau.

RIONS JUSQU'AU TRÉPAS.

Air : *Lisette au marché.*
Ou : *C'est le gros Thomas.*

En gais sans-souci,
Pour narguer le sombre monarque,
Moquons-nous ici
Du vieux Caron et de sa barque ;
Ma foi, puisqu'aussi bien
Fût-on sage ou vaurien,
Il faut mourir : quoi qu'on en dise,
Bravant la haine et la sottise,
Rions ici-bas,
Rions jusqu'au trépas.

La jeune Élisa,
Aussi sage qu'elle était belle,
Un jour se laissa
Choir aux pieds d'un amant fidèle.
Malgré cet accident,
Un mari complaisant,
Qui, pour elle, vient d'Amérique,
Bonnement la crut hydropique :
Rions ici-bas, etc.

Dorval, qui longtemps
Soigna les fils de la victoire,
Ne put en vingt ans
Obtenir un titre de gloire ;
Mais hier, le docteur
A guéri par bonheur
Le petit chien d'une excellence,
Le ruban est sa récompense :
Rions ici-bas, etc.

L'astronome Orson
Découvre des bois dans la lune,
Lorsqu'en sa maison
Madame est en bonne fortune,
Quand monsieur parle aux dieux,
Madame est dans les cieux ;
Tandis qu'il fixe la planète,
D'autres bois elle orne sa tête :
Rions ici-bas, etc.

Grippar, en sabots,
Vint du fond de la Normandie,
Et sut à propos
Servir l'une et l'autre partie ;
Enfin il se traîna
Jusques au tribunat ;
Maintenant il se fait élire
Avocat... pour apprendre à lire :
Rions ici-bas, etc.

Monsieur Duchâtel,
Marquis des bords de la Durance,
　Dans son noir castel,
Croit avoir tout fait pour la France.
　Au combat d'Iéna,
　Dieu! comme il s'en donna!
Il encourageait chaque brave
Par le soupirail d'une cave :
　　Rions ici-bas,
　　Rions jusqu'au trépas.
Émile Debreaux.

La musique, de Propiac, se trouve notée au N. 83 de la Clé du Caveau.

L'ÉPICURIEN.

AIR : *Toujours debout, toujours en route*

Toujours debout, toujours en route,
Malgré les veilles et la goutte,
Sur terre on voit l'épicurien,
Joignant à la soif de la gloire
L'autre soif qui le porte à boire,
Galant homme et joyeux vaurien,
Vivre longtemps et vivre bien ;
Pour en citer plus d'un exemple,
Voyez l'Anacréon du temple
A cent ans saisir à tâtons
Les fillettes et les flacons,
De Théos où a vu le sage,
Qui gaîment eût passé cet âge
S'il n'avait d'un grain de raisin
Avalé jusques au pepin ;
J'ai vu le galant Fontenelle,
A cent ans presser une belle,
Lui dire encore sans témoins :
Ah! si j'avais dix ans de moins!...
Grâces à l'amour, Saint-Aulaire
Fut heureux, quoique centenaire ;
Presqu'à la centaine atteignant,
On a vu chanter Lattaignant,
Et Piron, qui, dans sa vieillesse,
Fit des vers brûlants de jeunesse ;
Chargé d'un siècle, au double mont
J'ai vu gravir Saint-Évremont ;

Et, parmi tant de bonnes âmes,
Si j'ose vous parler des femmes,
A cent ans on a vu Ninon
Qui n'avait pas encor dit non.
Après elle, le grand Voltaire
Quatre-vingt-cinq ans sur la terre
Chemin faisant s'est arrêté,
Allant à l'immortalité...
Tous ces gens, que le monde honore,
Pouvaient aller plus loin encore :
Ils en avaient l'intention,
Et sont morts par distraction.
Désaugiers.

Air ancien, noté au N. 569 de la Clé du Caveau.

COUPLETS D'ANACRÉON.

　Si des tristes cyprès,
　Si du fatal rivage,
On pouvait à grands frais
S'épargner le voyage,
　　J'aimerais fort
　　Un bon trésor,
Et le jour qu'à ma porte
　La mort frapperait,
　Ma voix lui dirait :
　　Prends, emporte
Mon or, mes trésors pour jamais
　Au séjour des regrets !...
　Mais des tristes cyprès,
　Mais du fatal rivage,
　Au gré de mes souhaits,
　Sauve-moi le voyage.

　Mais, hélas ! tous les biens
　Et d'Europe et d'Asie
　Sont d'impuissants moyens
　Pour prolonger la vie.
　　Du seul plaisir
　　Je sais jouir,
　Et moissonner les roses.
　　Adieu, je l'entends
　　Qui chante gaîment.
　　Vieillards moroses,

Fuyez Plutus et ses appas ;
　Tout finit ici-bas :　　　(bis.)
　Suivez, suivez mes pas.
　Au déclin de la vie
　L'univers ne vaut pas
　Un beau jour qu'on envie.

　　　　　　　　Guy.

Musique de Grétry, notée au N. 1831 de la Clé du Kaveau.

LE SURNUMÉRAIRE.

1844.

A mon cadran solaire
　Dix heures moins un quart!
　Courons au ministère...
　Je suis presque en retard.
　Mon chef, cet homme auguste,
　Peut venir le dernier ;
　Il est payé, c'est juste,
　Moi, je viens le premier...
　Je suis surnuméraire ;
　Mais, comme un autre, un jour,
　Je serai, je l'espère,
　Paresseux à mon tour.

De tous côtés l'on sonne ;
　Vite mon chocolat!
　Mon jambon de Bayonne
　Et mes œufs sur le plat!...
　Allons, ma côtelette !
　Mon carafon de vin !...
　Moi, tout bas, je répète,
　En grignottant mon pain :
　Je suis surnuméraire ;
　Mais, comme un autre, un jour,
　Je pourrai, je l'espère,
　Déjeuner à mon tour.

Toute la matinée,
　Messieurs les employés,
　Devant la cheminée
　Vont se chauffer les pieds.
Moi, je n'y puis paraître...
　Comme je suis nouveau,
　Auprès de la fenêtre,
　Je prends l'air du bureau..
　Je suis surnuméraire ;
　Mais, comme un autre, un jour,
　Je pourrai, je l'espère,
　Me chauffer à mon tour.

Les commis, à leur place,
　Du haut de leur grandeur,
　Toisent l'homme en disgrâce
　Ou le solliciteur.
　Moi, modeste et novice,
　On me voit chapeau bas,
　Saluer jusqu'au suisse...
　Qui ne me le rend pas!
　Je suis surnuméraire ;
　Mais, comme un autre, un jour,
　Je serai, je l'espère,
　Insolent à mon tour.

Je dois chez ma lingère,
　Je dois chez le traiteur,
　Je dois à ma portière,
　Je dois à mon tailleur...
　Sur moi bientôt va fondre
　Le bataillon complet...
　Mais, j'ai pour leur répondre
　Un argument tout prêt :
　Je suis surnuméraire ;
　Mais, comme un autre, un jour,
　Vous pourrez, je l'espère,
　Me saisir à mon tour.

L'autre soir, je m'attarde...
　En rentrant à minuit,
　Vers ma porte bâtarde
　Un inconnu me suit.
　Puis soudain, il s'écrie :
　Monsieur, point de façon,
　Votre bourse ou la vie...
　Moi, je lui dis : pardon...
　Je suis surnuméraire ;
　Mais, comme un autre, un jour,
　Vous pourrez, je l'espère,
　Me voler à mon tour.

J'ai pour certaine dame
Ce véritable amour,
Qu'ici-bas, toute femme
Sait payer de retour.
Je ne vis que pour elle...
Et pourtant jusqu'ici,
Malgré mes soins, mon zèle,
Sur ce chapitre aussi...
Je suis surnuméraire;
Mais, comme un autre, un jour,
Auprès d'elle, j'espère,
Etre heureux à mon tour.

Ministres et chanteuses
Gagnent cent mille francs...
Il faut voir les danseuses
Pour les appointements !
Chacun a son salaire,
A la ville, à la cour,
Enfin, le militaire
A ses cinq sous par jour !
Moi seul, surnuméraire,
En finance, en amour,
J'attends que, sur la terre,
Vienne à la fin mon tour.

F. de Courcy.

La musique, de L. Clapisson, se trouve, à Paris,
chez M. Meissonnier, éditeur, rue Dauphine, 18.

MA TACTIQUE.

Air. *J'ai vu la Meunière.*

Amis, pour embellir le cours
  De ma vie entière,
Savez-vous quelle fut toujours
  Ma seule manière?
D'abord, tacticien savant,
J'ai soin de dire, en me levant :
  « Chagrins, en arrière !
  Plaisirs, en avant ! »

Après un ample déjeuner,
  Affaire première..

Après un succulent dîner,
  Suite nécessaire...
Certain minois me captivant,
Le soir, je chante, en m'esquivant
  « Comus, en arrière !
  Amour, en avant ! »

Toutes les fois que d'un tendron
  Je suis la bannière,
Je chante, gardant d'un luron
  L'humeur cavalière :
« Fi ! d'un amant toujours rêvant,
Toujours de larmes s'abreuvant !...
  Romance, en arrière !
  Chanson, en avant ! »

Lorsque ma fauvette, en son vol
  Un peu journalière,
Après avoir pour moi fui Paul,
  Me quitte pour Pierre,
Tout aussi gai qu'auparavant,
Je dis, cédant au gré du vent :
  « Regrets, en arrière !
  Désirs, en avant ! »

Qu'un homme dont je fus trahi
  Soit dans la misère,
Mon cœur, qui n'a jamais haï,
  Prévient sa prière;
Et du superflu me privant,
Il me voit bien vite arrivant,
  La plainte en arrière,
  La bourse en avant.

Accablé de fièvre et d'ennuis,
  Quand sur la litière,
Au jour, à peine, hélas ! je puis
  Ouvrir ma paupière,
« Bacchus, dis-je d'un ton fervent,
Protégera son desservant...
  Frayeur, en arrière !
  Espoir, en avant ! »

J'use alors d'un remède sain,
  Et que, d'ordinaire,

N'ordonne ni le médecin,
　Ni l'apothicaire...
C'est de m'écrier en buvant
A verre plein et très souvent :
　« Tisane, en arrière !
　Bourgogne, en avant ! »

A force de recommencer,
　Quand ma chambrière,
De ce julep vient me verser
　La goutte dernière,
Loin de pleurer mon ci-devant,
Gaîment je chante en l'achevant :
　« Bourgogne, en arrière !
　Champagne, en avant ! »

Si jusqu'ici du noir trio
　La main meurtrière
N'a pas mis, d'un coup de ciseau,
　Fin à ma carrière,
C'est que jusqu'ici le bravant,
J'ai toujours dit en bon vivant :
　« Parques, en arrière !
　Momus, en avant ! »

Désaugiers.

Air ancien, noté au N. 690 de la Clé du Caveau.

LE SEXAGÉNAIRE.

Air *du vaudeville de* Pinson père de famille.

Vieillissons sans regret,
　C'est l'adage
　Du vrai sage :
Du bonheur, à tout âge,
　Voilà le secret.

La jeunesse a des charmes ;
　Mais les tendres tourments
　Aux plaisirs des amants
Mêlent toujours quelques larmes...
　Vieillissons, etc.

Aimer est quelque chose,
　Plaire a bien ses douceurs :
　Mais dans un champ de fleurs,
Chers amis, tout n'est pas rose...
　Vieillissons, etc.

Quand le printemps nous laisse,
　Rions de son départ ;
　La gaîté du vieillard
Est la seconde jeunesse.
　Vieillissons, etc.

Gai, sans emploi ni rente,
　Je compte soixante ans ;
　Mais sous ces cheveux blancs,
Ma tête n'en a que trente...
　Vieillissons, etc.

Mon filleul est tout aise
　D'avoir Lise à vingt ans ;
　Plus heureux dans mon temps,
Moi, j'eus sa grand'mère à seize...
　Vieillissons, etc.

J'entends dire à la ronde
　Que le monde est bien vieux ;
　Rien pourtant, à mes yeux,
N'est aussi gai que le monde.
　Vieillissons, etc.

Momus, qui nous rallie,
　Par vingt siècles cassé,
　N'a pas encor cessé
D'être dieu de la folie.
　Vieillissons, etc.

Vieille, mais non caduque,
　La gaîté chez Piron,
　Chez Panard, chez Scarron,
Riait sous une perruque...
　Vieillissons, etc.

Que d'heureux sur la terre,
　Si l'on se consolait
　Par ce que l'on a fait
De ce qu'on ne peut plus faire !
　Vieillissons, etc.

Si ma jambe, moins ferme,
Ne peut presser le pas,
J'en espère tout bas
Arriver moins vite au terme.
　Vieillissons, etc.

Puis quand la barque arrive,
Gaîment sautons le pas;
Qui sait si l'on n'a pas
Des banquets sur l'autre rive?
　Vieillissons sans regret,
　　C'est l'adage
　　Du vrai sage :
　Du bonheur, à tout âge,
　　Voilà le secret.

Désaugiers.

RÊVEZ LE BONHEUR.

Air : *Remplis ton verre vide.*

D'où naît donc sur vos visages
Cet air sombre et soucieux?
Quels sont les tristes présages
Qui vous ont frappé les yeux?
Le Dieu qui préside aux songes,
Afin de vous exciter,
Vous offre ses doux mensonges :
L'entendez-vous répéter :
　Le front orné de roses,
　　Narguant l'or suborneur,
Pauvres d'argent, riches d'honneur,
Dormez sur des fleurs demi-closes;
Pauvres d'argent, riches d'honneur,
Dormez et rêvez le bonheur.

Rêvez que d'une princesse
Dédaignant le mantelet,
D'Églé vous pouvez sans cesse
Chiffonner le bavolet.

Aux doux jeux de la nature,
Il vaut mieux, il est certain,
Trouver satin sous la bure :
Que bure sous le satin :
　Le front orné, etc.

Rêvez qu'un fils de la guerre
Jaillit du divin séjour,
De l'orgueilleux cimeterre
A marqué le dernier jour,
Rêvez que ce nouvel homme,
Éclairant le genre humain,
Lutèce, Athènes et Rome
Se donnent enfin la main :
　Le front orné, etc.

Rêvez que de bons ministres,
Se trouvant auprès des rois,
Au lieu de projets sinistres,
Ont désenchaîné nos droits;
Rêvez qu'un Dieu tutélaire
S'élance du crucifix
Pour démasquer sur la terre
Ceux qui se sont dits ses fils.
　Le front orné, etc.

Qu'alors Cérès vous couronne
De ses épis jaunissants,
Que Bacchus vous environne
De ses pampres verdissants,
Que ce Dieu, par vingt rasades,
Aux amours donne l'éveil,
Mais surtout, chers camarades,
Ne rêvez pas le réveil :
　Le front orné de roses,
　　Narguant l'or suborneur,
Pauvres d'argent, riches d'honneur,
Dormez sur des fleurs demi-closes;
Pauvres d'argent, riches d'honneur
Dormez et rêvez le bonheur.

Émile Debreaux.

MON TAUDIS.

1833.

Air de *Cadet Rousselle.*

Un taudis, depuis quelque temps,
Loge ma joie et mes vingt ans :
Libre de tous soins importants,
Pauvre, j'y vis des plus contents ;
Là je chante, l'âme ravie,
Mes goûts, mes amours et ma vie.
    Voilà, mes amis,
Pourquoi je chéris mon taudis.

Quand je portai dans ce grenier
Mon attirail de casanier ;
Le portier vit dans un panier
Mon diplôme de chansonnier ;
Lors à l'auteur par déférence
On fit payer trois mois d'avance.
    Voilà, mes amis,
Comment j'entrai dans mon taudis.

Près d'un grabat, un meuble noir
Qui semble extrait d'un vieux manoir,
Un flacon servant de bougeoir,
Un verre en forme d'éteignoir.
Un banc dont le pied se démanche,
Et pour table une lourde planche :
    Voilà, mes amis,
Tout ce qui meuble mon taudis.

Sur le mur, un peu maltraité
Par son humide vétusté,
J'ai, pour dorer sa nudité,
Écrit Patrie et Liberté !
Puis les noms chéris de Lisette,
De Béranger, de Lafayette,
    Voilà, mes amis,
Ce qui décore mon taudis.

Sur ma cloison, quand le soleil
Le soir projette un feu vermeil,
A mon penchant donnant l'éveil,
En rimant j'attends le sommeil ;
Lors, sur la paille où je repose,
L'illusion jette une rose.
    Voilà, mes amis,
Ce qui me berce en mon taudis.

Parfois, maudissant le lutin
Qui me pousse au ton libertin,
Pour mes couplets dans le lointain
Je cherche un plus noble butin ;
Car de ma fenêtre on découvre
L'Hôpital, la Grève et le Louvre.
    Voilà, mes amis,
Le temps perdu dans mon taudis.

Pour voir si j'ai su franchement
Vous dépeindre mon logement,
Sous mon toit montez lestement
Cinq étages, puis fortement
Appuyés sur une ficelle,
Grimpez au faîte d'une échelle.
    Voilà, mes amis,
Comment vous verrez mon taudis.

Édouard Hachin.

Air ancien, noté au N. 658 de la Clé du Caveau.

LES REPAS DE NOS PÈRES

Air : *La fille est pour le garçon.*

Festins où le champagne pleut,
Chère abondante et délicate,
Vases dorés, vaisselle plate,
Voilà ce qu'aujourd'hui l'on veut.
Petites tables, larges verres,
Vins naturels et mets bien sains,
Voilà comme, sans médecins,
    Vivaient jadis nos pères.

A table, loin de discuter
Et de faire assaut d'éloquence,
On n'affichait d'autre science
Que celle de boire et de chanter.
Maintenant de graves chimères
Gâtent le vin que nous buvons :
C'est que maintenant nous avons
    Plus d'esprit que nos pères.

Désaugiers.

La musique, de Mellinet, se trouve notée au N. 1295 de la Clé du Caveau.

LA BULLE DE SAVON.

Air: *De l'ermite de Saint-Avelle.*
1842.

Toi, que la paille enfante avec souplesse,
  Globe diapré, lumineux,
Ton pur cristal, que le zéphir caresse,
  En scintillant charme mes yeux.
  Peut-être suis-je ridicule;
Mais, malgré mes soixante hivers,
  J'aime à voir la gentille bulle
Qui voltige et meurt dans les airs.

Quand vers le ciel avec insouciance
  Tu fuis pour ne plus revenir.
Des jeux si doux de mon espiègle enfance
  Tu me rends le gai souvenir.
  Age où l'allégresse accumule
Les fleurs qui nous cachent nos fers,
  Ton règne est celui de la bulle
Qui voltige et meurt dans les airs.

Crains un écueil dans ta course rapide,
  Jouet des brises et du sort;
Le papillon, de son aile timide,
  T'effleurant, te donne la mort.
  Dans la vie, où libre il circule,
L'homme, en se heurtant aux revers,
  Vient s'y briser comme la bulle
Qui voltige et meurt dans les airs.

L'amour volage au printemps de la vie,
  Nous montrant l'avenir plus beau,
Vient, escorté de l'ardente folie,
  Nous éblouir de son flambeau;
  En l'approchant, son feu nous brûle,
Puis, laissant des regrets amers,
  S'éteint bientôt comme la bulle
Qui voltige et meurt dans les airs.

D'un doux encens respirant la fumée,
  Rêvant à l'immortalité,
Pourrais-je atteindre un jour la renommée
  Qui nous porte à l'éternité?

Non, non, follement je calcule;
Mes pensers et mes faibles vers
Auront le destin de la bulle
Qui voltige et meurt dans les airs.

Alexis Dalès.

LA RICHESSE DE CELUI QUI N'A RIEN.

1850.

Un dieu juste et sévère
A dit à mon réveil:
Je te donne sur terre
Une place au soleil.
Bénissant sa sagesse,
Puisqu'enfin tout est bien,
Célébrons la richesse
De celui qui n'a rien.

Grand, dans ton équipage,
Le chagrin te poursuit;
A pied, moi, je voyage
Avec mon appétit.
Au sort qui te caresse.
Je préfère le mien:
Ce sort est la richesse
De celui qui n'a rien.

Sans amis sur ta route,
Ton cœur est aux abois;
Tu souffres d'une goutte
Qu'en travaillant je bois.
Pour croire à la tendresse,
Je regarde mon chien.
Comprends-tu la richesse
De celui qui n'a rien.

Quand une pâquerette
Pour plaire me suffit,
Ton or, chère coquette,
Sort d'un amour qui fuit.
Où ce dieu t'abandonne,
Lisette, au doux maintien,
En rougissant se donne
A celui qui n'a rien.

Sot héritier vorace,
Qui tout bas me maudit,
Me montre sur sa face
Jean qui pleure et qui rit.
A mon heure dernière
Je dirai, comédien :
En chantant sur ma bière,
Tartufe n'aura rien.

Édouard Douvé.

La Musique, de l'auteur des paroles, se trouve chez L. Vieillot, éditeur, 32, rue Notre-Dame-de-Nazareth.

CHANT DU CYGNE.

1843.

Despair and die.
(CHATTERTON.)

Spes, es sicuti avis peregrina !
EMILE V.

AIR du Bravo de Saint-Marc,
Ou : *Ramons, ramons tous à bord.*

Jeune, autrefois, j'écoutais l'espérance
Qui, me berçant d'un rêve mensonger,
De sa voix douce endormait ma souffrance;
Disant toujours, sans se décourager :
 « Le ciel se dore,
 Jusqu'à l'aurore
 Marchons encore !
 L'horizon va changer. »

 Oiseau de passage,
 Voyage, voyage,
 Vers une autre plage,
 De plus chauds climats;
 Saisi par le givre,
 Fatigué de vivre,
 Je ne puis te suivre
 Là-bas, tout là-bas...
 Là-bas, là-bas, tout là-bas,
 Là-bas, là-bas, tout là-bas !...

Mon Dieu ! combien d'illusions déçues,
De beaux projets jamais réalisés !
Au nom d'amour que de femmes-sangsues
M'ont prodigué d'hypocrites baisers !
 Non, plus de fêtes !
 Pauvres poètes,
 Hélas ! vous êtes
 Trop tôt désabusés !!!
 Oiseau de passage, etc.

Le souvenir qu'on vante à la vieillesse
N'est qu'une source amère de regrets.
Quel temps heureux ! Amis, folle maîtresse,
Pensais-je alors qu'un jour je vous perdrais ?
 L'amitié passe,
 L'amour se lasse ;
 Puis, à leur place,
 Grandit un noir cyprès...
 Oiseau de passage, etc.

L'arbre jauni, dépourvu de sa sève,
Penche son front, vaincu par les autans,
Pour lui trop tard un beau soleil se lève
Et, radieux, annonce le printemps :
 Voici la hache
 Qui le détache,
 Du sol arrache
 Ses membres palpitants.
 Oiseau de passage, etc.

La vie est sombre et triste comme un cloître :
Un souffle impur est venu la flétrir !
Je reste au nid qui m'a vu naître et croître,
Qu'importe ailleurs, puisque je vais mourir ?
 Laisse-moi... vole !
 D'autres console...
 Ton auréole
 Est celle du martyr...

 Oiseau de passage,
 Voyage, voyage
 Vers une autre plage,
 De plus chauds climats;
 Saisi par le givre,

Fatigué de vivre,
Je ne puis te suivre
Là-bas, tout là-bas...
Là-bas, là-bas, tout là-bas.
Là-bas, là-bas, tout là-bas !...

Émile Varin.

La musique, de Troupenas, se trouve, à Paris,
chez M. Brandus, 40, rue Vivienne..

C'EST A VOTRE TOUR, MES ENFANTS.

1837.

Air : *Regardez-les bien, je vous prie.*

En tremblant, aimable jeunesse,
Je viens m'asseoir à ton côté ;
Va, ne crains pas que ma vieillesse
Trouble un seul instant ta gaîté ;
Des fleurs qu'au bel âge on moissonne,
Pour te cacher mes cheveux blancs,
J'ai su me faire une couronne ;
C'est à votre tour, mes enfants.

De la route que j'ai suivie
Mon cœur n'a pas de repentir.
Les jours du matin de ma vie
Furent consacrés au plaisir.
Hélas ! il me laisse en arrière ;
Mais, plein de souvenirs charmants,
Je recrute pour sa bannière.
C'est à votre tour, mes enfants.

A la grand'maman de Lisette,
Ah ! combien j'ai dû d'heureux jours.
Un beau printemps, un lit d'herbette,
Ont vu nos premières amours.
Aujourd'hui sa petite-fille
Cache aux yeux des trésors naissants ;
Le gazon pousse, elle est gentille.
C'est à votre tour, mes enfants.

Aux cris de la patrie en larmes,
J'ai suivi des cœurs généreux.
Sur vos berceaux, de par les armes,
J'ai vu briller des jours heureux ;
Plus tard, pour consoler la France,
Livrée aux mains de ses tyrans ;
Ma voix eut des chants d'espérance.
C'est à votre tour, mes enfants.

L'espoir de parcourir la terre
A fait aussi battre mon cœur :
Mais de ce projet éphémère
Un charme bien doux fut vainqueur.
Bons vins, vieux amis, jeune amie,
Ne m'ont laissé que peu d'instants...
Et puis j'aimais tant ma patrie !...
C'est à votre tour, mes enfants.

Jadis, quand j'étais sous la treille,
Au récit de chaque vieillard
Que j'aimais à prêter l'oreille,
En versant d'un joyeux nectar.
Aujourd'hui que ma voix est lente,
Que l'hiver a glacé mes sens,
Ma coupe est dans ma main tremblante.
C'est à votre tour, mes enfants.

Charles Morisset.

L'AMOUR ET LE VIN.

Air *à faire.*

Folâtrons, rions sans cesse ;
Que le vin et la tendresse
Remplissent tous nos moments.
De myrte parons nos têtes,
Et ne composons nos fêtes
Que de buveurs et d'amants.

Quand je bois, l'âme ravie,
Je ne porte point d'envie
Aux trésors du plus grand roi :
Souvent j'ai vu sous la treille
Que Thémire et ma bouteille
Etaient encor trop pour moi.

S'il faut qu'à la sombre rive,
Tôt ou tard chacun arrive,
Vivons exempts de chagrin,
Et que la parque inhumaine
Au tombeau ne nous entraîne
Qu'ivres d'amour et de vin.

Laujon.

QUAND ON EST MORT, C'EST POUR LONGTEMPS.

Air : *Pomm's de reinette, pomm's d'api.*

Quand on est mort, c'est pour longtemps,
   Dit un vieil adage
     Fort sage ;
Employons donc bien nos instants,
   Et contents,
Narguons la faux du temps.

   De la tristesse
   Fuyons l'écueil ;
   Evitons l'œil
De l'austère sagesse.
   De sa jeunesse
   Qui jouit bien,
   Dans sa vieillesse
Ne regrettera rien.
   Si tous les sots,
   Dont les sanglots,
   Mal à propos,
Ont éteint l'existence,
   Redevenaient
   Ce qu'ils étaient,
   Dieu sait, je pense,
Comme ils s'en donneraient !
   Quand on est mort, etc.

   Pressés d'éclore,
   Que nos désirs,
   Que nos plaisirs
Naissent avec l'aurore ;
   Quand Phébus dore
   Notre réduit,

   Chantons encore,
Chantons quand vient la nuit,
   Des joyeux sons
   De nos chansons
   Etourdissons
La ville et la campagne,
   Et que moussant
   A notre accent,
   Le gai champagne
Répète en jaillissant :
   Quand on est mort, etc.

   Jamais de gêne,
   Jamais de soin ;
   Est-il besoin
De prendre tant de peine,
   Pour que la haine,
   Lançant ses traits,
   Tout-à-coup vienne
Détruire nos succès ?
   Qu'un jour mon nom
   De son renom
   Remplisse ou non
Le temple de mémoire,
   J'ai la gaîté,
   J'ai la santé,
   Qui vaut la gloire
De l'immortalité.
   Quand on est mort, **etc.**

   Est-il monarque
   Dont les bienfaits,
   Dont les hauts faits
Aient désarmé la Parque,
   Le souci marque
   Leur moindre jour,
   Et puis la barque
Les emporte à leur tour.
   Je n'ai pas d'or,
   Mais un trésor
   Plus cher encor
Me console et m'enivre,
   J'aime, je bois,
   Je plais parfois ;
   Qui sait bien vivre
Est au-dessus des rois.
   Quand on est mort, etc.

Au lit, à table,
Aimons, rions,
Puis envoyons
Les affaires au diable.
Juge implacable,
Sot chicaneur,
Juif intraitable,
Respectez mon bonheur.
Je suis, ma foi,
De mince aloi ;
Épargnez-moi
Votre griffe funeste...
Sans vous, hélas !
N'aurai-je pas
Du temps de reste
Pour me damner là-bas.
Quand on est mort, etc.

Quand le tonnerre
Vient en éclats
De son fracas
Épouvanter la terre,
De sa colère,
Qu'alors pour nous
Le choc du verre
Amortisse les coups.
Bouchons, volez !
Flacons, coulez !
Buveurs, sablez !
Un dieu sert les ivrognes.
Au sein de l'air
Que notre œil fier,
Nos rouges trognes
Fassent pâlir l'éclair.
Quand on est mort, etc.

De la guinguette
Jusqu'au boudoir,
Matin et soir,
Circulons en goguette.
Guerre aux grisettes,
Guerre aux jaloux,
Guerre aux coquettes,
Surtout guerre aux époux.
Sur vingt tendrons,
Bien frais, bien ronds,
En francs lurons,

Faisons râfle à toute heure,
Puisque aussi bien,
Sage ou vaurien,
Il faut qu'on meure,
Ne nous refusons rien.

Quand on est mort, c'est pour longtemps,
Dit un vieil adage
Fort sage ;
Employons donc bien nos instants,
Et contents,
Narguons la faux du temps.

Désaugiers.

Air de la contredanse, *La Pâris,* noté au N. 456 de la Clé du Caveau.

RIONS, CHANTONS, AIMONS, BUVONS.

Air *du vaudeville de la Soirée orageuse.*

Rions, chantons, aimons, buvons,
En quatre points, c'est ma morale ;
Rions tant que nous le pouvons,
Afin d'avoir l'humeur égale.
L'esprit sombre, que tout aigrit,
Tourmente ce qui l'environne ;
Et l'homme heureux, qui toujours rit,
Ne fait jamais pleurer personne.

Souvent les plus graves leçons
Endorment tout un auditoire :
Mettons la morale en chansons,
Pour la graver dans la mémoire.
A ses vœux un chanteur, dit-on,
Rendit l'enfer même docile :
Orphée a montré qu'un sermon
Ne vaut pas un bon vaudeville.

Quand Dieu noya le genre humain,
Il sauva Noé du naufrage,
Et dit, en lui donnant du vin :
« Voilà ce que doit boire un sage. »

Buvons-en donc jusqu'au tombeau;
Car, d'après l'arrêt d'un tel juge,
Tous les méchants sont buveurs d'eau :
C'est bien prouvé par le déluge.

Un cœur froid, qui jamais n'aima,
Du ciel déshonore l'ouvrage ;
Et pour aimer Dieu nous forma,
Puisqu'il fit l'homme à son image.
Il faut aimer, c'est le vrai bien.
Suivons, amis, ces lois divines
Aimons toujours notre prochain,
En commençant par nos voisines.

Ségur aîné.

La musique, de Dalayrac, se trouve notée au N. 837 de la Clé du Caveau.

UN DERNIER SOUPER DE GARÇON.

1844.

AIR *du Réveillon de Seré.*

Allons, vite en train,
Car dès demain
J'entre en ménage ;
Soupons sans façon,
Ce soir encor je suis garçon.
Oui, jusqu'à demain,
Le verre en main
Faisons tapage ;
De vin et d'amour,
Enivrons-nous tous jusqu'au jour.

Toi, Ferdinand,
En Talleyrand,
Dresse la carte,
Nous comptons sur toi.
Pour faire un vrai souper de roi.
Du choix des mets
De nos gourmets,
Point ne t'écarte ;
Fais au sombre lieu,
Pâlir Lauzun et Richelieu.
Allons, vite, etc.

Mais l'huître est là,
Arrosons-la
De blanc sauterne ;
Ce divin nectar
De Bacchus nous attelle au char
Qu'ici, faquins,
Les meilleurs vins
De la taverne
Coulent à pleins bords,
La nappe couvrira les morts.
Allons, vite, etc.

On peut conter,
On peut chanter,
La bouche pleine ;
Chassons loin d'ici
Et l'étiquette et le souci ;
Buvons beaucoup,
Tâchons surtout,
Sans perdre haleine,
Qu'au dessert, amis,
Chacun ne soit qu'à moitié gris.
Allons, vite, etc.

Jamais assez,
Femmes, versez
L'aï qui mousse ;
Il faut de l'ardeur,
Et, si vous craignez la chaleur,
Plus de lacets,
Bas les corsets
Qu'amour repousse !
Notre goût charnel
Préfère ici le naturel.
Allons, vite, etc.

Paul le fluet
Chante un couplet
De vaudeville ;
Jule, en troubadour,
Veut filer le parfait amour ;
Mais, dès ce soir,

    Zoé veut voir
    Comme il en file ;
  L'aimable vaurien
Prouve qu'il s'en acquitte bien.
    Allons, vite, etc.

    Les gais propos
    Et les bons mots
    Viennent en foule,
  Puis, pour le bouquet,
Des femmes voici le caquet ;
    De par Satan,
    Sur le divan
    Chacun se roule ;
  Et, dans ce conflit,
Plus d'un oiseau trouve son nid.
    Allons, vite, etc.

    L'aurore vient,
    Le punch nous tient
    Lieu de bougie ;
  Nous avons bien l'air
De diables sortis de l'enfer.
    Le jour renaît,
    Tout disparaît ;
    Adieu, l'orgie !
  Vite un dernier bol,
Puis, pour l'hymen je prends mon vol.

    Allons, vite en train,
    Car dès demain
    J'entre en ménage ;
  Soupons sans façon,
Ce soir encor je suis garçon.
    Oui, jusqu'à demain,
    Le verre en main,
    Faisons tapage ;
  De vin et d'amour,
Enivrons-nous tous jusqu'au jour.

          Numa Mercier.

USONS DE TOUT, MAIS N'ABUSONS DE RIEN.

AIR : *T'en souviens-tu ?*

En nous comblant de ses bienfaits immenses,
Un dieu d'amour, de paix et de bonté,
Pour prévenir l'abus des jouissances,
Près de l'excès mit la satiété.
Comme l'abeille, amante de la rose,
Qui, poursuivant son vol aérien,
Au sein des fleurs légèrement se pose,
Usons de tout, mais n'abusons de rien.

Lorsque Bacchus à notre lèvre avide
Offre le jus de ses raisins dorés,
Goûtons-y ; mais, craignons qu'un feu perfide
Ne soit vainqueur de nos sens égarés ;
Sachons unir et raison et folie,
Et rejetons, en sage épicurien,
Le fond du vase où repose la lie :
Usons de tout, mais n'abusons de rien.

Ainsi qu'Iris chassant de noirs nuages,
En présentant son disque radieux,
La Liberté triomphe des orages
En déployant son drapeau glorieux ;
Rappelons-nous, en fêtant sa présence,
Que son mentor, son guide et son soutien,
C'est la justice et non pas la licence :
Usons de tout, mais n'abusons de rien.

Des jeux d'amour en savourant l'ivresse,
Ah ! ménageons de célestes plaisirs !
Résiste-moi, Zoé, quand je te presse :
La résistance aiguise les désirs ;
Des voluptés sache alterner l'étude :
Aux cieux, dit-on, plus d'un ange gardien
Trouve l'ennui dans la béatitude :
Usons de tout, mais n'abusons de rien.

Vous que le sort dota d'un diadème,
De vos flatteurs redoutez les accents,
Pour aveugler le monarque qu'on aime,
A ses côtés tourbillonne l'encens ;

Craignez surtout un dangereux divorce
Entre le trône et l'humble citoyen;
Qui cède aux lois repousserait la force:
Usons de tout, mais n'abusons de rien.

Louis Festeau.

Musique de Doche, notée au N. 904 de la Clé du Caveau.

NOS VINGT ANS.

Air : *Faut d' la vertu, pas trop n'en faut.*

Que n'avons-nous toujours vingt ans ! }
Mes amis, c'est là le bon temps !... } bis.

A vingt ans, de l'insouciance
On peut s'enivrer à loisir;
On ne cherche d'autre science
Que celle qui mène au plaisir.
    Que n'avons-nous toujours, etc.

A tous ses désirs on se livre;
Exempt de soins, d'ambition,
On a toujours assez pour vivre,
Puisque l'on vit d'illusion.
    Que n'avons-nous toujours, etc.

A cet âge, un rien nous enflamme;
D'aimer on a toujours besoin;
L'amour est si près de notre âme !
Le mariage en est si loin !...
    Que n'avons-nous toujours, etc.

Étant garçon, on se dispense
D'avoir un plan bien arrêté.
Argent, santé, tout se dépense:
Pour qui mettrait-on de côté?
    Que n'avons-nous toujours, etc.

Une chaise, un lit, une table,
Composent notre ameublement;
Mais chez un garçon femme aimable
Ne vient pas pour l'appartement.
    Que n'avons-nous toujours, etc.

Comme on est sans expérience,
Et qu'on n'aime pas à demi,
Quand on fait une connaissance,
On croit que l'on trouve un ami.
    Que n'avons-nous toujours, etc.

Si nous avons fait quelque dette,
Un bon enfant fait briller l'or;
A cent pour cent quand il nous prête,
On croit qu'il nous oblige encor.
    Que n'avons-nous toujours, etc.

Un jeune homme cherche une place:
Car enfin, il faut arriver;
Mais en priant Dieu qu'il lui fasse
La grâce de n'en pas trouver.
    Que n'avons-nous toujours, etc.

Vieux Saturne, ici je t'implore:
Ah ! malgré nos regrets cuisants,
Fais que nous puissions tous encore
Chanter à quatre-vingt-dix ans:
Que n'avons-nous toujours vingt ans ! }
Mes amis, c'est le bon temps ! } bis.

N. Brazier.

LES CAUSERIES DU SOIR.

1838.

Dans un ciel pur, voyez là-bas,
Déjà du soir l'étoile brille.
Du bon vieillard qui suit les pas?
Qui vient causer sous la charmille?
Par des récits chers à mes cheveux blancs,
Notre soirée encor sera remplie,
    Sera remplie...
Heureux qui peut, ô mes enfants,
Par un beau soir, à soixante ans,
Devant Dieu raconter sa vie.   *bis.*

Dans les plaisirs et les leçons
S'est écoulé tout mon jeune âge;
Jadis aussi, dans les moissons,
J'ai réclamé ma part d'ouvrage.
Je le savais: le pauvre, dans nos champs,
Se trouve heureux des épis qu'on oublie,
    Qu'on oublie...
Heureux qui peut, etc.

J'avais vingt ans, quand un beau jour,
On entendit un cri de guerre,
Pour les combats, avant mon tour,
J'ai fui le village, amis et mère.
Trente ans plus tard, j'ai dû quitter les camps
J'aurais voulu mourir pour ma patrie,
    Pour ma patrie !...
Heureux qui peut, etc.

A vous le riant avenir,
A vous les rêves de l'enfance.
Être vieux, c'est se souvenir...
C'est vivre aussi plein d'espérance !
Une âme pure, à toute heure, en tout temps,
Est dans le ciel toujours bien accueillie,
　　Bien accueillie...
Heureux qui peut, ô mes enfants,
Par un beau soir, à soixante ans,
Devant Dieu raconter sa vie.　　*bis.*

Frédéric Bérat.

La musique, de l'auteur des paroles, se trouve chez
M. Schonenberger, éditeur, 28, boulevard Poissonnière.

LE GOURMAND.

1826.

Air : *Amis dépouillons nos pommiers.*
Ou : *Mon père était pot.*

Le temps qui seul ne peut finir,
　N'est, dit-on, qu'un grand vide ;
Gaîment je cherche à le remplir,
　Mais je vise au solide :
　　Je n'ai qu'un désir,
　　Qu'un goût, qu'un plaisir ;
　En lui tout se concentre :
　　Pour tout dire enfin,
　　Sitôt que j'ai faim,
Moi, je remplis mon ventre.

De notre première maman,
　Je tiens cette pensée,

Ève disait au père Adam,
　Lorsque Dieu l'eut chassée :
　　« Quel triste taudis
　　« Que ce paradis !
　« Du diable si j'y rentre.
　　« Du moins où je suis,
　　« Avec certains fruits,
　« Moi, je remplis mon ventre. »

Réduit, pour avoir un lecteur,
　A te lire toi-même,
Paul, ton mérite comme auteur
　Est encore un problème.
　　Eh quoi ! pour rimer,
　　Tu vas t'enfermer
　Comme un ours en son antre ;
　　D'Horace ou Boileau
　　Remplis ton cerveau :
Moi, je remplis mon ventre.

Galant, toujours frais et dispos,
　Je courtise les belles :
Mais j'aime la paix, le repos,
　Et je fuis les querelles.
　　Souvent pour un rien,
　　Avec un vaurien,
　L'honnête homme s'éventre :
　　Loin de le percer,
　　Pour mieux l'engraisser.
Moi, je remplis mon ventre.

Blinval qui ne put attendrir
　La coquette Émilie,
De faim veut se laisser mourir :
　Quelle insigne folie !
　　Fermant tout accès
　　A ces deux excès,

Je vais me placer entre :
   Quand l'amour vainqueur
   Vient remplir mon cœur,
Moi, je remplis mon ventre.

Ma bonne étoile et mon préfet
   De moi firent un membre,
Qui siége heureux et satisfait
   Au milieu de la chambre.
     J'y crie à la fois :
     La clôture ! aux voix !
   Puis le patron du centre
     Défend son projet
     Remplit son budget :
Moi, je remplis mon ventre.

Malgré de succulents repas
   Et ce jus délectable,
Le sage sait que le trépas
   Peut renverser sa table.
     C'est un accident ;
     Mais en attendant
   Qu'à mon convoi le chantre,
     En mauvais latin,
     Braille un beau matin,
Moi, je remplis mon ventre.

                  Marcillac.

La musique, de Doche, se trouve notée au N. 35 de la Clé du Caveau.

LE SOIR.

1844.

Air : *Pomm' de reinette et pomm' d'api.*

Sur nos champs la nuit vient s'asseoir,
   Sa robe
Sous ses plis les dérobe,
Et chaque fleur, pur encensoir,
Parfume la brise du soir.

   O mon village !
   Peut-être un jour
   Avec amour
Je reverrai ta plage,
   Ton vert feuillage,
   Ton frais gazon
   Et le treillage
De mon humble maison !
   J'aime tes champs,
   Aux jours couchants,
   Tes monts penchants,
Que le soleil décore,
   Tes vers luisants
   Si séduisants :
   Que n'ai-je encore
Mon village et quinze ans !
Sur nos champs, etc.

   Le jour s'efface,
   Et le roseau
   Frémit sur l'eau
Qui tremble à sa surface,
   Vite qu'on fasse
   Rentrer les bœufs
   A large face,
Et les moutons laineux.
   De la forêt
   Jusqu'au guéret,
   D'un pied discret
Trotte un lièvre timide.
   Le saule, amant
   Du lac dormant,
   Répand, humide,
Ses pleurs de diamant.
Sur nos champs, etc.

   Vole, frétille,
   Cherche ton nid,
   Le jour finit,
Alouette gentille.
   L'étoile brille
   Au firmament ;
   La jeune fille
Rêve à son jeune amant.
   Là-bas, le vent
   Baise souvent
   Le front mouvant
Du chêne qui frissonne,

Ce luth, aux cieux,
Harmonieux,
Longtemps résonne
Un chant mystérieux.
Sur nos champs, etc.

Comme un cyclope
Ouvrant son œil,
Avec orgueil
Le ciel se développe ;
L'ombre galope
Au rayon pur ;
Une enveloppe
D'argent frange l'azur.
Dans le lointain,
D'un vieux mâtin
La voix s'éteint ;
Sur terre tout repose,
Il fait si beau,
Quand au hameau
La lune pose
Son pied tout blanc dans l'eau !
Sur nos champs, etc.

Mais au fantôme
On ne croit plus,
Quand l'angélus
Tombe plaintif d'un dôme !
En tremblant, l'homme,
Quand il fait noir,
Voit-il un gnome
Rôder près du manoir ?...
En place des
Gais farfadets,
Dont j'entendais
Toujours frôler les ailes,
Nous ne logeons
Dans nos donjons
Et nos tourelles
Qu'un peuple de pigeons.
Sur nos champs, etc.

Jadis, légère,
Nymphe aux abois,
Fuyant les bois,
Effrayait la bergère,
Par la fougère
Allant corps nu,

Laissait derrière
Un satyre cornu.
Niant les dieux
De mes aïeux,
D'ouvrir mes yeux
La science se mêle ;
Triste, je vois
L'écho sans voix,
Dans Philomèle
Un rossignol grivois.
Sur nos champs, etc.

Plus de dryades,
Plus de silvains,
De faunes vains
De l'amour des naïades ;
Plus de ménades,
Courant l'été
Nos promenades ;
Pan même a déserté !
De nos vallons,
De nos sillons,
Nous exilons,
Cérès, Pomone, Flore ;
Le virginal
Original
Vite déflore
Le classique idéal.

Sur nos champs la nuit vient s'asseoir ;
Sa robe
Sous ses plis les dérobe,
Et chaque fleur, pur encensoir,
Parfume la brise du soir.

G.-C. Picard.

Cette chanson est extraite de *la Lice Chansonnière*, charmante collection en vente à la librairie spéciale de chant, de L. Vieillot, éditeur, 32, rue Notre-Dame-de-Nazareth.
Air de la contredanse, *la Pâris*, noté au N. 456 de la Clé du Caveau.

AUJOURD'HUI ET DEMAIN.

1847.

Mes amis, le bonheur est un rêve,
De plaisirs entourons ses autels ;

Le temps fuit et le banquet s'achève,
Les flacons ne sont pas immortels,
Mais, du moins, dans leurs gouttes dernières
Savourons de renaissants désirs ;
A demain les humaines misères,
Aujourd'hui les rapides plaisirs !

Mes amis, nous avons la jeunesse,
Nous avons la force et la santé ;
Nous avons les songes de l'ivresse,
Et les sens, et la virilité.
Que longtemps notre gaîté recule
Le moment où ces biens vont finir ;
A demain la raison incrédule,
Aujourd'hui la foi dans l'avenir !

A nous seuls les bruyantes parties,
Le franc rire et les refrains joyeux ;
A nous seuls les chaudes sympathies ;
A nous seuls les amis généreux.
Doux liens, où le cœur seul nous guide,
Devez-vous être un jour oubliés ?...
A demain l'égoïsme sordide,
Aujourd'hui les saintes amitiés !

Assez tôt viendront d'autres tendresses,
Qui, dit-on, doivent durer toujours,
Nous avons les changeantes maîtresses,
Et les nuits plus belles que les jours !
Nous avons les tailles adorables,
Les yeux noirs et les seins argentés !...
A demain les amours raisonnables,
Aujourd'hui les folles voluptés !

Mes amis, le vin fuit les bouteilles ;
La clarté va manquer aux flambeaux,
Et les fleurs meurent dans les corbeilles,
Et nos chants expirent moins égaux.
O destin, accorde-nous encore,
Un seul jour radieux et vermeil...
Mes amis, voici poindre l'aurore :
Saluons notre dernier soleil !

Gustave Nadaud.

La musique, de l'auteur des paroles, se trouve chez L. Vieillot, éditeur, r. Notre-Dame-de-Nazareth, 32.

LE MOYEN D'ÊTRE HEUREUX.

AIR *de la mère Picard.*

Pour embellir les chemins de la vie,
Chantons Bacchus, et Momus et l'amour ;
Et qu'en tout temps l'aimable folie
A nos plaisirs préside chaque jour.

Douce gaîté n'est pas dans la richesse ;
Las ! ce n'est rien que d'enchaîner Plutus :
De bons amis, vins vieux, jeune maîtresse,
Sont au-dessus des trésors d'un Crésus.
  Pour embellir, etc.

Recherchons-nous les faveurs d'une belle ?
Elle dit : Non. Éteignons nos désirs ;
Un peu plus tard, une autre moins cruelle.
Par ses faveurs, doublera nos plaisirs.
  Pour embellir, etc.

N'imitons pas ces buveurs aquatiques,
Qu'on voit frémir à l'aspect d'un tonneau,
Fuyons surtout ces auteurs romantiques
Dont les écrits sont morts dès le berceau.
  Pour embellir, etc.

Fuyons aussi ces suppôts d'Esculape,
Qui, trop souvent, entr'ouvrent les tombeaux
N'avons-nous pas dans la divine grappe
Le baume exquis, expulsant tous les maux ?
  Pour embellir, etc.

Le jour enfin où l'inflexible Parque
Nous enverra rejoindre nos aïeux,
Chantons encore, en passant dans la barque
Quelques refrains bachiques et joyeux.

Pour embellir le chemin de la vie,
Chantons Bacchus, et Momus et l'amour ;
Et qu'en tout temps l'aimable folie
A nos plaisirs préside chaque jour.

Emile Debreaux.

LES ROIS ET LES VILLAGEOIS.

1829.

Air : *Sous mon vieux chêne, il faut danser.*

Pâtres, qui sur les montagnes,
Menez paître vos troupeaux,
Et dans les vertes campagnes,
Faites résonner vos pipeaux.   (*bis.*)
La paix est votre partage,
Votre sort fait des jaloux...
Allons, gai ! Gens du village,
Les rois sont moins heureux que vous. } *bis.*

Autour des rois, la nature
Devient l'esclave des arts ;
Jamais sa simple parure
Ne peut briller à leurs regards.
Vous portez la fleur sauvage,
Dont le parfum est si doux !
Allons, gai ! Gens du village,
Les rois sont moins heureux que vous.

Une royale maîtresse
Trafique de ses appas ;
On lui paie une caresse
Et l'amour qu'elle ne sent pas.
Pour obtenir fille sage,
Il ne faut or ni bijoux...
Allons, gai ! Gens du village,
Les rois sont moins heureux que vous.

Dans les palais la vengeance,
Méditant un noir dessein,
Poursuit le roi qui, d'avance,
Croit voir le fer percer son sein.
De l'insecte du bocage,
Vous redoutez peu les coups...
Allons, gai ! Gens du village,
Les rois sont moins heureux que vous.

Souvent un trône s'écroule,
On disperse ses débris,
Et sous les pieds de la foule,
Tous ses ornements sont flétris.
Pour réparer un orage,
On se cotise chez nous...
Allons, gai ! Gens du village,
Les rois sont moins heureux que vous.

De leurs ans le cours s'achève :
C'est l'heure enfin du repos !
Non ! — La tempête s'élève
Et vient dépeupler leurs tombeaux.
Vos pères, sous ce feuillage,
Sont toujours au rendez-vous...
Allons, gai ! Gens du village,
Les rois sont moins heureux que vous.

Roland Bauchery.

JE RIS.

1846.

Air *du vaudeville* le Roi et le Fermier.

Les méchants ont le vin maussade,
Les savants, le vin sérieux,
Les bavards, le vin ennuyeux,
  Les sots le vin malade !
Moi, chaque fois que je suis gris,
  Je ris !

Haïr n'est pas dans ma nature,
Je ne sais pas me courroucer ;
Que d'autres s'en aillent tancer
  La fraude et l'imposture ;
Je les corrige à meilleur prix,
  J'en ris !

Ni les sermons, ni les férules
Ne nous ont faits plus studieux,
Si les hommes sont odieux,
  Rendons-les ridicules.
Pour mieux les vouer au mépris,
  J'en ris !

Que m'importent ces communistes,
Ces apôtres fort peu chrétiens,
Réformistes, harmoniens
  Ou libres-échangistes !

Que l'on réfute leurs écrits...
 J'en ris!

Je n'ai jamais pris à partie
Les aigles de nos facultés,
Ni les modernes sommités
 De l'homœopathie!
Si leurs malades sont guéris,
 J'en ris!

Tous ces nains jaunis par l'envie,
Gorgés de vols ou de budgets,
Qu'ils soient brigands dans les forêts
 Ou pachas en Turquie ;
Qu'ils soient ministres à Paris,
 J'en ris!

Les dentistes couvrent la France ;
Nous avons des sorciers plus forts,
Qui vous font trouver des trésors,
 A dix francs par séance;
Si les cupides y sont pris,
 J'en ris!

Je ris de toutes les folies,
Je ris des sages tels que nous,
Et (peut-être m'en blâmez-vous?)
 Des femmes trop jolies ;
Parfois aussi de leurs maris
 Je ris!

   Gustave Nadaud.

Cette chanson est extraite de la nouvelle édition des chansons de Gustave Nadaud, joli volume in-18, en vente chez L. Vieillot, éditeur, rue Notre-Dame-de-Nazareth, 32. Prix : 2 fr.
La musique est de l'auteur des paroles.

LE LILAS EST EN FLEURS.

1838

AIR : *Le Cordon, s'il vous plaît.*

L'aquilon fuit. De sa corbeille,
Flore prépare les bouquets.
En la voyant tout se réveille :
Les bois, les prés et les bosquets. (*bis.*)
Une fleur hâtive et mignonne
Se détache de sa couronne
Pour nous livrer sa douce odeur :
 Le lilas est en fleur!   (*quater.*)

Joyeux garçons, filles vermeilles,
Suivez vos amoureux penchants;
Par essaims, comme les abeilles,
Volez, courez parmi les champs.
Loin de notre ville enfumée,
Dans une campagne embaumée,
Du printemps goûtez la primeur ;
 Le lilas est en fleur !

Amis des cours, faites des brigues
Pour gagner la faveur des rois ;
L'ambition, par ses intrigues,
A vos habits place des croix.
L'ami des champs, dans la nature,
Trouve une plus simple parure
Dont Dieu seul est dispensateur :
 Le lilas est en fleur !

L'hiver dernier, méchante Laure,
En résistant à mes amours,
Tu me disais : attends encore,
Laissons arriver les beaux jours...
Me seras-tu toujours sévère ?
Déjà plus douce est l'atmosphère,
L'herbe offre son lit enchanteur,
 Le lilas est en fleur !

L'amour fripon, avec adresse,
Se glisse en nos bosquets fleuris ;
Ce braconnier chasse sans cesse
Sur les terres de nos maris ;
Aussi, sous d'épaisses charmilles,
A leurs amants, femmes gentilles
Disent d'un air provocateur ·
 Le lilas est en fleur !

Tout dépérit et tout succombe,
Dit un moraliste chagrin,

Le vieux Saturne, vers la tombe,
Conduit le monde à son déclin...
Si tout meurt, tout reprend la vie !
La terre, avec coquetterie,
Retrouve au printemps sa fraîcheur.
    Le lilas est en fleur !

Justin Cabassol.

LES CHEVEUX BLANCS.

1839.

Air *de Philoctète*

O vous, amis, qui comptez par printemps
Les jours heureux dont se forme votre âge,
Aimables fous, dans votre voisinage
On se complaît, on n'a plus que vingt ans.
Obéissez à votre gaîté folle ;
Avec plaisir je la verrai toujours ;
Mais un instant, suspendez vos discours,
Les cheveux blancs demandent la parole.

Et nous aussi, sur nos fronts rayonnants
Nous avons vu la blonde chevelure,
S'épanouir, boucler à l'aventure
Et subjuguer les tendrons de seize ans !
Ce temps n'est plus ; mais par bonheur extrême
L'amour survit aux arrière-saisons.
De ce beau feu ménagez les tisons ;
Les cheveux blancs n'empêchent pas qu'on aime.

Quand on est jeune, avec quelle impudeur
On rit de tout, sans en être plus sage ;
De son esprit on fait mauvais usage ;
On est badin, mais on n'est pas frondeur.
A cinquante ans, cassant la tirelire
Où notre esprit logea tous les travers,
On rit à point des sots et des pervers :
Les cheveux blancs n'empêchent pas de rire.

Pour écarter les ennuis, le chagrin ;
Pour lire en beau les pages de la vie,
Que faut-il à notre âme ravie ?
Un peu d'amour et quelques brocs de vin.

Or, le buveur a donc aussi sa gloire ?
Eh ! bien, enfants, descendez en champ clos.
Buvons ensemble, et puis comptons les pots :
Les cheveux blancs n'empêchent pas de boire.

Sur les débris du boudoir, du salon,
Si quelque jour la chanson peut renaître,
A sa gaîté vous saurez reconnaître
Les souvenirs et l'esprit d'un barbon.
Le vieux *Laujon*, de sa voix chevrotante,
En gais refrains traduisait le bonheur,
A ses leçons, amis, faisons honneur,
Les cheveux blancs n'empêchent pas qu'on chante.

La faux du temps se promène au hasard,
Et sous ses coups, jeune et vieux, tout succombe.
On voit passer du berceau dans la tombe
L'unique espoir du débile vieillard.
Ce n'est donc pas pour quelque peu de givre
Que les hivers deviennent désastreux.
Plus d'un bâton supporte un homme heureux.
Les cheveux blancs n'empêchent pas de vivre.

Salgat.

LE PHILOSOPHE AMOUREUX.

Air : *Vénus sur la molle verdure.*

L'amour de la philosophie
Avançait pour moi la saison,
Où la sombre mélancolie
S'honore du nom de raison.

Quelle erreur ! dans la solitude
Je passais les nuits et les jours ;
Ah ! peut-on donner à l'étude
Un temps que l'on doit aux amours.

Je vois Thémire, et dans mon âme
Le sentiment renaît soudain :
Ses yeux ont allumé la flamme
Qui vient de réchauffer mon sein

Ah ! comment pourrais-je encor lire
Locke de ses rivaux vainqueur ?

Je n'écoute plus que Thémire ;
Ma seule étude, c'est mon cœur.

Newton, c'est en vain que tu m'ouvres
Un chemin brillant dans les cieux ;
Les grands secrets que tu découvres
Sont moins qu'un regard de ses yeux.

Ah ! que m'importe, en un système,
De trouver l'ordre, la clarté ?
C'est dans le cœur de ce que j'aime
Que je trouve la vérité.

Une âme et si belle et si pure,
Les attraits qui m'ont su charmer,
C'est pour moi toute la nature ;
Aujourd'hui je ne sais qu'aimer.

Quel transport ! quel beau feu m'anime !
Quel bonheur pour moi d'être amant !
Tout l'essor d'un esprit sublime
Vaut-il un tendre sentiment ?

L'amour a remonté ma lyre :
Ce dieu d'Uranie est vainqueur.
Je ne chante plus que Thémire ;
Tout mon esprit est dans mon cœur.

Le comte de **Tressan**.

ANAXIMANDRE.

Sous le beau nom d'Anaximandre,
Chez les Grecs un sage vivait ;
Chacun accourait pour l'entendre,
Athène en foule le suivait.
La profondeur et la justesse
Se rencontraient dans ses discours :
Mais pour plaire au Dieu des amours
Il faut de la délicatesse.
L'esprit et les talents font bien ;
Mais sans les grâces ce n'est rien.

Le philosophe Anaximandre
Aux belles offrit son encens :
Car les savants ont le cœur tendre,
Et tout philosophe a des sens ;
Mais les Athéniennes volages
Rejetèrent ses tendres vœux,
Et de frivoles amoureux
Virent préférer leurs hommages.
  L'esprit et les talents, etc.

Piqué de les trouver rebelles,
Le sage s'en fut chez Platon.
Platon était l'ami des belles,
Et même des rois, nous dit-on.
Il humanisait son génie ;
A souper il brillait le soir ;
Et malgré son profond savoir,
Il était bonne compagnie.
  L'esprit et les talents, etc.

« Apprenez-moi, mon cher confrère,
Dit le sage disgracié,
Comment chez vous à l'art de plaire
Le génie est associé ;
Je veux me former sur vos traces :
Votre conseil sera ma loi.
— Eh bien ! dit Platon, croyez-moi,
Mon cher, sacrifiez aux Grâces. »
  L'esprit et les talents, etc.

Dans une chapelle voisine
Anaximandre s'en alla :
Aglaé, Thalie, Euphrosine,
Sourirent en le voyant là :
Il fut initié par elles
Dans leurs mystères enchanteurs :
Il revint couronné de fleurs,
Et ne trouva plus de cruelles.
  L'esprit et les talents, etc.

La métamorphose soudaine
Du pédant fit l'homme du jour ;
Les bonnes-fortunes d'Athène
Vinrent l'accueillir tour-à-tour ;
Et quand il voyait sur ses traces
Quelque pédant de mauvais ton,
Il lui disait : « Croyez Platon,
Mon cher, sacrifiez aux Grâces. »
L'esprit et les talents font bien ;
Mais sans les grâces ce n'est rien.

François de Neufchâteau.

ROMANCE D'ALINE.

Alors dans la Provence,
Ce beau pays de France,
Simple laitière étais;
Aline me nommais.
Quinze ans était mon âge;
Simple, naïve et sage,
Mon cœur au nom d'amant
Palpitait doucement,
Et j'appelais doux sentiment.   bis.
Alors dans la Provence,
D'une haute naissance
Un beau jeune homme était;
Saint-Phar on le nommait.
Vingt ans était son âge;
Quoique naïve et sage,
J'écoutais cet amant...
Parlait si tendrement
Que je connus doux sentiment.   bis.
Las! des siens la puissance
L'éloigna de la France,
Pour lui, bravant le sort,
Naufrageai sur ce bord.
Le destin m'y fit reine;
Mais, quoique souveraine,
Mon cœur tendre et constant.
Toujours pour mon amant
Conservera doux sentiment.   bis.

Vial et **Favières**.

Un conte charmant du chevalier de Boufflers avait fourni le sujet d'un opéra, joué en 1766, sous ce titre. Sédaine, qui en était l'auteur, n'eut pas l'art de transporter dans sa pièce la grâce qui avait fait réussir le conte, et il eut peu de succès, malgré la musique de Monsigny. Trente-six ans après, le 3 septembre 1802, le sujet d'*Aline* fut repris par MM. Favières et Vial ; la musique ravissante de Berton ajouta son charme à la manière spirituelle dont la pièce était traitée.

Nous donnerons en peu de mots l'analyse du conte et de la pièce.

Saint-Phar, gentilhomme français, à peine adolescent, rencontre l'innocente Aline, jeune et gentille laitière, dans un vallon de Provence. Se voir, s'aimer, se le dire, ce ne fut pour ce joli couple que l'affaire d'un instant. Saint-Phar, forcé de quitter sa maîtresse, lui donna un anneau d'or, qu'il la pria de conserver toute sa vie.

Aline devint reine de Golconde. Le cœur toujours occupé de son premier amour, elle fit arranger dans son parc un lieu semblable à celui où elle avait connu Saint-Phar.

Le jeune officier, quelques années après, est nommé ambassadeur vers la reine de Golconde. Aline reconnaît son amant, et jouit de sa présence sans en être reconnue. Elle veut l'éprouver et lui causer une agréable surprise. Elle fait transporter Saint-Phar endormi dans le vallon où doit lui rappeler leur première rencontre ; là, des paysans vêtus à la française chantent des refrains provençaux. Saint-Phar croit rêver ; Aline paraît sous ses habits de bergère. Il la reconnaît et ne sait que penser de ce bonheur inattendu. Un breuvage soporifique le plonge encore dans le sommeil et termine une scène qu'il trouvait charmante.

Lorsqu'il se réveille, il se retrouve dans le palais de la reine, à laquelle une révolte fait courir le plus grand danger. Un ministre ambitieux, qui veut monter au trône et en chasser Aline, s'est rendu maître de la ville. Saint-Phar combat pour la reine et lui rend la couronne. Aline offre sa main à son libérateur, qui la refuse pour être fidèle à sa bergère ; mais Aline lève son voile, se fait reconnaître, et proclame Saint-Phar son époux.

Cette historiette, qui n'est pas plus invraisemblable que beaucoup de gros romans, eut un succès prodigieux, grâce à la manière piquante dont elle était racontée. Dans ce temps, où l'esprit était encore à la mode, on se faisait une réputation avec quelques pages et quelques vers. Boufflers fut un des poètes qui eurent le plus de vogue dans ce qu'on pourrait appeler *la littérature de boudoir*. Il la partagea avec les Parny, les Bertin et quelques autres aimables épicuriens. Mais Boufflers ne se contenta pas de tenir la plume, sa main porta l'épée, il entra dans un régiment de hussards avec le grade de capitaine, fit une partie de la guerre de Sept-Ans et obtint ensuite le commandement de l'île Saint-Louis, au Sénégal. La bravoure, l'esprit et une grande naissance parurent des titres plus que suffisants pour que Boufflers fût reçu à l'Académie, à une époque où l'on y entrait avec une seule de ces recommandations. Ses ingénieuses bagatelles avaient été beaucoup louées par Voltaire, qui y retrouvait quelque chose de sa philosophie satirique. La Révolution changea le poète en homme d'État ; il fut député aux États généraux, quitta la France pour se soustraire à la Terreur, y revint en 1800, reprit ses occupations littéraires, et quoique âgé de soixante-trois ans, retrouva souvent cette imagination vive et ces saillies heureuses auxquelles il avait dû jadis ses succès à la cour la plus élégante de l'Europe.

Il fut admis en 1804 à l'Institut, comme faisant partie de l'ancienne Académie, et termina, en 1815, à l'âge de soixante-dix-huit ans, une carrière aussi honorable que brillante.

La musique, de Berton, se trouve notée au N. 708 de la Clé du Caveau.

COUPLETS D'ALINE, REINE DE GOLCONDE.

Il reçut au sein de la gloire
Et les myrtes et les lauriers
Que les belles et la victoire
Tressent pour le front des guerriers.
En amour ainsi qu'à la guerre
Il vole à de nouveaux succès ;
Il sait aimer, combattre et plaire,
C'est vous dire qu'il est Français.
   On ne peut nous entendre :
   Je vais tout vous apprendre ;
   Vous promettez d'être discret ?
    C'est qu'au fond de leurs âmes,
    Il est encor des femmes
Qui savent garder le secret.

Vive, sensible, un peu coquette,
Aimant la gloire et les plaisirs,
C'est à la fois la violette,
La rose amante des zéphyrs ;
Elle s'emporte, elle s'apaise,
Soupire et sourit tour-à-tour ;
Elle est en même temps Française
Et constante dans son amour.
   On ne peut nous entendre :
   Je vais tout vous apprendre ;
   Vous promettez d'être discret ?
    C'est qu'au fond de leurs âmes,
    Il est encor des femmes
Qui savent garder le secret.

Vial et Favières.

La musique, de Berton, se trouve notée au N. 1144 de la Clé du Caveau.

LA BAGUE DE MA MÈRE.

Prends l'anneau que je te donne
Pour que nos cœurs soient liés,
Si j'avais une couronne
Je la mettrais à tes pieds ;
Mais, hélas ! je n'ai rien, ma chère,
Rien que je révère plus !
C'est la bague de ma mère,
De ma mère qui n'est plus !   *(bis.)*

Elle n'est plus ! mais son âme,
Soigneuse de mon bonheur,
Porte de ma vive flamme
Chaque reflet dans ton cœur.
Ma douleur est moins amère,
Et tes modestes vertus
Me font rêver à ma mère,
A ma mère qui n'est plus !   *(bis.)*

Prends cet anneau qui m'engage :
Demain, au pied des autels,
Il va devenir le gage
De nos serments solennels ;
Demain notre amour sincère,
Dans le séjour des élus,
Sera béni par ma mère,
Par ma mère qui n'est plus !   *(bis.)*

Auguste Desrameaux.

La musique, de A Marquerie, se trouve chez M. Heugel, éditeur, 2 *bis*, rue Vivienne.

LE PÊCHEUR BRETON.

1838.

Dans tes algues vertes,
Mer, apporte-moi,
Des plages désertes,
Du bois pour mon toit,
De la poudre sèche,
Un fusil damasquiné,

Des filets pour ma pêche,
Un ruban pour mon nouveau-né.

Le vent a détruit
Ma pauvre toiture,
Et dans ma masure,
Il a plu toute la nuit.
Les douaniers m'ont pris
Ma poudre et mes fusils ;
Ils m'ont pris mon filet
Qui séchait sur le galet,
 Dans tes algues, etc.

Allons, femme, adieu !
Je pars sans étoile ;
Mais je mets ma voile
A la garde du bon Dieu.
Tu prieras pour que demain
Je vous rapporte du pain ;
Et Daniel, s'embarquant,
Redisait, en s'éloignant :
 Dans tes algues, etc.

Mais cette nuit-là,
La mer fut mauvaise ;
Contre la falaise,
Plus d'un pêcheur se brisa.
Et Daniel ne revint pas !
Depuis lors, sa femme, hélas !
Pauvre folle, à présent,
Chante, en berçant son enfant :

Dans tes algues vertes,
Mer, apporte-nous,
Des plages désertes,
Avec mon époux,
De la poudre sèche,
Un fusil damasquiné,
Des filets pour la pêche,
Un ruban pour mon nouveau-né.
   Gustave Lemoine.

(*Note de l'auteur.*) Le premier couplet et le refrain ne sont pas de moi, c'est un chant des côtes que j'ai essayé de continuer.

La musique, de Mlle Loïsa Puget, se trouve chez M. J. Meissonnier, éditeur, 22, rue Dauphine.

LA DAME BLANCHE.

D'ici voyez ce beau domaine
Dont les créneaux touchent le ciel !
Une invisible châtelaine
Veille en tout temps sur ce castel.
Chevalier félon et méchant,
Qui tramez complot malfaisant,
 Prenez garde !
La dame blanche vous regarde,
La dame blanche vous entend.

Sous ces voûtes, sous ces tourelles,
Pour éviter les feux du jour,
Parfois gentilles pastourelles
Redisent doux propos d'amour.
Vous qui parlez si tendrement,
Jeune fillette, jeune amant,
 Prenez garde !
La dame blanche vous regarde,
La dame blanche vous entend.

En tout lieu protégeant les belles
Et de son sexe ayant pitié,
Quand les maris sont infidèles,
Elle en avertit leur moitié.
Volage époux, cœur inconstant,
Qui trahissez votre serment,
 Prenez garde !
La dame blanche vous regarde,
La dame blanche vous entend.

   E. Scribe.

La musique, de Boïeldieu, se trouve notée au N. 2018 de la Clé du Caveau.

ESMÉRALDA.

Je suis la Bohémienne,
Au léger tambourin,
Et j'attends que l'on vienne
Ecouter mon refrain !

Les jeux et la folie
Embellissent la vie,
Pour avoir d'heureux jours   (bis.)
Chantons, dansons toujours !

Dès ma plus tendre enfance,
Le ciel veille sur moi,
J'ignore ma naissance,
Mais en mon sort j'ai foi.
On m'a dit qu'à ma mère,
J'étais pourtant bien chère.
Oh ! j'espère être un jour
Rendue à son amour !
   Je suis, etc.

Je n'ai plus de famille,
Je n'ai plus de parents,
Mais on me dit gentille
Et j'ai quelques talents.
Brune est ma chevelure
Et je danse en mesure,
Eblouissant les yeux
Par mes pas gracieux !
   Je suis, etc.

Venez donc, je vous prie,
Voir ma chèvre aux pieds d'or,
Blanche, vive et jolie
Et qui vaut un trésor.
D'Jalie pourra vous dire
Si pour vous on soupire,
Et comment votre cœur
Trouvera le bonheur.

Je suis la Bohémienne,
Au léger tambourin,
Et j'attends que l'on vienne
Écouter mon refrain :
Les jeux et la folie
Embellissent la vie,
Pour avoir d'heureux jours   (bis.)
Chantons, dansons toujours.

Crevel de Charlemagne.

La musique, d'Albert Grisar, se trouve chez
M. Edmond Mayaud, éditeur, boulev. des Italiens, 7.

GUIDO ET GINÉVRA.

Pendant la fête une inconnue
Vint l'an dernier charmer ces lieux. (bis.)
Depuis ce jour sa douce vue
Remplit mon cœur, remplit mes yeux. (bis.)
Quand sur ces monts vint la nuit sombre,
Elle partit, je l'implorai ;
Quand sur nos monts vint la nuit sombre,
Elle partit, je l'implorai ;
Hélas ! elle a fui comme une ombre,
En me disant : Je reviendrai.
En me disant : Je reviendrai.
Hélas ! elle a fui comme une ombre,
En me disant : Je reviendrai,
Quand sur nos monts vint la nuit sombre,
Elle partit, je l'implorai,
Hélas ! elle a fui comme une ombre,
En me disant : Je reviendrai.

Sa naissance... je l'ignore,
Sans la connaître je l'adore,
Espérant son retour, je compte les instants,
Et tout à mes regrets depuis lors je l'attends.
Souvenir plein d'ivresse, ô moment trop heureux,
Ici même en ces lieux ma main serrait la sienne,
Je tremblais, un nuage obscurcissait mes yeux,
Et devinant ma peine avec un doux sourire où
   [j'ai cru voir les cieux.]
Elle m'a dit à la fête prochaine.
O bonheur ! aujourd'hui vous voyez si je peux
Même pour un trésor m'éloigner de ces lieux.

Hélas ! si Dieu, trompant mon rêve,
Ne la rend pas à ma douleur,   (bis.)
Si pour jamais il me l'enlève,
Plutôt la mort qu'un tel malheur.   (bis.)
Ces lieux si chers à mon enfance,
Oui, pour jamais je les fuirai.
Ces lieux si chers à mon enfance,
Oui, pour jamais je les fuirai.
Mais, non, je garde une espérance,
Car elle a dit : Je reviendrai ;
Car elle a dit : Je reviendrai.
Mais, non, je garde une espérance ;
Car elle a dit : je reviendrai.

Ces lieux si chers à mon enfance,
Oui, pour jamais je les fuirai.
Mais, non, je garde une espérance.
Elle m'a dit, oui, elle m'a dit : Je reviendrai !

Scribe.

Guido et Ginévra, opéra en 4 actes, en vente chez M. Tresse, éditeur, 2 et 3, galerie de Chartres, Palais-National. Prix : 1 fr.
La musique, de F. Halevy, se trouve notée au N. 2135 de la Clé du Caveau.

L'AMOUR AU VILLAGE.

1809.

Air : *De cet amour vif et soudain*

A l'âge heureux de quatorze ans,
Colette, belle sans parure,
Tenait, comme la fleur des champs,
Tous ses attraits de la nature.
Ce n'était point Flore ou Cypris,
Mais Colette... pas davantage.
On l'eût adorée à Paris,
Elle fut aimée au village.

Parmi les bergers d'à l'entour,
Lucas, pour l'aimable fillette,
Sentait augmenter chaque jour,
Au fond du cœur, flamme discrète.
Il dit enfin, d'amour épris :
« Je t'aime bien... » pas davantage.
On l'eût trouvé bête à Paris,
Il n'était que simple au village.

Bientôt Lucas eut le bonheur
D'être aimé de la bergerette ;
Et, pour gage de son ardeur,
De fleurs orna sa collerette.
Un seul baiser en fut le prix,
Un seul baiser... pas davantage.
C'eût été bien peu dans Paris,
Mais c'était beaucoup au village.

De la ville un riche seigneur
Dit à Colette : « Aimable brune,
Aujourd'hui donne-moi ton cœur,
Et demain je fais ta fortune. »
Elle répond : « Mon cœur est pris ;
J'aime Lucas... » pas davantage.
Elle eût été riche à Paris,
Elle fut heureuse au village.

Delahaye.

La musique, de Romagnesi, se trouve notée au N. 1758 de la Clé du Caveau.

RETOUR EN HELVÉTIE.

1834.

Arrêtons-nous ici... l'aspect de ces montagnes
D'ivresse et de plaisir fait tressaillir mon cœur !
Un instant de repos dans ces vertes campagnes
Nous rendra sur-le-champ notre première ardeur

    Vallons de l'Helvétie,
    Objet de mon amour,
    Salut, terre chérie
    Où j'ai reçu le jour !
    A l'étranger un pacte impie
    Vendait et mon sang et ma foi ;
    Mais à présent, ô ma patrie !
    Je pourrai donc mourir pour toi, (*bis*.)
Je pourrai donc (*bis*) mourir, mourir pour toi !

    Entendez-vous, entendez-vous,
    Ces airs si touchants et si doux. (*bis*.)

    Chant de nos montagnes
    Qui fais tressaillir,
    Toi, de nos campagnes,
    Vivant souvenir.
    Ta douce harmonie,
    Tes sons enchanteurs
    Rendent la patrie
    Présente à nos cœurs,
    Rendent la patrie
Présente, présente à nos cœurs.

Auprès d'autres maîtres
Qu'il nous faut servir,
Si tes sons champêtres
Viennent retentir;
La douleur nous gagne,
Il nous faut mourir,
Ou vers la montagne
Il faut revenir.

Chant de nos montagnes
Qui fais tressaillir,
Toi, de nos campagnes,
Vivant souvenir.
Ta douce harmonie,
Tes sons enchanteurs
Rendent la patrie
Présente à nos cœurs,
Rendent la patrie
Présente, présente à nos cœurs.
Rendent la patrie
Présente à nos cœurs,
 La patrie
Présente à nos cœurs,   (bis.)
 La patrie
Présente à nos cœurs !

Scribe et **Mélesville.**

Le Chalet, opéra-comique en 1 acte, en vente chez M. Tresse, éditeur de la France Dramatique, du Magasin Théâtral, Palais-National, galerie de Chartres, 2 et 3. Prix : 60 cent.
Musique d'Adolphe Adam.

JUIVE ET CHRÉTIEN.

1834.

Brune fille, ô toi que j'adore,
A genoux, je veux te bénir;
Vois, je meurs et, si jeune encore,
Sara, que vas-tu devenir?
Viendras-tu prier sur la pierre,
Qui doit me cacher à tes yeux ?
Mais d'une juive la prière,
Hélas! n'arrive pas aux cieux. (bis.)

Que ma croyance soit la tienne,
Fille des déserts, viens à moi;
Ma main peut te faire chrétienne;
Sois enfant d'une sainte loi !
Regarde, le soleil s'incline,
Pour baiser ton front gracieux,
Et la brise de la colline
Portera ton serment aux cieux.

Enfant d'Israël, goutte à goutte
Reçois l'eau qui baptisa Dieu :
Ton nom s'efface, une autre route
S'ouvre pour toi; chrétienne, adieu!
Qu'une croix, sur ton sein placée,
Soit ton guide mystérieux...
Ne pleure pas, ma fiancée,
Nous nous retrouverons aux cieux.

Je garde la foi de mes pères;
Chrétien, en mourant aujourd'hui,
Tu vas où sont allés mes frères...
Dieu nous reçoit tous près de lui!
Mais ton front sous ma main se glace!...
Tu me laisses seule en ce lieu!
Là-haut tu vas garder ma place;
Dieu pour tous a créé les cieux.

Mme Clara Francia Molard.

La musique, d'Adolphe Vogel, se trouve chez M. Heugel, éditeur, 2 bis, rue Vivienne.

LES YEUX BLEUS.

1844.

Tes deux jolis yeux
Bleus comme les cieux,
Tes deux jolis yeux
Ont ravi mon âme;
De tes jolis yeux
Bleus comme les cieux
La céleste flamme
A ravi mes yeux.

Par un seul mot l'âme est ravie,
Le cœur ému donne sa foi,
Un regard peut troubler la vie,
Et ton regard brilla sur moi.
    Ah !
  Tes deux jolis yeux, etc.

Tu veux savoir, savoir sans cesse,
Dans tous les lieux où tu n'es pas,
Pourquoi la crainte et la tristesse
Volent soudain devant mes pas.
    Ah !
  Tes deux jolis yeux, etc.

Enfin, tu veux savoir encore
Pourquoi je change en te voyant,
Pourquoi mon front se décolore,
Pourquoi mon cœur est tout tremblant,
    Ah !

  Tes deux jolis yeux
  Bleus comme les cieux,
  Tes deux jolis yeux
  Ont ravi mon âme ;
  De tes jolis yeux
  Bleus comme les cieux
  La céleste flamme
  A ravi mes yeux.

      Eugène de Lonlay.

Musique d'Étienne Arnaud.

LA PAUVRE VIEILLE PLEURA.

1827.

Vous qui revenez de l'armée,
N'auriez-vous pas connu mon fils ?...
Hélas ! de chagrin consumée,
Loin de lui je souffre et vieillis !...
Oh ! dites, faut-il que j'espère ?
Parlez, et Dieu vous bénira...
D'un mot, consolez une mère...
Et la pauvre vieille pleura !   (bis.)

Je me souviens, malgré mon âge,
Que lorsqu'il s'éloigna d'ici,
Les jeunes filles du village
Et les mères pleuraient aussi...
Souffrant sans le faire paraître,
Lui, sur son cœur, il me serra...
Maintenant il est mort peut-être...
Et la pauvre mère pleura !   (bis.)

Votre fils, dit le militaire,
N'est point mort, j'en jure ma foi,
Je le connais, son nom est Pierre :
Il est lieutenant comme moi...
Calmez votre douleur amère ;
Oh ! j'en suis sûr, il reviendra...
Il est ici... voyez, ma mère !...
Et la pauvre vieille pleura !   (bis.)

      E. Barateau.

La musique, de Mme Duchambge, se trouve, à Paris, chez M. Dumouchel, éditeur, rue Neuve-Vivienne, 35.

DOMINO NOIR.

1836.

Domino noir, à la taille élégante,
Aux mouvements nobles et gracieux,
Que tu me plais, que ton esprit m'enchante,
Que tes accents sont purs, délicieux !
    Ah ! déjà même,
    Crois-moi, je t'aime,
    D'amour extrême,
    Domino noir.
    Combien j'admire,
    Dans mon délire,
    Ton doux sourire !
    Laisse-toi voir.

Quel pied mignon, quelle fine cheville,
Quelle main blanche et quels doigts effilés !
Et sous ton masque, ô comme ton œil brille.
Quels cheveux blonds, soyeux et bien bouclés.
    Ah ! déjà même, etc.

Qui que tu sois, enivrante sirène,
Sans te connaître, accepte ici ma foi.
Vers toi, je sens un charme qui m'entraîne !
Qui donc es-tu ?—Tiens, regarde : c'est moi !
 Bonheur suprême,
 Oh ! oui, je t'aime
 D'amour extrême,
 Domino noir.
 Combien j'admire,
 Dans mon délire,
 Le doux sourire
 Que j'ai pu voir !

Isnard.

La musique, d'Étienne Merle, se trouve chez M. Challiot, rue Saint-Honoré, 352.

PRÈS D'UN BERCEAU.

1843.

Comme un pêcheur quand l'aube est près d'éclore
Court épier le réveil de l'aurore,
Pour lire au ciel l'espoir d'un jour serein,
Ta mère, enfant, rêve à ton beau destin.
Ange des cieux que seras-tu sur terre ?
Homme de paix, ou bien homme de guerre ?
Prêtre à l'autel, beau cavalier au bal ?
Brillant poète, orateur, général ?...
 En attendant, sur mes genoux,
 Ange aux yeux bleus, endormez-vous. *(bis.)*

Son œil le dit, il est né pour la guerre,
De ses lauriers comme je serai fière :
Il est soldat... le voilà général ;
Il court, il vole, il devient maréchal.
Le voyez-vous au sein de la bataille,
Le front radieux, traverser la mitraille ?
L'ennemi fuit, tout cède à sa valeur :
Sonnez, clairons ! car mon fils est vainqueur :
 En attendant, sur mes genoux,
 Beau général, endormez-vous.

Mais non, mon fils ! ta mère, en ses alarmes,
Craindrait pour toi le jeu sanglant des armes.

Coule plutôt tes jours dans le saint lieu,
Loin des périls, sous les regards de Dieu.
Sois cette lampe à l'autel allumée,
De la prière haleine parfumée ;
Sois cet encens qu'offre le Séraphin
A l'Éternel avec l'hymne divin !...
 En attendant, sur mes genoux,
 Mon beau lévite, endormez-vous.

Pardon, mon Dieu ! dans ma folle tendresse,
J'ai de vos lois méconnu la sagesse :
Si j'ai péché, n'en punissez que moi ;
J'ai seule, en vous, Seigneur, manqué de foi.
Près d'un berceau le rêve d'une mère
Devrait toujours n'être qu'une prière :
Daignez, mon Dieu, choisir pour mon enfant.
Vous voyez mieux, et vous l'aimez autant.
 Et toi, mon ange, aux yeux si doux,
 Repose en paix sur mes genoux.

Nettement.

La musique, d'Hippolyte Louel, se trouve chez M. Heugel, éditeur, 2 *bis*, rue Vivienne.

UN AVEU.

1840.

Ne me refuse pas, oh ! je t'aime, Marie !
Cent fois plus que le jour, cent fois plus que la vie,
Je t'aime de l'amour dont on aime les cieux.
J'aime ton front si doux, j'aime ta voix si pure,
J'aime tes blonds cheveux, ta modeste parure
 Et l'azur de tes yeux.

Si tu voulais m'aimer de cet amour de femme,
Qui naît avec la vie et ne meurt qu'avec l'âme ;
Si tu voulais m'aimer, oh ! je t'adorerais,
Et plus tard, sur ton front quand viendraient les années
Ces moments de bonheur, ces heureuses journées !
 Oh ! je te les rendrais

Si tu ne peux m'aimer, laisse-moi, jeune fille,
Adorer l'éclat pur de ton œil bleu qui brille,

LA BATELIÈRE DE SEIZE ANS.

1839.

    Jeune batelière,
    Batelière de seize ans,
Je suis pauvre et sans parents,
Heureuse encor : car j'ai l'amour de Pierre,
Cet amour, c'est mon seul bien
    Sur cette terre,
Et, je le jure, il n'est rien,
Non, il n'est rien que mon cœur lui préfère.
    Me dira qui voudra :
    Gentille batelière,
    C'est Pierre, toujours Pierre,
    Que mon cœur aimera.

    Partout j'entends dire,
    J'entends dire chaque jour,
    Que chacun change en amour...
Ah ! de l'amour peut-on ainsi médire !
Pour moi, mon cœur a choisi.
    C'est pour la vie,
J'aime Pierre, il m'aime aussi,
Nous marier, c'est tout ce que j'envie...
    Me dira qui voudra, etc.

    L'autre jour encore,
    En passant dans mon bateau,
    A la dame du château,
Un beau monsieur disait : Je vous adore.
    La belle dame a souri,
    Je l'ai bien vue ;
Elle a pourtant un mari...
Moi, dame Pierre une fois devenue...
    Me dira qui voudra :
    Gentille batelière,
    C'est Pierre, toujours Pierre,
    Que mon cœur aimera.

                     Frédéric Bérat.

La musique, de l'auteur des paroles, se trouve chez
J. Schonenberger, 28, boulevard Poissonnière.

LA JEUNE MALADE ET LES HIRONDELLES.

1835.

    Air du *Rémouleur*. (L. Festeau).

Je vous fais un dernier adieu,
Oiseaux qui désertez nos rives ;
L'automne, à ma poitrine en feu,
Fait sentir les douleurs plus vives.
La mort vient avec les autans
Me couvrir d'ombres éternelles ;
Vous ne reviendrez qu'au printemps ;
Adieu, timides hirondelles.

Le souffle qui vous fait partir
Agite et corrompt le feuillage ;
Je le vois tomber, se flétrir,
Comme les fleurs de mon bel âge.
Là-bas, de verdoyants coteaux
Attendent vos ardeurs nouvelles ;
Moi, j'attends le froid des tombeaux :
Adieu, timides hirondelles.

Enfant, m'a dit un saint vieillard,
Vivre est un feu qui nous épure ;
La cendre reste et l'âme part
Aux champs que la lumière azure.
Oiseaux, ignorez cette loi ;
S'il nous survit des étincelles,
Je doute. O ciel ! pardonnez-moi ;
Adieu, timides hirondelles.

Dieu vous préserve de malheurs ;
Partez, agiles voyageuses,

Sur des bords émaillés de fleurs,
Arrivez promptes et joyeuses.
Quand les zéphirs dans nos climats
Sembleront rentrer sur vos ailes,
J'aurai péri sous les frimas.
Adieu, timides hirondelles.

E. Hachin.

La musique, de Louis Festeau, se trouve chez L. Vieillot, éditeur, 32, r. Notre-Dame-de-Nazareth.

LA VALSE DANS LA PRAIRIE.

1843.

Aux doux accords de ta valse chérie,
    Valsons, ma sœur,
    Valsons, ma sœur,
    Foulons l'herbe fleurie ;
Au vent du soir qu'embaume la prairie,
    Valsons, ma sœur,
Je suis heureux, heureux de ton bonheur !

Celle que j'aime tant, ma sœur, elle a ton âge,
    Visage
    Aux traits pleins de fraîcheur,
    De grâce et de candeur.
Sur son front de seize ans, jamais aucun nuage,
    Image
    Qui ravirait les yeux
    Des anges dans les cieux !
    Aux doux accords, etc.

A l'en croire, ma sœur, parfois dans mon délire,
    Ma lyre
    A d'harmonieux sons,
    De naïves chansons.
A cet air, bien souvent, j'ai surpris son sourire
    Me dire :
    Comme le tien, ma sœur,
    Cet air plaît à mon cœur.
    Aux doux accords, etc.

Mes chagrins près de toi, ma sœur, je les oublie,
    La vie,
    Malgré tous mes regrets,
    A pour moi des attraits.
Oui, malgré l'espérance, hélas ! qui m'est ravie,
    Marie,
    Ici, mon triste cœur
    Croit encore au bonheur.

Aux doux accords de ta valse chérie,
    Valsons, ma sœur,
    Valsons, ma sœur,
    Foulons l'herbe fleurie ;
Au vent du soir qu'embaume la prairie,
    Valsons, ma sœur,
Je suis heureux... heureux de ton bonheur !

Frédéric Bérat.

La musique, de l'auteur des paroles, se trouve chez M. Schonenberger, 18, boulevart Poissonnière.

MALHEUR A TOI.

1836.

Oui, j'ai reçu tes serments, ta douleur,
Le cri de guerre a frappé la montagne ;
Mais jure encor par la vierge d'Espagne
De me garder ton amour et ton cœur. (bis.)
    C'est que moi je t'aime
    Comme un bien suprême,   (bis.)
    Autant que mon Dieu ;
    Puisse en mon délire,
    L'espoir me sourire,   (bis.)
    Au dernier adieu !

Jure-le-moi, par ta mère au tombeau,
Fier Catalan, la vengeance m'appelle :
Mais je promets, si tu restes fidèle,
A Notre-Dame un glorieux drapeau. (bis.)
    C'est que, etc.

Oui, par ce fer jure-moi bien ta foi,
Sur mon coursier je vole à la victoire,

Et si jamais tu ternissais ma gloire :
Vois ce poignard! malheur, malheur à toi! (bis.)
   C'est que moi je t'aime
   Comme un bien suprême,   (bis.)
   Autant que mon Dieu ;
   Puisse en mon délire,
   L'espoir me sourire,   (bis.)
   Au dernier adieu !

Émile Duché.

La musique, de M. le comte d'Adhémar, se trouve chez M. A. Grus, éditeur, 31, boulevart Bonne-Nouvelle.

BEAU CIEL DE MA PATRIE.

1834.

Beau ciel de ma patrie,
Enfin je te revoi,
Les peines de ma vie
Ne sont plus rien pour moi.
D'amour et d'espérance
Je sens battre mon cœur...
Salut! ô belle France,
Tu me rends le bonheur !

J'aperçois le village
Où j'ai reçu le jour,
J'entends sur le rivage
Mes doux refrains d'amour !
L'objet de ma constance
{ M'a conservé son cœur
{ Me garde encor son cœur.
Salut! ô belle France,
Tu me rends le bonheur !

Voici l'humble chaumière
Où, loin des envieux,
Je vais, près de mon père,
Couler des jours heureux.

Les tourments de l'absence
N'attristent plus mon cœur...
Salut! ô belle France,
Tu me rends le bonheur !

L. Crevel de Charlemagne.

La musique, de A. Panseron, se trouve chez M. E. Mayaud, 7, boulevart des Italiens.

ADIEU, VENISE.

1841.

Adieu, Venise
Mon beau pays,
Terre promise,
Doux paradis,
L'âme meurtrie
Si, loin de toi,
Je m'expatrie,
Pardonne-moi !

Canaux où ma frêle gondole
Glissait conduite par l'espoir,
Les accords de ma barcarolle
Ne vous troubleront plus le soir.
   Adieu, Venise, etc.

Toujours saint Marc et la Madone
Ont protégé le gondolier,
Et pourtant Bianca m'abandonne.
Je pars afin de l'oublier.
   Adieu, Venise, etc.

Bianca, la noble patricienne,
De mon amour cueillit la fleur,
Mais la signora, riche et vaine,
D'un mot a brisé mon bonheur.
   Adieu, Venise, etc.

Adieu donc, ô ma belle ville,
Ton frais Lido, tes blancs palais,

Je quitte tout, je fuis l'asile
Qu'habite celle que j'aimais.

 Adieu, Venise
 Mon beau pays,
 Terre promise,
 Doux paradis,
 L'âme meurtrie,
 Si, loin de toi,
 Je m'expatrie,
 Pardonne-moi !

E. Gola.

La musique, de E. Merle, se trouve, à Paris, chez M. Challiot, éditeur, rue Saint-Honoré, 352.

LA JEUNE FILLE DE SORRENTE.

1839.

Il est une fille,
Mignonne et gentille
Dont l'œil noir qui brille
Séduirait un roi !...
Cette fleur charmante
Qu'admire Sorrente,
Que partout on vante,
C'est Minna, c'est moi !

Aimable Italie,
Ma belle patrie,
A toi pour toujours,
Mes vœux, mes amours !

Si dans nos campagnes
Je suis mes compagnes,
Du fond des montagnes
L'on accourt me voir.
Suis-je en ma gondole ?
Maint seigneur frivole
De sa barcarolle
Me poursuit le soir !
Aimable Italie, etc.

Tous, m'offrant leur zèle,
Croix d'or et dentelle,
Me disent : Ma belle,
Règne sur mon cœur.
Non, non, sur la terre,
Un seul peut me plaire,
Et c'est mon vieux père,
André, le pêcheur !

Aimable Italie,
Ma belle patrie,
A toi pour toujours,
Mes vœux, mes amours !

L. Crevel de Charlemagne.

La musique, de Camille Schubert, se trouve chez M. Prilipp, éditeur, boulevart des Italiens, 19.

CORSAIRE ET GONDOLIER.

1845.

Beau gondolier, pourquoi pleurer sans cesse ?
Pourquoi pleurer et te plaindre toujours ?
Si le destin t'a ravi ta maîtresse,
Ne sais-tu pas qu'il est d'autres amours ? (ter.)

Vois l'Océan, vois cette immense plaine
Où chaque jour j'appelle le danger ;
C'est ma patrie à moi, c'est mon domaine,
Mon sol natal sous un ciel étranger.
Là, sur son bord, le corsaire intrépide
D'un fier regard fait trembler l'univers ;
Fixant toujours l'étoile qui le guide,
Brave les cieux et le courroux des mers.
 Beau gondolier, etc.

Veux-tu quitter ta gondole légère
Pour ce vaisseau que tu vois dans le port ?
Là je suis roi, là flotte ma bannière ;
Là mon refrain, c'est le droit du plus fort.

Et s'il te faut une esclave soumise,
Je puis encore, ami, te la donner;
Elle est à moi, c'est ma part d'une prise.
Viens... ses beaux yeux pourront te consoler.
    Beau gondolier, etc.

Laisse, crois-moi, dormir en paix ta belle ;
Ma barque est là, pourquoi tarder encor ?
Sèche tes pleurs, la fortune t'appelle,
Demain, demain, de la gloire et de l'or !
Viens, suis mes pas, déjà ton front rayonne ;
L'espoir enfin a ranimé ta foi,
Plus de regrets, partage ma couronne,
Console-toi, frère, console-toi.

Beau gondolier, pourquoi pleurer sans cesse ?
Pourquoi pleurer et te plaindre toujours ?
Si le destin t'a ravi ta maîtresse,
Ne sais-tu pas qu'il est d'autres amours ? (*ter.*)

        Edouard de Paep.

La musique, de l'auteur des paroles, se trouve chez M. Meissonnier fils, éditeur, rue Dauphine, 22.

LA QUÊTEUSE.

1846.

Avez-vous connu Fanchette,
La filleule du Seigneur,
Qui, les jours de grande fête,
Allait quêter pour le malheur?
Ah! qu'elle était joliette,
Frais minois et blonds cheveux !
Et chacun nommait Fanchette
La quêteuse aux jolis yeux ;
    Ah ! ah ! ah !
Jamais on ne refusait,
    Ah ! ah ! ah !
Quand sa douce voix disait :
    A Fanchette,
      Pour la quête,
Donnez, donnez sans regret,
    Nobles dames,
    Bonnes âmes,
Pour les pauvres, s'il vous plaît !

Un beau jour, elle s'arrête
A la porte d'un castel,
A frapper elle s'apprête,
En invoquant tout bas le ciel ;
Mais à sa voix suppliante
L'intendant répond soudain :
« Vite hors d'ici, mendiante !
Et passez votre chemin ; »
    Ah ! ah ! ah !
Ah ! combien elle tremblait,
    Ah ! ah ! ah !
Et pourtant sa voix disait :
    A Fanchette, etc.

Sous les pleurs, brillaient ses charmes
Le Seigneur passe en ces lieux,
Quoi ! l'on fait couler tes larmes,
O ma quêteuse aux jolis yeux !
Mais de ce riche domaine,
Le témoin de ta douleur,
Je veux que tu sois la reine,
Toi la reine de mon cœur !
Le lendemain à l'église,
Les pauvres avaient de l'or,
Car la nouvelle marquise
A sa cour disait encor :
    A Fanchette,
      Pour la quête,
Donnez, donnez sans regret,
    Nobles dames,
    Bonnes âmes,
Pour les pauvres, s'il vous plaît !

        Gustave Lemoine.

La musique, de Mlle Loïsa Puget, se trouve chez M. Heugel, éditeur, 2 *bis*, rue Vivienne.

AIME-MOI BIEN.

1838.

Aime-moi bien, je t'en conjure,
Je n'ai plus foi que dans ton cœur,
Le baume guérit la blessure
Et l'amour guérit la douleur.
Laisse-moi l'espoir qui m'enivre,
C'est là mon unique soutien,
Et pour m'aider encore à vivre
Aime-moi bien, aime-moi bien.   } (bis.)

Aime-moi bien, car, dans ce monde,
Il ne me reste, tu le sais,
Ni mère, ni sœur qui réponde
Par une larme à mes regrets ;
Gloire, avenir, amis, famille,
Pauvre exilé, je n'ai plus rien
Que ton amour, ô jeune fille !
Aime-moi bien, aime-moi bien.

Aime-moi bien, ô ma chérie !
Et pour payer tout ton amour
Je te consacrerai ma vie
Et mes pensers de chaque jour ;
Je t'aimerai comme une mère,
Et ton nom à côté du sien
Sera placé dans ma prière...
Aime-moi bien, aime-moi bien.

Je t'aimerai comme l'abeille
Aime la fleur où gît le miel,
Comme l'oiseau, l'aube vermeille,
Comme l'étoile aime le ciel ;
Je t'aimerai, ma toute pure,
Comme ton bon ange gardien,
Mais à ton tour, je t'en conjure,
Aime-moi bien, aime-moi bien.   } (bis.)

E. Gola.

La musique, de E. Merle, se trouve, à Paris, chez M. Challiot, éditeur, rue Saint-Honoré, 352.

LE HOCHET.

1842.

Prête-moi ton hochet, il vaut mieux que les autres
Viens, ma fille, jouons, jouons toutes les deux...
Mes chagrins sont à moi, tes jouets sont les nôtres.
Au bruit de tes grelots je m'étourdirai mieux.

C'est lui, dans ton berceau, lui seul qui fait ta joie.
Bien plus enfant que toi, j'ai, dans mon fol espoir,
Cru tromper mes ennuis par des réseaux de soie,
Des perls, ds rubans, des fleurs, des colliers d'or!
    Prête-moi, etc.

Tout n'est qu'illusion, toujours trop tôt ravie...
Tout espoir, tout désir, dure moins qu'une fleur.
Gloire, fortune, amour, amitié !... Dans la vie
Tout charme est décevant, tout plaisir est trompeur
    Prête-moi, etc.

Tout le reste, à jamais, pour lui je l'abandonne...
Si demain j'étais reine... entends-tu, mon trésor.
Je voudrais déposer le sceptre et la couronne
Devant tes petits pieds... et je dirais encor
    Prête-moi, etc.

Oui, prête-moi souvent ta gentille clochette,
Et pour me consoler et pour me prémunir...
Je veux matin et soir l'emprunter en cachette...
Et toi, ma fille, et toi ! plus tard, pour l'avenir !...

Garde bien ton hochet ! il vaut mieux que les autres
Ta fille et toi, peut-être un jour, toutes les deux,
Vos plaisirs, vos chagrins, seront comme les nôtres
Au bruit de ces grelots on s'étourdit bien mieux !...

F. de Courcy.

La musique, de L. Clapisson, se trouve, à Paris, chez M. Meissonnier fils, éditeur, 22, rue Dauphine.

LE BON CURÉ.

1845.

C'était un curé de campagne ;
Il donnait jusqu'à ses habits,

Disant que ce qu'un pasteur gagne
Doit revenir à ses brebis !
Enfants, vieillards courbés par l'âge,
De tous il était vénéré.
Dans Saint-Agnan, pauvre village, } (bis.)
    Vivait ce bon curé !

Dans son église, le dimanche,
Il priait... que chacun priât ;
Et puis, sous l'arbre qui se penche,
Il voulait, le soir, qu'on dansât...
Parfois même, au bal, sous l'ombrage,
Il venait, m'a-t-on assuré...
Aussi chacun dans le village
    Aimait ce bon curé !

Répandant sur chaque souffrance
De la Bible le divin miel,
Il n'avait qu'un mot : tolérance !...
Et certes, c'est un mot du ciel !
Au faible il rendait le courage ;
L'espoir au cœur désespéré...
Ah ! croyez-moi, tout le village
    Aimait ce bon curé !
Oui, croyez-moi, tout le village
    Aimait ce bon curé !

Mais vient un jour où Dieu rappelle
Ceux qu'il a nommés ses élus.
Ce jour vint, de gloire éternelle !
Le saint pasteur n'existait plus !
Une croix marque son passage
Aux lieux où les cœurs l'ont pleuré...
Oui, ce jour-là, tout le village } (bis.)
    Pleura ce bon curé !

Emile Barateau.

La musique, de P. Henrion, se trouve chez M Colombier, éditeur, rue Vivienne, 6.

JE SUIS LAZZARONE.

1845.

Moi, joyeux lazzarone,
Sans sceptre ni couronne,
De père en fils je trône
Sur les pavés du roi !...
Je n'ai rien en ce monde ;
Mais l'air pur qui m'inonde,
Le ciel, la mer profonde,
Tous ces biens sont à moi !...
Oui, je suis lazzarone,
Tout comme un autre est roi !
Oui, je suis lazzarone,   (bis.)
Tout comme un autre est roi !

Moi, pauvre lazzarone,
A plus pauvre je donne,
Par une main mignonne
Qui séduirait un roi !...
Front blanc, cheveux d'ébène,
Taille napolitaine,
Et le cœur d'une reine,
Ces trésors sont à moi !
    Oui, je suis lazzarone, etc.

Moi, libre lazzarone,
Par ma sainte patronne,
Vrai, je ne crains personne,
Le gibet ni le roi !...
Aussi, qu'un proscrit passe,
Chez moi, je lui fais place :
Et Dieu me fera grâce,
Si c'en est fait de moi !...
Oui, je suis lazzarone,
Tout comme un autre est roi !
Oui, je suis lazzarone,   (bis.)
Tout comme un autre est roi !

Émile Barateau.

La musique, de P. Henrion, se trouve chez M. Colombier, éditeur, rue Vivienne, 6.

REVIENS A MOI.

1835.

Reviens à moi, toi que j'adore;
Que t'ai-je fait? pourquoi me fuir?
Reviens! reviens! ma voix t'implore.
Moi, t'oublier! plutôt mourir!
Hier encor, dans ses alarmes,
Mon cœur battait, c'était pour toi...
N'as-tu pas vu couler mes larmes?
Reviens à moi! reviens à moi!

Ah! parle, au moins; j'aime à t'entendre;
Redis, redis ces mots d'amour,
Ces mots charmants qu'on ne peut rendre
Et qui s'envolent sans retour!
J'aime à voir aussi ton sourire,
Je ne suis bien qu'auprès de toi!
Près de toi seul mon cœur soupire...
Reviens à moi! reviens à moi!

Reviens, reviens! Des jours d'ivresse
Doivent encor briller sur nous;
N'as-tu pas toute ma tendresse,
Mes vœux, mes serments les plus doux?
Si des chagrins troublent ta vie,
Ne puis-je pleurer avec toi?...
Va, je suis ta meilleure amie...
Reviens à moi! reviens à moi!

L. Crevel de Charlemagne.

La musique, de A. Elwart, se trouve chez l'auteur des paroles, rue Castiglionne, 10.

TRADITA.

1837.

A ce bal je veux paraître la plus jolie,
  Voir à mes pieds mille amoureux,
    Je sourirai,
    Et si l'ingrat m'oublie,
    Je l'oublîrai.
Donnez-moi mes bijoux, ma parure nouvelle,
Et tressez sur mon front des couronnes de fleurs,
    Car je veux être belle
    Et cacher mes douleurs.

Mais si pourtant de vains discours,
  L'apparence trompeuse,
M'avaient trompée, ah! malheureuse!
Peut-être Edgard m'aime toujours!...
    Non, hier encore,
    Assis auprès d'Emma,
    Il lui dit : Je t'adore!...
    Ah! quel mal je sens là...
Jamais, ah! jamais il ne m'aima...
    A ce bal, etc.

Quel air joyeux peut-on montrer
  Quand le cœur se déchire!
Au lieu de plaire et de sourire,
Si dans le bal j'allais pleurer!
    Ah! de mes alarmes,
    Triomphant près d'Emma,
    Il rirait de mes larmes,
    Ah! quel mal je sens là!...
Jamais, ah! jamais il ne m'aima!
    A ce bal, etc.

M'y voilà donc! l'orchestre dit
  Ma valse favorite,
Emma se lève! Edgard l'invite...
Avec amour il lui sourit!
    Un voile funeste
    Couvre mes yeux, Anna,
    Au bal si je reste,
    Ah! je vais mourir là...
Jamais, ah! jamais il ne m'aima!

Je voulais au bal paraître la plus jolie,
    Mon front pâlit! horrible mal,
    Que faire là,
    Puisque l'ingrat m'oublie!
    Partons, Anna.
Loin de moi ces bijoux dont mon col étincelle
Détachez de mon front ces couronnes de fleurs
    Que me fait d'être belle,
    Il rit de mes douleurs!

Duc d'Abrantès.

La musique, de Graziani, se trouve chez M. E. Mayaud, boulevart des Italiens, 7.

LUCIE DE LAMMERMOOR.

1834.

O bel ange, dont les ailes,
Fuyant nos douleurs mortelles,
Vers les sphères éternelles
Ont emporté (*bis*) mon espoir;
De mes jours, fleur parfumée,
Je te suis, ma bien-aimée;
Sur nous la terre est fermée.
O viens au ciel me recevoir,
O bel ange, ma Lucie!
    Bel ange, ma Lucie!
Viens au ciel me recevoir!

A toi mon cœur s'abandonne,
C'est ton bien, je te le donne:
Un Dieu puissant me pardonne
Et mon amour (*bis*) et mon espoir.
D'une sainte et vive flamme
Je t'adore, aimable femme;
Le seul trésor de mon âme
Est un regard de ton œil noir.
    O bel ange, etc.

Sans toi, le bonheur sur terre
N'est qu'un mot, qu'une chimère;
Tout n'est que douleur amère,
Si je ne puis (*bis*) te revoir.
O ma Lucie, mon idole,
A ton amour je m'immole;
Vers toi mon âme s'envole,
O viens au ciel me recevoir!
O bel ange, ma Lucie!
    Bel ange, ma Lucie!
Viens au ciel me recevoir!

            A. Royer et **G. Vaez**.
Musique de G. Donizetti.

DE MON VILLAGE ON NE VOIT PLUS PARIS.

1834.

Tu nous quittas, et maintenant tu pleures,
Et ton bonheur n'est plus qu'un souvenir :
Il a passé comme passent les heures,
Et tu croyais qu'il ne pourrait finir...
    Suis-moi, ranime ton courage,
Viens oublier qu'en ces lieux tu souffris,
    Là-bas, là-bas de mon village.
De mon village on ne voit plus Paris.

Reprends, crois-moi, ton simple habit de bure,
La croix d'argent qui vaut un collier d'or :
Repousse au loin cette riche parure,
Quand je pardonne, elle t'accuse encor.
Tu reverras mon humble métairie
Où presque enfant tu jouais avec moi,
Et ma maison et ma verte prairie;
Maison, prairie, oh! viens : tout est à toi!

                    Émile Barateau.
Musique d'Édouard Bruguière.

LE SERMENT DEVANT DIEU.

1834.

    Adieu, Paris, adieu!
Adieu, cité, adieu, cité, reine des villes!
    Je fuis tes places viles,
Où l'on pourrait, où l'on pourrait renier Dieu!..
    Mais toi, faut-il, pauvre Marie,
Que je te laisse, au moment d'être à toi,
    Dans ce Paris, où tout s'oublie!
Mais!... au soldat garderas-tu ta foi?
    Ah!

—Ah! pars sans crainte! en te disant adieu,
Je te promets de te garder mon âme :
Quoi qu'il arrive, oui, je serai ta femme!
Je t'en fais le serment, aujourd'hui devant Dieu! *bis*

Longtemps après, dit-on,
Pauvre soldat rentrait blessé dans un village ;
Pour tous objet d'outrage,
Le malheureux était privé de la raison !...
Mais une femme jeune et belle
S'élance en pleurs au milieu des soldats :
André ! c'est moi, c'est moi, dit-elle,
André !... mais André ne la reconnaît pas !
Ah !
Pauvre insensé ! quand je t'ai dit adieu,
J'ai fait serment de te garder toute mon âme ;
Dans ton malheur, ma part je la réclame !
Ne suis-je pas ta femme aujourd'hui devant Dieu ! (bis)

Sublime dévoûment !
Elle reçoit le pauvre fou dans sa chaumière,
Et là, comme une mère,
Elle veillait toujours fidèle à son serment.
Et puis, un jour dans la chapelle,
Où tout est prêt pour leur pieux hymen,
Elle conduit, ange mortelle,
André !... qui lui sourit... et la suit par la main !...
Mais, ô miracle ! en voyant le saint lieu,
Les chants du ciel ont réveillé toute son âme !...
—C'est toi, Marie !... ô noble et sainte femme,
Ah ! tu m'as donc gardé ton serment devant Dieu ! (bis.)

Gustave Lemoine.

La musique, de Mlle Loïsa Puget, se trouve chez M. Heugel, éditeur, rue Vivienne, 2 *bis*.

UN MOT D'ESPOIR.

1845.

Oui, pour soumettre au loin les infidèles,
A Dieu, à Dieu, je fis un serment solennel ;
Mais au moment de frapper les rebelles,
Tu m'apparus, ô fille d'Israël !
Puisqu'en tous lieux il faut que je te suive,
De ton regard subissant le pouvoir,
Du moins, Sarah, Sarah, la belle juive,
Laisse en mon cœur tomber un mot d'espoir ;
Du moins, Sarah, Sarah, la belle juive,
Laisse en mon cœur (bis) tomber un mot, un mot d'espoir.

Vois, maintenant, je n'ai plus de patrie ;
En maudissant, en maudissant les miens m'ont oublié
Grâce, réponds à la voix qui te crie :
De tant d'amour, n'auras-tu pas pitié ?
Puisqu'en tous lieux, etc.

Dieu sur mon front versa l'eau du baptême,
Tu veux, tu veux qu'ici je renonce à ma foi.
Eh bien ! du ciel, je brave l'anathème,
Puisqu'il le faut pour être aimé de toi !
Puisqu'en tous lieux il faut que je te suive,
De ton regard subissant le pouvoir,
Du moins, Sarah, Sarah, la belle juive,
Laisse en mon cœur tomber un mot d'espoir,
Du moins, Sarah, Sarah, la belle juive,
Laisse en mon cœur (bis) tomber un mot, un mot d'espoir.

V. Dollet.

La musique, de Louis Abadie, se trouve, à Paris, chez M. Paté, passage du Grand-Cerf, 14.

NOTRE-DAME-DE-LA-GARDE.

1832.

Le vent mugit, l'orage gronde,
La foudre éclate avec fureur,
L'écueil perfide attend sous l'onde
La frêle barque du pêcheur.
Et tout tremblant, le pauvre Pierre,
Quand le ciel menace ses jours,
Invoque ainsi dans sa prière
Notre-Dame-de-Bon-Secours.
Bonne mère des matelots,
Que votre bonté nous garde,
Par pitié sauvez-nous des flots
Notre-Dame-de-la-Garde,
Par pitié, sauvez-nous des flots.

Si vous daignez calmer l'orage,
J'irai fidèle, tous les ans,
Les pieds nus en pèlerinage,
Vous apporter quelques présents.
Mais la nuit vient, en vain j'appelle,
Le temps redouble mon effroi,

Hélas! en la sainte chapelle,
Vous ne voulez donc rien de moi.
  Bonne mère, etc.

Vierge sainte, que dois-je faire,
La tempête augmente toujours,
En me sauvant, sauvez ma mère,
Seul, je soutiens ses vieux jours.
Le vent se tait, l'orage cesse,
Le pêcheur échappe à la mort.
Il dit : Je tiendrai ma promesse,
Et chante en arrivant au port :
Bonne mère des matelots,
Oui, votre bonté nous garde,
Vos enfants sont sauvés des flots,
  Notre-Dame-de-la-Garde,
Vos enfants sont sauvés des flots.

E. de Pradel.

La musique, d'Edouard Bruguière, se trouve chez
J. Meissonnier, éditeur, rue Dauphine, 18.

LE COUVRE-FEU.

Entendez-vous sonner l'heure du soir ?
L'ombre en nos murs éteint le crépuscule.
Voyez trotter ce bourgeois sur sa mule ;
Bêtes et gens regagnent le dortoir.

  Bourgeois de Paris,
  Rentrez au logis,
    Au bon Dieu
  Faites vos prières ;
Eteignez vos feux et vos lumières,
  Voilà qu'on sonne le couvre-feu.

Dans le palais, sur le pont Saint-Michel,
Voici déjà qu'on ferme les boutiques,
Le cabaret fait solder les pratiques,
Car pour veiller faut attendre Noël...
  Bourgeois de Paris, etc.

Notre bon roi Charles Neuf, en sa cour,
A, pour ce soir, grand gala, jeu, quadrille ;
L'or ou la soie, aux feux des lustres brille,
On va danser au Louvre jusqu'au jour...
  Bourgeois de Paris, etc.

Lors par la ville, en chemin, gardez-vous
Des raffinés, des routes inconnues ;
A la nuit close, on ne voit dans les rues
Que des voleurs, des amants et des loups...
  Bourgeois de Paris, etc.

C'est le moment où, malgré l'éteignoir,
S'en vont errer et les cottes de mailles,
Et les manteaux à couleur de murailles,
Et les minois couverts d'un masque noir...
  Bourgeois de Paris, etc.

Pour que maris et tuteurs et mamans
Ferment plutôt l'oreille et la prunelle,
Sous la fenêtre, en faisant sentinelle,
Les amoureux répètent aux passants
  Bourgeois de Paris, etc.

Loin de prévoir, dans le calme endormi,
Que le réveil viendrait avant l'aurore,
Au coup de cloche, on se disait encore,
La veille au soir de saint Barthélemy...

  Bourgeois de Paris,
  Rentrez au logis,
    Au bon Dieu
  Faites vos prières ;
Eteignez vos feux et vos lumières,
Voilà qu'on sonne le couvre-feu.

F. de Courcy.

La musique, de Mme Pauline Duchambge, se
trouve chez M. Dumouchel, éditeur, rue Neuve-Vivienne, 35.

LE RÊVE DU MOUSSE.

1833.

L'air était froid, ma mère
Oh! comme il était froid!
La brise était amère

Sur la flotte du roi ;
Mais au fond de mon âme,
Dans des flots de soleil
Marseille aux yeux de flamme
Réchauffait mon sommeil.
Lorsqu'une blanche fée
De vos voiles coiffée
M'appelle au fond de l'eau.
Bonjour, ma mère, oh !
Que mon rêve était beau ! *(bis.)*

« Viens, disait votre image,
« L'eau seule est entre nous,
« Trop vite ton jeune âge
« A quitté mes genoux.
« Viens, que je berce encore
« Tes rêves de printemps,
« Les flots en font éclore
« Qui nous calment longtemps. »
Et mon âme étonnée
Se réveille entraînée
Par les baisers de l'eau !
Bonjour, ma mère, oh !
Que mon rêve était beau !

La flotte, dans les ombres,
En silence glissa,
Avec des ailes sombres,
Mon vaisseau s'effaça.
Sous sa lampe pieuse
Sans cesser de courir,
La lune curieuse
Me regardait mourir !
Je n'avais pas de plainte,
Trois fois ma force éteinte
S'évanouit dans l'eau...
Bonjour, ma mère, oh !
Que mon rêve était beau !

C'en était fait du mousse,
Mère, sans votre voix ;
Sa clameur forte et douce
Me réveilla trois fois !
Sous les vagues profondes
Nageait en vain la mort,
Vos deux bras sous les ondes
Me poussaient vers le port,
Et votre âme en prière
Semait une lumière
Entre le ciel et l'eau...
Bonjour, ma mère, oh !
Que mon rêve était beau !

Mme **Desbordes Valmore**.

La musique, de Mme Pauline Duchambge, se trouve chez M. Meissonnier, édit., r., Dauphine, 18.

L'ENFANT DE BOHÊME.

1840.

Pauvre enfant de Bohême,
N'aurai-je pas un jour,
Pour me dire : Je t'aime,
Un seul regard d'amour ! *(bis.)*

Frêle barque sans voile,
Seul, hélas ! je naquis,
Entre une pâle étoile
Et des genêts fleuris. *(bis.)*
  Pauvre enfant, etc.

Sur les monts, dans la neige,
Je serais mort, hélas !
Sans la main qui protége,
L'orphelin ici-bas ! *(bis.)*
  Pauvre enfant, etc.

Bien souvent sur la plage
La vague m'a laissé,
J'ai dormi sous l'orage
Par l'ouragan bercé. *(bis.)*
  Pauvre enfant, etc.

Je n'ai pas de patrie,
Pas d'amour, pas de sœur,
Pas de mère qui prie,
Pas un cœur pour mon cœur.

Je n'ai pas de patrie,
Pas un cœur pour mon cœur!...

Pauvre enfant de Bohême, }
N'aurai-je pas un jour, } (bis.)
Pour me dire : Je t'aime, }
Un seul regard d'amour ! }

   Mme Laure Jourdain.

<small>La musique, de F. Masini, se trouve chez M. E. Mayaud, éditeur, boulevart des Italiens 7..</small>

LA MÉSANGE.

1848.

<small>AIR *du retour en France.*</small>

Votre sourire est un sourire d'ange,
Mais votre cœur est un cœur de lutin...
Quoi! sans pitié, vous gardez la mésange,
Qui, sur vos pas, vint s'abattre un matin.
Dans une cage aux mignonnes tourelles,
Vous l'enfermez!... c'est une trahison.
Pour voltiger, si Dieu lui fit des ailes,
C'est mal à vous de la mettre en prison.

Entendez-vous l'innocent caquetage
Du jeune oiseau pleurant sa liberté?
Lorsque du ciel lui vient son héritage,
Faut-il par vous qu'il soit déshérité?
Oh! non, vos mains, si pures et si belles,
Ne sauraient point distiller le poison!...
 Pour voltiger, etc.

Y songez-vous? votre pauvre captive
Au bois, sans doute, avait quelques amours...
Voudriez-vous que, souffrante et plaintive,
Dans le veuvage elle passât ses jours?
Sur les rameaux, comme sous les dentelles,
L'amour possède un merveilleux blason...
 Pour voltiger, etc.

Cette mésange, hélas! peut être mère,
Et son absence au nid jette l'effroi.

N'augmentez-pas la douleur trop amère
De ses petits qui pourraient avoir froid.
Pour réchauffer ces doux êtres si frêles,
Laissez-la fuir, regagner sa maison.
Pour voltiger, si Dieu lui fit des ailes,
C'est mal à vous de la mettre en prison.

   Alexandre Guérin.

<small>La musique, de Lazerges, se trouve chez M. Challiot, éditeur, 354, rue Saint-Honoré.</small>

FILE, FILE, JEANNE.

1848.

 Jeanne, sois sans crainte
 Pour ton âme sainte,
 Si la cloche tinte,
 T'appelle au saint lieu!
 Travaille avec zèle,
 Ta tâche fidèle
 Est toujours, ma belle,
 Agréable à Dieu!
File, file, file, file, Jeanne,
Dieu, notre père, est indulgent,
 Bien indulgent;
Ta quenouille fait tomber la manne
Entre les mains de l'indigent,
 De l'indigent!
File, file, file, file, file, file, file, file, Jeanne
 Travailler
 C'est prier,
 Jeanne, c'est prier.

 Depuis l'aube éclose,
 Sous ton beau doigt rose,
 Se métamorphose
 La blancheur du lin,
 A plus d'une épreuve,
 Le pauvre s'abreuve,
 File pour la veuve
 Et pour l'orphelin!...
File, file, file, etc.

Fais tourner bien vite
Ton fuseau, petite,
Pour le saint ermite,
Le preux accablé;
File avec constance
Pour chaque souffrance;
Pour rendre la France
Au pauvre exilé!...
File, file, file, file, Jeanne,
Dieu, notre père, est indulgent,
Bien indulgent;
Ta quenouille fait tomber la manne
Entre les mains de l'indigent,
De l'indigent!
File, file, file, file, file, file, file, file, Jeanne,
Travailler,
C'est prier,
Jeanne, c'est prier.

F. Tourte.

La musique, de E. Arnaud, se trouve, à Paris, chez M. Heugel, éditeur, 2 *bis*, rue Vivienne.

LE CALME REVIENDRA.

1832.

Notre barque légère
S'égare sur les eaux,
Le vent nous est contraire
Et soulève les flots.
Laissons passer l'orage,
Le ciel s'apaisera...
Ne perdons point courage,
Le calme reviendra.

La nuit répand sur l'onde
L'image du trépas,
Au loin la foudre gronde
Et tombe avec fracas.
    Laissons passer, etc.

L'aquilon redoutable
Ravage les vallons,
Et fait voler le sable
En épais tourbillons.
    Laissons passer, etc.

Le Dieu de la tempête
Vient d'agiter les mers,
Et son courroux s'apprête
A troubler l'univers !

Laissons passer l'orage,
Le ciel s'apaisera,
Ne perdons point courage,
Le calme reviendra.

L. Crevel de Charlemagne.

La musique, d'Andrade, se trouve chez M. Brandus, éditeur, 97, rue Richelieu.

EXIL ET RETOUR.

1842.

Vers les rives de France
Voguons en chantant,
Oui, voguons doucement,
  Pour nous
Les vents sont si doux !
Pays notre espérance,
  Rivage béni,
Oui, vers ton port chéri,
Un dieu d'amour nous conduit.

Loin de toi, patrie,
Mère bien chérie !
D'un exil amer
Nous avons souffert.
Dans un jour d'alarmes,
Il fallut, en larmes,
Dire un triste adieu
A ton beau ciel bleu.
  Ah !...
Vers les rives, etc.

Cette onde rapide
Semble plus limpide ;
Les cieux sont plus bleus,
Nos chants plus joyeux !

Reine des étoiles,
Souffle dans nos voiles,
Rends à leur pays
Les Français bannis!...
　　Ah!...
　Vers les rives, etc.

Sur les vagues grises,
De suaves brises
Embaument les airs
Du parfum des mers...
Là-bas, une grève!
Ce n'est point un rêve
Pour nos yeux ravis!
Non, c'est le pays!
　　Ah!...

Voilà, voilà la France,
　Voguons doucement,
Oui, voguons en chantant,
　　Pour nous
Les vents sont si doux!
Pays notre espérance,
　Rivage béni,
Oui, à ton port chéri,
Le ciel nous rend aujourd'hui.

E. Plouvier.

La musique, de H. Monpou, se trouve chez M. Meissonnier fils, éditeur, rue Dauphine, 18.

PÈRE ET PÊCHEUR.

O mer, à tes flots je confie
Et ma nacelle et mon unique enfant,
　Ma fille est blonde et si jolie!...
Ma voile est blanche et coquette au vent!
　O mer, sur l'onde polie,
Berce, berce, berce toujours
　Ma barque et ma fille jolie,
　　Mes deux amours;　(bis.)
　Berce mes deux amours!

Ravis de leur grâce légère,
Les matelots, jaloux de mon bonheur,
De moi, disent tous : heureux père!
Et tous encor disent : heureux pêcheur!
Et moi, je dis, l'âme ravie,
Au flot qui les berce toujours :
Laquelle est donc la plus chérie?
Ah! toutes deux sont mes amours!
　Berce mes deux amours!

Pendant qu'il chantait sur la grève,
La mer blanchit, et le ciel devient noir.
Tremblant, le vieux pêcheur se lève,
Cherche sa voile et ne peut plus la voir!...
O mer, exauce ma prière :
Prends ma nacelle et prends mes jours,
Mais rends-moi ma fille si chère,
C'est mon enfant, mes seuls amours;
　Rends moi mes seuls amours.

Gustave Lemoine.

La musique, de Mlle Loïsa Puget, se trouve chez M. Meissonnier, éditeur, rue Dauphine, 18.

THÉRÈSE LA BLONDE.

1836.

Je l'ai juré, ma mère,
Sur la croix du Seigneur,
André, le militaire,
Doit seul avoir mon cœur;
Nul autre à qui je plaise
N'aura si doux aveu,
Voudrais-tu que Thérèse　⎫
Trompât l'amour et Dieu.　⎬ (bis.)

A lui la couronne　⎫
Qu'une vierge donne,　⎪
A lui mes amours,　⎬ (bis.)
A lui mes beaux jours,　⎪
A lui mes amours.　⎭

Sous les drapeaux de France,
Au loin, noble martyr,
Le baume a sa souffrance,
Ah! c'est mon souvenir.

Il sait que rien au monde,
Trésors, discours trompeurs,
De Thérèse la blonde
Ne peut sécher les pleurs. } (bis.)
  A lui la couronne, etc.

Plus tard un militaire
Portant l'étoile d'or,
Vers le toit solitaire,
Joyeux, prenait l'essor ;
Sa Thérèse, il l'appelle,
Son cœur battait d'émoi,
André ! c'est lui, dit-elle, } (bis.)
André, je suis à toi !

  A toi la couronne
  Qu'une vierge donne,
  A toi, mes amours, } (bis.)
  A toi mes beaux jours,
  A toi mes amours.

Emile Duché.

La musique, du comte d'Adhémar, se trouve chez
M. Crus, éditeur, boulevart Bonne-Nouvelle, 31.

UNE CARESSE.

1737.

Air : *Silvie à l'âge de quinze ans.*

Pour ranimer le sentiment,
Rien de plus sûr qu'une caresse,
Douce caresse est un aimant
Pour l'amitié, pour la tendresse.
Dans l'enfance et dans l'âge mûr,
Même jusque dans la vieillesse,
Si le cœur goûte un plaisir pur,
Il est l'effet d'une caresse.

Les frères caressent leurs sœurs,
La fille caresse sa mère,
Le zéphir caresse les fleurs,
Dorillas caresse Glicère.
Voyez les ramiers, dans les bois,
S'aimer, se caresser sans cesse ;
Partout l'amour dicte des lois ;
Dans l'univers on se caresse.

Quelquefois des soupçons jaloux
Troublent la paix d'un bon ménage,
Et l'on voit entre deux époux
S'élever un sombre nuage :
L'orage, avant la fin du jour,
Est dissipé par la tendresse,
Et la colère de l'amour
S'apaise par une caresse.

Dans nos plaisirs, dans nos amours,
D'Anacréon suivons les traces,
Comme lui caressons toujours
Bacchus, les Muses et les Grâces ;
Du temps qui fuit sachons jouir,
Bonheur d'aimer passe richesse ;
Jusqu'à notre dernier soupir
Rendons caresse pour caresse.

Favart.

MON DÉLIRE.

Je t'aimerai, j'adorerai mes chaînes,
Tant que la rose aura sa douce odeur,
Le ciel ses feux, la terre ses fontaines ;
L'onde son cours et les bois leur fraîcheur,
  Je t'aimerai, etc.

Je t'aimerai, je te serai fidèle,
Tant que l'épine armera les buissons,
Que du caillou jaillira l'étincelle,
Tant que l'écho répétera ces sons :
  Je t'aimerai, etc.

Je t'aimerai tant que dans la nature
Succéderont les roses aux boutons,
Aux noirs frimats une aimable verdure,
Les fruits aux fleurs, les saisons aux saisons.
  Je t'aimerai, etc.

Paroles d'un anonyme.

Musique de Gatayes

QUE DE MAL, DE TOURMENTS.

1829.

Que de mal, de tourments,
  Et qu'il faut de talents,
Quand on est modiste et couturière,
  Aux tendrons de quinze ans,
  Et même aux grand'mamans,
A chacune, en un mot, il faut plaire:
« Changez-moi ce bouquet,
« La couleur m'en déplaît;
— « Reprenez ce bonnet,
« Je le veux plus coquet.
— « Le tour de ce corset
« Me paraît indiscret... »

  Que de goûts différents,
  Que de mal, de tourments
Quand on veut satisfaire les femmes!
  Il faudrait des secrets
  Pour pouvoir à jamais
Conserver les attraits de ces dames!
  On a tant d' mal déjà
  A garder ceux qu'on a! } quater.

  L'une veut s'embellir,
  L'autre veut rejeunir,
Et chacune a le dessein de plaire
  A l'amant... au mari;
Par bonheur celles-ci
Ne sont pas nombreuses d'ordinaire.
  « Que ce nœud séducteur
  « Me ramène son cœur!
— « Avec ces rubans bleus,
  « Il me trouvera mieux.
— « Le vert lui plaît beaucoup.
— « Le rose est de son goût... »

  Que de mal, de tourments,
  Et qu'il faut de talents
Quand on veut satisfaire les femmes!
  Il faudrait pour toujours,
  Enchaînant les amours,
Conserver les amants de ces dames!
  On a tant d' mal déjà
  A garder ceux qu'on a! } quater.

Scribe.

Extrait de *la Fiancée*, opéra-comique en 3 actes, e vente chez M. Tresse, éditeur, 2 et 3, galerie de Chartres (Palais-Royal). Prix: 60 cent.
La musique, d'Auber, est notée au N. 2050 de la Clé du Caveau.

AU CLAIR DE LA LUNE.

Au clair de la lune,
Mon ami Pierrot,
Prête-moi ta plume
Pour écrire un mot.
Ma chandelle est morte,
Je n'ai plus de feu.
Ouvre-moi ta porte,
Pour l'amour de Dieu.

Au clair de la lune,
Pierrot répondit:
Je n'ai pas de plume,
Je suis dans mon lit.
Va chez la voisine,
Je crois qu'elle y est,
Car dans sa cuisine
On bat le briquet.

Au clair de la lune,
L'aimable Lubin
Frappe chez la brune;
Ell' répond soudain:
Qui frapp' de la sorte?
Il dit à son tour:
Ouvrez votre porte,
Pour le dieu d'amour.

Au clair de la lune,
On n'y voit qu'un peu.
On chercha la plume,
On chercha du feu.
En cherchant d' la sorte,
Je n' sais c' qu'on trouva,
Mais j' sais que la porte
Sur eux se ferma.

Paroles d'un Anonyme.

On assure que l'air *au Clair de la Lune* est de Lulli. Boïeldieu a fait sur cet air de charmantes variations dans *Voitures versées*.

J'AI DU BON TABAC DANS MA TABATIÈRE.

J'ai du bon tabac dans ma tabatière,
J'ai du bon tabac; tu n'en auras
Pas.

J'en ai du fin et du rapé,
Ce n'est pas pour ton fichu nez.
J'ai du bon tabac dans ma tabatière,
J'ai du bon tabac; tu n'en auras
Pas.

Ce refrain connu que chantait mon père,
A ce seul couplet, il était borné.
Moi, je me suis déterminé
A le grossir comme mon nez.
J'ai du bon tabac, etc.

Un noble héritier de gentilhommière,
Recueille tout seul un fief blasonné;
Il dit à son frère puîné:
Sois abbé, je suis ton aîné.
J'ai du bon tabac, etc.

Un vieil usurier, expert en affaire,
Auquel par besoin on est amené,
A l'emprunteur infortuné
Dit, après l'avoir ruiné:
J'ai du bon tabac, etc.

Juges, avocats, entr'ouvrant leur serre,
Au pauvre plaideur par eux rançonné,
Après avoir pateliné,
Disent: le procès terminé:
J'ai du bon tabac, etc.

D'un gros financier, la coquette flaire
Le beau bijou d'or de diamants orné,
Ce grigou, d'un air renfrogné,
Lui dit: Malgré ton joli nez...
J'ai du bon tabac, etc.

Tel qui veut nier l'esprit de Voltaire,
Est pour le sentir trop enchifrené.
   Cet esprit est trop raffiné,
   Et lui passe devant le nez.
Voltaire a l'esprit dans sa tabatière,
   Et du bon tabac; tu n'en auras
       Pas.

Voilà huit couplets, cela ne fait guère
Pour un tel sujet bien assaisonné;
   Mais j'ai peur qu'un priseur mal né
   Ne chante, en me riant au nez:
J'ai du bon tabac dans ma tabatière,
   J'ai du bon tabac; tu n'en auras
       Pas.

      Attribuée à l'abbé **de Lattaignant**.

LA LEÇON DE WALSE.

DU PETIT FRANÇOIS.

1834.

   Mon béti Vrançois,   *bis.*
  Toi fouloir que che t'apprenne
    Gomment audrefois   *bis.*
  Che falsais à la Prussienne
  Ou pien à la Tyrolienne;
    Ecoute pien   *bis.*
  La lezon de ton ponne amie,
    Recarte pien,   *bis.*
  Gomme il fait la crosse Marie,
    Tu mettre ton pied là,
Trin, trin, trin, trin, trin, trin, trin, trin,
    Zerre-moi mieux que ça.
Vass, flin, floun' der crass' nich plus d'clack.
    Marque tonc lé mesure,
    Oh! que ton tête est ture!

    Trin, trin, trin, trin.
Ta, la, la, la, ta la, la, la, la, la, la, la, la,
 Trin, trin, trin, trin, la, la, la, la, la, la,
    Ta la, la, la, la,
Ta la, la, la, la, la, la, la, la,
La, la, la, la, la, la, la, la, la, la,   } *bis.*

    Sur les pords du Rhin,
    A Fienne, à Perlin,
  Ch'ai connu l'armée française,
    Plus t'un caporal,
    Plus t'un général,
  Afec moi, ne t'en déplaise,
  De falser était pien aise!
    Ch'avais fint ans,
    Des cross's couleurs;
  Ch'étais totue, un peu surnoise,
  Ils m'appelaient tous ces messieurs
    La séduisante Pafaroise...
    Les bras plus près du corps,
Trin, trin, trin, trin, trin, trin trin, trin,
    On tirait que tu tors...
    Vass, flin, etc.

    Ch'ai connu Moreau,
    Fictor, Auchereau,
  Quand ch'étais à Farsofie,
    Ch'ai connu Murat,
    Afec Masséna
Ch'ai falsé à Cracofie.
C'est le beau temps de ma fie!
A Fienne, un chour Napoléon
M'afait rentu pien clorieuse,
A mon falseur, il dit: Dracon,
Quel crenatier que ta falseuse?
  Prends tonc l'air cracieux,
Trin, trin, trin, trin, trin, trin, trin, trin,
  Fais-moi donc les toux yeux.
    Vass, flin, etc.

FRANÇOIS.
J'étouff' de chaleur,
Ça m' tourne su l' cœur,
J' vas trouver mon capitaine !
MARIE.
Non ! tu falseras...
FRANÇOIS.
Ch'te dis qu' che n' feux pas !
MARIE.
Ch' te dis qui faut que 'ch' t'apprenne !
FRANÇOIS.
Est-elle entêtée l'ancienne !
MARIE.
Un p'tit tour, ça va fenir....
FRANÇOIS.
J'veux m'en aller, j'veux pas qu'on m' tienne
MARIE.
Monsi Franzois, fous pas partir,
FRANÇOIS.
Me v'là bloqué par l'Alsacienne,
MARIE.
Franzois, mets ton pied là.
Trin, trin, trin, trin, trin, trin, trin, trin,
C'est peaucoup mieux déchà.
Vass, flin', floun', der crass' nich plus d'clak.
Prafo ! c'est en mesure,
Ton tête est pien moins ture.
Trin, trin, trin, trin,
Ta la, la, la, ta la, la, la, la, la, la, la,
Trin, trin, trin, trin, la, la, la, la, la, la,
Ta, la, la, la, la.
Ta, la, la, la, la, la, la, la, la, la,
La, la, la, la, la, la, la, la, la, la. } (bis.)

Amédée de Beauplan.

La musique, de l'auteur des paroles, se trouve notée au N. 2094 de la Clé du Caveau.

LE GARDE-MOULIN.

1839.

Je vais épouser la meunière
Dont on voit le moulin là-bas ;
Mais j'aime une pauvre bergère ;
Comprenez-vous mon embarras ?
Ma Fanchette est si jolie !
Mais la meunière a du bien...
S'il faut faire une folie,
Que cela ne soit pas pour rien !
Bah ! j'épouserai la meunière,
Qui me fait toujours les yeux doux,
En me disant : Beau petit Pierre,
Mais quand donc nous marirons-nous ?

Un instant, n'allons pas si vite,
Suis-je bien certain d'être heureux
Avec la femme de mérite
Dont je ne suis pas amoureux.
Il s'agit de mariage,
C'est, hélas ! pour plus d'un jour ;
Oui, mais pour vivre en ménage,
C'est bien maigre de l'amour !
Bah ! j'épouserai, etc.

Cependant mon cœur s'inquiète
Et me dit que c'est mal à moi
De trahir la pauvre Fanchette
A qui j'avais donné ma foi.
Elle est si tendre, et si bonne !
Comme son cœur va souffrir !
Hélas ! si je l'abandonne,
Elle est capable d'en mourir.

Ma foi, tant pis pour la meunière,
Je ne serai pas son époux,
Qu'elle dise : Beau petit Pierre,
Petit Pierre n'est pas pour vous !

Gustave Lemoine.

La musique, de Mlle Loïsa Puget, se trouve chez M. Meissonnier fils, éditeur, rue Dauphine, 18.

LA FILLE DE L'AIR.

Il faut de la coquetterie,
L'amour, oui, l'amour veut cela,

Par ce moyen femme jolie
Toujours, toujours réussira.

Près de moi, charmante Lucette,
Prêtez l'oreille à mes leçons,
Quand on est jeune et gentillette,
Pour faire enrager les garçons, (bis.)
    Il faut, etc.

Quand on lui parle de constance,
Fille doit prendre un ton railleur
Et feindre de l'indifférence,
Alors surtout que bat son cœur. (bis.)
    Il faut, etc.

Rendre jaloux, c'est de l'adresse,
A son amant pour l'embraser,
On doit savoir, avec finesse,
Tout promettre et tout refuser. (bis.)
    Il faut, etc.

— Vous l'avez dit, on doit sans cesse
Faire en amour quelques façons,
En agissant avec adresse
J'ai profité de vos leçons. (bis.)
    Il faut, etc.

A l'amoureux qui d'un air tendre
Me dit : Je n'aimerai que vous,
Jugez si j'ai su vous comprendre,
En riant je fais les yeux doux.

Il faut de la coquetterie,
L'amour, oui, l'amour veut cela,
Par ce moyen femme jolie
Toujours, toujours réussira.

          Cogniard frères.

La Fille de l'Air, féerie-vaudeville, en vente chez M. Marchand, éditeur, boulevart Saint-Martin, 12. Prix : 50 cent.
Musique d'Adolphe Vaillard.

DU TEMPS QUE LA REINE BERTHE FILAIT

  Le bon temps que c'était, (bis.)
Du temps que la reine Berthe filait ;
  Le bon temps que c'était, (bis.)
Du temps que la reine Berthe filait !

Dans ce temps de miracles,
Les docteurs guérissaient
    Sans brevet,
Et comme des oracles
Les avocats parlaient
    Sans bonnet.
Les rois, quel temps prospère !
Alors, n'avaient à faire
Que leurs quatre repas
Et se croiser les bras.
    Mais... mais..,

  Mais cela se passait (bis.)
Du temps que la reine Berthe filait;
  Le bon temps que c'était, (bis.)
Du temps que la reine Berthe filait.

Un preux en Palestine
Qui partait triomphant
    Et charmant,
Avec une autre mine,
Revenait grisonnant,
    Mais constant ;
Il retrouvait sa belle
Après vingt ans fidèle,
Qui très patiemment
L'attendait en filant.
    Mais... mais...
Mais cela se passait, etc.

Après son mariage
Le bon sire brodait,
    Tricotait,
Faisant dans son ménage
Ce que femme voulait.
    Le pauvret !

Et s'il était rebelle
Aux ordres de la belle,
Vite sous les verrous!
Et l'époux filait doux.
  Mais... mais...
Mais cela se passait (bis.)
Du temps que la reine Berthe filait;
 Le bon temps que c'était, (bis.)
Du temps que la reine Berthe filait.

Gustave Lemoine.

La musique, de Mlle Loïsa Puget, se trouve chez M. Meissonnier, éditeur, rue Dauphine, 18.

ÉVEILLE-TOI.

 Allons, Nanette,
 Si joliette,
Éveille-toi, depuis longtemps le ciel se dore,
 Ah! vois-tu, moi,
 Pensant à toi,
Non, non, jamais, jamais l'aurore
Ne se réveille qu'après moi!...
  Éveille-toi. (bis.)

Viens, nous entendrons les oiseaux,
Qui vont chantant sur la colline,
Et le murmure des roseaux,
Que doucement la brise incline.
Oh! ma Nanette, éveille-toi!
  Éveille-toi!
 Allons, Nanette, etc.

Nous irons au pré verdoyant,
Voir les marguerites nouvelles,
Et les papillons déployant
Leurs ailes d'or, leurs blanches ailes...
 Oh! ma Nanette, etc.

Nous irons cueillir à la fois
La violette parfumée,
La fraise aux litières des bois,
Qui se trahit tout embaumée!...
Oh! ma Nanette, éveille-toi,
  Éveille-toi!...

 Allons, Nanette,
 Si joliette,
Éveille-toi, depuis longtemps le ciel se dore,
 Ah! vois-tu, moi,
 Pensant à toi,
Non, non, jamais, jamais l'aurore
Ne se réveille qu'après moi.
  Éveille-toi!
  Éveille-toi!

Emile Barateau.

La musique, de Masini, se trouve chez M. Ed. Mayaud, éditeur, boulevart des Italiens, 7.

LE DROIT DU SEIGNEUR.

Oh! vous avez des droits superbes,
Comme seigneur de ce canton,
Vous avez les premières gerbes
Quand vient le jour de la moisson;
Arrivez-vous, on vous présente
Avec pompe le vin d'honneur,
Puis, le bailli vous complimente,
C'est un bien beau droit du seigneur.

Attendez, j'oubliais encore:
Tout rend hommage à votre rang,
Même à l'église on vous honore,
Et vous avez le premier banc,
Pour signe de votre puissance,
Vous êtes marguillier d'honneur;
Quelquefois même on vous encense.
C'est un bien beau droit du seigneur.

— Oui, c'est un brillant avantage;
On me rend là ce qu'on me doit;
Mais les seigneurs de ce village
N'ont-ils pas encor quelque droit?
—Je ne sais!...—Cherchez bien, ma chère;
Je tiens aux droits de ma grandeur.
— Je ne connais sur cette terre
Aucun autre droit du seigneur.
— Je ferai valoir, je l'espère,
Un plus joli droit du seigneur.

Favières.

La musique, de Boïeldieu, se trouve notée au
N. 1401 de la Clé du Caveau.

MIRE DANS MES YEUX TES YEUX.

1835.

Mire dans le puits tes yeux,
  Ma belle Jeannette,
Mire dans le puits tes yeux,
  Tes jolis yeux bleus.
Tes yeux, ma belle brunette,
Tes yeux, tes jolis yeux bleus.

La nuit se mire sans voiles,
Dans son flot limpide et pur;
Mais tout l'azur des étoiles
De tes yeux vaut-il l'azur ? } (bis.)
  Mire dans le puits, etc.

Elle s'y mire coquette
Comme à sa glace, ma foi,
Elle rit, fait sa toilette,
Et ne songe plus à moi. } (bis.)
Mire dans mes yeux tes yeux,
  Ma belle Jeannette,
Mire dans mes yeux tes yeux,
  Tu les verras mieux.
Tes yeux, ma belle brunette,
Tes yeux, tes jolis yeux bleus.

Moi, jaloux qu'elle m'oublie,
De dépit je laisse choir
La fleur que j'avais cueillie,
Pour elle, adieu le miroir! } (bis.)

Pour mirer tes jolis yeux,
  Ma belle Jeannette,
Le plus beau miroir des cieux
  Ne vaut pas mes yeux,
Mes yeux, ma belle brunette,
Mes yeux, mes yeux amoureux.

Gustave Lemoine.

Musique de Mlle Loïsa Puget.

MARIE.

Je suis la petite Marie
Qui n'a qu' ses deux seaux pour tout bien,
Mais grâce à son économie
D' mes père et mère j' suis l' soutien.
Rien n' coûte pour ceux-là qu'on aime
Et chaqu' jour l'espoir d'être à même
D' leur fair' boir' du p'tit vin nouveau,
M' fait crier, fière d' mon fardeau :
  A l'eau, à l'eau,
  Voilà la porteus' d'eau,
  A l'eau, à l'eau,
  Voilà la porteus' d'eau.

Quand j' vas et r'viens à la fontaine,
Je vois souvent aux environs
Des jeun' gens qui m' content leurs peines
Et me r'gardent avec leurs lorgnons.
Puis me traitant comm' un' grand' dame,
Ils dis'nt pour attendrir mon âme :
J' brûle pour vous du feu le plus beau...
  (*Parlé.*) Ha ! oui ! dà !
Vous brûlez du feu le plus beau !...
  A l'eau, etc.

Par ci, par là, dans d' bell' remises,
Je vois circuler dans Paris,
Babet, Manon, qui vous sont mises...
Faut voir, mais... on sait à quel prix!
Ell' font, dans l' quartier du beau monde,
Crier au scandale à la ronde,
Vaut mieux, fidèle à son berceau,
Crier dans l' faubourg Saint-Marceau...
  A l'eau, à l'eau,
  Voilà la porteus' d'eau,
  A l'eau, à l'eau,
  Voilà la porteus' d'eau.

     Dartois.

La musique, de Ch. Plantade, se trouve chez Frère, éditeur, grande galerie des Panoramas, 16.

LA PETITE MARGOT.

AIR *du rondeau des Deux-Maîtresses* (Doche).

  C'est sur l'herbage,
  Dans un village,
Qu' la p'tit' Margot se dépêcha d' grandir;
  Du toit champêtre
  Qui m'a vue naître,
Je garderai toujours le souvenir.

J' n'avais alors ni clinquants ni parure,
Je n' savais pas tant seul'ment c' que c'était;
Mais quand l' printemps réveillait la nature,
Sa première fleur brillait à mon corset.
  J'étais heureuse,
  J'étais joyeuse,
Et dans c' temps-là j'aurais donné d' bon cœur
  Tout un royaume,
  Pour l'humble chaume
Qui m' promettait tant d' plaisir et d' bonheur.

Quand je passais m' dandinant sur mon âne,
Les villageois m' trouvaient très bien comm' ça,
Et si j' n'avais qu' des habits d' paysanne,
Ils savaient bien qu'un bon cœur battait là.
  J' n'étais pas fière,
  On pouvait m' faire
Tout c'qu'on voulait sans qu' j'y trouve aucun mal :
  D'un' gaîté franche,
  Chaque dimanche,
De l'avant-deux je donnais le signal.

Je n' voyais pas de gands airs comme les vôtres,
Personne alors ne me dictait des lois;
C'est à la ville, en f'sant rougir les autres,
Que j'ai rougi pour la première fois.
  Pauvre fillette,
  Que je regrette
Ce temps heureux qui ne reviendra plus!
  O mon village!
  O mon jeune âge!
O mes plaisirs, qu'êtes-vous devenus ?

Puisque j' devais, dans le monde où vous êtes,
Chercher l' bonheur sans jamais savoir où,
Il fallait donc m' laisser avec mes bêtes,
Mon chat, mon chien et mon cousin Jaillou.
  C'est sur l'herbage,
  Dans un village,
Qu' la p'tit' Margot se dépêcha d' grandir;
  Du toit champêtre
  Qui m'a vue naître,
Je garderai toujours le souvenir.

    Clairville et Milon.

Extrait de *Margot, ou les Bienfaits de l'éducation*, vaudeville en un acte, de MM. Clairville et Milon, en vente chez M. Marchant, éditeur, 12, boulevart Saint-Martin. Prix : 50 centimes.

TROMPEZ-MOI! TROMPONS-NOUS!

Vous me trompez, je le vois bien;
De vos discours je ne crois rien.
 C'est égal, c'est égal,
 C'est bien plus original!
Trompez-moi, trompons-nous,
C'est un plaisir assez doux;
 En tous temps, en tous lieux,
 Les jeunes comme les vieux,
 On ne fait que cela,
 Tout le monde en est là! } bis.
Trompez-moi, trompons-nous,
 Ah! ah! ah! ah! ah!
Ce plaisir est assez doux,
 Ah!

Vous me jurez fidélité;
J'en jure autant de mon côté.
 Nous faisons des serments
 Comme en font tous les amants;
 Seulement nous savons
 Que tous les deux nous mentons;
 C'est égal, c'est égal,
 C'est bien plus original!
 On ne fait que cela,
 Tout le monde en est là!
 Trompez-moi, etc.

Pour moi vous voudriez mourir,
Pour vous, moi, je voudrais périr!
 Et pourtant nous savons
 Qu'à bien vivre nous tenons,
 C'est égal, c'est égal,
 C'est bien plus original!
 Le fer et le poison,
 Nous jurons que tout est bon,
 Nous ne ririons pas trop
 Si l'on nous prenait au mot.
 Trompez-moi, etc.

Lorsque nous aurons, par malheur,
Quelque rancune sur le cœur,
 Loin d'être moins joyeux,
 Nous nous ferons les doux yeux,
 Vengeons-nous par des traits,
 Mais ne nous boudons jamais;
 Bouder est ennuyeux,
 Se tromper vaut cent fois mieux,
 On ne fait que cela,
 Tout le monde en est là!
Trompez-moi, trompons-nous,
 On ne fait que cela,
 Tout le monde en est là!
Trompez-moi, trompons-nous,
 Ah! ah! ah! ah! ah!
Ce plaisir est assez doux.
 Ah!

Amédée de Beauplan.

La musique, de l'auteur des paroles, se trouve, à Paris, chez M. Heu, éditeur, 10, rue de la Chaussée-d'Antin.

LES VINGT SOUS DE PÉRINETTE.

Périne a trouvé vingt sous!
« J'en achèterai, dit-elle,
« Un ruban pour être belle
« A la fête au bois des Houx. »
— Pourquoi ce ruban superbe.
Enfant, sur vos noirs cheveux?
Un bluet cueilli dans l'herbe
Sans rien coûter vous va mieux.
 Ah! ah! ah! ah!
 Périnette,
 La brunette
 Aux yeux doux,
Que ferez-vous, ma Périnette,
Que ferez-vous de vos vingt sous?

« Eh bien! avec cet argent, »
Dit la jeune fille en peine,
« Je doterai Madeleine,
« L'orpheline au vieux sergent! »
— C'est noble à vous, ma chérie,
De songer à la pourvoir;
Mais pour vingt sous, je vous prie,
Quel mari peut-elle avoir?
 Ah! ah! ah! ah!
 Périnette, etc.

Dans son cœur se ravisant,
« Oh! dit l'enfant bonne et sage,
« Aux pauvres de mon village,
« Tenez, j'en ferai présent! »
— Périne, c'est peu d'aumône
Pour calmer tant de douleur;
Mais puisque du cœur qui donne
Tout cadeau prend sa valeur,
    Dieu vous voit, Périnette,
      La brunette
      Aux yeux doux,
Et Dieu là-haut, ma Périnette,
Se souviendra de vos vingt sous!

           Hippolyte Guérin.

La musique, de Paul Henrion, se trouve, à Paris, chez M. Colombier, éditeur, 6, rue Vivienne.

LA DOT D'AUVERGNE.

1840.

Pour dot, ma femme a cinq sous,
Moi, quatre, pas davantage;
Pour monter notre ménage,
Hélas! comment ferons-nous?
    Cinq sous?... cinq sous!
Pour monter notre ménage,
    Cinq sous?... cinq sous,
Femme, comment ferons-nous?

Eh bien! nous achèterons
Un petit pot pour soupière;
Avec la même cuillère,   } (bis.)
Tous les deux nous mangerons.
    Pour dot, etc.

Eh bien! nous vendrons de l'eau
Que l'on trouve à la rivière,
Tous deux à la limonière,
Nous traînerons le tonneau.
    Pour dot, etc.

Puis, le dimanche, au saint lieu,
Nous ferons notre prière;
A l'église, sur la pierre,
Gratis on peut prier Dieu.
    Pour dot, etc.

Puis, s'il nous vient des enfants,
Quand nous n'aurions que des filles,
Pourvu qu'elles soient gentilles,   } (bis.)
Nous leur dirons à vingt ans:

Mes enfants, voilà cinq sous...
Pour monter votre ménage;
 vec ça, quand on est sage,
Toujours on trouve un époux!
    Cinq sous?... cinq sous!
Pour monter votre ménage.
    Cinq sous?... cinq sous!
Allez chercher un époux!

           Gustave Lemoine.

La musique, de Mlle Loïsa Puget, se trouve chez M. Meissonnier, éditeur, 18, rue Dauphine.

NOS AMOURS ONT DURÉ TOUTE UNE SEMAINE.

Nos amours ont duré toute une semaine;
Mais que du bonheur les instants sont courts!
    S'adorer huit jours
    C'était bien la peine!
    Le temps des amours
    Devrait durer toujours!

Ah! que son regard était doux et tendre!
Sans qu'il dît un mot je savais l'entendre;
Mais lorsque ces murs sont entre nous deux,
Comment à présent nous parler des yeux? (bis.)
    Nos amours, etc.

Combien il m'aimait!... mais souvent la gloire
Fait aux amoureux perdre la mémoire;
Hier il jurait d'aimer jusqu'à la mort...
Hélas! pourvu qu'il s'en souvienne encor!...

Nos amours ont duré toute une semaine ;
Mais que du bonheur les instants sont courts !
  S'adorer huit jours,
  C'était bien la peine !
  Le temps des amours
  Devrait durer toujours.
    Paroles d'un anonyme.

Air anglais, arrangé par Doche fils, noté au N. 2173 de la Clé du Caveau.

LA LISETTE DE BÉRANGER.

1843.

A BÉRANGER.

Enfants, c'est moi qui suis Lisette,
 La Lisette du chansonnier
Dont vous chantez plus d'une chansonnette
Matin et soir, sous le vieux marronnier.
Ce chansonnier dont le pays s'honore,
Oui, mes enfants, m'aima d'un tendre amour ;
Son souvenir m'enorgueillit encore,
Et charmera jusqu'à mon dernier jour. (*bis*.)

  Si vous saviez, enfants,
  Quand j'étais jeune fille,
  Comme j'étais gentille...
  Je parle de longtemps.
  Teint frais, regard qui brille,
  Sourire aux blanches dents,
  Alors, ô mes enfants, (*bis*.)
  Grisette de quinze ans,
  Ah ! que j'étais gentille.

Vous parlerai-je de sa gloire ?
 Son nom des rois causait l'effroi.
Dans ses chansons se trouve son histoire :
Le monde, enfants, la connaît mieux que moi.
Ce que je sais, moi, c'est qu'il fut sincère,
Bon, généreux, ange consolateur.
Oui, c'est assez de bonheur sur la terre,
Qu'un peu d'amour d'un aussi noble cœur. (*bis*.)
  Si vous saviez, etc.

Lui, qui d'un beau ciel et d'ombrages
 Avait besoin pour ses chansons,
Fidèle au peuple, il vengea ses outrages,
Et respira l'air impur des prisons.
Des insensés, qu'aveuglait leur puissance,
Juraient alors d'étouffer ses accents ;
Mais dans les fers son luth chantait la France
La liberté, Lisette et le printemps. (*bis*.)
  Si vous saviez, etc.

Un jour, enfants, dans ce village,
 Un marchand d'images passant
Me proposa (Dieu l'envoyait, je gage)
De Béranger un portrait ressemblant.
J'aurais donné jusqu'à mes tourterelles ;
Ces traits chéris, je les vois tous les jours.
Hier encor, de pervenches nouvelles,
De frais lilas, j'ai fleuri mes amours,
Hier encor, j'ai fleuri mes amours !...

  Si vous saviez, enfants,
  Quand j'étais jeune fille,
  Comme j'étais gentille...
  Je parle de longtemps.
  Teint frais, regard qui brille,
  Sourire aux blanches dents,
  Alors, ô mes enfants, (*bis*.)
  Grisette de quinze ans,
  Ah ! que j'étais gentille.

    Frédéric Bérat.

La musique, de l'auteur des paroles, est notée au N. 2342 de la Clé du Caveau, et se trouve chez M. Schonenberger, éditeur, 18, boulevart Poissonnière.

LE DOMINO NOIR.

1837.

  Ah ! quelle nuit !
  Le moindre bruit
  Me trouble et m'interdit,
  Et je m'arrête, hélas !
  A chaque pas.

Soudain j'entends
De lourds fusils, au loin, retentissants,
　Et puis, qui vive! holà!
　　Qui marche là?
Ce sont des soldats un peu gris,
Par un sergent ivre conduits;
Sous un sombre portail, soudain, je me blottis.
Et grâce à mon domino noir,
On passe sans m'apercevoir.
　　Tandis que moi,
Droite, immobile et mourante d'effroi,
　En mon cœur je priais
　　Et je disais :
O mon Dieu, Dieu puissant,
Sauve-moi de tout accident,
Sauve l'honneur du couvent!

　　Ils sont partis,
Je me hasarde, et m'avance et frémis;
　Mais voilà qu'au détour
　　D'un carrefour
　　S'offre à mes yeux
Un inconnu, sombre et mystérieux.
　Ah! quelle est ma frayeur,
　　C'est un voleur!
Il me demande, chapeau bas,
La faveur de quelques ducats,
Et moi, d'un air poli, je lui disais tout bas :
Je n'ai rien, monsieur le voleur,
Qu'une croix de peu de valeur.
　　Elle était d'or,
Je la cachais, et de mon mieux encor,
　Le voleur, malgré ça,
　　S'en empara.
　Et pendant ce moment,
O mon Dieu, disais-je en tremblant,
Sauve l'honneur du couvent!

　　En cet instant,
　Passe en chantant
　Un jeune étudiant;
　Le voleur, à ce bruit,
　　Soudain s'enfuit;
　Mon défenseur
S'approche alors : calmez votre frayeur,
　Je ne vous quitte pas,
　　Prenez mon bras.

Non, non, monsieur, seule j'irai;
— Non, Sénora, bon gré, mal gré,
Jusqu'en votre logis, je vous escorterai.
— Non, non, cessez de me presser;
— Calmez-vous, je vais vous laisser.
　　Mais un baiser,
Un seul baiser, comment le refuser?
　Un baiser, je le veux :
　　Il en prit deux.
　Et pendant ce moment,
O mon Dieu, disais-je en tremblant,
Sauve l'honneur du couvent!

E. Scribe.

Le Domino Noir, opéra-comique en trois actes, en vente chez M. Tresse, éditeur, 2 et 5, galerie de Chartres. Prix : 60 centimes.

La musique, de D. F. E. Auber, est notée au N. 2052 de la Clé du Caveau, et se trouve chez M. Troupenas, 40, rue Neuve-Vivienne.

UN JOUR DE FÊTE A LA BARRIÈRE.

Air : *Pomm' de reinette et pomm' d'api.*

　　Enfin c'est fête!
　　Restaurateur,
　　Bouchon, traiteur,
　Cabaret et guinguette :
　　Que l'on s'apprête,
　　Les cieux sont purs,
　　La foule est prête
　A sortir de ses murs.
　　Ragoûts, brûlez!
　　Veaux, rissolez!
　　Tonneaux, coulez!
Aujourd'hui c'est bombance...
　　Tout est rincé,
　　Placé, versé,
　　D'un peuple immense
　Le festin est dressé!...
Pour vous, gais enfants du plaisir,
　　Joie entière
　Règne à la barrière;
Ce n'est que là qu'on peut jouir,
Et que l'âme peut s'épanouir...

Adieu, la ville !
Chacun, paré,
Brossé, ciré,
Quitte son domicile
D'un pas agile,
Rentiers, marchands,
En longue file,
Cheminent vers les champs
De frais tendrons,
De gais lurons,
De biberons,
Voyez la ribambelle...
Puis, deux à deux,
Les amoureux,
Sous la tonnelle
Vont resserrer leurs nœuds.
  Pour vous, gais enfants, etc.

Grande affluence
Près des chanteurs,
Des bateleurs
La recette commence.
Dans la balance,
L'épais rifflard
Soudain s'élance,
Et veut peser... son lard.
Siams, pistolets,
Billards, galets,
Quilles, palets
Sont les jeux que l'on fête.
Sans frein, sans but,
Le grand Dubut
Trotte en pincette
Sur un ânon fourbu
  Pour vous, gais enfants, etc.

Chez le *Sauvage*
Faites un tour.
L'Isle-d'Amour
Vous offre son ombrage.
Sous son feuillage,
Le *Grand-Vainqueur*
Offre un potage
Au Parisien flâneur.
Au rendez-vous,
Attablons-nous
Sur nos genoux.

Près de sa chaste épouse
Monsieur Lebon
Trouve très bon,
Sur la pelouse,
Le pâté de jambon.
  Pour vous, gais enfants, etc.

On frappe, on sonne :
Garçon, du veau !
Du fricandeau !
Servez-nous donc, la bonne !...
L'un crie et tonne,
Las de jeûner ;
L'autre en personne,
Va quérir son dîner.
Grands et petits,
Quels appétits !
Quel cliquetis !
Mettons-nous en ribotte,
Enivrons-nous ;
Vivent les fous !
La gibelotte !
Et le beaune à six sous ! ! !
  Pour vous, gais enfants, etc.

Chaos sublime,
De chants, de voix,
De mots grivois,
Sans raison et sans rime.
Chaque œil s'anime ;
Plus d'un amant,
Sous table exprime
Son muet sentiment...
Auprès des ris,
Deux lurons gris
Poussent des cris,
Boxent et dégringolent,
Dans leurs débats,
Les pots, les plats,
Au plafond volent
Et tombent en éclats.
  Pour vous, gais enfants, etc.

La clarinette
Et le crin-crin
Ont mis en train
L'ouvrier, la grisette.

Jacque et Georgette.
Règlent leurs pas
Sur la musette
Des joufflus Auvergnats.
　Bonnes d'enfants,
　Grognards, Jean-Jeans,
　Sapeurs, sergents,
Tout saute et se dandine;
　Dans l'entrechat,
　Près d'un soldat,
　L'amour badine...
Avec la *queue!*... du chat...
　Pour vous, gais enfants, etc.

　Mais la retraite
　Vient de sonner;
　Sans lambiner
L'on gagne sa chambrette.
　Un peu *casquette*,
　Plus d'un buveur
　Dehors rejette
La divine liqueur.
　En querellant,
　En vacillant,
　En s'appelant,
Tous les groupes arpentent.
　Loin du bouchon,
　Cadet, Fanchon,
　En chœur déchantent
La *Mère Gaudichon.*
　Pour vous, gais enfants, etc.

　La route est belle!
　Dans le chemin,
　Plus d'un hymen
S'achève sans chandelle.
　Au loin grommelle
　Maman Picard,
　Traînant près d'elle
Son moutard en retard.
　Là, Ducrochet,
　Plus loin, Gâchet,
　Ici Tranchet,
S'arrêtent à mi-route;
　Sur le comptoir
　D'un reposoir

　On boit la goutte,
　En se disant : Bonsoir!!!

Pour vous, gais enfants du plaisir,
　Joie entière
　Règne à la barrière :
Ce n'est que là qu'on sait jouir
Et que l'âme peut s'épanouir.

Louis Festeau.

Air de contredanse, noté au N. 456 de la Clé du Caveau.

TABLEAU DE PARIS

A CINQ HEURES DU MATIN.

Air *de la contredanse de* la Rosière.
Ou · *Rien ne m'échappe.*

　L'ombre s'évapore,
　Et déjà l'aurore
　De ses rayons dore
　Les toits d'à l'entour;
　Les lampes pâlissent;
　Les maisons blanchissent,
　Les marchés s'emplissent,
　On a vu le jour.

　De la Villette,
　Dans sa charrette,
　Suzon brouette
　Ses fleurs sur le quai,
　Et de Vincenne
　Gros-Pierre amène
　Ses fruits que traîne
　Un âne efflanqué.

　Déjà l'épicière,
　Déjà la fruitière,
　Déjà l'écaillère
　Saute à bas du lit,
　L'ouvrier travaille,
　L'écrivain rimaille,
　Le fainéant bâille,
　Et le savant lit.

J'entends Javotte,
Portant sa hotte,
Crier : Carotte,
Panais et chou-fleur !
Perçant et grêle,
Son cri se mêle
A la voix frêle
Du noir ramoneur.

L'huissier carillonne,
Attend, jure, sonne,
Ressonne, et la bonne,
Qui l'entend trop bien,
Maudissant le traître,
Du lit de son maître
Prompte à disparaître,
Regagne le sien.

Gentille, accorte,
Devant ma porte
Perrette apporte
Son lait encor chard ;
Et la portière,
Sous la gouttière,
Pend la volière,
De dame Margot.

Le joueur avide,
La mine livide
Et la bourse vide,
Rentre en fulminant ;
Et, sur son passage,
L'ivrogne plus sage,
Rêvant son breuvage,
Ronfle en fredonnant.

Tout, chez Hortense,
Est en cadence ;
On chante, danse,
Joue, *et cætera*...
Et sur la pierre
Un pauvre hère,
La nuit entière,
Souffrit et pleura.

Le malade sonne,
Afin qu'on lui donne
La drogue qu'ordonne
Son vieux médecin.
— Tandis que sa belle,
Que l'amour appelle,
Au plaisir fidèle,
Feint d'aller au bain.

Quand vers Cythère
Le solitaire,
Avec mystère,
Dirige ses pas,
La diligence
Part pour Mayence,
Bordeaux, Florence,
Ou les Pays-Bas.

« Adieu donc, mon père ;
Adieu donc, mon frère ;
Adieu donc, ma mère.
— Adieu, mes petits. »
Les chevaux hennissent,
Les fouets retentissent,
Les vitres frémissent :
Les voilà partis.

Dans chaque rue
Plus parcourue,
La foule accrûe
Grossit tout-à-coup :
Grands, valetaille,
Vieillards, marmaille,
Bourgeois, canaille,
Abondent partout.

Ah ! quelle cohue,
Ma tête est perdue,
Moulue et fendue ;
Où donc me cacher ?
Jamais mon oreille
N'eut frayeur pareille...
Tout Paris s'éveille....
Allons nous coucher.

Désaugiers.

Air de contredanse, noté au N. 1338 de la Clé du Caveau.

TABLEAU DE PARIS

A CINQ HEURES DU SOIR.

AIR *de la contredanse de* la Rosière.

En tous lieux la foule
Par torrents s'écoule :
L'un court, l'autre roule ;
Le jour baisse et fuit.
Les affaires cessent ;
Les dîners se pressent ;
Les tables se dressent ;
Il est bientôt nuit.

Là, je devine
Poularde fine,
Et bécassine,
Et dindon truffé ;
Plus loin, je hume
Salé, légume,
Cuits dans l'écume
D'un bœuf réchauffé.

Le sec parasite
Flaire... et trotte vite
Partout où l'invite
L'odeur d'un repas,
Le surnuméraire
Pour vingt sous va faire
Une maigre chère
Qu'il ne paîra pas.

Plus loin, qu'entends-je ?
Quel bruit étrange ?
Et quel mélange
De tons et de voix ?
Chants de tendresse,
Cris d'allégresse,
Chorus d'ivresse
Partent à la fois.

Les repas finissent,
Les teints refleurissent ;
Les cafés s'emplissent ;
Et trop aviné,

Un lourd gastronome
De sa chute assomme
Le corps d'un pauvre homme
Qui n'a pas dîné.

Le moka fume,
Le punch s'allume,
L'air se parfume ;
Et de crier tous :
« Garçons, ma glace !
— Ma demi-tasse !...
— Monsieur, de grâce,
Paris, après vous. »

Les journaux se lisent ;
Les liqueurs s'épuisent,
Les jeux s'organisent ;
Et l'habitué,
Le nez sur sa canne,
Approuve ou chicane,
Défend ou condamne
Chaque coup joué.

La tragédie,
La comédie,
La parodie,
Les escamoteurs ;
Tout, jusqu'au drame
Et mélodrame,
Attend, réclame
L'or des amateurs.

Les quinquets fourmillent,
Les lustres scintillent ;
Les magasins brillent ;
Et, l'air agaçant,
La jeune marchande
Provoque, affriande
Et de l'œil commande
L'emplette aux passants.

Des gens sans nombre
D'un lieu plus sombre
Vont chercher l'ombre
Chère à leurs desseins.
L'époux convole,
Le fripon vole,

Et l'amant vole
A d'autres larcins.

Jeannot, Claude, Blaise,
Nicolas, Nicaise,
Tous cinq de Falaise
Récemment sortis,
Elevant la face,
Et cloués sur place,
Devant un Paillasse
S'amusent *gratis*.

Le jeune fille,
 Quittant l'aiguille,
Rejoint son drille
Au bal de *Lucquet*;
 Et sa grand'mère
 Chez la commère
 Va coudre et faire
Son cent de piquet.

Dix heures sonnées,
Des pièces données
Trois sont condamnées
Et se laissent choir.
Les spectateurs sortent,
Se poussent, se portent...
Heureux s'ils rapportent
Et montre et mouchoir!

« Saint-Jean, la Flèche,
Qu'on se dépêche...
Notre calèche!
— Mon cabriolet! »
 Et la livrée,
 Quoique enivrée,
 Plus altérée,
Sort du cabaret.

Les carrosses viennent,
S'ouvrent et reprennent
Leurs maîtres qu'ils mènent
En se succédant;
Et d'une voix âcre
Le cocher de fiacre
Peste, jure et sacre
En rétrogradant.

Quel tintamarre!
Quelle bagarre!
Aux cris de *gare*
Cent fois répétés,
Vite on traverse,
On se renverse,
On se disperse
De tous les côtés.

La sœur perd son frère;
La fille, son père;
Le garçon, sa mère
Qui perd son mari;
Mais un galant passe,
S'avance avec grâce,
Et s'offre à la place
De l'époux chéri.

 Plus loin des belles
 Fort peu rebelles,
 Par ribambelles
Errant à l'écart,
 Ont doux visage,
 Gentil corsage...
 Mais je suis sage...
D'ailleurs il est tard.

Faute de pratique,
On ferme boutique.
Quel contraste unique
Bientôt m'est offert!
Ces places courues,
Ces bruyantes rues,
Muettes et nues,
Sont un noir désert.

 Une figure
 De triste augure
 M'approche et jure
En me regardant...
 Un long *qui vive!*
 De loin m'arrive,
 Et je m'esquive
De peur d'accident.

Par longs intervalles,
Quelques lampes pâles,

Faibles, inégales,
M'éclairent encor...
Leur feu m'abandonne,
L'ombre m'environne ;
Le vent seul résonne :
Silence ! tout dort.

Désaugiers.

Air de contredanse, noté au N. 1338 de la Clé du Caveau.

LE P'TIT MIMILE.

Air *des bourgeois de Châtres.*

1819.

J'apprends, mon p'tit Mimile,
Qu' t'es palfernier du roi :
Personn' dans notre ville
N' sait pas plus c' que c'est qu' moi.
C'est sans dout' queuqu'emploi
Bourgeois ou militaire ;
Au surplus ça n' nous r'garde pas ;
　Mon fieu, tu fras
　Comm' tu voudras,
Nous n' te tourment'rons guère.

J' te l' dirai sans rancune,
Je m' doutais qu' par là-bas
T'avais fait ta fortune,
Car tu n'écrivais pas.
Après tant d'embarras
Puisqu' t'es tiré d'affaire,
Envoi'-nous un millier d' ducats ;
　Ensuite, tu fras, etc.

Ton père, que ta lettre
A contenté beaucoup,
Veut qu' tu y envoi' d' quoi s' mettre
Dans les vign's jusqu'au cou ;
Mais n' te gên' pas pour ça,

Y n' boit pas fort ton père,
Un tonneau de Bourgogn' suffira,
　Ensuite, etc.

Ton oncle l' garde-chasse
Commence à bien s'user ;
Ta tante Boniface
Dit qu'i' n' sait plus viser.
Tu sais qu' son grand-papa
D' l'État fut pensionnaire :
Fais-lui rendre c'te pension-là ;
　Ensuite, etc.

Ton filleux, Fanfan l' bête,
Est un grand garnement
Dans l' cas de tenir tête
A tout un régiment.
Puisque c' chien d'enfant-là
A l' goût du militaire,
D'une épaulette y s' content'ra,
　Ensuite, etc.

Ton cousin, l' grand Girafe,
Va tout droit à son but,
Y sait d'jà l'ostographe
Et l' ba be bi bo bu.
Y en a d' pus bêt' que ça
Dans l' nouveau ministère :
Mais c'est égal, pouss'-le par-là ;
　Ensuite, etc.

Quant au cousin Batisse
Y n' manqu'ra pas d'emploi,
Car il est royalisse
Encor plus que le roi,
Pour n' pas s' battr' y s' cacha
Pendant la dernière guerre,
Y n' demande que la croix pour ça ;
　Ensuite, etc.

Maint'nant chaque dimanche,
Ton parrain Tournesol
Porte un' cocarde blanche
Larg' comme un parasol.
Depuis vingt ans il a

Vingt fois changé de bannière,
Faut qu' tu l' fass' jug' de paix c'ti-là ;
　　Ensuite, etc.

Y faudrait pour bien faire
Qu' ton oncl' Jean soit juré,
Qu' not' bedeau soit vicaire,
Qu' not' vicaire soit curé.
Pour finir c't' articl'-là
Enfin qu' ton pèr' soit maire,
L' reste du village attendra ;
　　Ensuite tu f'ras
　　C' que tu voudras,
Nous n' te tourment'rons guère.

　　　　　Émile Debreaux.

Musique de Ducaurroi, notée au N. 564 de la Clé du Caveau.

LES BOHÉMIENS DE PARIS.

1848.

Fouler le bitume
Des boulevarts, charmant séjour,
　　Avoir pour coutume
De n'exister qu'au jour le jour ;
　　Mais lorsqu'on voyage,
Sur son dos comm' le limaçon
　　Porter son bagage,
Son mobilier et sa maison :
　　Vivre d'industrie,
Avoir sa gaîté pour tout bien, } (bis.)
　　Et voilà la vie
Du vrai bohémien parisien.
　　Et voilà la vie,
　　Oui, voilà la vie
Du vrai bohémien parisien.
　　Voilà la vie,　　(bis.)
Du vrai bohémien parisien.

Oiseau de passage,
Il fréquente tous les quartiers,
　　Sans apprentissage

Il fait plus de vingt p'tits métiers,
　　Mais l' pain qu'il soutire
Aux bons jobards, aux gens bien mis,
　　Le soir sans rien dire
Le partage avec les amis.
　　Vivre d'industrie, etc.

Auprès de nos belles
Comme un volcan il est cité,
　　Pourtant avec elles
Il a très peu de fixité ;
　　Qu'un' brune en ce monde
Lui fass' des traits ou des noirceurs,
　　Il en prend un' blonde
Afin de varier les couleurs.

　　Vivre d'industrie,
Avoir sa gaîté pour tout bien, } (bis.)
　　Et voilà la vie
Du vrai bohémien parisien.
　　Et voilà la vie,
　　Oui, voilà la vie
Du vrai bohémien parisien.
　　Voilà la vie　　(bis.)
Du vrai bohémien parisien.

　　　　A. Dennery et **Granger.**

Extrait de la pièce les *Bohémiens de Paris*, en vente chez M. Marchant, éditeur, boulevart Saint-Martin, 12. Prix : 50 centimes.
La musique, de M. Amédée Artus, notée au N. 2295 de la Clé du Caveau, se trouve chez M. Meissonnier fils, éditeur, 22, rue Dauphine, à Paris.

TABLEAU D'UNE NUIT DE PARIS.

Air *de la contredanse de* la Rosière.
Ou : *L'ombre s'évapore.*

Au loin l'air frissonne.
L'airain qui résonne,
Sous le marteau sonne
Et compte minuit.

Pour la foule immense
Le repos commence,
Un profond silence
Remplace le bruit.

L'hymen austère,
Dans le mystère,
Livre à Cythère
De tendres combats ;
L'ardeur moins vive,
Bientôt s'esquive,
Morphée arrive
Au sein des ébats.

Quel bruit, quel tapage,
D'étage en étage,
Les chats avec rage
Peignent leur transport.
Près de ma demeure,
Et depuis une heure,
Médor hurle et pleure ;
Son maître est-il mort ?

De force, Élise
En songe est prise ;
Urbain se grise
Dans un doux nectar,
Dorval qui sue,
S'étend, remue ;
Son âme émue
Voit le cauchemar.

Certaine rosée
Sort d'une croisée,
Une voix cassée
Dit trop tard : *gar' l'eau !*
Un passant colère
Jure qu'il va faire
A son commissaire
Flairer son chapeau.

Sur sa couchette,
Jeune fillette
Lit en cachette
Un roman badin ;

Tout près, la tante,
Que l'amour tente,
Presse et tourmente
Un jeune blondin.

Gorgé de richesse,
Rongé de tristesse,
Paul en vain s'adresse
Au sommeil qui fuit,
Quand le pauvre Pierre,
Fermant la paupière,
S'endort sur la pierre,
Qui lui sert de lit.

Seul et timide,
Le teint livide,
L'avare avide
Garde son trésor ;
Gueux dans l'aisance,
Sa jouissance,
Son existence,
Tout est dans son or.

Darlincourt, morose,
En bâillant compose
De la lourde prose
Pour de lourds lecteurs ;
Mais *Casimir* veille :
L'immortel Corneille
Lui dicte à l'oreille
Des vers enchanteurs.

Là, sans escorte,
Forçant la porte,
La mort emporte
Un infortuné ;
Plus loin Sylvie,
L'âme ravie,
Donne la vie
A son premier-né.

Plus d'un hypocrite
Que Satan irrite,
En rêvant médite
De pieux complots.

Dans un groupe aimable,
Désaugiers à table,
Chante, rit et sable
Le vin à grands flots!

De sa lunette
Laplace guette
D'une planette
Les feux inconnus.
Loin de sa femme,
Qui le réclame,
Biot se pâme
En braquant Vénus.

Dans maints corps-de-garde,
Lise se hasarde
D'offrir à la garde,
Kirch, rhum, tour-à-tour ;
La grosse *Angélique*,
Montrant sa boutique,
Offre à la pratique
Son *parfait-amour*.

Quel tableau sombre
S'offre dans l'ombre!
Des feux sans nombre
Sortent d'un réduit ;
La flamme brille,
Le pompier grille,
Le voleur pille,
Et le voisin fuit.

L'*Hôtel d'Angleterre*,
Ou la *Souricière*,
Devient la tannière
De mille filous ;
Sans bruit la police
En ces lieux se glisse :
Voleur et complice
Sont empoignés tous.

La mariée
Contrariée,
Quoique priée,
S'échappe du bal,
Avec grand'peine ;
L'époux l'entraîne,
Un char les mène
Au lit conjugal.

Quittant la guérite,
Pigeon prend la fuite
Pour chercher au gîte
Repos et chaleur ;
Finissant son rêve,
Le maçon se lève
Et court à la Grève
Trouver l'embaucheur.

Des nuits le chantre
S'envole et rentre
Au fond de l'antre
Qui fait son séjour ;
Et dans l'espace
L'ombre s'efface ;
La nuit fait place
Au flambeau du jour.

Louis Festeau.

Air de contredanse, noté au N. 1338 de la Clé du Caveau.

LE CANAL SAINT-MARTIN.

1845.

Gais enfants du canal, répétez mon refrain !
De Pantin à Paris, de Paris à Pantin.
    Vive à jamais le canal Saint-Martin,
        Pour le joyeux gamin,
        L'honnête citadin,
    Vive à jamais le canal Saint-Martin ! (*bis.*)

Mariniers, blanchisseuses,
Débardeurs, charbonniers,
Ses écluses nombreuses
Font vivre cent métiers ;
Mieux que sur la rivière,
On y gagne son pain ;

C'est son eau salutaire
Qui nous fait boir' du vin !
    Gais enfants, etc.

Le pêcheur à la ligne
Espère et ne prend rien,
Le bourgeois d'un air digne
Y vient baigner son chien ;
Car malgré les affiches,
Depuis sa fondation,
C'est d' messieurs les caniches
L'école de natation.
    Gais enfants, etc.

C'est encor très commode
Pour les marchands de vin,
Et plus d'un s'accommode
De puiser chez l' voisin ;
Dans l'intérêt d' l'ivrogne
Qui pourrait s' fair' du mal,
Les vendang's de Bourgogne
Se font dans le canal.
    Gais enfants, etc.

Mais voici la nuit sombre :
Sur les bords du canal,
Je vois glisser une ombre,
J'entends comme un signal ;
Au ciel pas une étoile,
Bourgeois, rentrez chez vous ;
La lune a mis son voile,
C'est l'heure des filous !...

Redoutez, redoutez, honnête citadin,
De Pantin à Paris, de Paris à Pantin ;
Ah ! redoutez le canal Saint-Martin.
    De minuit au matin,
    Honnête citadin,
Ah ! redoutez le canal Saint-Martin ! (bis.)
        Dupeuty et **Cormon.**

<small>Extrait de la pièce *le Canal Saint-Martin,* en vente chez M. Marchant, éditeur, boulevart Saint-Martin, 12. Prix : 50 centimes.
La musique, de Paul Henrion, est notée au N. 2296 de la Clé du Caveau, et se trouve chez M. Colombier, éditeur, 6, rue Vivienne.</small>

TEMPÊTE

OU J'AIME LE TAPAGE.

1837.

J'aime le tapage, le tapage, le tapage,
    Oui je suis tapageur,
    J'ai besoin d'orage !
J'aime le tapage, le tapage, le tapage,
    Oui je suis tapageur !
    C'est là mon humeur,
J'aime le tapage, le tapage, le tapage,
    Moi je suis tapageur ;
J'aime le tapage, le tapage, le tapage,
    Oui c'est là mon humeur !

Bon enfant, mais fort mauvaise tête,
Sur mon brick quand j'étais écumeur,
L'équipage me nomma Tempête,
    A cause de ma charmante humeur.
    Au beau temps triste et sauvage,
    Mais folâtre à l'ouragan,
    Quand ciel et mer faisaient rage,
    Moi je chantais en riant :
J'aime le tapage, le tapage, le tapage,
    Oui, je suis tapageur,
    Bonjour à l'orage !
J'aime le tapage, etc.

Mais signalait-on la voile anglaise,
Je devenais tout-à-fait charmant,
Et quand les canons bondissaient d'aise,
Moi je dansais de contentement,
    Alors commençait la fête,
    A l'un je cassais les bras,
    A l'autre fendant la tête,
    Je chantais dans le fracas :
J'aime le tapage, le tapage, le tapage,
    J'ai besoin de combat,
    J'ai besoin d'orage.
J'aime le tapage, etc.

A présent que j'ai pris ma retraite,
Je me vois forcé de végéter,
Et bien souvent tout seul je tempête,
De n'avoir jamais à tempêter.

Un vieux compagnon de lame,
Aussi folâtre que moi,
Me dit de prendre une femme...
Eh! mais, pas si mal ma foi!
J'aime le tapage, le tapage, le tapage,
Dès demain, dès demain,
Entrons en ménage.
J'aime le tapage, le tapage, le tapage,
Femme de belle humeur
Vaut mer en fureur,
J'aime le tapage, le tapage, le tapage,
Oui, je suis tapageur!
J'aime le tapage, le tapage, le tapage,
Oui, c'est là mon humeur!

Gustave Lemoine.

La musique, de Mlle Loïsa Puget, se trouve chez M. Meissonnier, éditeur, 22, rue Dauphine.

PARIS LA NUIT.

1841.

Les cafés se garnissent
De gourmets, de fumeurs,
Les théâtres s'emplissent
De joyeux spectateurs ;
Les passages fourmillent
De badauds, d'amateurs,
Et les filous frétillent
Derrière les flâneurs.
Oui, voilà, mes amis, voilà Paris la nuit,
   Oui, du plaisir et du bruit,   (bis.)
   Voilà Paris la nuit.
    Oh! eh! oh! eh!
  Voilà Paris la nuit!   (bis.)
Oui, du plaisir et du bruit,
Voilà Paris la nuit.

Les maris sont de garde...
Les amants au logis ;
Mais, chut! ça ne regarde
Que les gens établis.
On se bat, on se grise,
Ivrognes et viveurs ;
Et la patrouille grise
Ramasse les buveurs.
   Oui, voilà, etc.

Bientôt donnant l'exemple,
Les rich's rentre nt chez eux :
Jusqu'au boul'vart du Temple,
Tout r'devient silencieux.
On n' voit plus qu' la silhouette,
Derrière les rideaux bleus,
D'une noce en goguette,
Qui danse chez Deffieux.
   Oui, voilà, etc.

Mais j'entends, à la ville,
Sonner l'heure... ah! mâtin,
Pour l'ouvrier agile,
C'est déjà le matin.
Le marteau, la tenaille
Commencent à marcher.
On se lève, on travaille...
Vite, allons-nous coucher!

Oui, voilà, mes amis, voilà Paris la nuit,
   Oui, du plaisir et du bruit,   (bis.)
   Voilà Paris la nuit!
    Oh! eh! oh! eh!
  Voilà Paris la nuit!   (bis.)
Oui, du plaisir et du bruit,
Voilà Paris la nuit.

Dupeuty et **Cormon**.

Paris la nuit, drame en cinq actes, en vente chez M. Tresse, éditeur, galerie de Chartres, 2 et 3, Palais-National. Prix : 50 centimes.
La musique, d'Amédée Artus, se trouve notée au N. 2348 de la Clé du Caveau.

CADET BUTEUX AU BOULEVART DU TEMPLE.

AIR : *Faut d' la vertu, pas trop n'en faut.*

La seul' prom'nade qu'a du prix,
La seule dont je suis épris,
La seule où j' m'en donne, où je ris,
C'est l' boul'vart du Temple, à Paris.

Ce boul'vart est vraiment l'unique
Pour piquer la curiosité...
On y voit l'Ambigu-Comique
Qu'est à côté de la Gaîté.
La seul' prom'nade, etc.

Y a l' spectacle de mam'sell' Rose,
Qui, sans jamais s' donner d'efforts,
Moyennant queuqu's sous (c' qu'est peu d' chose),
Fait tout c' que l'on veut de son corps.
La seul' prom'nade, etc.

On y voit sur un p'tit théâtre
Un' fill' qui du pied brode, écrit...
Plus loin la passion d' Cléopâtre
A côté d' celle d' Jésus-Christ.
La seul' prom'nade, etc.

L' café d'Apollon nous r'présente
Des pièc' où, pour doubler l'effet,
n'est *qu'à deux* qu'on parle et qu'on chante :
Ah jarni! queu *trio* ça fait!
La seul' prom'nade, etc.

L' café d'Apollon est tout contre
Une espèce de p'tit salon,
Où l'univers, que l'on y montre,
A trois pieds d' large et deux pieds d' long.
La seul' prom'nade, etc.

A droite, j' voyons l's Irzabelles
Avec leurs Gilles s' qu'reller ;
A gauch', pour les yeux de leurs belles,
J'y voyons les Paillasses brûler.
La seul' prom'nade, etc.

L' Café Turc est l' jardin des Grâces...
Aussi vient-on, après les r'pas,
Y prend' café, liqueurs ou glaces,
u punch, ou... qu'est-c' qu'on n'y prend pas ?
La seul' prom'nade, etc.

Du Marais les mamans tout' fières
Y mèn'nt leurs fill's au cou tendu,
Dont la pudeur baiss' les paupières,
Et dont l'empois enfle l' fichu.
La seul' prom'nade, etc.

Chaqu' jour, pour queuqu's nouveaux ménages,
L' *Cadran-Bleu* sonn' l'heure du bal ;
Mais j' crois qu' s'il fait ben des mariages,
Il en défait aussi pas mal.
La seul' prom'nade, etc.

Viens-t'en, m' dit l'aut' soir un' petite,
Qui d' l'œil semblait me provoquer ;
L'affair' d'un moment, et j' te quitte ;
J'ai queuqu' chose à t' communiquer...
La seul' prom'nade, etc.

D' *Curtius* voyez le factionnaire,
Comme il regarde l' monde en d'sous !
Si j' l'échauffons, dans sa colère,
Il est homme à fondre sur nous.
La seul' prom'nade, etc.

Qu'est-c' donc qu' j'entends ? c'est d' la musique.
V'là tous les dindons du quartier
Qui s' pressent, s' foulent ; mais bernique...
Ils ont beau faire, j' suis l' premier.
La seul' prom'nade, etc.

« D' mon Barbaro v'nez voir l'adresse ;
V'nez voir l'esprit d' mon p'tit ânon ;
V'nez voir mon lapin batt' la caisse ;
V'nez voir mon s'rin tirer l' canon. »
La seul' prom'nade, etc.

Et la trompette qui résonne,
L'ivrogn' qui jur', l' tambour qui bat,
Les chiens qui jou'nt, la cloch' qui sonne,
Et moi, d' crier pendant c' sabbat :
La seul' prom'nade, etc.

Mais tandis qu' pour voir tant d' bamboches,
Je m' tords l' jarret, les yeux et le cou,
Me v'là, quand j' fouillons dans mes poches,
Sans mouchoir, sans montre et sans l' sou.
La seul' prom'nade qu'a du prix,
La seule dont je suis épris,
La seule où j' m'en donne, où je ris,
C'est l' boul'vart du Temple, à Paris.

Désaugiers.

Musique de Dezède, notée au N. 192 de la Clé du Caveau.

LES BALAYEURS (*).

1815.

AIR *du vaudeville* de Madame Scarron.

CHŒUR DES BALAYEURS.

Balayons!
Nettoyons!
Qu'en masse on se lève;
Afin d'être forts
Unissons nos bras, nos efforts.
Balayons!
Nettoyons!
Sans repos ni trêve,
Portons nos balais
Jusqu'au sein même des palais.

UN BALAYEUR.

Français, à vous l'on s'adresse,
Secondez l'entrepreneur;
Il faut unir à l'adresse
La constance et la vigueur.
Quel profit on voit d'avance
Dans ce glorieux métier,
 D'après le nombre immense
 Des gens à balayer.
  Balayons, etc.

Pour commencer la besogne
Nous avons les substituts,
Les curés à rouge trogne,
Les prélats *in partibus*,
La noblesse d'antichambre,
Les *budgétaires* gloutons,
 Les preux parfumés d'ambre
 Et les porte-cotons (**).
  Balayons, etc.

A vingt pas du Pont-au-Change
Est un lieu de triste aspect;
Il faut de beaucoup de fange
Purger ce séjour infect.
On peut faire, je l'assure,
Ce travail à peu de frais :
 Pour engloutir l'ordure,
 La rivière est tout près.
  Balayons, etc.

A nos bons amis les Suisses
Dont les soins nous sont si chers,
Par égard, nos bons offices
Gratis leur seront offerts.
Que le jour se fait attendre
Où nous pourrons sans délai
 Pour leur service prendre
 La pelle et le balai!
  Balayons, etc.

Sur les rives de la Seine
L'œil aperçoit un hôtel (*),
Où fut d'un grand capitaine
Le bataillon immortel.
Ces lieux ont pour locataires
Des Mirmidons insolents;
 Chez ces beaux janissaires
 Déployons nos talents!
  Balayons, etc.

Prodiguons à quelques chambres
Et notre temps et nos soins;
Ne ménageons pas nos membres
En appropriant les coins :
Frottons! que rien ne nous lasse,
Tribune, fauteuil et banc,
 Pour qu'en y prenant place
 On n'y soit pas tout blanc.
  Balayons, etc.

Ainsi que certain polype,
Après les murs des palais,
Plus d'un insecte s'agrippe
Pour étendre ses filets;

(*) C'est à tort qu'on a attribué cette chanson à M. Béranger, et qu'on l'a imprimée sous son nom dans plusieurs contrefaçons. M. Festeau en est l'auteur, et l'a presque entièrement refaite.
(Note de l'éditeur.)

(**) Officiers de garde-robe.

(*) L'hôtel des gardes du corps.

Atteint jusqu'en sa demeure
Que le vampire rusé
Sans pitié soit sur l'heure
Sous nos pieds écrasé.
Balayons, etc.

Auprès de chaque excellence
Exerçons notre savoir ;
Là, la poussière est immense ;
Faisons jouer le houssoir ;
Les bouleaux sont nécessaires,
Dans toute la France !... allons !
Des préfets et des maires
Nettoyer les salons.

CHOEUR DE BALAYEURS.

Balayons !
Nettoyons !
Qu'en masse on se lève,
Afin d'être forts,
Unissons nos bras, nos efforts.
Balayons !
Nettoyons !
Sans repos ni trêve,
Portons nos balais
Jusqu'au sein même des palais.

Louis Festeau.

La musique, de Plantade et de A. Piccini, est notée au N. 806 de la Clé du Caveau.

LA RETRAITE.

1838.

LES JEUNES FILLES.
C'est la retraite, et ran tan plan,
La garde s'avance, tambour battant ;
C'est la retraite, et l'on entend
Les deux fifres du régiment.

ROSE.
Viens-tu voir, Jeannette ?
Le tambour bat sur le rempart.
JEANNETTE.
Non, c'est la retraite,
Rose, il est trop tard.
C'est la retraite, et ran tan plan, etc.

LES SOLDATS.
C'est l'heure où l'on va fermer la ville ;
Chacun ici doit rentrer chez soi ;
Que tout bourgeois dorme tranquille,
Pour lui veillent les soldats du roi.
LES JEUNES FILLES.
C'est la retraite, et ran tan plan, etc.

ROSE.
Au cri de qui vive ?
Dis-moi ce que tu répondrais ?
JEANNETTE.
Plus morte que vive,
Je me sauverais...
ENSEMBLE.
C'est la retraite, et ran tan plan, etc.

LES SOLDATS.
Mais voyez, là-bas, dans la nuit sombre,
Amis, c'est quelque conspirateur.
Son manteau blanc le trahit dans l'ombre,
C'est ici qu'il faut montrer du cœur.

LES JEUNES FILLES.
Faisons retraite, et cette fois,
Je crois près de nous entendre leurs voix
ROSE.
Jeannette, adieu !
JEANNETTE.
Rose, bonsoir !
TOUTES DEUX.
Il faut nous quitter, au revoir
ROSE.
Jeannette, adieu !
JEANNETTE
Rose, bonsoir !

ROSE.
Adieu!

JEANNETTE.
Bonsoir!

ENSEMBLE.
Au revoir!

Gustave Lemoine.

La musique, de Mlle Loïsa Puget, se trouve chez M. Meissonnier, éditeur, 18, rue Dauphine.

LE MARCHAND DE CONTREMARQUES.

1835.

Air : *En avant, en avant, en avant toujours.*

J'ai mes quarante ans,
Et d'puis bien longtemps,
D' mon métier idolâtre,
Je m' suis fait l' devoir
D' répéter chaque soir
A la porte d'un théâtre
Qui la vend (*bis*)? Monsieur, la vendez-vous?
Un parterr', un orchestr', pour vingt ou trente sous
Demandez vot' voiture : un fiacre ou un landau?
Monsieur, faites-m'en cadeau.

Toujours exerçant,
J' suis un commerçant
Estimé sur place ;
Pour qu'il soit plus beau,
Je tiens mon bureau
Chez l' marchand d' vin d'en face.
  Qui la vend, etc.

Mais l'ouvrage m'attend :
Du public sortant
La foule me réclame.
Chez madam' Saqui
Je vois un mari
Se battre avec sa femme.
  Qui la vend, etc.

Au Vaud'ville, un jour,
Par un malin tour,
Un' pièc' fut aplatie,
V'là qu' prenant l'auteur
Pour un amateur,
J' lui crie à la sortie :
  Qui la vend, etc.

Qui s'avance vers moi?
Ce doit êtr', ma foi,
Quelque vieux militaire ;
Mais quell' large croix !
J' le r'connais, je crois
Qu' c'est notre apothicaire.
  Qui la vend, etc.

Pour n'êtr' pas r'buté
De l'autorité,
Moi, j'offre en homme habile
Le canon banal
Au municipal,
La prise au sergent d' ville
  Qui la vend, etc.

Hier, aux Français,
Comme je travaillais,
J'ai perdu patience :
V'là qu'à mes côtés,
Un de nos députés
Vantait sa conscience.
  Qui la vend, etc.

Quand viendra l' moment,
J' n'irai qu'en r'naudant,
Descendre chez les Parques ;
Car chacun sait ça,
Qu'à c' théâtre-là
On n' donn' pas d' contre marques.

Qui la vend (*bis*)? Monsieur, la vendez-vous?
Un parterr', un orchestr', pour vingt ou trente sous
Demandez vot' voiture : un fiacre ou un landau?
Monsieur, faites-m'en cadeau.

Jules Leroy.

V'LA C' QUE C'EST QUE L' CARNAVAL.

Air : *V'là c' que c'est qu' d'aller au bois.*

Momus agite ses grelots,
Comus allume ses fourneaux,
Bacchus s'enivre sur sa tonne,
    Pallas déraisonne,
    Apollon détonne ;
Trouble divin, bruit infernal...
    V'là c' que c'est que l' carnaval.

Au lever du soleil on dort,
Au lever de la lune on sort ;
L'époux, bien calme et bien fidèle,
    Laisse aller sa belle
    Où l'amour l'appelle :
L'un est au lit, l'autre est au bal...
    V'là c' que c'est que l' carnaval.

Carrosses pleins vont par milliers,
Regorgeant, dans tous les quartiers ;
Dedans, dessus, devant, derrière,
    Jusqu'à la portière,
    Quelle fourmilière !
Des fous on croit voir l'hôpital...
    V'là c' que c'est que l' carnaval.

Un char, pompeusement orné,
Présente à notre œil étonné
Quinze poissardes, qu'avec peine
    Une rosse traîne ;
    Jupiter les mène ;
Un cul-de-jatte est à cheval...
    V'là c' que c'est que l' carnaval.

Arlequin courtise Junon,
Colombine poursuit Pluton,
Mars, madame Angot qu'il embrasse,
    Crispin une Grâce,
    Vénus un Paillasse ;
Ciel, terre, enfer, tout est égal...
    V'là c' que c'est que l' carnaval.

Mercure veut rosser Jeannot,
On crie à la garde aussitôt,
Et chacun voit, de l'aventure,
    Le pauvre Mercure
    A la préfecture,
Couché sur un procès-verbal...
    V'là c' que c'est que l' carnaval.

Profitant aussi des jours gras,
Le traiteur déguise ses plats,
Nous offre vinaigre en bouteille,
    Ragoût de la veille,
    Daube encor plus vieille.
Nous payons bien, nous soupons mal...
    V'là c' que c'est que l' carnaval.

Un bœuf, à la mort condamné,
Dans tout Paris est promené :
Fleurs et rubans parent sa tête :
    On chante, on le fête,
    Et, la ronde faite,
On tue, on mange l'animal...
    V'là c' que c'est que l' carnaval.

Quand on a bien ri, bien couru,
Bien chanté, bien mangé, bien bu,
Mars d'un fripier reprend l'enseigne,
    Pluton son empeigne,
    Jupiter son peigne,
Tout rentre en place, et bien ou mal...
    V'là c' que c'est que l' carnaval.

                    Désaugiers.

La musique, de Dauvergne, est notée au N. 627 de la Clé du Caveau.

L'ANTIQUAIRE.

1845.

Antiquaire savant ;
Je voyage souvent,

    Pour avoir sous la main
    Tous les trésors du genre humain.
Partout j'ai su glaner une relique,
Car rien n'échappe à mon tact érudit ;
Et mon costume est un musée antique
Qu'on voit s'ouvrir quand j'ouvre mon habit.

    Vous voyez le gilet
    Que Louis Quinze portait,
    Le pourpoint d'Henri Trois,
    Le gantelet du beau Dunois.
Gens ignorants, trop vulgaires profanes,
Avec respect contemplez ce beau jonc,
Car il a vu la bataille de Cannes,
Bref ! c'est un jonc qui me vient de Dijon.

    Ce cothurne romain
    Est celui que Tarquin
    Chez Lucrèce, sans bruit,
    Voulut déposer à minuit.
Du Juif-Errant vous voyez une botte,
Botte qui fit le tour de l'univers ;
De Dagobert j'ai sur moi la culotte,
Celle qu'un jour il a mise à l'envers.

    Cette visière, qui
    Semble vulgaire ici,
    Naguère ornait le chef
    Du célèbre Pépin-le-Bref.
De Vespasien, grand lecteur de gazettes,
J'ai conservé plusieurs antiquités,
Et sur mon nez vous voyez les lunettes
Qu'il inventa pour ses commodités.

    Antiquaire savant
    Je voyage souvent
    Pour avoir sous la main
    Tous les trésors du genre humain. } (bis.)

Dennery et Clairville.

Extrait de la pièce : *Les Sept châteaux du Diable*, en vente chez M. Marchant, 2, boulev. Saint-Martin. Prix : 50 centimes.

La musique, de Béancourt, se trouve notée au N. 2303 de la Clé du Caveau.

LE PILIER DE CAFÉ.

Air *de la Lithographie.*

A Paris, messieurs et dames,
Quel est le sort, dites-moi,
Des gens comme moi sans femmes,
Sans fortune et sans emploi ?
Sur les places musarder,
Sur les quais baguenauder ;
Mais on sait que ce métier
N'enrichit que le bottier.
Moi, j'ai pris une méthode
Bien plus conforme à mon goût ;
Elle est douce, elle est commode,
Économique surtout :
Il existe par milliers
Des réduits hospitaliers,
Refuges des désœuvrés,
Et des marchands retirés...
J'y trouve, quand je m'ennuie,
Distraction ou sommeil ;
Ils m'abritent de la pluie,
Ils m'abritent du soleil.
Mais déjà vous devinez
Quels sont ces lieux fortunés :
Eh bien ! oui, depuis trente ans,
Qu'il pleuve ou fasse beau temps,
Dès sept heures, par système,
Habillé, rasé, coiffé,
Je descends de mon sixième
Et je me rends au café.
J'entre, un garçon appelé
M'apporte un pain chapelé
Qu'escorte, sur un plateau,
Une bavaroise à l'eau...
De peur qu'on ne les retienne,
Étant venu le premier,
Je saisis *la Quotidienne,*
Et j'arrête *le Courrier* ;
Puis *le Globe* sous un bras,
Et sous l'autre *les Débats*,
Guettant l'heure où le porteur
Jettera *le Moniteur.*
Je pourchasse *le Pilote,*
Que j'atteins, quoique goutteux,
Et clopin-clopant je trotte

Après *le Diable Boiteux*.
Eh bien! voisin, *quid novi?*
Me dit un Picard ravi
De prouver qu'à Saint-Quentin
On sait un peu son latin...
Je lui parle de la Grèce,
De l'Institut, des bouffons,
Des chiens, de la sécheresse,
Et de l'état de nos fonds ;
Puis, s'il ne s'est pas servi
De tout le sucre servi,
Comme il l'a payé comptant,
Je m'adjuge le restant...
J'en ai bien le privilége,
Nul ne peut se récrier,
Et *gratis* par ce manége,
J'entretiens mon sucrier.
De là je grimpe au billard,
Où, connu pour un gaillard
Qui les aurait battus tous,
On me fait juge des coups.
Le procès jugé, j'accepte
La bière et les échaudés,
Car toujours j'eus pour précepte :
Procédés pour procédés.
Frappé de cris indécents,
Au café je redescends,
Et j'entends de tous côtés
Les mots *rente, indemnités*.
Au plus fort de la tempête,
Un apprenti commerçant
Va partout criant nu-tête :
Qu'on a pris son *trois pour cent* (*).
Tandis que je ris tout bas
De leurs comiques débats,
Vu que je n'ai pas l'honneur
D'être rentier, par bonheur,
Du dîner l'heure qui sonne
Calme le plus échauffé,
Et tout le monde abandonne
La querelle et le café.
Moi, je viens de manger... or,
Je puis bien attendre encor ;
D'ailleurs, tout seul, je pourrai

Lire *l'Étoile* à mon gré...
Mais en l'attendant que faire ?
Car j'ai lu tous les journaux...
Je prends, je compte, je serre
Tous les jeux de dominos.
L'Étoile arrive, ô bonheur !
J'en suis le premier lecteur :
Les lunettes sur le né,
Aussi fier qu'un abonné,
J'ai des nouvelles précises
De ce qu'ont fait le matin
La Bourse et la Cour d'assises
De ce qu'on jouera demain.
Mais bientôt quelle rumeur !
Nos dîneurs en bel humeur,
Aux feux du gaz allumé,
Rentrent le teint enflammé ;
Sur les bancs ils se dispersent,
Ils apportent du nouveau ;
Tandis que les garçons versent,
Je m'approche incognito...
Assis derrière un banquier,
Assis derrière un courtier,
Assis derrière un auteur,
J'en sais de toute couleur.
Combien me rendrait de grâces
Le café, si je pouvais
Prendre autant de demi-tasses
Que je prends de tabourets !
Au coup d'onze heures sonnant
Des spectacles revenant,
Vingt ou trente habitués,
De chaleur exténués,
Nous apprennent, des coulisses
Impertinents détracteurs,
Les faiblesses des actrices,
La faiblesse des acteurs.
Mais la dame du comptoir
Prend le chemin du dortoir
Avis à chaque assistant
D'en vouloir bien faire autant.
Enfin le café se vide...
Mais quoique entré le premier,
D'observer toujours avide,
Je n'en sors que le dernier.
Et même le plus souvent
Il se fait qu'en observant

(*) Terme dont on désignait certains chapeaux de nouvelle forme.

Je m'assoupis à l'écart....
Et c'est assez heureux, car,
Ignorant que je sommeille,
On ferme, et journal en main,
Je me trouve dès la veille
Porté pour le lendemain.
Désaugiers.

Air de contredanse, noté au N. 1563 de la Clé du Caveau.

LES TRIBULATIONS
D'UN PAUVRE CURÉ DE VILLAGE
PENDANT LA RÉVOLUTION.
1823.

Air : *La seule promenade qu'a du prix*, etc. (Désaugiers.)

Mon Dieu ! mon Dieu ! quel triste état,
J' n'aim' ni le scandal' ni l'éclat,
Mais si j' n'obtiens l' canonicat,
J' lâch' la calotte et le rabat !   (*bis.*)

Aujourd'hui la plus p'tit' prébende
Vaut mieux qu' mon r'venu tout entier :
On m' met des centim's à l'offrande,
Ça n' paie pas l' sel du bénitier.
Pour cierge j' n'ai que d' la chandelle,
J' suis obligé, faut' d'encensoir,
En y mettant trois bouts d' ficelle,
De m'en faire un d' mon égrugeoir !
    Mon Dieu, mon Dieu ! etc.

Quand vient un' fêt' carillonnée,
Mes enfants d' chœur sont en sabots,
Pour surplis, ma ch'mis' retournée
S' cach' sous l'étol' qu'est en lambeaux.
Pour pain bénit gnia plus d' brioches,
Mais un' mich' noire ou du pain rond,
Et si j' veux fair' sonner les cloches,
Faut qu' j'aille emprunter un chaudron !
    Mon Dieu ! mon Dieu ! etc.

Pour auditoir' quand j' dis la messe,
J' n'ai quelqu'fois pas même un marmot,
Les vieill's femm's seul's vont à confesse,
Les jeunes pèchent sans m'en dire un mot.
Pendant l' sermon on joue aux quilles,
Au cabaret tout l' mond' se perd :
Les garçons dans'nt avec les filles,
Moi, comm' saint Jean, j'prêche dans l' désert.
    Mon Dieu ! mon Dieu ! etc.

C'est à qui n' fera pas d' sacrifice,
L'églis' n'a ni toits, ni vitraux,
Et bien souvent pendant l'office,
Les pigeons m' font caca sur l' dos.
Quand il pleut, je reçois tout' la sauce
(Faut-il que j' sois enguignoné !)
Pour un seul vœu que l' ciel exauce,
C'est l'*asperges me, domine !*
    Mon Dieu ! mon Dieu ! etc.

Faut êtr' circonspect à l'extrême,
Des voisins curieux et maudits
Veul'nt savoir si j' jeûn' dans le carême,
Et si j' fais gras les vendredis.
Leur médisance m'épouvante :
Je sais que l'on dit en secret
Que j' suis bien avec ma servante,
Et qu' sa nièce est tout mon portrait.
    Mon Dieu ! mon Dieu ! etc.

Chaqu' jour l'état est moins facile.
Le villageois d'vient questionneur,
Il est incrédule, indocile,
Avare, impie et raisonneur.
De la croyance catholique,
Il voudrait tout comprendr' d'abord,
Quand, moi, qui d'puis trente ans l'explique,
Je n' la comprends pas bien encor !
    Mon Dieu ! mon Dieu ! etc.

Quand je r'çus c'te mission sublime
On n' jeûnait pas trop, sur ma foi !
Mais par la suppression d' la dîme,
Ils m' f'ront dev'nir saint malgré moi.
A mes ouaill's faut enfin que j' dise :
Payez, ou j' quitte ! gnia pas d' milieu,

On doit savoir qu'un homm' d'église
N''travaill' pas pour l'amour de Dieu.

Mon Dieu! mon Dieu! quel triste état,
J' n'aim' ni le scandal' ni l'éclat,
Mais si j' n'obtiens l' canonicat,
J' lâch' la calotte et le rabat ?   (*bis.*)

Marcillac.

La musique, de Dezède, se trouve notée au N. 192 de la Clé du Caveau.

AU DIABLE LES LEÇONS!

1845.

Viv' la joie et les pomm' de terre,
Viv' le bon temps, le plaisir, la gaîté.
Dieu soit loué, j' n'ai plus rien à faire,
J'en ai fini avec monsieur l' curé.
Plus de lecture, plus d'écriture,
Plus d'additions, plus d' soustractions!
Au diable toutes les leçons!
Et lon lan la, en avant la guinguette,
Et lon lan la, l' rigodon, la chansonnette,
Bien malin qui m'y rattrapera ;
Et lon lan la, en avant la guinguette,
Et lon lan la, l' rigodon la chansonnette,
Et lon lan la, lon lan la la rira!
    La ri ra!

En m' n'allant à mon école,
Avec mon panier sous l' bras,
Quand j' rencontrais l' grand Nicole,
I m' faisait sé z'embarras.
« Moi, qui m' disait, ma foi, j' flâne,
V'là c' que c'est que d'être instruit.
Comm' toi quand j' n'étais qu'un âne,
Ton sort, comm' toi j' l'ai maudit. »
Et moi qui n' suis pas trop bête
Sans avoir trop l'air vexé,
Je m' disais : tu fais ta tête,
Toi, plus tard j' te rattrap'rai.
    Viv' la joie, etc.

Jusqu'ici par d'sous la table,
Quand j' dînais auprès d' Mad'lon,
Afin d' paraître aimable,
J' lui pilais sus son talon.
Comm' dit mon cousin qu'on r'nomme
Pour son hardiess' dans l' pays :
« Maint'nant que te v'là fait homme,
Va d' l'avant, tout t'est permis. »
J' vas lui j'ter des noyaux d' c'rises,
J' vas lui fair' dé mots heureux,
J' vas lui dire un tas d' bêtises,
J' m'en vas lui donner d' mé ch'veux!
    Viv' la joie, etc.

Je m' suis c'mandé pour dimanche
Un' casquette en peau d' lapin,
Un col de ch'mise en toil' blanche,
Un gilet qui f'ra satin.
J'aurai, ma mèr' n'est point contre,
Un' bague en imitation.
En attendant qu' j'aie un' montre,
J' vas toujours porter l' cordon.
J' m'en vas m' mettre d' la pommade
Et d' l'eau cologne à foison ;
J' veux qu'on m' suive à la prom'nade,
Tant que j' m'en vais sentir bon !

Viv' la joie et les pomm'. de terre,
Viv' le bon temps, le plaisir, la gaîté.
Dieu soit loué, j' n'ai plus rien à faire,
J'en ai fini avec monsieur l' curé.
Plus de lecture, plus d'écriture,
Plus d'additions, plus d' soustractions!
Au diable toutes les leçons!
Et lon lan la, en avant la guinguette,
Et lon lan la, l' rigodon, la chansonnette.
Bien malin qui m'y rattrappera ;
Et lon lan la, en avant la guinguette,
Et lon lan la, l' rigodon, la chansonnette,
Et lon lan la, lon lan la la ri ra!
    La ri ra!

Frédéric Bérat.

La musique, de l'auteur des paroles, se trouve chez M. Meissonnier fils, éditeur, rue Dauphine, 18.

LA MUSETTE NEUVE.
1845.

Qu'on m'apporte du houx
Pour y percer trois trous!
Oh! la bonne musette,
  Lon la!
Du houx, du buis ou du sureau,
Avec une peau de chevreau,
Pour faire une musette,
  Lon la!
Pour chanter mes amours
Tout le long de mes jours.

Ma Jeanne, je t'aime,
Je t'offre mon cœur;   (bis)
Garde-le de même
Qu'un muguet en fleur.
Ma Jeanne est plus belle
Que le ciel et l'eau;   (bis)
Elle est plus cruelle
Qu'un coup de couteau.
 Qu'on m'apporte, etc.

J'ai pour la coquette,
Sous mes gros sabots,   (bis)
Brisé ma musette
Aux fredons si beaux,
Qui dans les familles,
Depuis six cents ans,   (bis)
Mariait les filles
De nos paysans.
 Qu'on m'apporte, etc.

Musette nouvelle,
Il faut l'attendrir!   (bis)
Sinon, la cruelle
Me fera mourir.
Jusqu'à la rivière   (bis)
Je cours comme un fou,
J'y prends une pierre,
L'attache à mon cou.

(Le chanteur devra aller d'un couplet à l'autre sans le refrain.)

J'attache la pierre,
A genoux au bord,   (bis)
Disant ma prière
Pour braver la mort;
Et sous l'eau muette
Iront sans nager   (bis)
Amour et musette,
Musette et Berger.

Qu'on m'apporte du houx,
Pour y percer trois trous!
Oh! la bonne musette,
  Lon la!
Du houx, du buis ou du sureau,
Avec une peau de chevreau,
Pour faire une musette,
  Lon la!
Pour chanter mes amours
Tout le long de mes jours.

     Pierre Dupont.

La musique, de l'auteur des paroles, se trouve chez M. Brullé, éditeur, passage des Panoramas, 16.

LE PALAIS-ROYAL.
AIR: *de la Sauteuse.*

Du Palais-Royal
Comme je peindrais bien l'image,
 Si de Juvénal
J'avais le trait original!
 Mais tant bien que mal,
Muse, entamons ce grand ouvrage...
 Quel homme, au total,
Mieux que moi connaît le local?
 Entrepôt central
De tous les objets en usage;
 Jardin sans rival,
Qui du goût est le tribunal...
 L'homme matinal
Peut, à raison d'un liard la page,
 De chaque journal
S'y donner le petit régal.
 D'un air virginal,
Une belle au gentil corsage
 Vous mène à son bal,
Nommé *Panorama moral...*

45

Sortant de ce bal.
Si de l'or vous avez la rage,
　Un râteau fatal
Sous vos yeux roule ce métal ;
　Et par ce canal
L'homme de tout rang, de tout âge,
　Va d'un pas égal
　A la fortune, à l'hôpital.
　　Le Palais-Royal
Est l'écueil du meilleur ménage ;
　Le nœud conjugal
S'y brise net comme un cristal.
　　Le provincial,
Exprès pour l'objet qui l'engage,
Y vient d'un beau schall
Faire l'achat sentimental ;
　Mais l'original
A vu certain premier étage...
　Heureux si son mal
Se borne à la perte du schall !...
　Dans un temps fatal,
Si de maint politique orage
　Le Palais-Royal
Devint le théâtre infernal,
　Du gai carnaval
Il est aujourd'hui l'héritage.
　Jeu, spectacle, bal,
Y sont dans leur pays natal.
　Flamand, Provençal,
Turc, Africain, Chinois, Sauvage,
　Au moindre signal,
Tout se trouve au Palais-Royal,
　Bref, séjour banal
Du grand, du sot, du fou, du sage,
　Le Palais-Royal
Est le rendez-vous général.

Désaugiers.

Air noté au N 777 de la Clé du Caveau.

LES HONNEURS PARTAGÉS,

1837.

Ah ! que je suis fière　　　(bis.)
D'être femme d'un ancien militaire !
Ah ! comme je suis fière,　(bis.)
　Et comme à son bras
Je sais faire mes embarras !
A sa gloire tout rend hommage,
Et sa femme, c'est bien flatteur !
Et sa femme avec lui partage
Et tant de gloire et tant d'honneur

Le factionnaire, en silence,
Nous porte arme très poliment,
Mon mari salue, et je lance
Ma révérence vivement...
Et puis, je passe fièrement,
　Très fièrement ! ah !
　Ah ! que je suis, etc.

Le soir, il conte, à la veillée,
Où nous avons gagné la croix,
Chaque voisine émerveillée
Vient me louer sur nos exploits,
Leurs compliments je les reçois
　Comme je dois, ah !
　Ah ! que je suis, etc.

Mais le plus beau jour de ma vie
Fut quand l'empereur me parla,
Et dit d'un air à faire envie :
Madame, madame, ôtez-vous donc de là...
Il m'a dit cela, j'eus cet honneur-là !
　J'eus cet honneur-là ! ah !

Ah ! que je suis fière　　　(bis.)
D'être femme d'un ancien militaire !
Ah ! que je suis fière,　　(bis.)
　Et comme à son bras
Je sais faire mes embarras !
A sa gloire tout rend hommage,
Et sa femme, c'est bien flatteur !
Et sa femme avec lui partage
Et tant de gloire et tant d'honneur.

Gustave Lemoine.

La musique, de Mlle Loïsa Puget, se trouve chez M. Meissonnier fils, éditeur, rue Dauphine, 18.

LES BŒUFS.

1845.

J'ai deux grands bœufs dans mon étable,
Deux grands bœufs blancs marqués de roux;
La charrue est en bois d'érable,
L'aiguillon en branche de houx.
C'est par leurs soins qu'on voit la plaine
Verte l'hiver, jaune l'été;
Ils gagnent dans une semaine
Plus d'argent qu'ils ne m'ont coûté.
   S'il me fallait les vendre,
   J'aimerais mieux me pendre;
   J'aime Jeanne, ma femme,
   Eh bien! j'aimerais mieux
La voir mourir, que voir mourir mes bœufs.

Les voyez-vous, les belles bêtes,
Creuser profond et tracer droit,
Bravant la pluie et les tempêtes,
Qu'il fasse chaud, qu'il fasse froid.
Lorsque je fais halte pour boire,
Un brouillard sort de leurs naseaux,
Et je vois sur leur corne noire
Se poser les petits oiseaux.
   S'il me fallait, etc.

Ils sont forts comme un pressoir d'huile,
Ils sont plus doux que des moutons;
Tous les ans, on vient de la ville
Les marchander dans nos cantons,
Pour les mener aux Tuileries,
Au mardi-gras devant le roi,
Et puis les vendre aux boucheries;
Je ne veux pas, ils sont à moi.
   S'il me fallait, etc.

Quand notre fille sera grande,
Si le fils de notre régent
En mariage la demande,
Je lui promets tout mon argent;
Mais si pour dot il veut qu'on donne
Les grands bœufs blancs marqués de roux,
Ma fille, laissons la couronne
Et ramenons les bœufs chez nous.
   S'il me fallait les vendre,
   J'aimerais mieux me pendre;
   J'aime Jeanne, ma femme,
   Eh! bien, j'aimerais mieux
La voir mourir, que voir mourir mes bœufs.

Pierre Dupont.

La musique, de l'auteur des paroles, se trouve chez M. Brullé, éditeur, pass. des Panoramas, 16.

LE BON CURÉ PATIENCE.

Attendons, mes enfants,
Patience, ça commence,
Tout viendra dans son temps;
Après l'éclair le beau temps!
Dieu sait bien ce qu'il fait;
De lui tout est bien fait,
N'allons pas trop vite, ou...
Nous pourrions nous casser le cou.

Pour tout malheur, pour tout chagrin,
C'était toujours le refrain
   Que nous disait,
   Quand il passait,
Le bon curé de mon village.
Lorsque les mauvaises saisons
Ne donnaient pas de moissons,
   Que tous les blés
   Étaient grêlés
Et que chacun perdait courage,
Il disait : Mes enfants,
Patience, ça commence,
Tout viendra dans son temps,
Après l'éclair le beau temps;
   Dieu sait bien, etc.

Souvent venait auprès de lui,
Pour lui conter son ennui,
   Cœur de vingt ans,
   Fleur qu'au printemps
Pour s'amuser l'amour lutine.
Dam! lui disait la pauvre enfant,
Le cœur gros et soupirant,

Mon père, hélas!
Je ne veux pas
Coiffer la Sainte-Catherine!
Mais jusqu'à vingt-cinq ans
Patience et constance!
Tout viendra dans son temps,
Même les maris charmants!
Dieu sait bien, etc.

Non, cela ne peut plus durer,
D'elle il faut me séparer;
Nous disputons,
Nous nous battons
Après trois mois de mariage!
— Pour lui j'avais de l'amitié,
Mais il gronde sans pitié!
Auprès de vous,
Vilain jaloux,
Je ne reste pas davantage!
— Attendez, mes enfants,
Patience, ça commence;
On se bat à vingt ans;
On s'adore à soixante ans!
Dieu sait bien, etc.

Il donnait sa table et son pain
Au pauvre mourant de faim,
Et qui bien las
Pleurait tout bas
En accusant la Providence!
Mais à celui qui dans son cœur
Désespérait du bonheur,
Doux avenir
Qui doit venir
Et rayonner sur notre France,
Il disait : Mon enfant,
Patience, ça commence,
Tout se fait lentement...
Même un bon gouvernement.
Dieu sait bien ce qu'il fait,
De lui tout est bien fait,
N'allons pas trop vite, ou...
Nous pourrions nous casser le cou.

Gustave Lemoine.

La musique, de Mlle Loïsa Puget, se trouve chez
M. Meissonnier fils, éditeur, rue Dauphine, 18.

TABLEAU DU JOUR DE L'AN.

Air: *V'là c' que c'est qu' d'aller au bois.*

Depuis que pour nous le jour luit,
Un an succède à l'an qui fuit;
Traçons d'une époque aussi belle,
   Aussi solennelle,
   L'image fidèle,
Et qu'on s'écrie en la voyant :
V'là c' que c'est que l' jour de l'An.

Le soleil à peine a brillé,
Que tout Paris est éveillé :
A chaque étage on carillonne,
   On reçoit, on donne,
   On sort, on ressonne;
Chacun va, vient, monte et descend...
V'là c' que c'est que l' jour de l'An.

Au lever de ce jour chéri,
Lolotte, qui n'a pas dormi,
Accourt recevoir la première
   Six francs de son père,
   Un dé de sa mère,
Un psautier de sa grand'maman...
V'là c' que c'est que l' jour de l'An.

A sa Chloris, de grand matin,
Le banquier apporte un écrin ;
Moins riche, mais aussi fidèle,
   Pour faire à sa belle
   Un don digne d'elle,
L'employé met sa montre en plan...
V'là c' que c'est que l' jour de l'An.

Nous allons voir certains amis
Quand nous savons qu'ils sont sortis :
Chez le concierge on se présente :
   — Madame est absente. —
   Nouvelle accablante!
On s'inscrit, on s'en va content...
V'là c' que c'est que l' jour de l'An.

Parents brouillés, gens refroidis
Semblent redevenir amis :

Pour quelques livres mesurées
    D'amandes sucrées,
    Quelquefois plâtrées,
On plâtre un raccommodement...
V'là c' que c'est que l' jour de l'An.

Voyez-vous cet homme de bien,
Marchandant tout, n'achetant rien?
Il tourne, il retourne, il approche,
    Flaire chaque poche,
    Accroche où décroche,
Puis va plus loin en faire autant...
V'là c' que c'est que l' jour de l'An.

Chaque neveu vient visiter
L'oncle dont il doit hériter :
Tous voudraient qu'il vécût sans cesse ;
    Mais sur sa richesse,
    Réglant leur tendresse,
Ils l'étouffent en l'embrassant...
V'là c' que c'est que l' jour de l'An.

Le tendre amant, fort peu jaloux
De se ruiner en bijoux,
Dès Noël néglige sa belle,
    Lui cherche querelle
    Pour s'éloigner d'elle ;
En février il la reprend...
V'là c' que c'est que l' jour de l'An.

Bref, après force compliments,
Force souhaits, force présents,
Chacun regagne sa demeure,
    Puis au bout d'une heure
    Fort souvent on pleure
Ses vœux, ses pas et son argent...
V'là c' que c'est que l' jour de l'An...

            Désaugiers.

La musique, de Dauvergne, se trouve notée au
N. 627 de la Clé du Caveau.

HISTOIRE DE CENDRILLON.

1846.

AIR : *Ramonez ci, ramonez là, etc.*

Un' jeun' fille avait un père
Qui vendait du drap d'Elbeuf ;
Il lui fit don d'un' bell'-mère,
Vu qu'y s' trouvait par trop veuf ;
Cett' fill', huit jours après... p't'-êt' neuf,
Était plus malheureuse qu'un' pierre :
Faut dir' que la bell'-mère avait
Deux fill's qu'en dot elle apportait
Et qui n'étaient pas bell's du tout,
C' qui fait qu' ça les vexait beaucoup,
Car l'autre était un vrai bijou !

Si bien que c'te pauv' petite
Avait l' droit dans la maison,
D'nettoyer tout's les marmites,
D'manger tous les rogatons ;
Enfin, on l'app'lait Cendrillon,
Car la ch'minée était son gîte :
Ses chipies d' sœurs en riaient, faut voir,
Quand leur maman vint à r'cevoir
Un p'tit billet d'Abd-el-Kader,
Qui donnait un bal près d'Alger,
Et les priait d' s'y rendr' par mer.

Ces d'moisell's, à leurs toilettes,
Firent travailler Cendrillon ;
Elle leur fit des rob's très... chouettes
Et leur frisa le chignon ;
Puis ell's lui dir'nt : — Garde la maison,
C'est bon pour un' laveus' d'assiettes.
Ell' pleura tant de c' camouflet
Qu'elle en remplit un grand baquet ;
Mais, heureus'ment que son parrain,
Qu'était monsieur ROBERT-HOUDIN,
Vint mettre un terme à son chagrin.

Tu voudrais, je l' vois, ma biche,
Qu'il lui dit, aller au bal ?...

V'là qu'il souffl' sur le caniche
Et qu'il le change en cheval ;
Il fait un fiacre triomphal
Avec une vieille bourriche,
Il change en cocher l' perroquet,
En petit groom le sansonnet;
Puis, il lui donne un beau tartan,
Avec un' rob' de bouracan
Et de jolis socqu's bien r'luisants.

Mais, surtout, dit c't' homm' habile,
Quitt' le bal avant *ménuit*,
Ou, sans ça, d'vant l' mond' kabyle,
Tu r'prendrais tes vieux habits!..
Cendrillon dit : c'est dit, qu'elle dit,
Et, pour Alger, la v'là qui file.
Au bal aussitôt qu'éll' parut,
Au fils d'Abd-el-Kader ell' plut.
Ses sœurs eur'nt l'air très chagriné,
Et la r'gardèr'nt sans rien d'viner,
Vu qu'elle avait mis un faux nez.

Chacun monta sur sa chaise
Pour la voir à la polka ;
De brioch's chaud's comm' la braise
Abd-el-Kader la combla :
Son fils, qu'avait l' cœur pris déjà,
N'en put manger... que quinze ou seize.
Pour la première, il l'invita,
Quant *ménuit* moins un quart sonna;
Mais Cendrillon s' sauve et lui dit :
Merci, mon portier m' l'interdit ;
Il n'ouvr' jamais après *ménuit*.

Mais, dans sa fuite, assez fine,
Un de ses socques tomba;
Au moyen d'un' *Constantine,*
Dans Elbœuf elle arriva :
Le jeune prince ramassa
Ce socque et l' mit sur sa poitrine,
Le pied qui chaussait ce socqu'-ci,
Dit-il, me trotte dans l'esprit.
L' fait est qu'il y trottait si bien
Qu'il fit proclamer, un matin,
Qu' cell' qu'avait le pied aurait sa main.

En vain à toutes les d'moiselles,
On essaya l' socqu' susdit;
Les deux sœurs, nos péronnelles,
N'eur'nt pas le pied assez p'tit ;
Mais Cendrillon, c' qui les réjouit,
D'manda de l'essayer comme elles.
Figurez-vous leur saisissement!
Le socqu' lui allait comm' un gant.
Leur plaisir ne fut pas très vif;
Mais ell's se dir'nt, c'est positif :
C'est ell' qui portait le faux pif.

Un cortége magnifique,
Composé d' beaucoup d' chameaux,
La conduisit en Afrique
Au jeune princ' des mauricauds;
Après un festin des plus beaux,
On eut la lanterne magique.
Cendrillon, qu'avait très bon cœur,
Ayant amené ses deux sœurs,
Leur dit : J' n' vous en aim' pas moins,
Et deux mois après d'vant témoins,
Leur fit épouser deux Bédouins.

MORALITÉ.

Enfants, qu' ceci vous apprenne
A bien choisir, en naissant,
Votr' parrain et votr' marraine ;
Vous en voyez l'agrément ;
N' rentrez pas tard dans votr' logement;
A votr' portier ça f'rait d' la peine.
Attachez vos souliers très mal
Et tâchez d'en perdr' un au bal :
C'est l' moyen de vous marier,
Et, si l'on vous rend votr' soulier
De r'trouver chaussure à votr' pied.

Ch. Delange.

La musique se trouve chez M. Meissonnier fils,
éditeur, rue Dauphine, 18.

LE BEAU NICOLAS.

1850.

J' suis Nicolas, l' coq du village,
Le beau fermier d'à l'entour ;
Aussi, la fille la plus sage
Me cligne d' l'œil et m' fait la cour.
C'est que j'ai trente acres de terre,
Et que je suis à marier ;
Si j' pouvais épouser l' fermier,
S' dit, alors, tout bas la plus fière,
    Je s'rais fermière !
J' n'entends donc, à chaque pas,
Qu'il est bien c' monsieur Nicolas !
Qu'il est bien (*ter*) c' monsieur Nicolas !
J' n'entends donc, à chaque pas,
Qu'il est bien c' monsieur Nicolas ! (*bis.*)
Qu'il est bien (*ter*) c' monsieur Nicolas !

Le dimanch' quand j' vais à la messe,
Avec mon pantalon d' nankin,
De m' saluer chacun s'empresse ;
Dam, c'est qu' j'ai l'air drôl'ment faquin.
En passant devant chaqu' chaumière,
Je lanc' mon coup d'œil meurtrier.
    Si j' pouvais, etc.

Dans les grands prés, quand je m' dandine,
Et que j' prends mes airs séducteurs,
En jouant avec ma badine,
C'est là que j'enlève les cœurs.
De tous côtés, devant, derrière,
Je les vois tous s'extasier.
    Si j' pouvais, etc.

C'est bien autre chose à la danse,
C'est là que vraiment j' fais fureur ;
Avec tant d' grâce, j' me balance,
Que chacun' me veut pour danseur.
Aussi, je crains qu' monsieur le maire,
Me voyant tout incendier,
Un jour ne me vienne prier,
Devant la commune tout entière,
    D' choisir un' fermière.
Pour qu'on n'entend' plus, à chaque pas,
Qu'il est bien c' monsieur Nicolas !

Qu'il est bien (*ter*) c' monsieur Nicolas !
Pour qu'on n'entend' plus, à chaqu' pas,
Qu'il est bien c' monsieur Nicolas ! (*bis.*)
Qu'il est bien (*ter*) c' monsieur Nicolas !

A. Grout.

La musique, de L. Darcier, se trouve chez M. A. Quantin, éditeur, boulevart Montmartre 18.

LA MAISON DU CUL-DE-SAC.

1826.

AIR : *Voilà l' dégel.*

Je loge en une citadelle,
Le plus comique des tripots,
D'puis l' soleil jusqu'à la chandelle,
On entend claquer des sabots ;
Sav'tiers, rempailleurs, blanchisseuses,
En composent la garnison,
Sans excepter les ravaudeuses,
Car j'ai d' tout ça dans ma maison. } (*bis.*)

L' matin, tel jour que l' bon Dieu fasse,
On est sûr de voir dans la cour
Brûler une vieille paillasse,
Et des gamins courir autour.
J' vois bien moi qui connais l's astuces,
Qu' si j'ai certain' démangeaison,
Ça m' vient des chats, des chiens, des puces,
Car j'ai d' tout ça dans ma maison.

Le soir si j' rentre sans lumière,
Je tombe sur un chiffonnier
Qui, de retour de la barrière,
S'est endormi sur l'escalier.
La nuit, ce sont d'autres supplices,
J'entends à travers ma cloison,
Des enfants, des rats, des nourrices,
Car j'ai d' tout ça dans ma maison.

En voyant des faiseurs de farces,
Des acrobates, des jobards,
Des escamoteurs, des comparses,
Des charlatans et des mouchards,

Qu'un badaud s'écrie au miracle,
Moi, sans sortir de mon donjon,
J' puis m' régaler d'un tel spectacle,
Car j'ai d' tout ça dans ma maison.

Mais voici le terme, j'espère
Quitter pour jamais ce réduit
Où l' jour on n' voit pas sans lumière,
Où l'on ne peut dormir la nuit.
Voici la fin de mon martyre,
Adieu, bruyante cargaison ;
Je vais donc bientôt pouvoir dire :
J' n'ai plus d' tout ça dans ma maison.
Jaime.

La musique, de Charles Plantade, se trouve chez M Prulé, éditeur, 16, passage des Panoramas.

LE RÉCIT DU CAPORAL.

1815.

Je pars ;
Déjà de toutes parts
La nuit sur nos remparts
  Étend son ombre
  Sombre,
  Chez vous,
Dormez, époux jaloux,
Dormez, tuteurs, pour vous
  La patrouille
  Se mouille.
  Au bal
Court un original,
Qui, d'un faux pas fatal
Redoutant l'infortune,
Marche d'un air contraint,
S'éclabousse... et se plaint
D'un réverbère éteint
Qui comptait sur la lune.

  Un luron
Que l'instinct gouverne
A défaut de sa raison,
Va frapper à chaque taverne,
Les prenant pour sa maison.
  J'examine
  Cette mine,

Qu'enlumine
Un rouge bord,
Quand au poste
Qui l'accoste
Il riposte :
Verse encor.

  Je vois
Revenir un bourgeois
Qui, charmé de sa voix,
Sort gaîment du parterre ;
Il chante et, plus content qu'un dieu,
Il écorche avec feu
Un air de Boïeldieu.
  Plus loin,
Près du discret cousin,
En modeste sapin
Rentre la financière,
  Quand sa couturière
  Sort de Tivoli
Dans le galant wiski
Que prêta son mari.
A mes yeux s'ouvre une fenêtre
Que lorgnait un amateur ;
Mais je crois le reconnaître,
Et ce n'est point un voleur.

  Je m'efface
  Pour qu'on fasse
  Volte-face
  A l'instant ;
Car là belle,
Peu cruelle,
Etait celle
Du sergent.

  Jugeant
En chef intelligent,
Que rien n'était urgent
  Quand la ville
  Est tranquille,
Je rentre, et voici, général,
  Le récit littéral
  Que fait le caporal.
Scribe.

La musique, de Despinois, se trouve notée au N. 1500 de la Clé du Caveau.

COLINETTE.

1850.

Colinette au bois s'en alla
 En sautillant par-ci par-là,
Trala déridéra, trala déridéra.
Un beau monsieur la rencontra,
 Frisé par-ci, poudré par-là,
Trala déridéra, trala déridéra.
 « Fillette, où courez-vous comm' ça?
 —Monsieur, j'men vais dans c' p'tit bois-là,
 Cueillir la noisette. »
Trala déridéra, trala déridéra,
 N'y a pas d' mal à ça,
  Colinette,
 N'y a pas d'mal à ça.

A ses côtés l'monsieur s'en va,
 Sautant comme ell' par-ci par-là,
Trala déridéra, trala déridéra.
 «Où v'nez-vous donc, monsieur, comm'ça?
 —J'vais avec vous dans c' p'tit bois-là,
Trala déridéra, trala déridéra.
Mais jusqu'à temps ou' nous soyons là,
 Chantons gaîment par-ci par-là
  La p'tite chansonnette. »
Trala déridéra, trala déridéra.
 N'y a pas d' mal à ça,
  Colinette,
 N'y a pas d' mal à ça.

L' monsieur lui dit, quand ils furent là :
 « Asseyons-nous sur c' gazon-là,
Trala déridéra, trala déridéra,
 Sans résistance il l'embrassa,
 Et p' tit à p' tit, et cætera,
Trala déridéra, trala déridéra;
 La pauvre fille en sortant d' là,
 Garda l' silence et puis pleura!
  Personn' ne répète. :
Trala déridéra, trala déridéra,
 N'y a pas de mal à ça,
  Colinette,
 N'y a pas d' mal à ça.

Pendant que' qu' temps l' monsieur resta,
 Et puis après il décampa,
Trala déridéra! trala déridéra!
 Colinette en vain s' dépita,
 Plus d'amoureux ne s' présenta.
Trala déridéra! trala déridéra!

Tout comm' un' peste on l'évita ;
Pour s' moquer d'elle chacun chanta
　　D'vant sa maisonnette :
Tradéridéra, la, la, la, la,
La, la, la, la, trala déridéra....
　　N'y a pas d' mal à ça,
　　　　Colinette,
　　N'y a pas d' mal à ça.

　　　　　　Le Cousin Jacques.

La chanson de *Colinette* eut une vogue extraordinaire vers la fin de 1790. Elle était chantée dans un opéra-comique mêlé de vaudevilles intitulé *Nicodème dans la lune*, ou *la Révolution pacifique*, qui fit courir tout Paris au petit théâtre de la rue de Bondy, et eut 406 représentations à Paris seulement. L'auteur de cette pièce était Beffroy de Reigny, si connu sous le pseudonyme du Cousin Jacques. L'acteur Juliet contribua au succès par son jeu plein d'originalité ; mais ce qui l'augmenta beaucoup, ce furent les allusions à la révolution naissante. La pièce était faite dans un très bon esprit. L'air et les paroles étaient du Cousin Jacques, qui faisait lui-même, pour ses couplets et pour ses chansons, de la musique fort agréable : beaucoup de ses airs sont populaires.

L'auteur avait fait le quatrième couplet en forme de *moralité*, mais les acteurs n'ayant pas voulu le chanter, force fut à l'auteur de le retrancher, ce qu'il fit avec la plus grande difficulté.

La musique, de l'auteur des paroles, se trouve notée au N. 100 de la Clé du Caveau.

MAMAN, NE FAUT-IL PAS S'INSTRUIRE ?

Air : *Je fais, Monsieur, tout le contraire.*

Maman, vous dites tous les jours
Qu'il faut agir avec réserve ;
Pourquoi me grondez-vous toujours
Quand j'interroge et quand j'observe ?
A mes yeux pourquoi donc cacher
L'abîme où l'imprudence attire ;
Par ignorance on peut pécher...
Maman, ne faut-il pas s'instruire ?

J'apprends en lisant des romans,
Et l'orthographe et la grammaire ;
Sur le langage des amants
Il est prudent que je m'éclaire.
Lorsqu'on vous tient de doux propos,
Sur vos traits voltige un sourire.
Pour connaître l'emploi des mots,
Maman, ne faut-il pas s'instruire ?

L'amour est un jeu, selon vous,
Où la beauté perd l'innocence ;
Aux hasards de ce jeu si doux
Pourquoi m'exposer sans défense ?
Aussi je guette nuit et jour
Ces secrets qu'on n'ose me dire.
Pour être habile au jeu d'amour,
Maman, ne faut-il pas s'instruire ?

L'honneur est un bien précieux
Dont Lucifer, dit-on, s'empare.
Mais sous quelle forme, en quels lieux,
Cache-t-on un bijou si rare ?
Partout je cherche avec ardeur
Ce bien qu'on ne veut pas décrire.
Pour savoir où l'on met l'honneur,
Maman, ne faut-il pas s'instruire ?

Lorsqu'apparaît l'instant heureux
Où chaque fille devient femme,
L'hymen a des devoirs nombreux
Que de nous un époux réclame.
Sans cesse je cherche en chemin
Le flambeau qui peut me conduire.
Pour satisfaire aux droits d'hymen,
Maman, ne faut-il pas s'instruire ?

　　　　　　Louis Festeau.

Air ancien, noté au N. 1099 de la Clé du Caveau.

FILLE ET GARÇON.

1846.

Air : *Elle aime à rire, elle aime à boire, etc.*

Les gens d'humeur un peu sévère
Me trouvent parfois sans façon

C'est qu'il me faut fille et garçon
Pour bien jouir sur cette terre.
Sur mes goûts loin de m'excuser
Je m'écrie en fermant l'oreille :
Garçon, encor une bouteille,
Fanchonnette, encor un baiser. } (bis.)

Qu'elle est gentille, Fanchonnette
Quand je l'embrasse le matin ;
Quand il monte du chambertin
Que ce garçon me semble honnête,
Que son vin flatte sans griser,
Que sa bouche est fraîche et vermeille.
Garçon, encor une bouteille,
Fanchonnette, encor un baiser.

Sur ma pauvre table boiteuse
Chez moi, je m'enivre à mon gré,
De mon vieux grabat délabré
Fanchon n'est pas trop dédaigneuse.
Sur l'un la jeune aime à poser,
Sur l'autre, je pose la vieille.
Garçon, encor une bouteille,
Fanchonnette, encor un baiser.

Hier, pendant la matinée,
J'ai bu six bouteilles d'Arbois,
Le soir, ma maîtresse, je crois,
Ne s'est pas plaint de sa journée.
Aujourd'hui, pour me reposer
De mes fatigues de la veille,
Garçon, encor une bouteille,
Fanchonnette, encor un baiser.

Comme une bienfaisante pluie
Embellit les fleurs d'un jardin,
De même un flacon de bon vin,
Double les charmes de ma mie.
Dès que Bacchus vient l'arroser,
La rose fleurit sous la treille ;
Garçon, encor une bouteille,
Fanchonnette, encor un baiser.

Entre nous, si j'aime la fille,
Ma foi j'aime aussi le garçon,
Surtout quand, joyeux échanson,
Il me verse un vin qui pétille ;

Si je m'endors sans en user,
Fanchon, en riant me réveille :
Garçon, encor une bouteille,
Fanchonnette, encor un baiser.

Charles Colmance.

Air ancien, noté au N. 1073 de la Clé du Caveau.

LA LORETTE DE LA VEILLE.

1845.

Air *du Rondeau de la Petite Margot.*

Prudes sournoises,
Vertus bourgeoises,
Qui des attraits ignorez tout le prix.
Arrière ! arrière !
Pauvreté fière,
Je suis lorette, et je règne à Paris !

Humble grisette au bonnet populaire,
Va, tu n'es plus qu'une ombre sans renom ;
De mon coupé n'approche pas, ma chère,
Ne mêlons pas la soie et le coton.
Toi, pauvre fille,
De ta famille
Tu crains toujours les reproches grossiers ;
Chez moi, ma mère,
Pour se distraire,
Fait la cuisine et vernit les souliers.

Loin de la tourbe immonde et prolétaire,
Je place haut mon palais passager ;
Terme nouveau, nouveau propriétaire,
Nouvel amour, en tout j'aime à changer.
Oiseau volage,
Sur mon passage,
A chaque fleur j'arrête mes désirs ;
Et puis, frivole,
Mon cœur s'envole
Sous d'autres cieux chercher d'autres plaisirs.

Je ne vis pas des soupirs de la brise,
De l'air, de l'eau, de la manne du ciel :
Non, non, je vis de l'humaine bêtise...
Vous le voyez, mon règne est éternel !
  Enfant crédule,
  Vieux ridicule,
Gueux ou banquier, payez, payez, mon cher;
  L'un mes toilettes,
  L'autre mes dettes,
Vous, mes dîners, vous, mes chemins de fer.

Chacun de vous, marquant ici sa place,
D'un souvenir a couronné mon char :
Je vois Alfred dans cette armoire à glace,
Ce canapé me représente Oscar;
  Voici le cadre
  De mon vieux ladre,
Le bracelet de mon petit futur ;
  La croix bénite
  Du bon jésuite,
Le lit d'Octave et le portrait d'Arthur.

Mon mobilier, c'est ma biographie,
Qui doit finir au Mont-de-Piété,
Et chaque objet, incident de ma vie,
Me dit encor le prix qu'il m'a coûté.
  Jeunes prodigues,
  Combien d'intrigues
Pour exciter vos folles vanités !
  Que de tendresses !
  Que de caresses !
Pour réchauffer vos cœurs, vieux députés !

Mieux que Guizot, de ma diplomatie,
Je sais partout étendre les filets,
Sauver le Turc sans froisser la Russie,
Flatter l'Espagne et conserver l'Anglais.
  Etre rieuse
  Et vaporeuse,
Aimer le calme et puis la maison d'or ;
  Etre classique
  Et romantique,
Aimer Francis et sourire à Victor.

Sur le carré d'une antichambre étroite,
Discrètement introduire, le soir,
L'artiste à gauche et le lion à droite,
Quand le banquier attend dans mon boudoir
  Voilà ma vie
  Et mon génie,
Je sais partout être aimable à la fois ;
  Et chacun pense,
  En conséquence,
Tromper un sot... ils ont raison tous trois!

Dieu ! les bons tours, les plaisantes histoires
Les beaux romans comme on n'en écrit pas
Je veux un jour rédiger mes mémoires
A la façon d'Alexandre Dumas !...
  Les cavalcades,
  Les mascarades,
S'y croiseront en croquis illustrés ;
  Mes décadences,
  Mes renaissances,
Mes noms changeants, vulgaires ou titrés.

Les doux propos, les châteaux en Espagne,
A deux, le soir, au bord du lac d'Enghien :
Puis, les soupers ruisselants de champagne
Et les chansons qui ne respectent rien !...
  Je suis lorette,
  Je suis coquette,
Reine du jour, reine sans feu ni lieu ;
  Et bien, j'espère
  Quitter la terre
En mon hôtel... peut-être en l'Hôtel-Dieu!

Gustave Nadaud.

La musique, de Doche, se trouve notée au N. 2220 de la Clé du Caveau, sous le titre de la *Valse de Jacquemin.*

LA LORETTE DU LENDEMAIN.

1848.

Air : *C'est sur l'herbage.* (La Petite Margot.)

  J'étais coquette,
  J'étais lorette ;

Mais qu'ils sont loin mes beaux jours d'autrefois!
    La république
    Démocratique
A détrôné les reines et les rois!

Quelle fureur a fait tourner leurs têtes!
Hommes légers, ils ont tout jeté bas!
Ils étaient fous, ils sont devenus bêtes,
Et leurs journaux ne les guériront pas.
    O décadence!
    Toute la France
Fume aujourd'hui des cigarres d'un sou!
    L'argent est rare,
    On est avare,
Et les messieurs aiment... je ne sais où!

Que sont-ils donc ces fringants gentilshommes
Qui jetaient l'or sur les tapis douteux?
Ils sont fondus, et, sottes que nous sommes,
Tous nos louis sont partis avec eux.
    Adieu, conquêtes,
    Joyeuses fêtes,
Où le champagne au lansquenet s'unit;
    Belles soirées,
    Nuits adorées,
Qu'un jeu commence et qu'un autre finit!

De mes succès voici pourtant la place;
Mais quel silence en mes salons déserts!
Sur mon sofa la poussière s'amasse,
Et, tout le jour, mes rideaux sont ouverts.
    Plus de mystère,
    Là, solitaire,
Je fais des bas où j'arrose mes fleurs;
    Et quand arrive
    La nuit tardive,
Je reste seule et je crains les voleurs!

Je ne l'ai plus mon galant équipage;
Tom est chassé, mes chevaux sont vendus;
Mon serin seul est resté dans sa cage;
Il chante à peine, et je ne chante plus!...
    Robes nouvelles,
    Bijoux, dentelles,
Ma tante, hélas! sait où je vous ai mis;
    Elle s'envole,
    Ma gaîté folle,
Plus de plaisirs, plus d'amants, plus d'amis!

Oiseaux plumés qu'a dispersés l'orage,
Ils vont chercher un monde plus parfait;
Mon épicier devient un personnage;
Arthur n'est rien, Oscar est sous-préfet!
    Mon cœur est vide,
    Mon front se ride,
Mon boulanger ne me fait plus crédit...
    Je crois qu'on sonne?...
    Non, non, personne...
Que devenir en cet état maudit?

Faudra-t-il donc pour gagner l'existence,
Tombant plus bas dans mon étroit sentier,
De mes attraits tarifer l'impudence
Et du plaisir enseigner le métier?
    Ou bien plus sage,
    Dans un village,
Irai-je au loin racheter mon passé;
    Ou, pauvre fille,
    Avec l'aiguille,
Dois-je finir comme j'ai commencé?

Ou bien, quittant cette terre chérie,
Irai-je enfin chercher fortune ailleurs?...
Non, non, jamais!... la France est ma patrie,
Je veux attendre ici des jours meilleurs.
    J'étais coquette,
    J'étais lorette,
Mais qu'ils sont loins mes beaux jours d'autrefois!
    La république
    Démocratique
A détrôné les reines et les rois.

Gustave Nadaud.

La musique, de Doche, se trouve notée au N. 2220 de la Clé du Caveau.

LES COCUS.

Air : *Faut d' la vertu.*

Bon dieu ! qu' les cocus sont heureux ! } (bis.)
Quand donc le serai-je comme eux ?

C'est ainsi qu' la tristess' dans l'âme,
Pierrot chantait d'un ton chagrin,
En voyant l'humeur de sa femme,
Et le bonheur de son voisin.
    Bon dieu, etc.

Au logis aucun d'eux ne reste,
Près d'elle au lieu de l'z enchaîner,
Dès qu'un bout d' soleil paraît... zeste,
Leux femm's vous les envoient prom'ner.
    Bon dieu, etc.

Loin d' chez eux passant la journée,
Y s' livrent à d' joyeux ébats ;
Y n' reviendraient qu'au bout d' l'année
Que leux femm's ne s'en plaindraient pas.
    Bon dieu, etc.

Dans un' société d'importance
Qu'avec leurs femm's ils soient admis,
C'est à qui f'ra leur connaissance,
C'est à qui s'ra de leux amis.
    Bon dieu, etc.

Tout's les bourses leur sont ouvertes,
C'est à qui leur voudra du bien ;
Faut voir comm' leux femm's sont couvertes,
Et quéqu'ça leur coût' ?... jamais rien.
    Bon dieu, etc.

Ils ont raison, même en justice,
Leur droit est toujours le plus clair.
Drès qu'il s'agit d' leur rendr' service,
Autour d'eux tout l' monde est en l'air.
    Bon dieu, etc.

Faut-il à leur petite rente
Joindre un petit émolument,
Dès qu'une plac' se trouv' vacante,
Leux p'tit's femm's sont en mouvement.
    Bon dieu, etc.

Tout leur arrive comm' de cire ;
En ménag' las d'être garçons,
Veul'nt-ils êtr' pèr's ? ils n'ont qu'à l' dire,
Ils ont d'z enfants d' toutes les façons.
    Bon dieu, etc.

On est aux p'tits soins pour leur plaire ;
Pour peu qu'ils n'arriv'nt pas trop tôt,
Le soir ils trouv'nt pour l'ordinaire
L' souper tout prêt, le lit tout chaud.
    Bon dieu, etc.

Enfin, pendant leur existence,
Leux femm's ont l'air d' les adorer,
Et ne r'gard'nt point zà la dépense
Quand vient l' moment d' les enterrer.

Bon dieu ! qu' les cocus sont heureux ! } (bis.)
Quand donc le serai-je comme eux ?

                    Rougemont.

La musique, de Dezède, se trouve notée au N. 192 de la Clé du Caveau.

LE COCHER ÉREINTÉ.

Air : *Allez-vous-en, gens de la noce.*

Foi de cocher, mon pauvre maître,
Je vois qu'il faut nous séparer ;
Car j'aurais bientôt cessé d'être
Si pareil train devait durer.
Il faut qu'ici je vous raconte
Combien j'éprouve de dégoûts,
    C'est entre nous,
    Et sans courroux,
Monseigneur, donnez-moi mon compte,
Je ne veux plus rester chez vous.

Moi, des cochers les plus célèbres,
Le plus gros; maintenant, ma foi,
Hormis ceux des pompes funèbres,
En est-il de plus secs que moi ?
J'ai vraiment l'air, monsieur le comte,
De ceux qui mènent les coucous.
   C'est entre nous, etc.

Madame est exempte de blâme;
En cocher de bonne maison,
Je sais ce qu'on doit à la dame,
Et je la soigne avec raison.
Chez tout marquis, duc et vicomte,
C'est un droit que nous payons tous.
   Mais entre nous, etc.

Mais vos filles!... quelles mégères!
Elles sont quatre, et chaque jour
Il me faut, malgré les affaires,
Les rouler chacune à leur tour.
Aucune d'elles ne se dompte.
Un tel service n'est pas doux...
   Or, entre nous, etc.

Votre sœur la religieuse,
Bon dieu! qu'elle a l'esprit brutal!
D'abord elle est peu généreuse
Et m'a souvent donné du mal.
Un honnête homme se démonte,
Accablé par de pareils coups.
   Or, entre nous, etc.

Et votre respectable tante,
Avec l'air de n'y pas toucher,
Chaque jour sa voix tremblotante
Me dit vingt fois : Fouette, cocher!
Elle veut que seul je la monte,
Faveur dont je suis peu jaloux.
   Or, entre nous, etc.

La grosse cuisinière Lise
Croit me restaurer, mais en vain;
Car elle exige une remise
D'un coup par bouteille de vin.
Elle met, pour avoir l'escompte,
La cave sens dessus dessous.
   Or, entre nous, etc.

J'aurais pu souffrir et me taire,
Si seul j'endurais tous ces maux ;
Mais jusqu'à la vieille portière
Qui se sert... de vos deux chevaux.
Ces tourments qu'il faut que j'affronte,
M'ont mis à sec par tous les bouts.
   Or, entre nous,
   Et sans courroux,
Monseigneur, donnez-moi mon compte,
Je ne veux plus rester chez vous.

G. Garien.

La musique, de Rameau, se trouve notée au N. 30 de la Clé du Caveau.

LE MAIRE D'EU.

CHANSONNETTE FAITE SUR LES LIEUX.

AIR : *Les anguilles, les jeunes filles.*

L'ambition, c'est des bêtises,
Ça nous rend toujours soucieux ;
Mais, dans le vieux manoir des Guises,
Qui ne serait ambitieux ?
Tourmenté du besoin de faire...
Quelque chose sur ce beau lieu,
J'ai brigué l'honneur d'être maire,
Et l'on m'a nommé maire d'Eu.

Mon origine n'est pas claire...
Rollon nous gouverna jadis,
Mais César fut-il notre père,
Ou descendons-nous de Smerdis ?
Dans l'embarras de ma pensée,
Un mot peut tout concilier...
Nous sommes issus de Persée...
Voyez plutôt mon mobilier.

Je ne suis pas fort à mon aise,
Ma mairie est un petit coin,
Mon trône une petite chaise,
Qui me sert en cas de besoin.

Mes habits ne sentent pas l'ambre,
Mon équipage brille peu ;
Mais que m'importe ?... un pot de chambre
Suffit bien pour un maire d'Eu.

Cette garde-robe modeste
Me suffit et remplit mes vœux,
Fasse le ciel qu'elle me reste,
Et je serai toujours heureux.
Puisse le prince, dont sans cesse
La France bénit les bontés,
Me conserver dans ma vieillesse
Mes petites commodités.

On vante partout ma police,
Ce qu'on fait... ne m'échappe pas,
A tous je rends bonne justice,
J'observe avec soin tous les cas ;
On ne peut ni manger ni boire
Sans que tout passe sous mes yeux ;
Mais c'est surtout les jours de foire
Qu'on me voit toujours sur les lieux.

Des flatteurs vendent leur science
Et la beauté de leurs budgets,
Mais souvent leur peu de finance
Compromet tous nos intérêts.
Moi, j'ai la visière plus nette ;
Car, vous en serez étonnés...
Lorsque je me sers de lunettes,
Je ne les mets pas sur mon nez.

Grâces aux roses que l'on cueille,
Dans mon laborieux emploi,
Je préfère mon portefeuille
A celui des agents du roi ;
Je brave les ordres sinistres
Qui brisent ce pouvoir tout net :
Et plus puissant que les ministres,
J'entre en tous temps au cabinet.

Je me complais dans mon empire,
Il ne me cause aucun souci,
Moi, j'aime l'air qu'on y respire,
On voit, on sent la mer d'ici :
Partout l'aisance et le bien-être,
Ma vie est un bouquet de fleurs ;
Aussi j'aime beaucoup mieux être
Maire d'Eu que maire d'ailleurs.

Vieux château bâti par les Guises,
Mer d'azur baignant le Tréport.
Lieux où Lauzun fit des bêtises,
Je suis à vous jusqu'à la mort.
Je veux, sous l'écharpe française,
Mourir en sénateur romain,
Calme et tranquille sur ma chaise,
Tenant mes papiers à la main.

V.....

La musique, de Caraffa, se trouve notée au N. 2100
de la Clé du Caveau.

LES RUES D'ANJOU ET DE POITOU.

1845.

AIR de *Madame Grégoire*

Par la rue d'Anjou,
L' matin, Claude allait à l'ouvrage,
Par la rue d' Poitou,
Rose allait en apprentissage ;
Ell' logeait rue d'Anjou,
Et Claude rue d' Poitou.
A tout Parisien ça démontre
Qu' l'un de l'autre faisait rencontre,
Car la rue d'Anjou
Donn' dans la rue d' Poitou.

Quand on s' rencontrait,
Sans s' parler, on était bien aise ;
Claude pâlissait,
Rose dev'nait comme un' petit' fraise ;
On se r'gardait en d'sous,
Avec des yeux si doux !...
Puis on s' croisait en changeant d' rue,
Sans pourtant se perdre de vue,
Car la rue, etc.

En s' cherchant des yeux,
Un matin qu'il pleuvait à verse,
Notr' couple amoureux
S' cogne, et Ros' tombe à la renverse;
　D' voir son ange étendu,
　Claude est tout confondu :
— Je r'gardais par chez vous, mamselle ;
— A vot' port', je r'gardais, dit-elle ;
　Car la rue, etc.

　A la ramasser,
En s'excusant, Claude s'évertue;
　D' vous rien n' peut m' blesser,
Répond Ros' d'une voix émue ;
　Mais qui me séchera ?
　Maman me grondera ;
Je crains de la voir apparaître,
D'ici nous voyons sa fenêtre,
　Car la rue, etc.

　Claude, étourdiment,
Offr' son logis à cell' qu'il aime,
　Ros', innocemment,
Accepte en ce péril extrême ;
　Mais v'là qu' par un cancan
　On instruit la maman.
Cell'-ci que l' danger précipite,
En deux sauts les surprend au gîte,
　Car la rue, etc.

　Ell' dit soudain :
Claud', pour vous ma fille s'écarte
　De son droit chemin.
Non, dit Claud', vous perdez la carte
　Du tracé de Paris ;
　Ne j'tez pas les hauts cris ;
C'est vrai, j' parle à Ros' qui m'écoute,
Mais nous suivons la droite route,
　Car la rue, etc.

　Queuqu' temps après c' jour,
Tout's les filles de ces deux rues,
　Vers le carrefour,
Pour voir un' noc' sont accourues.
　D' *Saint-François* elle allait
　Dîner chez *Bonvallet*.

En voyant le bonheur de Rose,
Chaq' fille espérait... la même chose
　Car la rue d'Anjou
　Donn' dans la rue d' Poitou.

E. Hachin.

Musique de Propiac, notée au N. 83 de la Clé du Caveau.

MON AMI RÉMI.

1829.

AIR : *Allez-vous-en, gens de la noce.*
Ou : *Monseigneur, donnez-moi mon compte.*

Comme les biens de cette vie
Se partagent en amitié,
Un ami, que chacun m'envie,
Chez moi dans tout est de moitié ;
Aussi mon cœur, en récompense,
Ne l'aime-t-il pas à demi.
　Ce bon Rémi !
　Ah ! quel ami !...
C'est la divine Providence
Qui m'envoya ce cher ami.

Il me fit un épithalame
Le jour où j'engageai ma foi ;
Et quant à l'honneur de ma femme,
Il en est plus jaloux que moi.
En lui tous mes rivaux, je pense,
Trouveraient un rude ennemi.
　Ce bon Rémi, etc.

D'abord ma femme fut jalouse
De l'amitié qu'il me portait ;
Pour plaire à cette digne épouse
Je ne sais ce qu'il n'a pas fait :
A force de soins, de constance,
Il en vint à bout, Dieu merci !
　Ce bon Rémi, etc.

Un soir revenant de Vincenne,
Rémi, maudissant les coucous,

www.ingramcontent.com/pod-product-compliance
Lightning Source LLC
Chambersburg PA
CBHW070434170426
4320ICB00010B/1087